갈릴리에서
서바나까지

유럽지중해 지역연구

갈릴리에서
서바나까지

책임편집 권효상

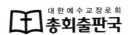
대한예수교장로회
총회출판국

발간사

　　KPM 연구국과 함께 유럽지중해 지역연구집을 출판하게 하신 하나님께 영광을 돌린다. 선교에 있어서 지역연구는 아무리 강조해도 지나침이 없는 것이라고 생각한다. 하나님은 이스라엘 백성들에게 가나안 땅을 주시겠다고 약속하셨지만, 그럼에도 불구하고 그 땅에 들어가기 전에 사람들을 보내어 먼저 그 땅을 정탐하라고 명하셨다 (민 13:1). 선교 역시 하나님의 약속과 명령을 믿고 싸우는 영적 전쟁이지만, 그것은 또한 우리들의 싸움을 통해 이루어진다. 우리가 그 사명을 잘 감당하기 위해서는 하나님의 약속만 믿고 무작정 덤벼들 수는 없다. 우리도 선교 지역들을 조사하고 연구해서 더 적합한 길과 전략들을 찾아야 한다.

　　하나님은 선지자들에게 말씀과 언약들을 주시면서 늘 기록하라고 하셨다(렘 30:1-2). 기록된 하나님의 말씀이 없었다면 오늘날의 기독교는 어찌되었을까? 인류가 어디서 참 구원의 길을 찾을 수 있을까? 수많은 인생의 질문들에 대해서 어디서 그 해답들을 찾을 수 있을까? 선지자들에게 하신 하나님의 말씀들이 모두 구전에 의해서 전해져야만 했었다면 과연 오늘날 우리는 그 풍성한 하나님의 말씀들을 쉽게 접할 수 있을까? 기록된 말씀을 남기신 것은 그 후손들에게 큰 축복이 아닐 수 없는 것이다. 기록을 남기는 것은 하나님의 선교 전략이었다.

현대 선교의 아버지라고 불리는 윌리암 케리(William Carey, 1761-1834)는 그가 인도 선교사로 가기 전에 먼저 선교에 관해 연구하여 87페이지 분량의 소논문을 발표했다. 그의 논문의 제목은 "이교도들의 회심을 위한 수단을 사용함에 대한 그리스도인들의 의무에 관한 연구"(An Enquiry into the Obligations of Christians to use Means for the Conversion of the Heathens)(1792)였는데, 230여년 전에 32세의 젊은 선교사 후보가 쓴 글이라고는 믿기지 않을 만큼 훌륭한 글이다. 이 글은 근대 이후 세상에 발표된 최초의 선교 소논문이다. 그래서 오늘날도 선교 연구자들에게 널리 읽히고 있다.

이제 우리 지역부도 연구집을 남길 수 있게 되어 기쁘다. 이 연구집을 위해 연구코디를 비롯하여 각 필드의 선교사들이 수고해 주었음에 감사드린다. 또한 편집으로 수고한 연구국장과 든든한 지원자인 본부장에게도 감사드린다. 이 지역연구집이 유럽지중해 지역을 염두에 두고 있는 선교 관심자들 뿐만 아니라, 유로메나 지역부의 현재와 미래의 사역에도 도움이 되기를 바란다.

강병호(KPM 포르투갈 선교사, 유럽지중해 지역부 지역장)

격려사

하나님께서 KPM을 사랑하셔서 전 세계를 12지역부로 나누어 사역하도록 축복해 주셨다. 그중 유럽지중해 지역부를 통해 새롭게 지역을 연구하는 책을 출판한 일은 하나님께서 주신 또 다른 사역의 시작이라고 믿는다. 책의 제목인 『갈릴리에서 서바나까지』라는 이름에 맞게 서유럽, 구공산권 지역인 동유럽, 그리고 마그레브와 레반트까지 넓은 지역에서 사역하게 하신 데에는 하나님의 지혜와 은혜가 있는 줄 믿는다.

지금 우리는 코로나19 팬데믹의 끝이 보이기 시작한 때에 있다. 하지만, 러시아의 우크라이나 침공으로 시작된 전쟁은 아직도 끝이 보이지 않는 위기 속에 있다. 그 와중에 튀르키예에서 일어난 지진은 놀라고 힘든 우리의 형편을 더욱 움츠러들게 했다.

외부의 형편과 환경의 변화가 급박하게 우리를 위협하고 있지만, 하나님이 진행하시는 선교의 일은 결코 멈추거나 포기할 수 없는 일이라고 믿는다. 코로나19로 시작된 뉴노멀의 시대에 발생한 우크라이나 전쟁, 튀르키예의 지진은 새로운 선교 전략을 세우기 위해 하나님께서 우리에게 주신 기회라고 생각한다. 이 기회를 '어떻게 잡을 것인가?'라는 고민과 지혜, 그리고 기도가 필요한 때이다.

따라서 이런 위기의 시대, 뉴노멀의 선교 전략이 필요하다. 이러한 시각에서 KPM이 현재 시대를 읽고 이를 반영하고 분석하는 일을 지역연구로부터 시작했다는 것은 대단히 지혜로운 일이다. 그 지역연구를 통해 각 지역에 맞는 방향성을 제시하며 각 선교지에 맞는 사역의 독특성을 계발하고 형성해서 나아가는 일은 매우 중요한 일이다. 이렇게 해서 만든 자료들이 선교 이론의 근거가 되고 실천방안을 위한 제안이 되어 모든 지역에서 활발하게 선교의 열매가 되기를 소망한다.

"너희 안에서 행하시는 이는 하나님이시니 자기의 기쁘신 뜻을 위하여 너희에게 소원을 두고 행하게"(빌립보서 2:13) 하시는 하나님의 뜻에 순종한 지역장과 전체 지역부 선교사들에게 격려와 위로를 보낸다.

안진출(KPM 이사장)

축사

먼저 KPM 선교사의 서른 가정이 넘게 사역하고 있는 유럽지중해 지역부에서 『갈릴리에서 서바나까지』의 제목으로 이번에 귀한 연구집을 발간하게 된 것을 진심으로 축하한다. 선교사들이 매일매일 주어진 사역을 다람쥐 쳇바퀴 돌듯이 감당하다 보면 사역을 거시적으로 혹은 전략적으로 보고 접근하기가 어렵다. 이번 연구집의 발간은 연구의 중요성과 전략적 선교의 중요성을 선교사들과 후원교회들에게 다시 한번 일깨워 주는 좋은 계기가 되리라 생각한다. 필자는 이 연구집을 읽어가면서 다양한 인종, 역사, 문화로 이루어진 유럽지중해 지역에 대해 지정학적으로, 역사적으로, 그리고 선교사적으로 좀 더 깊게 이해하게 되었고, 상당한 수준의 선교 정보들을 많이 알게 되어 아주 유익했다.

이런 면에서 본 지역연구집은 지금 유럽지중해 지역에서 사역하고 있는 선교사들에게도, 이 지역에서 사역하기를 원하는 신임 선교사들에게도 또한 이 지역을 위해 후원하는 후원 교회들에게도 좋은 선교의 가이드북이 될 수 있으리라 생각한다. 이 지역연구집은 유럽지중해 지역부에 속한 여러 선교사들의 수고와 본부 연구국의 협력으로 인해 만들어진 귀한 자료이다. 이번 기회를 통해 수고한 유럽지중해 지역부 선교사들과 권효상 연구국장에게 감사의 말을 전하고 싶다. 이들의 수고에 주의 위로하심이 있길 바란다. 마지막으로, 이 귀한 자료집을 유럽지중해 지역 소속 사역자들뿐만 아니라 이 지역 선교에 관심을 가진 많은 독자들이 읽어 유럽지중해 지역선교를 위한 중요한 지침서로 활용되길 기대한다. 그리고 이를 통해 유럽지중해 지역에서의 선교 사역이 더욱 성장하고 발전하는 모습을 기대해 본다. 다시 한번 축하의 말을 전하며, 수고한 모든 이들에게 진심으로 감사를 드린다.

조동제(KPM 선교사회 회장, M국 선교사)

편집인의 글

유럽은 기독교 역사에서 선교지역으로 인식된 곳이 아니라 선교사를 보내는 기독교 지역이었다. 그러나 잘 알려진 바대로 유럽에서 기독교는 더 이상 자력으로 교회를 유지하기 힘들어지는 곳들이 늘어나고 있다. 즉 선교지로 변모하고 있다는 의미이다. 또한 7세기 이슬람의 지배가 시작된 레반트나 마그레브 지역 역시 오랜 기간 동안 선교가 어려운 지역이었다. 그러나 2011년 아랍의 봄 이후 아프리카나 중동 지역에서 무슬림의 대규모 이동은 유럽과 지중해 권역에서 디아스포라 선교의 새로운 선교 가능성과 유럽교회의 부흥의 가능성을 보여주고 있다. 또한 선교사의 접근이 어려웠던 레반트나 마그레브 등의 이슬람 지역에서 4차 산업의 문명의 이기를 이용한 언택트 선교는 새로운 선교 패러다임의 가능성을 보여주고 있다. 유로메나 지역이 새로운 선교의 중심으로 부상되고 있다는 의미이다. 이러한 때에 유럽 지중해 지역부에서 지역연구집을 만든 것은 시의적절한 일이라고 하겠다.

여호수아 3장은 이스라엘 백성들이 요단을 건너 400여 년 전에 아브라함에게 약속된 가나안 땅으로 들어가는 장면으로 시작된다. 이 처음 걷는 길을 가는 이스라엘 백성들을 향해 하나님은 이렇게 말씀하신다. "너희는 레위 사람 제사장들이 너희 하나님 여호와의 언약궤 메는 것을 보거든 너희가 있는 곳을 떠나 그 뒤를 따르라... 그리하면 너희가 행할 길을 알리니 너희가 이전에 이 길을 지나보지 못하였음이니라 하니라(3-4:)" 레위인은 가보지 못한 길을 걸어가는 성도들을 인도하는 사람들이다. 레위인은 미지의 길을 백성들과 함께 걷지만, 하나님의 분명한 의도를 알고 비전을 제시하며, 그 길을 확신 있게 미리 걸으며 백성들이 따라오게 하는 사람이어야 한다. 선교사는 걸어보지 못하는 길을 걷지만 향방 없이 다니는 자들이 아니다. 선교의 주인이신 하나님께서 주시는 혜안을 가지고 하나님께서 이 땅에서 행하고 계신 선교의 일들을 읽고 그 길로 교회의 선교를 이끄는 레위인의 역할을 하는 이들이다. 1-3세대 선교의 시대가 저물어 가고 4세대 선교라 불리는 사람과 주제와 영역 중심의 선교의 시대, 구심적 선교와 원심적 선교가 통전적으로 함께 작동하는 것이 가능한 새로운 선교의 시대가 시작되었다. 이러한 선교의 특징이 가장 두드러지게 발현될 수 있는 곳이 바로 유로메나 지역이라고 필자는 생각한다. 모쪼록 이 책이 해당 지역에서 새로운 선교의 시대를 돌파하는 첨병의 역할을 할 수 있기를 소망해 본다.

　이 책은 고신총회세계선교회(KPM)에 속한 12개 지역부의 지역연구집 두 번째 시리즈로 기획된 것이다. 첫 지역연구집은 2022년에 출판된 『에덴 아프리카 하나님나라』로서 아프리카 지역부 8개국 14명의 선교사가 모두 참여하여 만들었다. 이번 지역연구집은 유럽 전체, 중동의 레반트 지역, 그리고 북아프리카의 마그레브 지역을 아우르는 유로메나(EuroMeNa)라는 별칭을 가진 유럽지중해 지역부에 속한 16개국 선교사들이 참여하여 만든 작품이다. 2022년 9월 기획하여 2023년 5월까지 8개월에 걸쳐서 글들이 모아졌고, 인고의 기간을 지나 한 권의 지역연구집으로 출간되었다. 지역연구를 하다 보면 의외로 선교와 관련하여 깊이 있는 지역연구집이 없다는 것을 새삼 깨닫게 된다. 특히 한 종족이나 일부 지역에 대한 연구는 상당히 있지만, 보다 광범위한 지역 전체를 역사적, 정치적, 경제적 그리고 선교적인 차원에서 총체적으로 조망하고 미래선교에 대한 답을 제시한 책은 많지 않다. 이런 의미에서 이 책은 나라별로 글쓴이들의 수준차이도 있고, 전체적으로 미흡한 점들이 있지만, 유로메나 지역을 아우르는 선교전망을 하나의 책 안에 담았다는 것에 큰 의의가 있다. 이 책이 KPM의 미래 선교와 한국 선교에 일조할 수 있으리라 기대해 본다. 글의 1부 전체를 쓴 지역부 연구코디인 신성주 선교사, 글쓰기에 참여한 모든 유럽지중해 지역부 선교사들, 교정을 위해 수고한 연구국 김다은 간사, 그리고 책의 출판을 위해 수고해 준 총회교육원 출판 관계자들에게 감사를 전한다.

권효상(편집인. KPM 연구국장. 고려신학대학원 선교학 겸임교수)

목차

제1부

유럽지중해 지역에 대한
선교적 개관

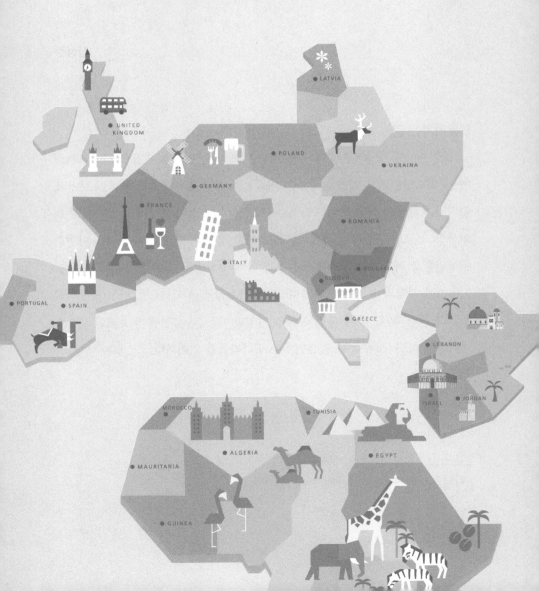

유럽지중해 지역에 대한
선교적 개관

신성주[1]

I. 들어가는 말

유럽지중해 지역연구의 제1부는 이 지역에 대한 선교적 개관으로써, 오늘날 이 지역이 당면하고 있는 상황들과 이슈들을 선교적 시각으로 살펴볼 것이다. 하지만 오늘날의 선교적 이해를 돕는 데 꼭 필요한 것이 아니라면, 세계사와 교회사 및 선교역사에 속한 과거사들은 배제할 것이다. 그리고 이 지역은 다양한 문화권들로 이루어져 있기에 서유럽과 이베리아 반도, 동유럽, 중동의 레반트 (Levant) 지역과 북서 아프리카 마그레브(Maghrev) 지역으로 나누어 생각해 보고자 한다. 본 고에서 '유럽'이라고 지칭할 때는 구 공산권에 속했던 동유럽 나라들이 아닌 '서유럽'의 자유민주주의 나라들을 의미한다.

---

1. KPM 라트비아 선교사, KPM 유럽지중해 지역부 연구코디.

II. 유럽지중해 지역 개괄적 이해

1. 유럽지중해 지역부 명칭: "유로메나"

유럽지중해지역부는 유럽(Europe), 중동(Middle East), 그리고 북아프리카 (North Africa)를 포함하는 넓은 지역이다. 글로벌 학계에서는 이 지역을 '유로 메나'(EuroMeNa) 지역이라고 부르는데,[2] 우리 지역부도 영어로는 '유로메나 (EuroMeNa) 지역부'라고 부르고 있다. 이 글에서도 '유로메나'는 유럽지중해 지역부 혹은 유럽지중해 지역부의 지리적 영역을 뜻한다.

2. 유로메나를 묶어주는 연결고리들

유로메나는 그 명칭이 보여주듯이 그 안에는 다양한 인종, 역사, 문화로 구 성된 세 개의 다른 대륙들을 포함한다. 이 세 대륙이 어떻게 하나의 선교지역 부로 묶일 수 있는지 의아하게 생각할 수도 있을 것이다. 하지만, 자세히 들여 다보면, 이들 지역들을 묶어주는 연결고리들이 많다는 것을 알 수 있다. 이 지 역들을 묶어주는 개념에는 지정학적, 역사적, 그리고 선교사적(종교사적) 연결 고리가 있다.

1) 지정학적 연결고리

우선, 지정학적 측면에서의 연결고리는 각 지역들이 '지중해'(the Mediterranea Sea)를 둘러싸고 있다는 점이다. 예로부터 유럽, 중동, 북아프리카는 지중해를 중심으로 서로 교류해 왔다. 어떤 때는 지중해 패권을 놓고 치열한 전쟁들을 일으키기도 했다. 특히, 중동과 북아프리카가 이슬람에 정복된 이후 지중해는

---

2. 오늘날 글로벌 세계에서는 <EuroMeNa Dialogue>, <EuroMeNa Funds>, <EuroMeNa Consulting> 등 다양한 조직들과 비즈니스, 정치 활동들이 이 이름으로 이루어지고 있다.

기독교 문명인 서구와 이슬람 세계 간의 패권 쟁탈의 전장이었고, 오늘날도 역시 중동과 북아프리카로부터 들어오는 무슬림 밀입국자들과 EU가 충돌하는 곳이기도 하다.

2) 역사적 연결고리

역사적인 측면에서의 연결고리는 동서 로마제국, 비잔틴 제국, 그리고 오스만 제국이 이 지역들을 이어서 정복하여 통치했었다는 점이다. 한때나마 동서 로마제국은 이들 세 지역을 완벽하게 통치하여 큰 제국을 건설하였었고, 그 잔재는 아직도 남아있다. 오스만 투르크 제국은 중동과 북아프리카를 점령한 후, 지브롤터 해협을 건너 이베리아 반도까지 점령하여 약 800여 년간 이슬람을 통치했다(AD 711-1492).[3] 오스만 제국은 콘스탄티노플을 함락시킨 후(AD 1453) 발칸 반도 전역과 헝가리와 루마니아 지역을 포함한 동유럽 지역들을 점령하여 수백 년간 통치했다. 다시 말하면, 오스만은 서유럽의 일부 중심 지역을 제외한 전 지역을 장악하기도 했다. 그래서 이들 지역은 인종적, 종교적, 문화적으로 전혀 다르면서도 역사적으로는 분리할 수 없는, 공유하는 부분들도 있다.

3) 선교사적(종교사적) 연결고리

유로메나 지역은 모두 신약 시대 선교 활동의 주무대였다. 일찍부터 이 지역의 사람들은 예루살렘에 와서 예수의 복음 운동과 사도들의 활동들을 경험한 후 각자 자기 나라로 돌아갔다. 사도행전 2:8-11절을 보면, 예루살렘 교회에서 오순절 성령 역사를 목격한 사람들은 모두 오늘날의 유로메나 전 지역으로부터 온 사람들이다. 오늘날의 중동과 레반트 지역, 북아프리카와 유럽의 심장

---

3. 이 부분의 역사는 제2장 이베리아 반도의 이슬람 연구에서 더 자세하게 다루었다.

인 로마로부터 온 사람들이었다. 뿐만 아니라, 사도 바울과 바나바 등은 지중해 주변 지역들을 다니며 복음을 전하여 하나님 나라를 확장했다.

로마제국이 기독교화된 4세기 이후 그리고 비잔틴 제국이 오스만에 멸망 당하기까지 이 지중해권 전역은 기독교 세계를 형성했다. 중세 십자군 전쟁으로 인해 기독교와 이슬람 두 문명은 중동과 지중해에서 수백 년간 충돌했다. 그래서 아직도 지중해권 3개 대륙에는 그때의 기독교 자취들이 많이 남아 있다. 하지만, 이 지역들은 오스만 제국(1299-1922)이 제1차 세계 대전에서 패전국이 되면서 튀르키예로만 남게 되었고, 제국이 통치하던 넓은 지역들은 오늘날 수많은 국가들로 나뉘어 졌다. 그리고 각자 독립된 이래로 이 지역은 하나의 개념이나 전략으로는 도저히 설명할 수 없는 다양하고 복잡한 지역이 되어버렸다.

3. 유로메나 지역에서의 KPM 선교 발자취

유럽 지역의 선교는 일찍이 1980년대부터 스페인, 포르투갈, 프랑스, 독일 등지에서의 한인교회 사역으로부터 시작되었다. 그때는 아직 구소련의 붕괴 이전이었기에 동유럽 구공산권 선교가 시작되지 못했고, 북아프리카나 중동에도 KPM 선교사는 들어가지 못한 상태였다. 그 당시에는 각 나라별로 교포선교사들에 의한 한인 교회 사역이 주를 이루었다. 1990년대에 서서히 교포사역자들이 타문화 선교사로 신분을 변경하기 시작하였다. 하지만, 1996년 총회에서 '교포선교사' 정책이 공식적으로 폐지된 후부터 오늘까지는 오로지 타문화권 선교에만 집중하게 되었다.

구공산권 동유럽 선교는 1990년대에 들어와서 구소련이 무너지면서 동유럽 국가들도 소비에트 연방에서 독립하게 되면서 시작되었다. 러시아 모스크바(1991)로 선교사들이 들어가기 시작하고, 이어서 루마니아와 코소보, 우크라이나 등지에서 KPM 선교사들이 사역하기 시작하였다. KPM 사역이 급속히 확장되기 시작한 90년대 후반부터는 KPM 선교사들이 북아프리카로도 들어가기 시작했다. 튀니지(1997), 이집트(2000), 모로코(2002)에서 이슬람권 선교가 시작되었다. 약 10년이 더 지난 후 요르단(2010)에도 들어가고, 2022년에는 이스라엘과 레바논으로도 재배치되어 들어갔다.

4. KPM 유로메나 선교의 비전

앞에서도 보았듯이, 유로메나는 신구약 성경의 역사적-지리적 배경이 되는 전 지역을 포함한다. 예수의 하나님 나라 운동의 시발점은 갈릴리였다. 부활 후 갈릴리로 오신 예수는(마 28:16) 승천 전에 제자들에게 "모든 민족을 제자로 삼으라"(마 28:19-20)고 명하셨다. 갈릴리에서 선포된 예수의 세계 비전은 사도들과 초대 교회 신자들에게 전수되었다. 그 사명은 특히, 사도 바울의 선교를 통해 지중해권 전 지역으로 확대되었다. 그 바울의 선교 여정에는 세 가지 독특한 선교 비전과 환상이 나타난다. 첫째는, "건너와서 우리를 도우라"(행 16:9)는 마게도냐 환상이었고, 둘째는, "로마도 보아야 하리라"(행 19:21)는 로마 환상이었으며, 셋째는, "서바나로 가리라"(롬 15:28)고 한 서바나 환상이었다. 바울은 이 비전들을 품고 지중해를 누볐다. 그래서 오늘날 KPM 유로메나 지역부는 <신-마게도냐 비전>(neo-Macedonian vision), <신-로마 비전>(neo-Roman vision) 그리고 <신-서바나 비전>(neo-Spanish vision) 그리고 중동과 북아프리카를 향한 비전들을 가슴에 품고 바울의 뒤를 묵묵히 걸어가고 있다.

III. 유럽에 대한 선교적 이해

유럽을 선교적으로 이해하기 위해서는 오늘날의 유럽이 어떤 나라들로 형성되어 있는지 이해해야 한다. 유럽은 오랫동안 세계 선교를 주도하던 기독교 나라들이었지만, 이제는 오히려 선교를 필요로 하는 선교지(mission field)가

되어버렸다는 것을 부인할 사람은 없을 것이다. 유럽 교회는 소수의 복음적인 그룹들 외에는 자국민 전도의 여력조차 없이 날로 작아져 가고 있다. 본 장에서는 유럽에 대한 일반적 이해, 후기 기독교 사회, 그리고 유라비아화(化) 현상에 대해 생각해 보겠다.

1. 유럽에 대한 일반적 이해

1) 정치적 이해

오늘의 유럽은 제1, 2차 세계 대전의 경험 위에서 만들어졌다. 양차 대전을 겪은 유럽은 1949년에 12개국이 모여 북대서양조약기구(NATO)[4]를 결성하여 서로 침범하지 않고 함께 보호하는 군사안보 공동체가 되었다. 그리고, 1957년, 유럽경제공동체(EEC)를 결성하여 경제적 공동체가 되었다. 지금은 27개 회원국을 가진 유럽연합(EU)으로 발전했다. 1985년에는 쉥겐조약(Schengen Agreement)을 맺어 27개 회원국들 간에 비자없이 자유로운 여행을 보장하였다. 노르웨이와 스위스는 중립국으로 EU 회원국이 아니지만 쉥겐지역에 가입하였고, 아일랜드, 루마니아, 불가리아는 EU 회원국이지만 쉥겐지역에 가입하지 않았다. 현재 EU에서 가장 중심적인 역할을 하는 나라들은 유로존(Eurozone)에 속한 나라들로써 유로화(Euro, €)를 자국 화폐로 사용하는 20개국이다.

냉전체제 종식 이후 발전을 거듭해 온 EU는 한때 유럽-낙관주의(Euro-optimism)에 젖어서 미합중국(USA)처럼 유럽합중국(United States of Europe, USE)을 꿈꾸었다. 하지만, 그 낙관주의는 이미 쇠퇴하였고, 21세기에는 유럽회의주의(Euroscepticism)가 지배적이다. 그 가장 큰 걸림돌은 각국의

---

4. 2020년 현재 회원국은 30개국이며, 튀르키에, 미국, 캐나다 등 EU 회원국이 아닌 나라들도 가입되어 있다.

민족주의(Nationalism)이다. USE를 꿈꾸던 엘리트들은 각국의 전통과 민족주의가 넘기 힘든 장벽이라고까지는 생각하지 못한 것이었다. 오스트리아, 덴마크, 스웨덴, 이탈리아, 스페인의 민족주의는 다문화 정책으로 인한 외국인 이주자들에 대한 혐오로 나타나고 있고, 루마니아, 그리스, 헝가리, 불가리아에서는 구 공산권의 영향으로부터 온전히 자유로운 국가 건설을 지향하고 있다. 게다가, 스코틀란드와 카탈루니아(Catalunya) 민족주의는 독립을 염원하는 형태로 나타나고 있으며, 2020년 1월 30일, EU를 탈퇴한 영국의 브렉시트(Brexit) 역시 하나의 민족주의적 결단이라고 볼 수 있다.

EU에 속한 나라는 아니지만, EU의 정치와 사회에 큰 영향을 끼치는 나라가 있다. 바로 러시아(Russia)이다. 2014년, 러시아는 우크라이나의 크림 반도를 강제 합병하였고, 2022년 2월에는 우크라이나 동부를 다시 침략하여 돈바스(Donbas) 지역을 장악하고 2023년 현재 전쟁 중에 있다. 이로 인해 많은 구소련권 나라들은 러시아를 다시 경계하기 시작했다. 스웨덴과 라트비아는 청년들의 군대 의무복무 제도를 다시 도입했고, 국방비를 늘리고 있으며, 핀란드와 스웨덴은 NATO 가입을 진행하고 있다.

2) 사회적 현상들 이해[5]

(1) 저출산 문제: 오늘날 유럽에는 현재의 인구를 그대로 유지할 수 있는 충분한 출생률을 가진 나라가 하나도 없다. 현재의 출생률대로라면, 독일은 2060년까지 인구가 800만~1300만 명으로 줄어든다. 이는 실로 국가 존립에 큰 문제가 아닐 수 없다. 그래서 아랍 나라들은 출생률이 높은 무슬림들이 30년 이내에 유럽을 점령할 것이라고까지 큰소리 치고 있다.

---

5. Jim Memory, *Europe 2021: A Missiological Report* (2021) 참조.

(2) 이주자 문제: 식민지 국가들로부터 유럽으로의 이주는 2차 대전 이래로 꾸준히 있어 왔다. 하지만, IS의 출현으로 중동 상황이 어지럽던 지난 2015-16년에는 소위 "유럽 이주 위기"의 시기였다. 시리아, 아프가니스탄, 이라크에서 온 150만 명 이상의 난민이 유럽에 도착했고, 독일만해도 100만 명이 넘게 정착했다. 그리고 북아프리카로부터 해상으로 넘어온 난민도 10만 명이 넘었다. 당시 "인권 이데올로기"에 갇혀있던 EU 나라들은 난민들이 국경을 넘거나 그들의 보트가 내해로 들어 오기만 해도 난민 수용소에 보내야만 했으며, 심사에 따라 차비를 주어서 다른 나라로 내보내곤 했었다. 이러한 무분별하고 불법적인 이주는 난민, 빈민, 인신매매 피해자들을 양산했고, 유럽의 복지비용을 다 갉아먹었다. 골머리를 앓던 유럽은 다문화주의 정책을 폐지하고, 난민 정책을 변경하여 국경을 강화했다. 유럽 내에서의 인구 이동도 큰 문제이다. 불가리아, 라트비아, 몰도바, 우크라이나, 크로아티아, 리투아니아, 루마니아, 세르비아, 폴란드, 헝가리 등 이 10개국은 자국 인구가 서유럽으로 가장 많이 빠져나간 나라들이다. 1990년 독립 이후 라트비아는 인구의 27%, 리투아니아는 23%, 불가리아는 21%를 잃었다. 중부와 동부의 유럽 나라들도 인구의 10% 이상을 잃었다. 사실, 유럽이 다문화주의를 통해 이주자들이 들어오는 것을 적극적으로 막지 않은 이유들 중 하나는 바로 인구감소로 인한 국력 저하와 국가 소멸을 우려해 왔기 때문이었다. 공산권에서 독립한 동유럽 나라들은 국가안보를 위해서 EU와 NATO에 가입하지 않을 수 없기에 이러한 인구감소를 간과할 수 없는 실정이다.

(3) 성소수자 문제(LGBT): 독일의 조사기관인 달리아 리서치(Dalia Research)의 2016년 조사에 따르면, 유럽인의 5.9%가 성소수자(LGBT)로 확인되었다.[6]

---

6. Statista의 2016년 유럽의 LGBT 인구 비율은 독일(7.4%)이 가장 높고, 그 다음은 스페인(6.9%), 영국(6.5%), 네덜란드(6.4%), 프랑스(5.4%), 폴란드(4.9%), 이탈리아(4.8%), 그리고 헝가리(1.5%) 였

14세에서 29세 사이에서 자신이 이성애자가 아니라고 한 자들이 16%였다. 영국 Ipsos MORI의 2020년 연구에 따르면, 영국인 10명 중 9명은 자신을 이성애자라고 밝혔지만, Z세대에서는 54%만이 이성애자라고 말했다. 참으로 심각한 사회 문제이다.

2. 후기 기독교 사회(Post-Christianity Society)

1) 비기독교적 가치들

유럽 부흥운동에 앞장서고 있는 사라 브루엘(Sarah Breuel)[7]은 유럽을 후기 기독교 사회로 부르기보다는 부흥 이전의 사회(Pre-Revival Society)라고 불렀다. 하지만, 오늘날 유럽은 더 이상 기독교국이 아니라는 것은 분명하다. 16세기 종교개혁으로 천 년의 중세 시대가 끝나버린 것처럼, 지난 1세기 동안 유럽은 기독교 제국(Christendom)의 모든 면모를 상실했다. 교회의 영향력과 기독교적 가치는 모든 공적 영역에서 밀려났고, 그 빈자리에 세속적이고 반기독교적인 가치들이 대신 자리 잡았다. 그래서 서구는 이미 후기 기독교 사회가 된 지 오래되었다. 그러므로, 오늘의 유럽을 선교적으로 이해하려면 먼저 기독교를 밀어내고 그 자리를 차지한 사상과 이념들에 대해 알아야 한다. 그 이유는 선교의 진정한 승리는 하나님을 아는 것을 대적하여 높아진 모든 이론들을 무너뜨리는 것이기 때문이다.[8] 그러면, 유럽에서 기독교의 가치를 밀어내고 높

다. "Europe's LGBT population mapped" https://www.statista.com/chart/6466/europes-lgbt-population-mapped/ (Accessed at 2023. 3. 9).

7. 그녀는 *Revive Europe* 대표이면서 로잔운동 상임위원인데, "Is Europe Post-Christian or Pre-Revival?"라는 글을 *Christianity Today*에 싣기도 했다. https://www.christianitytoday.com/ct/2022/december-web-only/europe-revival-post-christian-continent-prayer-church-diasp.html (Accessed at 2023.05.10).

8. 고후 10:4-5 참조.

아진 이론들은 첫째로, 인간 이성에 기초한 진화론(Evolutionism)과 세속주의(secularism)이다. 둘째는, 해체주의(deconstructionism)를 표방하는 포스트모더니즘(Postmodernism)이다. 셋째는, 마르크스주의 신좌파(neo-leftist) 사상들이다. 넷째는, 인권법(human rights)과 평등법(Equality)이다. EU가 2000년에 제정한 <EU 기본권에 관한 헌장>[9]의 제3장은 평등법인데, 제21조에서 차별금지법(Non-discrimination) 조항이 들어 있다. 즉, 성, 인종, 피부색, 민족, 사회계층, 언어, 종교와 신앙, 의견차이, 소수민족, 재산, 출생, 장애인, 나이 등에 기초한 어떠한 차별도 금지되어야 한다고 명시되어 있다. 얼핏 보기에는 이상적인 조항으로 보일 수 있지만, 이것은 주류 사회가 오랜 역사 속에서 가져온 문화와 전통의 기득권을 배격하는 역차별법(reverse discrimination)이다. 다섯째, 지난 반세기 동안 유럽의 전통을 가장 많이 허문 것은 유럽의 다문화주의 정책이다. 결국, 유럽의 기독교 전통과 가치는 이러한 사상들과 법들로 인해 설 자리를 잃고 말았다. 하나님 형상으로 지음 받은 인간의 존엄성이 인권과 평등의 근간이 되지 않으면 진정한 인권존중과 차별금지가 이루어질 수 없다.

유럽은 2차 세계 대전 이래로 다문화주의 노선을 걸어왔다. 어느 사회에서든지 문화적 다양성은 존중되어야 한다. 하지만, 유럽의 다문화주의는, 첫째로, 다문화적 관용(tolerance)을 추구함으로써, 자기들의 고유한 문화를 밀려나게 만드는 자해적 관용(self-inflicted tolerance)이 되고 말았다. 그래서 지식인들은 이것을 문화적 자살(cultural suicide) 정책이라고 비판했다. 둘째로, 다양한 문화를 강조하는 것은 기존 사회로의 동화(assimilation)와 통합(integration)에 걸림돌이 되고 말았다. 그래서 종족적, 민족적 분리 현상이 두드러졌다. 반세기가 넘었어도 이주 무슬림들은 기존 사회에 동화되지 못했다. 셋째로, 유럽

---

9. Charter of Fundamental Rights of the EU (2000).

다문화주의 정책은 결국 과격 이슬람주의 테러리스트들에게 온실과 피난처를 제공하였다. 그들은 이슬람의 가치를 실현하려고 지하드(Jihad)를 부르짖고 있다. 오늘날 아랍 세계는 유럽을 이슬람화 하기 위해 이민 지하드(immigration jihad)와 인권 지하드(human right jihad)로 공략하고 있다.

순진했던 유럽의 정책 입안자들은 다문화주의 정책을 통해 이주자들의 유입을 정당화하여 유럽의 인구감소 문제를 해결하려고 하였다. 하지만, 이주민, 난민들의 대다수를 차지하는 무슬림들은 주류 문화에 동화(assimilation), 통합(integration)하기보다는 오히려 그들만의 게토(Ghetto)를 만들고, 그 안에서 샤리아(Sharia) 법이 지배하는 무슬림들의 땅으로 만들어 갔다. 오늘날 유럽에 산재한 수백 개의 소위 노고존(No-Go Zone)은 현지 경찰들도 들어가지 않는 치외 법권적인 무슬림들의 해방구들이 되어 버렸다. 더구나, 서구의 무슬림 지도자들은 유럽을 이슬람화하는 원대한 비전을 품고 있다. 결국, 21세기에 들어오면서 유럽 각국의 지식인들과 언론들은 다문화주의를 버리지 않으면 유럽이 사라질 것이라고 경고하기 시작했고, 각국 지도자들은 연이어 다문화주의의 폐기를 선언하였다. 독일 수상 앙겔라 메르켈이 2010년 10월에 먼저 다문화주의의 폐기를 선언했고, 2011년 2월에 데이빗 캐머룬 영국 총리와 니콜라스 사르코지 프랑스 대통령도 같은 선언을 하였다. 특히, 영국 수상 데이빗 캐머룬은 다문화주의 정책은 실패하였으며, 이슬람 과격주의로부터 영국을 보호하기 위해 더 강한 '영국적 정체성'(British identity)을 필요로 한다고 연설하였다. 엘리자베스 2세 여왕과 당시 찰스 황태자도 말하기를, 영국의 국교는 성공회라고 천명하였다.

2) 브렉시트(Brexit)[10]

그러던 중, 2020년 1월 31일, 유럽연합(EU) 역사에 하나의 획기적인 사건이 일어났다. 1973년 이래로 EC/EU의 핵심 회원국이었던 영국(UK)이 유럽연합으로부터 공식 탈퇴했기 때문이다. '브렉시트'는 확장 일로에 있던 EU를 약화시키는 충격적인 사건이었다. 단일 시장인 EU에서 탈퇴하면 무역에 큰 손실을 가져올 수밖에 없음에도 불구하고 영국은 왜 브렉시트를 결행할 수밖에 없었을까? 거기에는 여러 이유들이 있었다.

첫째, 진보 좌파적 이데올로기가 지배하고 있는 EU집행부는 개혁(reform)이 불가능한 조직임이 드러났기 때문이었다. 그들의 지배를 받는 대영제국의 자존심은 더 이상 이를 허용하기 어려웠다. 둘째, EU의 정책과 문화는 앵글리칸 교회(The Anglican Church)를 국교로 하는 영국의 전통과 국가적 정체성에 커다란 위협이 되고 말았다. 비록 교회가 많이 약해지긴 했지만, 성공회는 여전히 영국의 헌법적 국교이고, 영국은 여전히 모스크의 첨탑을 허용하지 않는 나라이다. 셋째, EU의 단일 시장 정책은 찬성이지만, 정치적 공동체가 되는 것은 원치 않았다. 이것은 미국과의 특수한 관계와 관련 있는 것으로 이해한다. 넷째, EU의 다문화주의 정책은 이민자, 이주자, 난민들이 물밀듯이 들어와서 현지인들의 일자리들을 빼앗았으며, 사회복지 시설과 재정을 독식함으로써 큰 재정적 부담을 안겨왔다. 다섯째, 영국은 EU에서 국력에 넘치는 과도한 부담금과 보조금들을 지출하는 것도 부담이었다. 여섯째, 무슬림 불법 이주자들이 늘어남으로써 샤리아(Sharia)[11]가 지배하는 무슬림들의 집단거주지들(No-Go Zones)이 생겨나 테러의 온상이 되었으며, '이슬람공포증'(Islamophobia)으로 인해 사회불안이 가중되어 왔다. 일곱째, 유럽 통합과 확장에 대한 회의주

---

10. 브렉시트(Brexit)는 'British Exit'의 합성어로써, 영국이 EU에서 탈퇴한 것을 말한다.
11. Sharia는 이슬람 전통 종교법으로써 꾸란(Quran)과 하디스(Hadith)에 기초한다.

의적 생각들 즉, '유럽회의론'(Euroskepticism) 때문이다. 즉, 유럽통합 정책은 각 나라들의 전통과 문화, 그들의 고유한 가치들을 파괴시킨다는 부정적인 생각 때문이다.

브렉시트는 EU의 영토적 확장 정책과 좌파적 이념정책에 충격을 준 사건이었으며, 민족적, 국가적 정체성 회복을 위한 몸부림이었다. 후기 기독교 사회가 된 유럽은 사무엘 헌팅턴(Samuel P. Huntington, 1927-2008)의 예언처럼 문명의 충돌(The Clash of Civilizations)[12]의 현장이 되었다. 특히, 과격 무슬림 테러로 인해 이슬람공포증(Islamophobia)의 수위가 대단히 높아져 왔다. 이에 대한 반발로 여러 나라에서는 무슬림 이주자들을 막고자 하는 우파 정당들이 약진하고 있고, 심지어는 반이슬람과 반이민정책을 주장하는 보수우파 운동 그룹들이 등장하여 맞불을 놓고 있다.[13] 각 나라의 정치 지도자들은 앞다투어 유럽의 '다문화주의'(multi-culturalism) 정책을 폐기하였다. 그럼에도 불구하고, 학자들은 유럽의 이슬람화 즉 유라비아 현상을 경고해 왔다. 오늘날 유럽 선교를 위해서는 이 유라비아 현상을 깊이 이해해야 한다. 유럽 선교의 진정한 적은 유럽의 유라비아화이다. 그래서 이제 유라비아 현상이 무엇인지 함께 생각해 보려고 한다. 왜냐하면, 이를 모르면 오늘의 유럽이 어떤 모습인지 잘 알 수가 없기 때문이다.

3. 유럽의 "유라비아(Eurabia) 화(化)" 현상

1) 유라비아란?

유라비아(Eurabia)란 Europe과 Arabia의 합성어이다. 그 의미는 유럽에서

---

12. Samuel Phillips Huntington, *The Clash of Civilizations and the Remaking of World Order* (New York: Simon & Chuster Paperbacks, 1996).

13. 영국에서는 Britain First와 English Defense League(EDL), 독일에서는 PEGIDA 운동, 폴란드에서는 Polish Defense League(PDL)가 일어나 각 나라의 정체성 회복 운동에 앞장섰다.

아랍과 이슬람의 영향력이 성장하여 유럽이 아랍화(이슬람화) 혹은 친아랍화되는 현상을 가리키는 정치적인 신조어이다. 이 말이 널리 사용되기 시작한 것은 이집트 출신 영국 저술가 Bat Ye'or의 책 Eurabia: The Euro-Arab Axis (2005)가 출판되어 큰 반향을 불러일으킨 이후부터였다.

2) 유라비아화의 역사적 배경

오늘날 유럽이 이슬람화로 인해 고통받게 된 것에는 EU가 취해온 일련의 정책적 과정들에 기인하고 있는데, 그 과정들을 간략히 살펴보자.

(1) 국제 유류파동(1973) 이후의 친아랍 정책

1970년, 아랍동맹은 유럽아랍 대화기구(The Euro-Arab Dialogue, EAD)를 창설하였다. 그들은 그 기구를 통해 프랑스를 위시한 유럽에 원유를 더 많이 공급해 주는 것을 대가로 친아랍(pro-Arabs), 친팔레스타인, 반미, 반이스라엘 정책을 요구하기 시작했다. 그런데, 1973년, 이집트와 시리아는 이스라엘을 향해 제4차 중동전쟁(Yom Kippur War)을 일으켰으나, 미국의 강력한 지원을 받은 이스라엘에게 패하였다. 그러자 아랍동맹은 유류파동(Oil Schock)을 일으켜 원유를 무기로 삼아 유럽이 친아랍이 되도록 하는 작전을 시작하였다. 그 결과, 1973년 11월 6일, EEC 9개국은 이스라엘을 향하여 3가지 결정을 발표하였는데, ① 시나이 반도를 점령한 이스라엘에게 무력으로 땅을 점령하는 것은 국제적으로 용납되지 않는다 ② 이스라엘은 1949년 국경으로 돌아가야 한다 ③ 중동평화를 위하여 팔레스타인의 법적 권한이 보장되어야 한다는 것이었다. 이때부터 유럽은 석유 때문에 친아랍 노선을 공식적으로 걷기 시작했고, 미국의 정책에 엇박자를 놓기 일쑤였다.

그 후, 1974년 유럽아랍 대화기구(EAD)는 팔레스틴해방기구(PLO)를 합법화하였고, 1975년에는 유로아랍 협력을 위한 의회 연합(PAEAC)을 결성하여 유럽 의회가 EAD의 정책들을 친아랍적으로 다루게 하는데 영향력을 행사하기 시작했다. 이러한 유럽과 아랍연맹의 정치, 경제적 정책 연합은 1970년대 이후 약 30여 년간의 국제정치의 현실이 되었으며, 안정적 오일 확보를 위해 유럽은 유럽 내에서 아랍의 영향력을 키워주고 또 미국과 이스라엘을 견제하는 역할을 담당하였다.

(2) 아랍 세계의 유럽비전 구체화: '아랍 문화의 침투'

아랍연맹은 EAD를 통하여 더 구체적인 유럽 비전을 진행하기 시작하였다. 그것은 유럽 문화 속으로의 침투 전략이었다. EAD는 '문화, 문명 영역에서의 협력'이라는 분과를 통하여 유럽과 아랍 문명이 더 가까워지게 하는 다리가 되었다.[14] 결국, 1975년 6월 7-8일간 스트라스부르그(Strasbourg)에서 열린 PAEAC 회의는 유럽이 문화적으로 유라비아 현상으로 가게 하는 중요한 실책을 범하고 만다. PAEAC 회의에서 유럽 측은 아랍 문화(Arab culture)가 유럽의 문화와 발전에 역사적으로 기여한 바가 많았다고 공식적으로 인정해 주었기 때문이었다. 또한 유럽 나라들은 여전히 아랍 문화로부터의 기여를 기대한다고 한 것이었다.[15] 그래서 PAEAC은 유럽연합 회원국 정부들에게 아랍 이민자들을 향하여 더 우호적인 환경들을 조성해 줄 것과 아랍 문화와 종교(이슬람)가 유럽에서 자유로이 활동할 수 있도록 보장해 달라고 요청하였다. 뿐만 아니라, 대중매체들과 친선그룹들에게 아랍 세계에 대한 공공여론을 더 좋게 진전시켜 달라고 압력을 넣기까지 하게 되었다.[16]

---

14. Bat Ye'or, *Eurabia: The Euro-Arab Axis* (Vancouver: Fairleigh Dickinson University Press, 2015), 68.
15. Bat Ye'or, *Eurabia: The Euro-Arab Axis*, 66.
16. Bat Ye'or, *Eurabia: The Euro-Arab Axis*.

(3) 유로 아랍 세미나(Euro-Arab Seminars, 1977)

아랍 문화가 유럽으로 들어오는 길을 공적으로 터준 것은 '유로 아랍 세미나'를 통해서였다. 1977년 3월 28-30일간 베니스 대학에서 열린 그 첫 세미나 주제는 "유럽 내에서 아랍의 언어, 문학 문명에 대한 지식의 확산을 위한 협력의 방법들과 형태들"(Means and Forms of Coorperation for the Diffusion in Europe of Knowledge of Arabic Language and Literary Civilization)이었다. 그 결과, 유럽의 대학과 도시들에 유로 아랍 문화센터를 설립하는 것과 유럽의 대학들과 연구기관들이 아랍어와 아랍 이슬람 문화를 가르칠 수 있도록 돕는 것뿐만 아니라, 아랍인 전문가들이 직접 와서 가르칠 수 있도록 결정하였다. 이러한 교류 협력은 1983년 함부르크 세미나를 통해서 더 심화되는데, 이러한 일련의 과정들은 사실 아랍(이슬람)의 선교전략인 '다와'(da'wa)를 유럽이 정책적으로 수용한 것과 같은 실책이라고 볼 수 있다. 당시 EU는 아랍의 진면목을 제대로 보지 못한 눈 뜬 장님들이었다.[17]

EU 의회는 1994년에 아랍연맹과의 공동출자로 스페인 그라나다(Granada)에 The EU-Arab School of Management를 설립하였다. 그라나다는 무슬림이 이베리아 반도를 통치했던 옛 안달루스(Al-Andalus) 왕국을 최후까지(1492) 지켰던 그라나다 왕국(The Emirate of Granada)의 수도로써, 아랍세계가 가장 회복하고 싶어 하는 곳이다.

결국, 이러한 유로아랍 정책 동맹의 결과로 지난 약 30여 년간 ① 상업, 경제 교환 ② 아랍인들의 유럽 이주 ③ 유럽 정치 문화적 정책들은 아랍과의 연계 속에서 미국과 이스라엘에 대항적인 연합전선을 구축하게 된다. 그 결과 유럽에서는 오늘날 가장 골치 아프고 과격하고 테러를 일삼는 이슬람 전체주의적

---

17. Bat Ye'or, *Eurabia: The Euro-Arab Axis*, 9.

하부문화가 형성되게 하였다. EU 기구들이 헬라와 로마, 유대와 기독교적 영향 아래에서 형성된 유럽에 아랍문화를 심는 길을 터 준 것은 유럽의 배신(the betrayal of Europe)[18]이라고 할 수 있었다. 실로, 프랑스와 서구의 정치력 확대를 위해 추구한 드골의 전략과 오일을 향한 욕심들은 오늘의 유럽을 이 지경으로 만들게 될 줄 누구도 상상하지 못하였다.

3) 점증하는 유라비아(化) 현상: 디미튜드(Dhimmitude) 유럽

유럽의 유라비아 현상은 디미튜드 현상으로 설명할 수 있다. 이슬람의 지하드 개념은 인피델(infidels) 즉, 비무슬림 이교도들의 땅을 3종류로 분류한다. 그것은 첫째, '다르 알 하브'(dar al-harb)인데, 이슬람에 대항하는 사람들의 땅이다. 오늘날 비무슬림 세계는 모두 여기에 속하며, 강력한 지하드 운동의 대상들이다. 둘째, '다르 알-술'(dar al-sulh)인데, 완전히 정복하기에는 이슬람의 힘이 아직 부족하지만 조공이나 특별세금을 받으면서 자치를 인정해 주는 땅이다. 지하드 운동이 절반 이상 성공한 땅이다. 셋째, '다르 알-이슬람'(dar al-Islam)인데, 이슬람에게 정복당하여 그들의 '보호' 아래 놓인 땅이다. 이러한 땅을 '디미튜드'(dhimmitude)라 부른다. 지하드가 완전히 성공한 땅이다.[19] 이곳의 백성들을 '디미스'(dhimmis)라 한다. 유럽에서 이룩한 이슬람 디미튜드의 모델은 과거 이베리아 반도에서 꽃 피운 이슬람 제국 알 안달루스 왕국(Al-Andalus, 711-1492)인데, 아랍은 이 왕국의 회복을 꿈꾸고 있다.[20]

그래서 디미튜드는 그 땅에 적용된 이슬람 법제의 정도가 어떠하냐에 달려

---

18. Oriana Fallaci, *Oriana Fallaci intervista Fallaci* (Millan: Corriere della Sera, 2004), 102-3.

19. Bat Ye'or, *Eurabia: The Euro-Arab Axis*, ch.2.

20. 이베리아 반도를 점령한 아랍과 베르베르는 이슬람으로 개종한 자들을 '무왈라둔'(muwalladun)이라 불렀고, 개종하지 않은 '크리스천 디미스들'(Christian dhimmis)을 '모자랍스'(Mozarabs)라 부르며 차별하였다.

있다. 1991년 가을, 유럽위원회 의원총회는 이슬람 문명이 유럽 문명에 어떻게 기여했는지 친절하게 확인해 주었는데, 그것은 참으로 디미튜드 유럽의 모습이었다. 즉, 그 총회는, (1) 이슬람이 유럽문명과 유럽인들의 일상 생활에 지대한 공헌을 해왔다. (2) 하지만, 이슬람은 사람들의 몰이해와 오해들로 인해 어려움을 겪어 왔다. (3) 이슬람의 가치관들은 유럽이 더 나은 미래와 삶의 가치를 만드는 데 문화, 경제, 과학, 사회 영역들에서 광범위하게 기여하게 될 것이다라고 확인해 주었다. 이것은 유럽 다문화주의가 유럽의 이슬람화에 고속도로를 닦아준 것과 같았다.[21] 유럽의 정책 입안자들은 그러한 것들이 결국 유럽의 존재 자체를 위협하는 것으로 되돌아올 줄은 아무도 내다보지 못하였고, 그 반향들을 과소평가하였다.

4) 디미튜드(Dhimmitude)의 구체적 징조들(signs)

유럽이 디미튜드 화(化) 되었다는 것은 Bat Ye'or이 제시한 다음의 몇 가지 징조들과 관련이 있다.[22] 이것은 한국을 포함하여 다문화 정책을 취하는 모든 나라에도 교훈이 된다.

첫째는, 자기 정체성을 부인하는 현상이다(the destruction of the self). 유럽은 천 년의 역사 속에서 형성된 그들의 유대적, 기독교적 자기 정체성을 버렸다. 이것은 이슬람으로 하여금 빈 골대로 맘껏 들어가게 한 꼴이며, 이슬람은 그 빈자리를 자기들이 차지하겠다고 공언하고 있다.

둘째는, 역사의 제거이다(the elimination of history). 유라비안들(Eurabians), 즉 친아랍적 유럽 지식인들은 아랍의 주장대로 이슬람 확장의 역사가 평화적으로 진행되어 왔다고 가르친다. 하지만, 이슬람 확장은 대량학살과 노예화, 전

---

21. Bat Ye'or, *Eurabia: The Euro-Arab Axis*, ch.13 & Appendix 6.
22. Bat Ye'or, *Eurabia: The Euro-Arab Axis*, ch.15.

쟁 포로들을 고문하여 죽이는 광란의 역사를 가지고 있음은 누구나 다 아는 사실이다. 그들은 "코란이냐, 칼이냐?"를 선택하게 했었다.

셋째는, 유럽인의 열세를 인정하는 것이다(Acknowledgment of European inferiority). 많은 유라비안 정치가들과 예술가들은 중세시대 아랍의 예술과 과학, 종교적 관용 등은 유럽을 능가하였다고 주장하고 있다.

넷째는, 자책감과 자기격하 현상이다(Self-guilt and self-abasement). 유럽은 무슬림 세계에서 자행되는 기독교 박해에 대해서 침묵한다. 유럽은 아랍이 십자군 운동과 제국주의 식민지화를 공격하면 죄의식을 가지고 사과한다. 이것을 유럽의 죄책감 문화(guilt-culture)라 하는데, 유럽은 스스로 자기를 격하하고 있다. 아랍은 동서로마 제국이 일구어 온 기독교 지역들을 칼로 정복하였고, 기독교 이베리아 반도를 점령하여 700여 년을 유린했으면서도 사과는커녕 오히려 자랑스러워한다.

다섯째, 불균형이다(Asymmetry). 유럽에서 무슬림들은 자기들의 종교활동을 위해 많은 양보와 특권, 후원들을 얻어 내었지만, 아랍세계에서는 이슬람 외의 종교들에 대한 특혜는 없으며, 민주주의 가치 또한 발을 붙이지 못하고 있다. 아랍에서 유럽으로의 이민자는 물밀듯 몰려들고 있지만, 타 종교를 가진 유럽인들은 아랍 세계에 받아들여지지 않는다.

여섯째, 증오의 문화이다(a culture of hate). 유럽은 점령당하고 있는 지하드의 땅이어서 증오의 말들(hate speech)과 테러 문화로 인해 고통받고 있다. 유럽은 이슬람 공포 아래 놓여있다.

아홉째, 아랍의 대리자 역할을 하는 현상이다. 앞에서 보아왔듯이, 유럽의 정책 입안자들과 진보좌파 지식인들, 그리고 자유주의 종교인들 등은 반미 반이스라엘, 친아랍 친팔레스타인 정책과 문화확산에 앞장서 왔다. 그들은 유럽인들의 공적인 영역에서 하나님(God)과 기독교 가치들을 추방해 버렸는데, 그것은 무슬림들이 지하드를 통해서 해야 할 것들을 미리 제거해 준 꼴이 되고 말았다.

물론, 아직도 많은 평범한 유럽의 시민들은 이러한 유라비아화 현상들에 대해 반감과 저항감을 가지고 있다. 하지만, 저들과 대항하기에는 무력감을 느끼면서 이슬람공포증만 키우고 있다.

IV. 이베리아 반도의 이슬람화

본 장에서는 유라비아화의 한 모델로써 이베리아 반도의 이슬람화에 대해 좀 더 구체적으로 살펴보고자 한다. 유럽 대륙과 지중해의 서쪽 끝에 위치한 이베리아(Iberia) 반도는 성경에 나타난 서바나(Spain)로써, 오늘날은 스페인과 포르투갈의 땅이다. 서바나는 사도 바울이 꿈꾸었던 그의 마지막 선교지였다 (롬 15:23-28). 바울의 마게도냐 환상(the Macedonian Vision, 행 16:6-10)에 의해 유럽으로 건너간 복음은 결국 로마제국을 통해 지중해의 서쪽 끝 서바나까지 확장되는 놀라운 결과를 가져왔다. 서로마 제국이 무너진 이후에도 비시고트(Visigoth, 5-8세기)족이 지배하던 서바나는 교황청에 충성하는 강력한 기독교 나라로 남아 있었다. 그러나, 8세기에 우마야드(Umayyad) 왕조의 무슬림 군대가 이베리아 반도를 점령하면서 서바나는 이슬람화 되어 약 700여 년간 혹독한 시련을 겪게 된다.

1. 이베리아 반도에서의 이슬람 역사

1) 이슬람의 이베리아 반도 점령 (711-1492)

711년, 이베리아 반도는 무슬림 우마야드(Umayyad) 칼리프의 침략에 의해 비시고트의 로데딕 왕(King Roderic)이 전사하고 기독교 왕국은 멸망하고 말았다. 침략자 무슬림들은 알-안달루스(Al-Andalus)라 불리는 코르도바 칼리프국(the Caliphate of Cordoba)을 세웠다. 그들은 계속 북진하여 718년에는 전 이베리아 반도를 점령하였으며, 그 후 파리를 점령하기 위해 더 전진하였으나 뚜르 전투(732)에서 칼 마르텔에 의해 치명적인 패배를 당한 후 다시 피레네 산맥 남쪽 반도로 물러났다.

무슬림 지배하의 이베리아 반도는 디마(Dhimma) 즉, 이슬람의 보호를 받는 땅이 되고 말았다. 기독교인들은 디미(Dhimmis)로써 이슬람의 보호를 받는 이교도들이 되었고, 인두세를 내면서 정치, 사회, 경제적 차별을 받으며 살게 되었다. 그래서 이슬람으로 개종하는 사람들도 많았지만, 개종을 해도 아랍 무슬림들과 동등한 신분이 되는 것은 아니었다. 종종 폭동이나 반란들이 일어났지만 무참히 진압되어 수많은 사람들이 투옥되고 참수되었다. 다행한 것은 시간이 흐름과 함께 무슬림 사회 안에서의 분열이 깊어져 여러 분봉왕국으로 나뉘면서 기독교를 탄압할 힘이 점점 약해져 갔다.

2) 레콩퀴스타(Reconquista) 완성 이후 가톨릭 제국하의 무슬림들

이베리아 반도의 운명은 참으로 드라마틱하다. 반도는 718년에 무슬림에게 완전히 정복당했다. 그럼에도 불구하고, 같은 해 718년(혹자는 722년), 북부 산악지대 코바동가(Covadonga)에서 펠라요(Pelayo)라는 지도자가 등장하여 무장봉기를 일으켜 무슬림군을 무찌르고 기독교 자치 지역을 확보하기 시작하였다. 펠라요는 멸망한 서고트족 왕국의 로데릭 왕의 신하로써 귀족 출신이라고 알려져 있다. 왕은 전사하고 나라는 뺏겼지만, 그는 북부 산악지대에서 기독교 농민들을 규합하여 싸우기 시작했던 것이다. 그리고 펠라요는 북쪽 해안에 이르는 지역들을 확보하여 아스투리아스 왕국(The Kingdom of Asturias)을 건설하고 무슬림과는 평화조약을 맺는다. 그리고 아스투리아스 왕국은 조금씩 남하하면서 빼앗긴 땅을 회복하는 '리콩퀴스타'의 선두 주자가 되었다.

시간이 지남과 함께 반도의 북부에는 레온(Leon), 카스틸(Castille), 아라곤(Aragon), 나바레(Navarre)와 같은 기독교 왕국들이 잇달아 세워지면서 무슬림들을 남쪽으로 밀어내기 시작하였다. 10-12세기에는 이슬람 안달루스 왕국이 황금기를 맞이했으면서도 계속된 분열로 힘을 잃기 시작했다. 그럴 때마다 모로코의 알모라비드(c.1050-1147)와 알모하드(1121-1269) 왕조가 일어나 굳건히 지키는 듯했으나, 결국, 톨레도(1085), 사라고사(1118), 코르도바(1236), 세빌(1248)이 연이어 무너지면서 남쪽 해안의 조그만 그라나다 왕국만 남게 된다. 드디어, 1492년, 약 10년간의 전쟁을 통해 그라나다 역시 항복하게 되면서 알함브라 궁전의 열쇠는 카스틸의 이사벨라 1세 여왕과 아라곤의 페르디난드 2세에게 넘겨주고 반도를 떠나게 된다. 이로써 약 770여 년간의 길고 긴 리콩퀴스타의 역사가 완성되었고, 이베리아 반도는 완전히 기독교 왕국으로 되돌아가게 된다.

그라나다 정복 이후 카스틸에는 약 50만의 무슬림들이 살았었지만, 10여만 명은 전쟁과 함께 죽었고, 20여만 명은 아프리카로 돌아갔으며, 20여만 명 정도가 회복된 기독교 카스틸 왕국에서 살았다. 아라곤의 수도 사라고사는 인구의 25%가 무슬림이었고, 발렌시아는 인구의 30%가 무슬림이었다고 한다. 그들은 가톨릭으로 개종하거나(Moriscos), 추방되거나, 개종하지 않은 채(Mudejar) 차별 속에서 살게 되었다.

기독교 토착 스페니아드들은 모리스코스들을 탐탁지 않게 여겼기 때문에 과거에 그들이 무슬림들에게 받았던 것과 같이 그들을 차별하였다. 그래서 그들은 종종 폭동과 반란을 일으켰다. 결국, 스페인과 포르투갈은 종교재판소를 설치하여 가짜 개종자들을 가려내기 시작했다. 여기서 적발된 자들은 즉시 추방되었으며, 반란 가담자들은 사형을 당하였다. 이베리아 반도에서 이슬람의 잔재를 지워감으로 인해 무슬림들은 모로코와 오스만 투르크의 지원을 요청하면서 대대적인 폭동과 반란을 일으키기도 했다. 결국, 가톨릭 제국은 왕명으로 아랍어를 금지하였고, 모든 아랍어로 인쇄된 책들을 불태우게 했으며, 모스크들을 없애거나 교회로 바꾸었고, 이슬람교 자체를 불법화시켰다. 하지만 추방된 자들 가운데 많은 수는 세월이 흘러 스페인으로 되돌아 왔고, 결국엔 19세기 초엽부터 무슬림 노예들도 다 해방되어 시민으로서 살아갈 수 있게 되었다. 그러나 아직 이슬람이 합법적 종교가 된 것은 아니었다.

2. 스페인에서의 이슬람 부흥

1) 이슬람 부활의 발자취

(1) 프랑코 독재 시대(1939-1975)의 무슬림

1931년, 알폰소 8세 국왕이 군주제를 폐지하고 연방제를 주장하는 다양한 공화주의자들에 의해 퇴위되어 귀양을 갔다. 1931년 새 헌법은 군주제를 폐지하고 귀족들의 특권을 없앴으며, 가톨릭 교회에 준 특권들을 폐지하였다. 1936년, 소련의 후원을 받는 인민전선당(Popular Front, PF)이 선거에서 승리하자 프란시스코 프랑코(Francisco Franco, 1892-1975) 장군은 여러 장군들을 규합하여 반란을 일으켰다. 이 시민전쟁(1936-1939)의 승리로 정권을 잡은 그는 왕정을 복고하였고, 가톨릭과 보수주의를 반대하는 공산 사회주의자들을 몰아내었으며, 스페인 민족주의를 강조하면서 강력한 중앙집권적 가톨릭 국가로 세워갔다. 그는 그 어떤 지방분권적 이념들을 허용치 않았다.

그의 집권 전반기 동안 스페인에는 이슬람 집회가 허용되지 않았고, 단 한 개의 모스크도 세워지지 않았다. 더구나 프랑코는 블라스 인판테(Blas Infante, 1885-1936)를 제거하였다. B. 인판테는 '안달루시아의 아버지'라고 불리는데, 안달루시아 민족주의(Andalusian nationalsm)라는 이데올로기를 만들어 안달루시아의 자치 정부 획득을 주장한 사람이었다. 그는 모로코를 방문하여 이슬람 신앙을 고백하고 공식적으로 무슬림이 된 후 무슬림 혁명가의 길을 갔다. 그는 결국, 시민전쟁 중에 프랑코 장군에 의해 체포되었고, 나라를 분할하려는 연방주의자요 사회주의 운동가로 정죄되어 총살당하였다.

그러나 1964년, 프랑코는 비 가톨릭 종교의 존재를 공식 인정하는 법률을 발표했다. 그리고 1967년에는 종교의 자유를 보장하는 법률도 발표하였다. 그러다가 드디어 1971년 최초로 이슬람 학생들로 구성된 스페인 이슬람협회(The Islamic Association in Spain)가 공식 등록이 되었다. 1492년에 그라나다 왕국이 멸망한 이후 479년 만에 인정된 첫 이슬람 조직이었다. 그 협회는 몇 년 안에 말라가, 마드리드, 오비에도, 사라고사, 발렌시아 등지로 확산되었다. 하지만 스페인 사회에는 아직 이슬람의 활동은 거의 인식되지 않는 단계에 있었다.

(2) 프랑코 독재 이후: 사회주의 노동자당 시절의 무슬림 (1976-1985)

1975년 독재자 프랑코가 사망하자 보수주의자들과 가톨릭의 힘은 다시 급격히 약해졌고, 반가톨릭적이고 반중앙집권적인 사회주의자들이 정치적으로 득세하게 되었다. 1976년, 아랍 18개국 대표단이 마드리드를 방문하였다. 그들은 과도 정부와 아랍 스페인 관계 증진에 합의하였고, 마드리드에 이슬람 센터를 건립하는 것에 합의하여 20,000 평방미터의 땅을 제공받았다. 사우디 기반의 세계 무슬림 연맹(Muslim World League, MWL)이 중심이 되고, 이슬람 45개국에서 840명의 건축가들이 동참하여 이슬람 센터 건립을 준비하기 시작했다. 실로, 아랍 세계는 스페인에서의 안달루시아 왕국의 회복을 꿈꾸면서 한 마음으로 이 프로젝트에 참여하였다. 그러나 가톨릭 교회와 시민들의 반대 정서들로 인해 실제 건축은 1991년에 시작된다.

1978년에 개정된 새 헌법은 스페인은 모든 종교와 협력한다고 명시하였다. 또 이 헌법에 따라 스페인은 17개의 자치주로 나누어 지방분권 시대로 들어갔다. 남부 해안지역에는 안달루시아 자치주가 생겨났다. 블라스 인판테의 꿈이 그의 사후에 성취된 것이다. 이 모든 것은 지방분권주의를 강조하는 사회주의 정당이 권력을 잡았기 때문이었다. 아이러니하게도 블라스 인판테가 만들었던 깃발과 노래는 안달루시아 주정부의 공식 깃발과 노래가 되었고, 그는 안달루시아 민족주의 운동의 아버지로 재조명을 받게 되었으며, 그의 동상도 세워졌다.

블라스 인판테는 옛 안달루스 왕국의 영광을 회복하려는 무슬림들에게 추앙받는 존재가 되었으며, 그의 안달루시아 민족주의는 이슬람 안달루스 왕국 회복의 기본 이념이 되었다. 또한, 스페인 밖 아랍 연맹하의 이슬람국들은 그들의 영화가 깃든 알-안달루스 왕국의 땅이 안달루시아라는 이름으로 자치주를 가지게 되어 대단히 고무되었으며, 디아스포라 무슬림 안달루시안들은 안달루시아 왕국의 회복을 꿈꾸면서 "귀향"하는 자들이 생기기 시작했다.

무슬림 단체들은 활발한 활동들을 전개하였다. 그 해 1978년, 마드리드에서 스페인 이슬람 센터가 창립, 등록되었고, 이어서 코르도바 이슬람협회가 등록하였다(1980). 1981년, 스페인 이슬람 선전협회(Religious Association for the Propagation of Islam in Spain)라는 단체가 등록하였다. 그 해, 뉴욕타임즈는 스페인에 아랍인들이 몰려오고 있다고 경고음을 낸 적이 있었다. 하지만 당시 스페인에서는 그 누구도 이를 크게 문제로 여긴 자는 없었다. 새로이 들어선 정부가 경제적인 이익을 위해 아랍권과 긴밀한 관계를 맺는 것이었기 때문이었다.

결국, 1982년, 사우디 왕세자 살만(현 국왕)의 지원으로 최초의 모스크가 말라가(Malaga)에 건립되었다. 이제 실로 무슬림들은 노골적으로 안달루스의 회복을 향한 그들의 꿈을 현실화하기 시작하였다. 같은 해, 세빌에서 알 안달루스 이슬람 가족협회(Yama'a Islamica de al-Andalus, YIA)가 등록하여 여러 도시에서 이슬람 문화 행사들을 전개하기 시작하였다. YIA는 1984년 1월, 가톨릭

교회 주관으로 매년 열리는 그라나다 회복 기념축제 행사를 반대하는 데모를 벌였다. 결국, 사회적 문제가 되어 이 행사는 무슬림들을 배려하는 다른 형태로 바뀌게 되었다. 또, YIA는 안달루시아에서 국제적인 무슬림 콘퍼런스들을 연이어 개최하면서 영향력을 확대해 갔다.

1980년대까지만 해도 스페인에는 단 한 개의 모스크도 없었다. 하지만, 2018년까지 전국에 약 1,500여 개의 모스크들과 이슬람 센터들이 생겨났다. 1990년에 20만 정도이던 무슬림 인구가 2018년에는 거의 200만 명에 육박하고 있음이 드러났다. 한 세대 안에 거의 10배가 늘어난 것이다. 그리고, 스페인 내에 있는 모스크들 중 약 100여 개가 과격적인 살라피즘의 이슬람을 가르쳐왔고, 그들은 자체적인 무슬림 종교 경찰을 조직하여 암암리에 무슬림들의 생활을 감시하고 통제하고 있는 것도 발견되었다. 스페인 정보 당국은 100여 건의 무슬림 테러 모의를 사전에 적발하여 방지했다고 보도하였다.

스페인은 1975년 프랑코 정권이 막을 내린 이후 1982년 이래 3, 5대 총리가 사회주의노동자당 출신들이었다. 제4, 6대 총리는 인민당(People's Party)이었지만 중도우파이다. 현재 제7대 총리는 사회주의노동자당 대표(2014-2016) 출신의 페드로 산체스(Pedro Sánchez, 2018~)인데, 그는 2018년 6월 2일 취임하자마자 (무슬림) 불법이주자들을 받아들이기 시작하였다. 결국, 스페인에서 무슬림의 증가로 이슬람이 부흥하는 것은 사회주의 정권들이 EU의 다문화주의 정책을 넘치도록 충실하게 따르고 있는 점과 아랍 이슬람 국가들의 지원들이 어우러진 결과였다. 하지만, 최근 심각해진 무슬림 테러와 이슬람 부흥으로 인해 유럽의 많은 학자들이 이 현상을 지적하고 있다 보니, 스페인도 이 문제를 심각하게 들여다보기 시작하였다.

(3) 스페인의 EEC(EU) 가입(1986) 이후의 무슬림

1986년은 스페인의 무슬림들에게 역사적인 해였다. 스페인이 EEC에 가입

하게 되면서 인권과 종교의 자유를 포함한 유럽의 가치들을 공유하게 되고, 유럽의 이주민법(Immigration Act)을 받아들이게 되었기 때문이다. 이로 인해, 1989년, 스페인 정부는 결국 이슬람을 notorio arraigo 즉, 스페인에 깊은 뿌리를 가진 종교(deeply rooted religion)로 공식 인정하였다. 그래서, 무슬림들은 그해 제1회 안달루시안 국제대회(The 1st International Congress of Andalusians)를 열어 전 세계로 흩어졌던 알-안달루스의 후손들이 모여 큰 잔치를 가졌다.

1992년에는 스페인 이슬람협회(The Islamic Commission of Spain)가 발족하여 무슬림들의 인권과 특권을 위해 일하게 되었다. 종교시설을 가지는 것뿐 아니라, 스페인 내의 이슬람 세습 재산들의 보존권도 받게 되었다. 또, 모스크들이 각 도시마다 지어지기 시작하였다. 1992년에는 드디어 수도에 대형 마드리드 모스크가 건축되었다. 그리고, 과거 알 안달루스의 수도 코르도바(Cordoba)에 있던 그랜드 모스크는 리콩퀴스타 이후 가톨릭에 속하여 코르도바 대성당이 되었기 때문에, 1994년에, 아랍 연맹은 코르도바를 다시 유럽 무슬림들의 성지이자 서구의 메카로 만들기 위해 새로운 대형 모스크를 세웠다. 이 모스크에서는 25명의 학생들과 함께 이슬람 대학이 시작되었다.

1980년대까지만 해도 스페인에는 단 한 개의 모스크도 없었지만, 1996년에 벌써 150개가 되었고, 그중에 50개는 안달루시아에 세워졌다. 2003년, 알함브라 궁전을 마주 보는 언덕에 그라나다 그랜드 모스크(The Grand Mosque of Granada)가 세워졌을 때, 아랍 신문들은 그라나다 함락 500여 년 만에 다시 그랜드 모스크가 세워진 것은 인간성을 말살하는 세속 자본주의 유럽 시스템을 향한 새로운 희망이요 역사적인 사건이라고 하면서 흥분하였다. 허핑턴 포스트(HuffPost)에 따르면, 한 때 빌바오(Bilbao) 시민들은 모스크 건축 헌금을 요청하는 지역 이슬람 단체의 통지서를 받았다고 한다. 통지서에는 "우리는 과거 우리의 스페인 영토에서 추방됐으며 알라가 지시하는 대로 이곳을 되찾기 위해 돌아왔다"라고 적혀 있었다고 한다.

그런데, 2011년 2월 4일, 허핑턴 포스트는 "사회주의 정권 집권 이래 급격히 세속화되고 있는 스페인에서 과거 이슬람의 영광을 재건하자는 살라피스트 운동이 이슬람 국가들의 지원하에 확산되고 있다."라고 보도하였다. NYT가 경고한 지 약 40여 년이 지난 지금, 존재도 없었던 무슬림 공동체는 지하드 운동을 일으키는 과격한 원리주의 이데올로기로 무장된 살라피스트들과 함께 과거 8~15세기 스페인에서 영화를 누렸던 무슬림 왕국 알 안달루스(Al Andalus) 시대를 회복하려는 야무진 꿈을 펼치고 있다. 그래서 오늘날 스페인 무슬림들은 알 안달루스의 후손들이라는 정체성을 회복하여 안달루시안 내셔널리즘(Andalusian nationalism)의 부흥을 외치고 있다.

2017년, 프랑스의 뉴스 잡지 Current Value(Valeurs Actuelles)는 스페인에서 이슬람이 부흥하는 현상을 조용한 정복(the quiet Conquest)이라고 하면서 스페인이 이슬람 문화센터, 대형 모스크들, 현지인들의 개종, 경제적 투자 등을 통해 조용히 재이슬람화(re-Islamizing)하고 있다고 보고하였다. 2018년 5월 통계에 의하면, 스페인에는 1,588개의 무슬림 예배 처소가 있고, 약 1,500개의 모스크가 있으며, 그중 13개는 대형 모스크들이다. 지금 스페인의 무슬림 인구는 약 200만 명으로써 전체 인구의 4.27%이며, 무슬림 인구의 41%가 시민권자들이고, 나머지 59%는 아직 서류 미비 이주자들이다. 서류 미비 이주자들중 2/3는 모로코 출신이다. 현재 무슬림들은 마드리드, 카탈로니아, 안달루시아, 발렌시아 지역에 가장 많이 분포되어 있으며, 매년 20%의 놀라운 성장세를 보이고 있다. 스페인 정보국에 의하면, 1994년에 알 카에다의 지부가 스페인에 세워졌고, 10년 뒤 마드리드 지하철 폭파 테러사건이 일어났다.

2) 이슬람에 대한 스페인의 반응

스페인에서 이슬람은 1990년대에 폭발적으로 성장하였다. 그러면서 서서히 스페인 사회에서도 조금씩 이슬람에 대한 긴장이 조성되기 시작하였다. 특히, 21세기의 시작과 함께 터진 9/11 테러 사건은 서구 세계로 하여금 이슬람에 대해 크게 우려하게 만드는 계기가 되었고, 스페인에서도 이슬람에 대한 긴장이 고조되게 하였다. 그 긴장은 모스크들이 세워진 대도시들에서 더 고조되었다. 결국, 2004년 3월 11일, 마드리드에서는 연쇄 폭발테러 사건이 일어나 열차가 전복되고 200여 명이 사망하였으며 2천여 명이 부상을 당했다. 결국, 스페인에서도 anti-Mosque 운동이 일어나기 시작했고, 이슬람공포증(Islamophobia)과 함께 무슬림들을 향한 적대감이 상승하게 되었다. 그래서 2009년에는 예배 처소에 대한 법률안(Law on centers of Worship)이 통과되었는데, 이미 등록된 교회나 모스크 외의 빌딩이나 집에서 종교행사를 하려면 그 건물에 대해 종교행사 허가를 받아야만 하게 되었다. 이 법률은 비밀리에 모여 과격주의 살라피즘을 가르치는 무슬림들 때문에 생겨났지만, 개신교를 포함한 모든 종파들에게도 같은 영향을 끼치는 파급효과를 만들어 내었다.

그럼에도 불구하고, 2017년 8월, 카탈로니아(Catalonia) 지방의 주도인 바르셀로나에서 연쇄 폭탄 테러 사건이 일어났다. 카탈로니아는 스페인에서 가장 부유한 지역이고, 특히, 바르셀로나는 유럽 최대의 관광지역이어서 많은 무슬림 이주자들이 정착하려고 몰려드는 곳이다. 이곳은 무슬림들의 수가 빠르게 증가하는 곳인 동시에 현지인들의 반무슬림 정서가 가장 강한 곳이기도 하다. 지역 모스크가 약 50여 개나 되는데, 그곳들에서 이맘들에 의해 원리주의를 교육받은 2세 청년 무슬림들이 테러를 일으켰다. 이로 인해 스페인은 보다 무슬림들에 대한 안일한 태도를 버려야 한다는 경각심을 가지게 되었다.

3) 무슬림들의 문제

스페인 무슬림들의 증가는 빠르지만, 그들에게도 문제들이 많다. 우선, 내부적으로 스페인 무슬림들은 하나가 아니고 다양한 그룹들로 나뉘어 있다. 오래된 안달루스의 후손들, 최근 다양한 나라들로부터 유입된 이주자들, 그리고 현지에서 개종한 스페니아드 무슬림들이 있다. 그들의 성향 또한 각각 다르기 때문에 의견들이 상충되고 있다. 외부에서 들어온 무슬림 그룹들은 대부분 과격하고 원리주의적이며 스페인(유럽)의 문화와 가치를 부정하면서 사회, 문화적으로 통합되지 못하고 있다. 아니, 통합하기보다는 오히려 과거 안달루스 왕국 시절처럼 자기들이 유럽을 점령하려고 한다. 반대로, 개종한 유럽 무슬림들은 유럽적 가치 속에서 공존하는 온건한 이슬람을 추구한다. 그들에게 있어서 이러한 간격은 메워지기가 어려운 난제이다. (여기서는 Ceuta와 Mellilla 상황에 대해서는 논외로 한다.)

4) 요약과 평가

스페인에서 이슬람이 다시 부흥하게 된 데에는 몇 가지 요인들이 겹쳐져 있다.

첫째, 가장 큰 동기는 강력한 보수 우파 정권이었던 프랑코 시대가 막을 내렸기 때문이었다. 그의 정권이 그의 사후에도 이어질 수 있도록 후계자들을 잘 준비했더라면 상황은 달라졌을 것이다. 둘째, 사회주의 노동자당의 등장은 스페인을 아주 다른 방향으로 이끌어 가버렸다. 그들은 군주제를 폐지하고, 지방자치제를 실시하여 안달루시아라는 이름의 지방자치주를 만듦으로써 안달루시아 민족주의 정서를 자극하였다. 또한, 아랍권과 밀착관계를 발전시켜 갔다. 셋째, 정권을 잡은 사회주의자들은 철저한 세속주의 노선을 견지하면서 가톨릭의 전통적 지위를 제거하여 사회적 영향력을 약화시켰으며 가톨릭의 독점적 지위를 와해시켰다. 넷째, 스페인의 유럽연합 가입 이후 종교적 다원주의, 인권, 난민정책, 다문화주의 정책 등으로 무슬림 이주민과 난민이 급속도로 증가하게 되었기 때문이다. 다섯째, 무슬림 안달루스 왕국의 회복을 꿈꾸는 아랍 세계의 전폭적인 지원이 있었다. 여섯째, 무슬림 안달루스 왕국의 자산들이 현존하는 상황에서 스페인 사회는 그들의 역사에서의 이슬람의 위치를 부정하는 논리를 개발하지 못했다. 오히려 그들의 유산과 문화를 찬양하였다. 일곱째, 이 모든 이유들에도 불구하고, 더 치명적인 것은 그들의 역사 인식의 약화와 스페인인으로서의 정체성 약화이다. 그들의 기독교적 전통은 지난날의 역사일 뿐이고, 무슬림의 통치를 받던 악몽 같은 시절도 지난날의 악몽이었을 뿐이라고 생각하는 잘못을 범해왔다. 하지만, 역사는 반복된다고 한 것처럼, 20세기 중반 이후부터 서바나에는 또다시 무슬림 운동이 꽃을 피우고 있다. 오늘날 아랍 세계는 과거 700여 년간 이베리아 반도에서 꽃 피웠던 이슬람 안달루스 왕국(Al Andalus)의 회복을 꿈꾸고 있다.

현재 아랍권과 세계 각국에는 '레콩퀴스타'(재정복) 이후로 반도에서 쫓겨나거나 추방된 무슬림 후손들이 흩어져 살고 있는데, 그들은 자기들의 선조들이 수백 년 동안 살던 스페인으로 되돌아올 권리가 있다고 주장하면서 귀향 운동을 하고 있다. 실제로 오늘날 다양한 경로를 통해 스페인으로 돌아오는 무슬림들이 많다. 더 심각한 점은 오늘날 전통과 역사에 무지한 스페인 사람들 중에서 무슬림 안달루스 왕국도 역시 스페인 땅에 존재했던 자기들의 역사의 한 부분이라고 주장하는 사람들이 많아지고 있다는 것이다.

3. 포르투갈에서의 이슬람 부흥

2018년 3월 16일, 리스본(Lisbon) 이슬람 공동체는 리스본 중앙 모스크에서 대통령과 저명인사들을 초대하여 50주년을 기념하는 성대한 축하행사를 가졌다. 사회민주당 소속이었던 마르셀로(Marcelo Rebelo de Sousa) 대통령은 연설에서, "우리는 한때 포르투갈 사회와 문화에서 아랍에 의해 남겨진 깊은 유산을 제대로 인식하지 못했던 것 같다"라고 하면서, "알-안달루스는 인류의 황금기였고 5세기 동안 존재했던 이슬람의 영향은 지대했다"라고 하였다. 그는 또한 "이슬람은 포르투갈의 영혼 속에 깃들어 있다"(Islam is in Portugal's soul.)고까지 말하였다. 참석한 아랍 대표들에게는 그보다 더 듣기 좋은 말이 없었을 것이다. 이어서 카이로에서 온 알 아즈하르(Al-Azhar) 대학의 쉐이크 아흐메드는, 포르투갈이 2015년에 발표한 것 즉, 레콩퀴스타 이후에 추방된 유대인들의 후손들이 포르투갈로 이주해 오면 그들에게 시민권을 주기로 결정한 법률안에 대해 당연히 무슬림 후손들도 포함되었어야만 했다고 불만을 표현하였다. 이 행사에 대해 포르투갈의 유명한 시인인 페르난도(Fernando Pessoa)는 한술 더 뜬다. 그는 쓰기를, "한때 우리를 문명화시켰던 아랍인들을 다 추방한 죄를 씻어내자"라고 하였다. 그는 또 "무슬림들은 우리의 적들이 아니라, 우리들에게 문화적 유산을 남긴 선조들이다."라고까지 썼다.

유럽인들은 참으로 순진하다. 자기들의 땅을 무력으로 점령하고, 500여 년을 통치하면서 수많은 조상들을 참수했던 그들의 악행들은 생각지도 않고, 선조들이 자신들의 땅을 회복한 후 그 적들을 좇아낸 것을 오히려 회개하자고 촉구하였다. 물론, 그들이 그저 아랍의 돈과 오일을 생각하고 취한 태도라고 볼 수도 있겠지만, 그렇다고 할지라도, 그들은 이미 역사적 교훈들과 개념들을 대서양에 던져버린 듯하다. 이러한 상황들을 보면서, 이베리아 반도가 정말로 재이슬람화(Re-Islamization)될 수도 있겠다는 생각을 떨쳐버릴 수가 없다.

1) 레콩퀴스타와 포르투갈
포르투갈은 무슬림 왕국 알 안달루스를 재탈환하는 Reconquista와 함께 역사의 무대에 등장했다. 868년, 아스투리아스(Asturias) 왕국이 세력을 넓혀 남하하면서 Vimara Peres 장군은 오늘날 포르투갈의 서쪽 해안 도시인 Portus Cale 지역을 회복한다. 그는 알폰소 3세에게 백작의 지위를 받고, 그 지역을 관장하게 되면서 그의 통제 영역은 남으로 조금씩 확장하게 된다. 그 땅은 the County of Portugal로 승격되고, 1139년, 아폰소 헨리크(Afonso Henriques)는 포르투갈 왕국(the Kingdom of Portugal)의 설립을 선언하고, 1143년에 레온 왕국으로부터 독립을 인정받는다. 그는 포르투갈 최초의 왕으로서 아폰소 1세(Afonso I)로 불렸다. 포르투갈 왕국은 남쪽의 무슬림들과 싸워서 1249년 지금의 영토에서 무슬림을 완전히 몰아내고 포르투갈의 Reconquista를 완성한다.

사실, 포르투갈 지역은 안달루스 왕국 서쪽의 변방으로써 무슬림들이 많이 거주하는 지역은 아니었다. 그렇지만 지어진 모스크들은 모두 파괴되거나 교회로 바뀌어졌으며, 종교재판소를 통해 가짜 개종자들과 이슬람 운동을 하는 자들을 색출하여 추방하였다. 결국, 20세기 후반에 이르기까지 포르투갈에서는 이슬람이 뿌리가 뽑힌 듯 그 존재가 사라졌다. 포르투갈은 카스틸과 아라곤 왕국이 안달루스와의 싸움을 거의 250여 년간 계속하는 동안에 나라를 더 든든히 다져가게 된다. 15-16세기에는 정치, 경제, 군사적인 힘을 가진 세계 최초의 글로벌 제국(Global Empire)을 건설하여 많은 식민지를 개척하였고, 신세계 탐험에도 앞장서게 된다. 하지만, 1910년 공화주의자들의 혁명으로 군주제가 폐지되고, 오랜 독재 정권을 거친 후, 1974년 4월 25일, 또 다른 젊은 장교들의 혁명(일명, 카네이션 혁명)에 의해 40여 년간 지속되었던 살라자르 독재가 종식된다. 그러나 혁명 이후, 스페인도 그랬던 것처럼, 사회주의 개혁정치가 계속된다.

2) 포르투갈에 남겨진 이슬람의 잔재들

과거 포르투갈 지역의 무슬림들은 주로 몬데고 강 남쪽 지역에 많았다. 그래서 레콩퀴스타 완성 이후에도 남부의 Algarve와 Alentejo 지역에는 그 문화적 잔재가 남아 있었다. 그러나, 지금까지 남아 있는 모스크 건물은 오직 하나뿐인데, Alentejo 지역의 Mertola 마을 강가에 있던 모스크가 성당으로 바뀌어 지금까지 그 모습을 유지하고 있다. 모스크의 첨탑을 종탑(belltower)으로 바꾼 것 외엔 옛 모습 그대로이다. 이슬람의 잔재는 오히려 언어에 더 많이 스며든 듯하다. 학자들에 의하면, 포르투갈어에는 수많은 단어들이 아랍어와 관련되어 있다고 한다. 가장 두드러진 말은 'God-willing'이라는 뜻의 "oxala"라는 단어인데, 이 단어는 아랍어 "inshaAlla"에서 왔으며, 수도 이름 'Lisbon'도 'Al-Ishbun'에서 왔다고 한다.

3) 포르투갈의 이슬람 부흥과 시아파 '이즈마일리스'(Ismailis)

포르투갈에 이슬람 문화의 잔재가 남아 있다고 하지만 공식적으로는 무슬림과 이슬람 종교의 존재는 역사 속으로 사라진 지 오래되었다. 1991년 통계에 의하면, 무슬림 인구는 9,134명이었다(0.1%). 하지만, 2011년에는 40,000명에 이르렀고, 2019년에는 65,000명이라고 한다(0.63%). 큰 숫자는 아니지만 그 성장 비율은 대단하다. 그들 대부분은 과거 포르투갈의 식민지였던 모잠비크, 기니-비사우 출신들이며, 인도인들도 있다. 최근에는 시리아 무슬림 난민들도 들어오기 시작했다. 리스본 지역에는 국제적 규모의 이슬람 대학도 있고, 이슬람 국제학교(the International School of Palmela)도 있다.

포르투갈 무슬림의 약 80% 이상은 Shia Imami Ismaili Muslims이다. 이들은 시아파의 한 분파로써, Ismaili Imamat 혹은 그냥 이즈마일리파(Ismailis)

라고 불리는데, 두 번째로 큰 시아파 이슬람 분파이다.[23]

이즈마일리 교단과 포르투갈의 관계는 1980년대 초반으로 거슬러 올라간다. 1983년, 이즈마일리 교단의 총지도자, 제49대 이맘인 Shah Karim Aga khan IV는 리스본에서 아가 칸 재단(the Aga Khan Foundation Portugal)을 설립하여 이주자들과 어린이 교육, 노인 후원 사업 등 사회적 약자들의 삶의 질을 높이는 복지 사업들을 시작하였다. 2005년, 포르투갈 정부와 아가 칸 4세는 인간의 삶의 질 향상을 위한 협력의정서를 체결한다. 그리고, 2010년, 드디어 이즈마일리 교단은 포르투갈 의회와 Faith Agreement를 맺는다. 그것은 그들의 종교적 가르침이 유럽적 가치와 상충되지 않는다는 것을 나타낸다. 그래서 이즈마일리 교단은 포르투갈과 EU에서 국내외 공식 인정 종교 기관으로서의 법적 지위를 가지고 활동하는 것이 보장되었다. 양자는 3가지를 합의하였는데, (1) 인간의 존엄성과 다원주의(Pluralism)의 촉진 (2) 평화와 안정 촉진 (3) 인류의 삶의 질을 향상하도록 함께 노력한다는 것이었다. 다시 말하면, 이즈마일리 교단은 유럽적 가치와 종교의 다양성을 인정하는 온건주의 현대 이슬람의 모습을 표명한 것이었다. 포르투갈에서 무슬림 테러가 거의 없었던 점을 생각해 보면, 온건한 이즈마일리 교단이 다수를 차지해서일 것이라고 진단하는 사람들이 많다.

2015년 6월 3일, 포르투갈 정부와 이즈마일리 교단은 새로운 동의서에 서명하였다. 즉, 리스본에 그들의 세계본부를 설치하는 데 합의한 것이다. 비록, 이

---

23. 마호메트는 죽기 전 그의 조카로서 자기 딸 Fatima와 결혼하여 사위가 되었던 Ali가 그의 후계자가 되기를 바랐던 것 같다. 하지만, 그는 후계자 문제를 깨끗하게 결정해 놓지 못하고 죽었다. Ali의 계승자들을 Imam으로 받들던 시아파는 이맘 Jafar al-Sadiq(700-765) 이후 다시 나누어진다. 형인 Ismail은 그의 동생 Musa를 따르는 그룹들과 나누어져서 독자적인 분파를 형성했다. 그 그룹이 오늘날 이즈마일리파(Ismailis)이다. 이들 분파에 속한 무슬림들은 약 1500~1800만 명 정도인데, 인도, 파키스탄, 중앙아시아, 중국, 동아프리카 등지에 분포되어 있으며, 유럽과 북미주에도 있다.

즈마일리 교단이 현대적 가치를 공유한 온건주의 이슬람이라 하더라도, 이슬람의 한 분파의 세계 본부가 포르투갈의 수도 리스본에 세워졌다는 것은 아이러니가 아닐 수 없다. 13세기에 쫓겨났던 무슬림들이 되돌아와서 리스본을 그들의 본부로 삼았다는 것은 50년 전만 해도 상상을 할 수 없는 일이었다. 이슬람의 한 분파의 본부가 사우디나 이란 혹은 이집트가 아니라, 포르투갈에 세워졌고, 그 교단 산하에 있는 세계의 무슬림들과 모스크 지도자들이 리스본으로 와서 일을 본다는 것은 신기한 일이 아닐 수 없다. 그들에게 있어서 리스본은 그들의 메카(Mecca)인 셈이 되었다. 이것은 실로 포르투갈이 유럽 이슬람화의 전진 기지를 제공한 것과 같다. 최근 정부는 새로운 무슬림 이주자들이 늘어날 뿐 아니라, 현지에도 수니 무슬림들이 있기 때문에 포르투갈도 과격주의자들의 테러로부터 안전지대가 아니라는 생각으로 많은 예방 활동들을 하고 있다. 실로, 유럽 재복음화를 위한 신(新)마게도냐 환상과 신(新)서바나 선교비전은 이제 다시 우리의 발등에 떨어진 불이다.

4. 이슬람에 대한 유럽인들의 저항

퓨 리서치 센터(Pew Research Center)의 2017년 리포트에 의하면,[24] 동서유럽의 평균 무슬림 인구는 4.9%로 나타났다. 구 공산권 나라들의 무슬림 이주자 비율이 낮기 때문에 아직은 전체 비율이 많이 높진 않다. 하지만, 프랑스(8.8%), 스웨덴(8.1%), 벨기에(7.6%), 네덜란드(7.1%), 영국(6.3%), 스위스(6.1%) 등 복지정책이 좋은 서구 나라들에는 그 비율이 대단히 높다. 연구자들에 의하면, 이들 나라들은 10여 년 이내에 10%를 넘기게 될 것으로 전망한다. 문제는, 무슬림 인구가 10%를 넘어가면 그 사회는 이슬람 파워에 의해 움직이

---

24. "Europe's Growing Muslim Population" https://www.pewresearch.org/religion/2017/11/29/europes-growing-muslim-population/ (Accessed at 2023. 3. 11).

기 시작한다고 한다.

그래서, 유럽에서는 이슬람화에 대한 거부감과 저항하는 움직임들이 정치 영역에서도 공적으로 나타나기 시작했다. 그 선구자는 화란의 우파 정치가 기어트(Geert Wilders)와 그의 자유당(PVV)인데, 그들은 무슬림을 포함한 모든 불법 이주자들이 유럽에 정착하는 것을 반대한다. 과격 이슬람주의 단체들은 기어트 총재에게 많은 현상금을 걸고 살해할 것을 천명한 지 오래여서 그는 방탄차와 24시간 경호부대에 둘러싸여 활동하고 있다. 그 외에도 마리 르펜(Marine Le Pen)이 이끄는 프랑스의 국민전선당(FN), 노르웨이 보수당도 유럽의 이민정책을 반대하면서 불법 무슬림 이주자들의 추방을 주장하고 있다. 정당 밖에서도 우파 시민운동가들이 등장하여 이슬람화 반대 운동과 과격 무슬림들과의 투쟁에 힘을 쏟고 있다. 영국에서는 Britain First와 English Defense League(EDL), 프랑스에서는 Institut-Civitas 운동, 독일의 PEGIDA, 폴란드의 Polish Defense League(PDL) 등이 등장하여 시민운동을 통해 무슬림들과 대항하고 있다.

2009년 11월 29일, 스위스에서는 이슬람 모스크에 높은 첨탑(Minaret)을 허용할 것인가 하는 문제로 국민투표를 실시하였다. 그 결과 압도적인 표차로 금지가 확정되었다. 당시 스위스 전역에 첨탑을 가진 모스크는 겨우 4개 정도였지만, 더 많아지는 것을 두려워했고, 이것은 유럽 전통문화에 대한 대단한 도전과 위기감이 반영된 투표였다.[25] 2015년, 오스트리아는 이슬람을 공식 인정했으나 해외로부터는 일체의 재정 지원을 받을 수 없다는 법률을 제정하였다. 즉, 오스트리아 이슬람은 일체의 외부 지원 없이 그들 자신의 헌금으로만 운영하게 되었다. EU도 이제는 지중해로 넘어오는 난민선들이 내해로 들어오지 못하

---

25. Todd H. Green, "The Resistance to Minarets in Europe," *Journal of Church and State* 52/4(2010): 619-43.

도록 해상에서 밀어내는 정책을 시행하고 있고, 발칸반도로 넘어오는 불법이
주자들은 튀르키예가 다 막아 내기로 협약하였다. 이로써 유럽으로의 불법이
주자들은 확연히 줄어들었다.

5. 유럽에 대한 선교적 이해

1) 죽어가는 유럽 교회들

유럽에는 문 닫는 교회들이 날로 늘어나고 있다는 뉴스들이 심심치 않게 들
려온다. 사실이다. 하지만, 여기엔 간과할 수 없는 중요한 한 가지 사실이 숨겨
져 있다는 것을 알아야 한다. 죽어가고 있다는 유럽 교회들은 대부분 국가를 배
경으로 삼아 온 웅장한 고딕건물들을 소유한 교회들이다. 다시 말하면, 성공회,
루터란, 개혁장로교회들이다. 우리는 이러한 교회들을 Established Church 혹
은 Conformist church라고 부른다. 즉, 국가교회들(national churches)이다.
이 교파들은 역사적으로 국가적 배경을 가지고 성장했기에 큰 예배당들을 소
유하고 있다. 하지만, 아이러니하게도 가장 많이 쇠퇴하고 있는 교회들이다. 아
파트, 카페, 식당, 심지어 모스크나 술집으로 바뀌었다는 뉴스들을 장식하는 교
회들은 모두 국가를 배경으로 한 Conformist 교회들이다.

반면에, 오순절, 침례교, 회중교회, 복음주의교회 등은 국가적 배경을 가져본
적이 없는 교회들이다. 그래서 Non-conformist 교회라고 불린다. 이 교회들은
고색창연한 예배당 건물들은 없지만, 성장하고 있는 교회들이다. 오늘날 유럽
에서 이러한 교회들은 다양한 형태로 계속해서 개척되고 있고, 개인의 삶 속으
로 스며들고 있다. 하지만, 그들에겐 웅장한 건물들이 없기에 잘 보이지 않는다.

2) 유럽 기독교의 실패

유럽의 주류에서 기독교는 설 자리를 잃고 말았다. 지난 2010년, 에딘버

러 선교사대회 100주년을 기념하는 동경선교대회(2010)에서 스테판 구스탑슨(Stefan Gustavsson)은 말하기를, 유럽인들은 아버지의 유산을 미리 받아 탕진해 버린 탕자와 같이 생각 없이 그 풍부한 유산들을 날려버렸다고 한탄하였다.[26] 물론, 이것은 하루아침에 된 것이 아니다. 지난 역사를 돌아보면, 유럽 기독교의 쇠퇴에는 치명적인 실패들이 있었다. 이성을 중시하는 계몽주의(17-18세기), 진화론(19세기), 자유주의 신학(19-20세기)들이 등장하여 교회와 유럽 사회를 흔들고 있을 때, 교회와 기독교 학자들은 그러한 세태들을 압도하는 새로운 기독교 패러다임 창출에 실패했다. 다시 말하면, 하나님보다 더 높아진 이론들과 이교적 풍조들이 세상을 압도해 갈 때, 유럽 교회가 지혜롭게, 효과적으로 대처하지 못해온 것이 쇠퇴의 가장 큰 원인이었던 것이다. 그러나, 20세기 말에 이르러 유럽 교회에는 한 줄기 빛이 비추이기 시작했다. 후기 기독교 사회의 신이교적 문화에 대항하는 사상과 이론들이 등장하기 시작한 것이다.

3) 유럽 교회의 자각과 선교실천 이론들

(1) 레슬리 뉴비긴과 교회의 대항문화적 사명(Counter-cultural mission)

유럽의 문제를 간파하고 그 대안을 찾아낸 사람은 오늘날 선교적 교회론(Missional Church)의 이론적 근거를 확립한 레슬리 뉴비긴(Lesslie Newbigin, 1909-1998)이었다. 1974년, 그가 38년간의 인도 선교 사역을 마치고 귀국했을 때, 영국은 이미 세속주의에 깊이 물든 후기 기독교(Post-Christianity) 사회에 접어들었을 때였다. 그에게 영국은 이미 이교도 사회와 같았으며, 이런 사회를 선교적으로 대면하는 것이 가장 큰 실제적인 임무라고 생각하였다. 그래서 뉴비긴은 서구 사회를 선교사의 시각으로 바라보면서 선교사적인 분석 질

---

26. 동경대회 마지막 날 금요일 오전에 행한 "Reaching the Secular Peoples of Europe"이라는 제목의 특강.

문을 제기하였다. 즉, 기독교의 토대 위에 세워졌음에도 그것을 인정하지 않으려는 이런 문화를 우리는 어떻게 다시 복음화시킬 수 있을 것인가 하는 것이었다. 이런 고민이 그로 하여금 그의 인생의 후반기에 서구 그리스도인들을 위한 기독교 신앙을 변증하는 책들을 쓰게 만들었고, 그의 이론들은 선교적 교회론 (missional church)을 태동시키는 사상적, 선교학적 토대가 되었다.[27]

뉴비긴은 주어진 문화 속에서 복음을 꽃피우려면, 복음과 문화 사이에서 진정한 선교적 조우(missionary engagement)가 있어야 한다고 강조하였다.[28] 그래서 교회의 시대적 사명은 그가 처한 문화적 상황을 알고, 그 상황에 대처할 선교적 모색이 필요하다고 하였다.[29] 뉴비긴은 이것을 교회의 대항문화적 (counter-cultural) 사명이라고 표현했다. 초대 교회와 신자들이 이교적 로마 제국을 점령할 수 있었던 것은 그들의 존재 자체가 대항문화적이었기 때문이었다.[30] 그들의 존재성 자체가 선교적이었으며, 삶의 모든 현장이 선교적 조우였다. 그것이 로마를 이기게 하였다. 그러므로, 교회는 다시 한번 초기의 그 카타콤적인 아래로부터의 교회라는 패러다임을 회복하고, 풀뿌리 사회로부터 인정받으며 그들의 희망이 되어야 한다. 또한 그들과 함께 신앙 공동체를 이루어 현재의 신이교적(neo-pagan) 문화들에 대항할 때 유럽교회의 회복은 시작될 것이다.

---

27. "선교적 교회론이 살 길이다!" http://www.kscoramdeo.com/news/articleView.html?idxno=4673 (Accessed at 2023.05.10).

28. Lesslie Newbigin, *Foolishness to the Greeks: The Gospel and Western Culture* (London: SPCK, 1986) 참조.

29. Lesslie Newbigin, *The Gospel in a Pluralist Society* (Grand Rapids: Wm. B. Eerdmans Pub. Co., 1989) 참조.

30. George Hunsberger, Craig van Gelder, *The Church between Gospel and Culture: The Emerging Mission in North America* (Grand Rapids: Wm. B. Eerdmans Pub. Co., 1996) 참조.

(2) 디아스포라 선교학(Diaspora Missiology)

이 시대의 로잔운동은 디아스포라 선교학을 낳았다. 디아스포라 선교학은 글로벌화로 인해 이민자들이 증가한 상황에서 다문화화 되고 있는 오늘날 세상과 날마다 조우하는 교회와 하나님의 백성들이 어떻게 행해야 할지를 가르쳐 주는 21세기의 선교적 실천 이론이다. 무슬림 이주자들이 폭발적으로 증가하고 있는 유럽과 북미주에서는 꼭 필요한 선교적 실천이론이다.[31] 로잔선교 분과위원회가 2004년 파타야(Pattaya) 포럼에서 요약한 디아스포라 선교의 핵심 영역은 세 가지였다.[32] 첫째는 제자도(Discipleship)인데, 같은 민족 디아스포라들을 전도하여 제자로 삼는 사역이다. 둘째는 선교(Mission)인데, 함께 제자 된 디아스포라들이 총체적 복음을 가지고 같은 민족 디아스포라들 뿐만 아니라, 모든 지구촌 백성들에게 나아가는 것이다. 그리고 셋째는 시민정신(Citizenship)으로 그들이 현재 살고 있는 나라의 정치, 경제, 문화적 복지 향상에 의미있는 기여들을 하도록 할 뿐 아니라, 그들의 고국과의 관계에 있어서 중요한 가교 역할을 하게 하는 것이다. 유럽의 교회와 신자들이 대항문화적 사명을 가진 선교적 교회가 되어 유럽에 온 디아스포라들을 향하여 이 세 가지 의미 있는 사역을 감당하게 될 때, 다문화적 유럽 사회에서 교회는 다시 그 영향력을 회복하게 될 것이다.

---

31. Enoch Wan, *Diaspora Missiology: Theory, Methodology, and Practice. 2nd Edi* (Scotts Valley: createspace independent publishing, 2014) 참조. Kindle판이지만 이 분야에서 가장 권위있는 책이다.
32. The Lausanne 2004 Forum for World Evangelization in Pattaya, Thailand. 2004. 9/29~10/5.

4) 유럽 재복음화와 선교운동들[33]

세속화와 후기 기독교 사회로의 이동 속에서 유럽의 교회들은 무엇을 하였을까? 그들은 무기력하게 이러한 상황을 바라보고만 있었을까? 그렇지는 않았다. 밤이 깊어지면 새벽이 가까이 오고 있다고 했듯이, 유럽 교회의 안타까운 역사는 유럽이 세속화의 첨단을 달려가고 있던 20세기 후반부터 조금씩 새로운 빛이 비취기 시작했다. 비록, 판도를 바꿀 정도는 아니었지만 유럽교회들은 나름 교세 유지와 복음전도를 위해 발버둥쳐 왔다. 그리고 글로벌 선교계에서도 언제부터인가 유럽 재복음화(Re-Evangelization of Europe)라는 용어가 등장하기 시작했다. 개신교뿐만 아니라, 유럽 가톨릭 교회들도 이 운동에 열심을 내고 있다. 유럽 재복음화에는 (1) 로잔 유럽 재복음화 운동 (2) 기존 교단, 교회들의 교회개척 운동 (3) 디아스포라 교회들 (4) 각종 파라처치(Parachurch) 선교단체들의 사역들, 그리고 (5) 다음 세대(Next Generation)를 위한 사역들이 큰 역할들을 하고 있다.

(1) 로잔 운동(The Lausanne Movement)

1974년, 미국의 빌리 그래함 목사와 영국의 존 스토트 목사의 리더십 아래에서 구미교회 지도자들은 스위스 로잔에 모여 새로운 역사를 시작하였다. 즉, 복음주의 로잔운동이 시작되어 복음적 교회들을 하나 되게 하여 세상을 복음화하는 일에 앞장서기 시작했다. '세계의 총체적 복음화라는 공동의 과업을 위하여 모든 복음주의자들을 연합하라!'[34]는 슬로건 아래에서 서구와 세계의 복음주의자들이 뭉쳤다. 이 대회에서 랄프 윈터(Ralph Winter) 박사가 발표한 미전

---

33. Jim Memory, *Europe 2021: A Missiological Report (2021)*; "The Extraordinary Re-Evangelization of Europe" https://lausanne.org/about/blog/the-extraordinary-re-evangelization-of-europe (Accessed at 2023.03.06).

34. "Unite all evangelicals in the common task of the total evangelization of the world!"

도족속그룹(Unreached Peoples Group, UPG) 개념은 선교계의 새 이정표가 되어 지난 수십 년간 세계선교의 주된 아젠더가 되었다. 로잔 유럽(Lausanne Europe)[35]은 유럽 재복음화의 기치를 내걸고 교회개척 사역에 힘을 쏟고 있다. 로잔운동은 그 후 마닐라대회(1989), 케이프타운대회(2010)로 이어졌고, 2024년에는 서울에서 제4차 로잔대회가 개최될 예정이다. 로잔운동의 영향으로 자유주의 WCC 운동은 빛을 잃게 되었고, 복음주의 교회들의 연대와 세계복음화 그리고 유럽 재복음화 운동은 날로 힘을 얻고 있다.

(2) 기존 교회와 교단들의 교회개척 운동

유럽교회가 약화되었다고 해서 교회개척 사역이 사라진 것은 아니었다. 2018년, 베를린에서는 약 30개국으로부터 교회개척 사역에 종사하는 170명의 조직 리더들이 모였다. 이 모임을 NC2P(National Church Planting Processes)[36]라 불렀는데, 이러한 운동은 유럽에도 교회개척 사역이 진행되고 있음을 보여준다. 그리고, 프랑스 내의 복음주의 교단들이 모인 프랑스 복음주의교단 전국협의회(National Council of Evangelicals of French, CNEF)[37]는 '1 pour 10,000'이라는 슬로건과 함께 인구 10,000명 당 하나의 복음주의 교회를 개척하겠다는 비전과 함께 교회개척 운동을 해 왔다. 프랑스 인구가 6,500만이므로 6,500개의 복음주의 교회가 필요한데, 현재 약 2,700여 개의 교회가 있기 때문에 3,800개 교회를 더 개척하는 것이 목표이다. 1970년에 769개, 2017년에 2,521개였던 것에 비하면 대단히 많이 성장한 수치이다. 21세기에 들어선 후에도 유럽 각국의 각 교단들은 비록 소수일지라도 새로운 교회개척 사

---

35. 더 구체적인 정보는 https://www.lausanneeurope.org/ 를 참조하라.
36. 더 구체적 정보는 nc2p.org 를 참조하라.
37. 프랑스 전국복음주의협의회(National Council of Evangelicals of France, CNEF)는 2010년에 결성되었는데, 프랑스 내의 오순절 교회, 특히 하나님의 성회를 포함하여 대부분의 복음주의 교회들이 참여한 연합체이다. 구체적인 정보는 https://www.lecnef.org/page/509713-missions 을 참조하라.

역에 힘을 쏟고 있다. 단지, 그러한 신생 교회들과 소그룹 공동체들은 웅장한 고딕 교회당 건물들 안이 아니라, 가정집들과 사무실 혹은 임대한 장소들에서 모이기 때문에 눈에 잘 드러나지 않을 뿐이다.

(3) 디아스포라 교회들

오늘날 유럽의 사회현상들 가운데 한 가지 아이러니(irony)는 유럽에서 부흥하는 교회들은 유럽으로 이주해 온 디아스포라들의 교회들이라는 사실이다. 무슬림 난민/이주민들은 유럽 사회에 통합하지 못하고 전통사회에 갈등을 가져오고 있지만, 크리스천 이주자들은 오히려 쇠퇴하는 유럽 기독교에 활력을 불어넣고 있다. 하나님은 유럽 대륙을 재복음화하기 위해 이동하는 사람들을 사용하고 계시는 듯하다. 여기에는 자메이카(Jamaica)와 같은 스페인어를 사용하는 남미 출신자들의 교회들, 포어를 사용하는 브라질인들의 교회, 그리고 중국인 교회들도 있다. 그중에 가장 활발한 디아스포라 교회는 가나, 나이지리아, 케냐 등 아프리카 디아스포라들의 교회들[38]과 한인(Korean) 교회들이다.

런던의 Southwark 지구는 흑인 밀집지역인데, 그곳에는 약 250개의 교회가 있으며, 매주일마다 약 20,000명의 신자들이 교회에서 예배한다.[39] 그중에 Kingsway International Christian Center(KICC)가 제일 큰 교회인데, 나이지리아 출신 목사(Rev. Matthew Ashimolowo)에 의해 세워진 은사주의 교회이다. 1992년에 시작된 이 교회는 현재 약 12,000명이 매주일마다 모여 예배하는 서유럽에서 가장 큰 교회로써, 영국과 미주 등지에 지교회들을 가지고 있다. 나이지리아인들이 주류이지만, 약 46개국으로부터 온 신자들이 모이고 있다. 그

---

38. Michael P. K. Okyerefo, "African Churches in Europe," *Journal of Africana of Religions* 2/1(2014): 95-124.
39. "African Churches Boom in London's Backstreets" https://www.theeastafrican.co.ke/tea/magazine/african-churches-boom-in-london-s-backstreets-1411468 (Accessed at 2023. 3. 11).

리고, 역시 나이지리아의 거대 교단인 Redeemed Christian Church of God
을 시작했던 에녹 아데보예(Enoch A. Adeboye) 목사는 2002년부터 유럽 본
토 선교회(Europe Mainland Mission, EM)를 통해 교회개척을 시작하였는데,
현재 영국을 제외한 유럽의 약 46개국에 230개 교구를 가지고 있다.

유럽에는 한인 교회들도 작은 숫자가 아니다. 유럽의 큰 도시에는 한인교회
가 최소한 1개 이상씩 다 존재하고 있으며, 파리, 베를린, 프랑크푸르트, 비엔
나 등 대도시에는 수십 개씩 있다. 독일에 98개나 있고, 영국에도 약 100여 개
의 한인교회가 있다.[40] 2010 로잔 케이프타운 대회에서는 유럽 내에서의 디아
스포라 교회들의 성장을 보고하면서 런던의 한인 디아스포라 교회들의 성장
을 담은 영상을 공식 방영하기도 하였다. 오늘날 유럽에서 디아스포라 교회들
을 보는 것은 이제 더 이상 새로운 일이 아니다. 이제 유럽 디아스포라 교회들
은 유럽 교회사의 일부가 되었다.

(4) 선교단체들의 사역들 (Parachurch Movement)

유럽 재복음화를 향한 선교는 많은 선교단체들에 의해서도 진행되고 있다.
그 대표적인 단체들은 ECM(European Christian Mission),[41] GEM(Greater
Europe Mission),[42] OM(Operation Mobilization), Communitas International
등이다. 이러한 단체들은 교회개척에 중점을 두고 있는데, 현지 교회들과 협력
하여 새로운 기독교 공동체를 시작하는 역할을 감당하고 있다. 그리고, 미국
침례교선교회(IMB)는 프랑크푸르트의 개신교회들과 연합으로 교회개척센터
[43]를 운영하고 있다. 프랑크푸르트의 복음주의 신자 비율은 1% 미만이지만 개

---

40. 미주 크리스찬 신문이 2017년에 발표한 전세계 한인교회 통계 참조.
41. https://www.ecmi.org/en/ 참조.
42. https://gemission.org/ 참조.
43. "Church Planting in Frankfurt and Beyond" https://www.imb.org/give/project/church-planting-in-frankfurt-and-beyond/ (Accessed at 2023.05.10) 참조.

척자들을 발굴하여 훈련, 파송, 지원하고 있다. 그 외에도 Lausanne Church Planting Network, M4 Europe[44], Multiplication Network, Relational Mission, City-to-City, Acts29 등 많은 단체들이 교회개척과 제자 삼는 사역을 펼치고 있다. 그 가운데, 한국 선교사가 영국의 현지 지도자들과 연합하여 운영하는 암노스 교회개척훈련학교[45]도 있다.

(5) 다음 세대(Next Generation)를 향한 사역들

이는 참으로 예상밖의 사역이면서 또한 대단히 고무적인 사역이다. 하나님은 유럽의 세속화된 젊은이들을 버려두지 않는 것 같다. 유럽에서는 지금 다양한 선교단체들에 의해 청소년과 청년대학생 사역이 활발하게 전개되고 있다. YWAM, The Navigators, IFES Europe 등의 캠퍼스 사역은 많은 열매들을 맺고 있다. 특히, IFES Europe은 대학 세계와 그 너머에서 부흥을 추구하기 위해 유럽 전역으로부터 함께 모이는 세대에 대한 꿈[46]의 실현을 위해 뛰고 있다. 유럽의 20개 이상의 기독교 단체(예: Agape, Cru, Friends International, Youth With A Mission)들도 이 비전을 공유하고 하나되어 유럽의 새 세대의 부흥을 위해 협력하고 있다.

또한 영국서 시작한 24/7 Prayer Movement와 Steiger International은 지난 20여 년간 주 7일 동안, 매일 24시간 연속 기도 운동을 통해 다음 세대를 위해 사역하고 있다. 그리고 Awakening Europe, Holy Spirit Nights와 같은 그

---

44. NC2P(National Church Planting Processes)를 이행하는 조직인 M4 Europe은 약 30여 년 전에 유럽에서 시작되었는데, 마 28:18-20에 근거한 Master, Mission, Multiplication, 그리고 Movement를 표방한다.

45. 최종상 선교사가 London Theological Seminary에서 박사학위(Ph.D.)를 받은 후 현지의 교수들, 목회자들과 함께 시작한 사역이다. 현지의 사역자들을 모집, 훈련시켜 교회개척하게 한다.

46. "A dream about a generation coming together from every corner of Europe to pursue revival in the university world and beyond" https://reviveeurope.org/en/about/ (Accessed at 2023. 3. 15).

룹들도 유럽의 청년 부흥을 위해 헌신하고 있다. 무슬림들이 가장 많은 도시인 영국의 루톤(Luton) 시에서 시작된 Youthscape라는 사역 단체는 청년들의 삶, 정신, 문화들에 대해 혁신적인 연구들과 함께 다음 세대 사역을 수행하고 있고, 독일의 기센 자유신학대학(Free Theological College Giessen)은 다음 세대를 위해 청년 연구 센터를 운영하고 있다. 노르웨이에서도 해마다 교단들과 선교 단체들이 연합하여 The Send[47]라는 청년선교 운동 집회를 도시마다 열어 선교 의 소명을 도전하고 있다.

의외로 많은 청년들이 그리스도에게로 돌아오고 있다. 그들은 다음 세대에 서 분명히 유럽을 새롭게 할 것으로 기대되는 소중한 자원들이다. 또한, 젊은 이들은 팬데믹 이후의 세계에서 자신의 기술을 최대한 활용할 수 있는 '디지털 원주민들'이다. 그들은 또한 노인들보다 온라인에서 관계를 맺는 것이 더 쉽다 는 것을 알게 되었다. 오프라인에서의 활동들이 줄어든 반면에, 온라인 세상에 서의 청소년 사역은 새로운 가능성들을 제시하고 있다. 이처럼, 후기 기독교 사 회가 된 오늘날의 유럽에서 교회와 기독교 단체들은 유럽 재복음화를 위해 많 은 수고를 하고 있다.

4) 유럽 선교의 새로운 파트너십: 다문화 교회(Intercultural church)

앞에서 살핀 대로, 후기 기독교 사회인 유럽에서 유럽 재복음화를 위한 사역 들은 다양하게 전개되고 있다. 그중에서도 디아스포라 교회들의 존재와 그들 의 부흥은 대단히 인상적이다. 하지만 한 가지 아쉬운 점은 이민자들의 디아스 포라 교회 운동이 전통적인 유럽인들의 교회와는 단절되어 있다는 점이다. 유 럽 내의 디아스포라 교회들의 부흥은 유럽 교회의 부흥에 아무런 영향을 주지

---

47. https://thesend.no/en/ 참조.

못하고 있다. 유럽 내의 디아스포라 다인종 교회들이 유럽인들에게 영향을 끼치지 못하고 있는 것은 그 책임이 디아스포라 교회에게만 있는 것은 아니다. 유럽 교회들에게도 책임이 있다. 유럽 교회들에게는 디아스포라 교회들의 중요성을 인식하고 그들과 함께 파트너십으로 지역 복음화를 위해 힘쓰지 못한 책임이 있다. 예배 처소를 찾아 헤매는 디아스포라 교회들에게 비싼 임대료만 챙기는 교회들도 많다. 그들이 선교적 교회로 거듭나서 하나님 나라 운동의 파트너십을 공유할 때가 와야 한다.

짐 메모리(Jim Memory)는 앞으로 유럽 교회는 유럽에 정착한 디아스포라들과 어울린 다문화 교회(intercultural church) 형태가 될 수밖에 없을 것이라고 예견하였다.[48] 유럽 원주민 교회들은 이제 디아스포라 교회들의 중요성을 인식하고 그들과 협력하는 것이 유럽 재복음화에 얼마나 큰 도움이 되는지 자각해야 하는 시점에 이르렀다.[49] COVID-19 대유행 기간 동안 유럽에서는 마을들과 도시에 있는 디아스포라와 유럽 원주민 교회 지도자들이 서로 지원하며 동역하는 케이스들이 있었다. 또한, 약해져서 문을 닫을 지경에 이른 영국의 지역교회들과 신학교들을 한국 교회가 지원하여 유지할 수 있게 만든 케이스들도 늘어나고 있다.[50] 이러한 파트너십은 유럽 재복음화를 위해 꼭 필요하다. 더욱이 2세대와 3세대 디아스포라 기독교인들이 리더십을 발휘하게 되면, 유럽 원주민들과 함께 하는 교차문화 교회(inter-cultural church) 혹은 유럽인들과 다양한 디아스포라들이 함께 모이는 다문화 교회(multi-cultural church) 개척도 그 가능성이 더 높아질 것이다. 그래서 백인 유럽인들 중심이 아니라, 모두가 함께 협력하는 다문화 기독교(Inter-/multi-cultural Christianity)를 지

48. "The Extraordinary Re-Evangelization of Europe."
49. "The Extraordinary Re-Evangelization of Europe."
50. 문관열, "영국교회와 한인기독교회의 현황(IV)" 「런던타임스(London Times)」 (2022. 10. 30).

향해야 한다.

V. 동유럽과 발칸 반도에 대한 선교적 이해

동유럽과 발칸 반도의 선교적 이해를 위해서는 우선 세 가지 큰 역사적 물결들에 대한 기본적 이해가 필요하다. 그것은 첫째로, 그 지역 대부분은 약 천 년간 비잔틴이 지배했던 기독교의 땅이었다는 점(5-14C)이다. 둘째로, 그 기독교 세계의 대부분이 이슬람 제국인 오스만 제국에 의해 짓밟혀 수백 년간 지배를 당했었다는 것(14-19C)이다. 그리고, 셋째로는, 소련 공산당의 지배로 인해 교회가 훼파되고 무신론이 지배한(20C) 역사이다. 여기서 우리는 동로마와 비잔틴 제국 하의 기독교에 대해서는 다룰 필요가 없다고 생각한다. 그 모든 내용들은 모두 교회사가 잘 다루고 있기 때문이다. 하지만, 비잔틴 제국을 무너뜨린 오스만 제국은 그곳에 이슬람을 심어 오늘까지 이르고 있기 때문에 그 상황들에 대해서는 좀 언급해야 할 것이다. 그리고, 20세기에 들어와서 이 지역을 다시 지배한 소련 공산주의 시대의 기독교 박해와 공산 세계의 붕괴 이후 오늘날까지의 교회와 사회의 변화들에 대해서도 살펴보아야 할 것이다.

1. 오스만 제국의 동남유럽과 발칸 지배

오스만 제국(the Ottoman Empire, 1299-1922)은 원래 튀르키예 북동쪽의 조그만 부족국가로 시작한 나라였다. 하지만, 주변의 소국들을 병합하고 커지면서 약해진 비잔틴 제국을 아나톨리아 반도에서 유럽 쪽으로 밀어내는 데 성공하였다(1356). 또한 남하하여 중동과 북아프리카까지 점령함으로써 유럽 쪽을 제외한 비잔틴 제국의 영토를 다 접수한 제국이 되었다. 유럽을 동경하던 오스만은 드디어 보스포러스(Bosphorus) 해협을 건너 유럽 쪽의 비잔틴 제국을 침공하기 시작했다. 불가리아의 소피아(Sophia)를 점령하고(1382), 이어서 코소보(Kosovo) 지역을 점령하였다(1389). 주변 지역들이 오스만에 의해 점령 당하고 있었지만 견고한 천년 요새였던 콘스탄티노플(Constantinople, 330-1453)[51]은 섬처럼 고립된 상태에서도 굳건히 지켰다. 그러나 1453년 메흐멧 2세(Mehmed II)에 의해 함락되고 만다. 이로써 동로마/비잔틴 제국은 공식적으로 멸망하였고, 오스만 군대는 그리스 전역(1460), 보스니아(1463), 알바니아(1479), 크로아티아(1482)를 차례로 점령함으로써 발칸(Balkan) 반도를 통치하게 된다.

1522년, 오스만 제국의 해군은 서지중해로의 진군을 방해하던 성전기사단 (Knights of Saint John)의 거점인 로데스(Rhodes) 섬 요새를 함락시킨다. 그로 인해 동지중해 해상 패권을 장악한 오스만 해군은 서진하여 해상을 통해 로마(Rome)를 점령하고자 시도하지만, 몰타(Malta) 섬으로 이동하여 요새를 건설하고 전열을 재정비하여 방어하는 성전기사단과 3개월간의 전투에서 결국 패퇴함으로써 해상을 통한 로마 점령의 꿈이 깨지고 만다.

로마 점령을 꿈꾸던 오스만 군대는 그 후 다시 육로를 통해 헝가리를 점령한다(1526-1566). 이제 비엔나(Vienna)만 점령하면 로마까지 곧바로 진군할 수 있게 되었다. 하지만, 합스부르그(Habsburgs) 제국의 수도였던 비엔나는 쉬운 상대가 아니었다. 1529년과 1532년 두 차례의 포위 공격에 실패한 오스만 군대는 약 150년 동안은 전쟁을 일으키지 못한다. 그러다가, 드디어 1683년에 마지막 총공격을 시도했지만, 신성로마 제국과 폴란드의 지원을 받은 합스부르그 연합군에게 철저히 패하고 만다. 합스부르그 군은 전열이 흐트러지고 약해진 오스만 군대를 계속 추격하여 더 약화시킨다. 그때부터 동유럽의 오스만 영토는 이베리아 반도를 점령하던 이슬람 안달루스 왕국이 줄어들 듯이 조금씩

---

51. 오스만 제국은 이 도시를 점령하여 수도로 삼았으나, 1922년에 제국이 멸망한 후 들어선 튀르키예 공화국은 수도를 앙카라로 옮겼고, 이 도시는 '이스탄불'(Istanbul)로 개명되어(1924) 오늘에 이르렀다.

줄어들기 시작한다. 헝가리의 부다페스트의 회복을 필두로(1686), 오스만 군은 발칸 나라들로부터 순차적으로 떠나 콘스탄티노플(이스탄불)로 돌아가게 된다. 1830년에 그리스가 독립하였고, 1878년에는 세르비아, 불가리아, 루마니아도 독립하게 된다. 그리고, 1912년에는 불가리아, 그리스, 세르비아, 몬테네그로의 연합군이 힘을 합쳐 오스만 제국을 무찌르고(제1차 발칸 전쟁) 사실상 오스만을 이스탄불로 몰아내는 데 성공하였다. 같은 해에 알바니아도 독립을 선언하였다. 1922년, 제1차 세계 대전이 끝남과 함께 독일 동맹군이었던 오스만 제국은 패전국이 되어 여러 나라들로 분리 독립하게 되었고, 오스만의 유산을 물려받은 튀르키예 공화국이 출범하면서 오스만 제국은 역사 속으로 사라지고 만다.

2. 오스만이 남긴 발칸 이슬람

1) 이슬람화 된 발칸 나라들

오스만 제국은 동유럽과 발칸 지역에서 약 500여 년간 통치하면서 기독교를 박해하였다. 오늘날의 알바니아, 보스니아-헤르체고비나, 몬테네그로, 코소보는 오스만 제국의 영향으로 기독교 정체성을 버리고 이슬람화 되어 버렸다. 그중에서도 보스니아에는 이슬람 학교가 세워져서 발칸 이슬람의 중심 역할을 하기도 했다(1463-1878). 지금도 보스니아 대학의 이슬람 학부는 유럽에서 가장 활발하게 활동하고 있는 이슬람 교육 기관이다. 불가리아와 북마케도니아에서는 기독교와 이슬람 개종자들이 공존하였다. 하지만, 헝가리, 세르비아, 왈라치아(Wallachia, 루마니아 남부지역), 루마니아, 그리스 같은 나라들은 박해 속에서도 기독교 정체성을 버리지 않았다. 그 대신 그들은 지즈야(Jizya)라는 특별히 부과된 인두세를 납부하여야만 했고, 그 대가로 오스만 법에 따라 보호받는 백성(the protected) 즉 디미(dhimi)가 되었다. 디미들은 법적으로 무슬림들과 신분의 차이가 있었기 때문에, 공무원이나 군인이 될 수 없었고, 사유재산에도 한계가 있었으며, 말을 탈 수 없었고, 길을 갈 때에는 중앙이 아니라 가장자리로 걸어 다녀야만 했다. Bat Ye'or는 그녀의 책 이슬람 하에서의 동방 기독교의 몰락[52]에서 동유럽과 발칸 반도를 점령한 오스만이 지하드(Jihad)를 통해 그 땅을 어떻게 디미튜드(dhimmitude)[53]로 만들어 갔는지 잘 설명해 주고 있다.

2) 발칸 이슬람 문제

일반인들의 상식에는 유럽은 기독교 전통이고, 이슬람은 중동과 북아프리카의 종교라고 생각하는 경향이 있다. 하지만, 이러한 상식은 정확한 것은 아니다. 우선, 앞 장에서 보았듯이, 이베리아 반도가 약 700여 년간 이슬람의 통치 아래 있었고(711-1492), 시칠리아 섬도 상당 기간 동안 이슬람의 통치를 받았었다(948-1091). 다행히도, 이 두 지역은 나중에 기독교에 의해 회복되었다. 그러나 아직도 발칸반도에는 이슬람 전통의 나라들이 존재하고 있다. 그것은 이슬람 나라였던 오스만 제국이 약 500여 년간 발칸반도를 점령, 통치하면서 개종시켰기 때문이다.

(1) 이슬람 개종자들은 대부분 동방 정교회 사회에서 비주류들이었다

당시 이슬람으로 개종한 민족들은 대부분 각 나라의 비주류들이었다. 이슬람을 일찍부터 받아들인 보스니아의 보슈냐크인(Bošnjaci)들은 원래부터 정통의 동방교회의 신앙을 따르던 사람들이 아니었다. 그들은 대부분 영지주의

---

52. Bat Ye'or, *The Decline of Eastern Christianity Under Islam: From Jihad to Dhimmitude, Seventh-Twentieth Century* (Vancouver: Fairleigh Dickinson University Press. 1996).
53. '디미들의 땅' 즉, 특별한 인두세를 냄으로써 오스만의 법 아래에서 살아가는 비무슬림들의 땅이라는 뜻이다.

계열에 속하는 소위 보고밀파(Bogomilism) 교도들이었다. 그들은 주로 불가리아, 마케도니아, 보스니아 등지에서 확산되었는데, 조직 교회와 성만찬 등을 거부하였고, 자기 몸이 성전이라고 하면서 교회 건물을 짓지 않았으며, 신비주의적인 신앙 형태를 가졌다. 그들은 정통 사회로부터 이단으로 정죄되어 많은 탄압을 받기도 했다. 그래서 그들은 오스만 제국이 통치하자 이슬람으로 쉽게 개종하여 새로운 사회에서 주류처럼 행동하기도 했었다. 몬테네그로 역시 동서 로마 분쟁 지역이어서 힘들어하던 민족들이었기 때문에 오스만이 들어오자 일찍 그 편에 서 버렸다. 불가리아 남부에 거주하는 무슬림 포막족(Pomaks) 역시 산지와 시골에서 농사하던 하류층 사람들이었다. 그러나 발칸과 동남유럽에서는 오스만의 영토가 줄어들면서 이슬람의 판도도 줄어들었다. 그럼에도 불구하고, 이슬람이 주류인 나라들도 있고, 또 이슬람 공동체가 기독교 전통 속에서 공존하고 있는 곳들도 있다.

(2) 개종한 발칸 무슬림들은 오스만 제국하에서 터키인으로 인정받지 못했다

개종한 발칸 무슬림들은 마치 일본 순사가 된 조선인들처럼 행세하며 살았지만, 자신들만의 온전한 나라나 어떤 자치 공동체를 구성하지 못한 채 오스만 제국의 신민으로 살게 된다. 이들은 오랫동안 오스만 터키 제국에 충성을 다했고, 기독교도들에 의한 민족주의의 발흥을 반대했음에도 불구하고, 터키인으로 인정받지는 못했다. 하지만, 주변 기독교인들은 그들을 터키인들로 간주하여 배척하였다.

(3) 발칸 무슬림들의 터키 이주와 알바니아 독립

비엔나 점령에 실패하고 물러난 오스만 제국은 힘이 약해졌다. 제1, 2차 세르비아 폭동(1804, 1815)이 일어난 이후, 발칸반도의 무슬림들은 안전에 위협을 받게 되었고, 오스만 제국 본토로 이주해 가기 시작했다. 제1차 세계 대전이 끝난 후, 코소보와 마케도니아에서는 수십만 명의 무슬림들이 터키로 망명

의 길을 택한다. 그리고 1923년 로잔 협정에 의해 그리스와 터키 사이에 주민 교환이 결정되면서 터키에 남아 있던 그리스인들과 발칸 무슬림들의 교환이 이루어졌다.

(4) 유럽 이슬람의 성장과 발칸 무슬림

오스만 제국이 남긴 발칸 이슬람은 비록 튀르키예와 아랍의 이슬람과는 좀 다른 면들이 있는 것은 사실이다. 예를 들면, 발칸 이슬람은 온건하면서 타 종교와의 '공존'이 가능하다. 이는 공산사회를 거치면서 함께 사는 훈련이 된 탓이기도 하고, 정교회가 주류인 곳에서 소수 종교로써 오랫동안 뿌리내려 왔기 때문이기도 하다. 하지만 유럽에 무슬림 이주자들이 많아지고, 유럽을 향한 아랍세계와 튀르키예의 비전이 계속되는 한 그들은 잠재적인 우군 역할을 할 수 있다는 점이 우려된다. 실제로 현재 알바니아를 위시한 발칸 이슬람에 대해 튀르키예와 아랍연맹의 지원이 계속되고 있다.

발칸 이슬람은 오스만 시대처럼 발칸의 재이슬람화(Re-Islamization)를 꿈꾸어 보았지만, 그러한 생각은 국가분열로 치닫기 때문에 보스니아 전쟁을 겪으면서(1992년-1995년) 좌절을 맛보았다. 오스만 시절의 이슬람 복원 노력들은 무슬림 보스니아인들의 주(州)들에서만 겨우 인정받는 정도였다. 하지만 국제적인 이슬람 근본주의 운동 단체들은 보스니아-헤르체고비나 무슬림들의 느슨한 태도를 아주 곱지 못한 눈으로 바라보았고, 수백 명의 전사들이 들어와서 과격 이슬람주의 운동을 전개했다. 보스니아 전쟁에 이런 지하드주의자들(Jihadists)이 연루돼 있다는 사실은 오랫동안 은폐되거나 축소됐었다.

코소보 전쟁(1998-1999)도 대(大) 세르비아 국가를 건설하려는 세르비아 민족주의가 분쟁의 근본 원인이었다. 코소보는 원래 세르비아인들이 주류였던 유고 연방의 한 주였는데, 알바니아계 무슬림들이 대거 이주하여 이슬람화된 곳이었다. 유고 해체 후 세르비아는 알비니아인들이 코소보가 독립하는 것을 반대하여 전쟁을 일으켰다. 물론, 세르비아 민족주의에 기대어 정권을 유지하려는 밀로셰비치 대통령의 속셈도 코소보 전쟁 발발에 도화선 역할을 하였다. NATO의 개입으로 전쟁은 끝이 났지만, 세르비아와 주변국들이 코소보의 독립을 반대하여 코소보는 아직 준독립 상태를 유지하고 있다. 현재 코소보에는 온건한 나이 든 세대와 아랍의 영향을 받는 젊은 급진주의자들 사이에 긴장이 여전하다. 이처럼 아랍(Arabs) 나라들과 튀르키예의 유럽 이슬람화를 위한 교두보로 이용되고 있다는 점에서 이 지역은 동유럽에서도 가장 위험한 상황에 노출되어 있다.

3. 민족주의 국가들의 등장과 종교, 그리고 공산화

1) 오스만이 물러간 발칸반도에는 19세기 후반부터 각 지역에 오랜 전통을 가진 민족주의 나라들이 다시 세워지게 된다. 각 나라들은 자기들의 고유한 전통 종교들의 기초 위에 세워졌기에 콘스탄틴 시대처럼 국가와 종교가 민족주의 안에서 정체성의 기초를 제공하였다. 하지만, 제2차 세계 대전이 끝날 무렵, 그리스를 제외한 발칸의 모든 나라들에 공산주의(Communism) 체제가 들어섰다. 공산주의 정부들은 우선 각 지역의 종교들을 박해하였다. 예전의 고위성직자들은 쫓겨나고 더 타협적인 인물들로 교체됐다. 알바니아 같은 이슬람 나라들에서도 무슬림 엘리트들이 몰락했고, 또 무슬림 여성들의 베일 착용이 금지되었다.

2) 그럼에도 불구하고, 모스크바와 관계를 단절한 유고슬라비아 연맹의 원수 티토(Josip B. Tito, 1892-1980) 대통령은 다른 길을 갔다. 그의 친아랍 정책은 대학생들이 이집트, 이라크, 혹은 시리아로 신학교육을 받기 위해 떠나는 것을 허락했다. 이로 인해 새로운 모스크들이 생겨나기 시작했다. 1969년 유고

연방은 무슬림들의 보스니아를 슬로베니아, 크로아티아, 몬테네그로, 세르비아, 마케도니아와 마찬가지로 유고슬라비아의 구성 민족으로 인정했다. 그리고 1977년에는 수도 사라예보에 이슬람 신학대학이 들어섬으로써, 사라예보는 유고 연방뿐만 아니라, 코소보와 마케도니아의 알바니아어 사용 무슬림들의 수도가 되었다. 하지만, 티토 정권의 의도는 그들의 순수한 이슬람 운동을 용인하는 것이 아니라, 연방을 유지하는 정치적 배려일 뿐이었다.

3) 유고 연방과는 달리 불가리아(Bulgaria)와 루마니아(Romania)에서는 공산주의 체제들이 민족주의적으로 진화됨에 따라 무슬림들은 소외당했다. 특히, 불가리아는 무슬림 소수종족인 포막족(Pomark)을 대상으로 이름을 정교회 전통의 불가리아식으로 개명시키면서 강제로 동화시키는 정책을 실시하기도 하였다. 공산주의가 사라진 동구와 발칸에서는 대부분의 나라들이 과거처럼 종교와 민족정체성이 결합되는 형태가 재현되었다. 퓨 리서치에 의하면,[54] 정교회(Orthodoxy)와 민족주의가 결합한 나라들은 몰도바(92%), 그리스(90%), 아르메니아(89%), 조지아(89%), 세르비아(88%), 루마니아(86%), 우크라이나(78%), 불가리아 (75%), 벨라루스(73%), 러시아(71%)와 같은 나라들이다. 가톨릭이 민족주의와 결합된 나라들은 폴란드(87%), 크로아티아(84%), 리투아니아(75%), 헝가리(56%)이며, 에스토니아와 라트비아는 가톨릭, 정교회, 루터란이 비슷한 비율로 공존하는 나라들이다. 개신교가 더 강한 나라들은 체코(72)와 에스토니아(45)인데, 체코는 장로교, 에스토니아는 루터란이 주류이다.

---

54. "Religious Belief and National Belonging in Central and Eastern Europe: National and religious identities converge in a region once dominated by atheist regimes" https://www.pewresearch.org/religion/2017/05/10/religious-belief-and-national-belonging-in-central-and-eastern-europe/ (Accessed at 2023.05.10).

4) 발칸의 대표적인 이슬람 주류 나라는 알바니아(Albania)인데, 인구의 약 75%가 무슬림이다. 오늘날의 알바니아는 바울이 전도했던 '일루리곤'(Illyricum, 롬 15:19) 지역이고, 그가 디도(Titus)를 파송했던 '달마디아'(Dalmatia, 딤후 4:10) 땅도 일루리곤의 남부 지역 명칭이다. 오스만은 이미 기독교가 편만했던 알바니아를 이슬람화 하는 데 오랜 기간이 걸렸었다. 침공 초기 알바니아는 스칸데르베그(Skanderbeg, 1405-1468) 장군에 의해 강력한 저지를 당했다. 하지만, 그가 죽자 알바니아는 곧 점령되어 이슬람화의 길을 가게 되지만, 비밀리에 기독교 신앙을 지키는 사람들도 있었다. 1912년, 제1차 발칸 전쟁이 끝난 후, 알바니아 사람들은 그 해 11월 28일 자신들의 독립을 선언한다. 하지만, 종교 문제는 나라가 하나 되는 데 큰 걸림돌이었다. 국가가 나뉘는 것을 막기 위해 민족주의자들이 일어나 종교와 상관없이 민족적으로 하나의 알바니아를 외쳤다. 특히, 벡타시파(Bektashism)[55] 이슬람은 민족주의(nationalism)로 각 종교의 경계를 넘어서는 데 큰 역할을 했다. 알바니아에서는 서구화를 지향하는 가톨릭과 전통적인 정교회의 존재도 무시할 수 없다. 알바니아가 무슬림 다수 국가임에도 개신교 선교의 틈이 있는 이유는 이슬람 법만으로 통치하는 나라가 아니기 때문이다. 하지만, 과거 공산주의 독재자 엔버 호자(Enver Hoxha, 1908-1985)는 지구상 최초의 무신앙 국가(1967)를 선포하여 모든 종교적 실천을 금지하고 잔인한 탄압을 실시했다. 각 종교들의 지도자들과 성직자들은 노동수용소에 보내지거나 사형을 당했다. 그래서 1991년 공산주의 체제가 붕괴된 후, 모든 종교 조직들은 무(無)로부터 다시 재건되어야만 했었다. 그래서

---

55. 오스만 시대에 Haji Bektash Veli (c. 1271)에 의해 시작된 신비주의 수피 이슬람 분파인데, 알바니아의 수도 티라나에 본부를 두었다. 벡타시파는 그 민족의 언어와 문화를 중요시하기 때문에 알바니아 민족주의 각성에 큰 역할을 하였다.

1990년대에 성경과 코란은 알바니아의 중요 수입 품목으로 등장했고, 알바니아는 새로운 포교의 땅이 됐었다. 하지만, 최근 아랍에서 교육을 받은 젊은 이맘들은 급진적 이슬람주의의 영향을 받아서 과격한 투쟁들을 일삼기도 한다.

4. 공산권 붕괴와 새로운 동유럽 선교의 시대

1) 바울과 키릴 형제의 선교지 동유럽/발칸

동유럽과 발칸 반도의 기독교는 초기 사도 시대로 거슬러 올라간다. 이방인의 사도 바울은 마케도냐로부터의 환상을 통해 "건너와서 (우리를) 도와달라"(행 16:9)는 간청을 받고 바다를 건너 빌립보에 내린 것이 유럽 기독교 역사의 시작이었다(행 16). 바울은 거기서 지금의 알바니아 땅인 일리리곤까지(Illyricum, 롬 15:19) 복음을 두루 편만히 전했고, 디도(Titus)를 달마티아(Dalmatia)로, 데마(Demas)를 데살로니가로 파송함으로써(딤후 4:10), 복음을 전하지 않은 곳이 없을 정도로 복음이 확산되었다(롬 15:23). 그 후, 9세기에는 키릴과 메포지(Cyril and Methodius) 형제의 선교로 슬라브족이 기독교화되었고, 동로마와 비잔틴을 거치면서 발칸 지역은 견고한 기독교 지역이 되었다. 하지만, 오스만제국과 공산주의를 거치면서 기독교가 많이 약화되어 버렸다.

2) 동유럽의 개혁-칼빈주의 교회들

역사적으로 동유럽 개신교회들은 정교회의 세력에 눌려 대단히 약한 상태에 있어 왔다. 그러한 동유럽에도 칼빈주의에 기초한 개혁교회가 상당히 뿌리내린 곳들이 있다. 체코와 헝가리 그리고 루마니아의 트란실바니아(Transylvania) 지역이 대표적이다.

체코(Czech)는 유럽 중부와 동부 지역에서 종교개혁 운동이 가장 먼저 일어난 곳이다. 체코 종교개혁의 선구자 얀 후스(Jan Hus, 1370-1415)는 1415년에 화형을 당했다. 그의 추종자들을 후스파(the Hussites)라고 부르는데, 그들은 이미 루터의 종교개혁보다 100년이나 앞서서 개혁교회를 시작했었다. 그 개혁교회는 the Unity of Brethren이라 불렸다. 체코에서는 17세기 후반에 합스부르크 왕가가 다시 무력으로 가톨릭을 심기 이전까지 약 200년 동안 인구의 약 85%가 후쓰파 개혁교회에 속했다. 그 후 1918년에, 칼빈주의와 루터란이 연합하여 The Evangelical Church of Czech Brethren(ECCB)라는 개혁주의 교단을 세워 오늘에 이르고 있다. 현재, 14개 노회, 260여 교회, 그리고 약 10만의 신자가 있다.

형가리는 존 칼빈의 개혁주의 신학이 잘 스며든 나라였다. 형가리의 개혁주의 중심도시는 Debrecen인데, 1538년에 Debrecen Reformed College가 열렸었고, 1567년에 첫 칼빈주의 교회회의(Synod)가 열렸다. 1949년, 공산 치하에서 Debrecen Reformed Theological Academy가 시작되었다가, 1989년에는 Debrecen Reformed Theological University가 되어 오늘에 이르고 있다. 2009년 5월 22일, 세월과 함께 갈라져 있던 모든 개혁교회들이 다시 Debrecen에 모여 Hungarian Reformed Church(HRC)를 발족하여 하나로 통합되었으며, *Károli Gáspár* University라는 개혁교회가 운영하는 기독대학을 설립하였다. HRC는 현재 오늘날 27개 노회와 1249개 교회 160만 신자를 가졌는데, 가톨릭 다음으로 큰 교파이다.

루마니아는 정교회가 약 73.4%이고 가톨릭도 4.5%이지만 개신교도 약 6.2%에 이른다. 루터란 교회는 통계에도 나오지 않을 정도로 약한 교회이지만, 공산 치하에서 옥고를 치르며 저항한 리차드 웜브란트(Richard Wurmbrand, 1909-2001) 목사 같은 걸출한 영적 지도자를 배출하기도 했다. 하지만, 개신교 최대 교파는 개혁교회이다. 특히, 북서쪽 트란실바니아 지역은 일찍이 종교개혁 당시부터 루터와 칼빈의 신학이 전해졌다. 이 지역의 대부분은 헝가리계 주민들인데, 인구의 30% 이상이 하이델베르크 신조를 고백하는 개혁교회 신자들이다. 이 지역의 중심 도시인 클루지나포카(Cluj-Napoca)에는 목회자를 양성하는 정규 신학교[56]도 있다. 최근, 수도 부카레스트에 처음으로 복음주의 개혁교회[57]가 개척되어 수도권에서도 개혁교회 운동이 시작되었다.

그 외에도 슬로바키아, 슬로베니아, 세르비아, 크로아티아 등에도 개혁주의 교회들이 있다. 이런 지역에서의 선교는 독자적인 교회개척은 거의 불가능하지만, 현지의 개혁교회 안에 들어가서 현지 리더십 아래에서 혹은 그들과의 파트너십으로 일하면 더 창조적인 사역이 가능하다.

3) 소련의 해체와 동유럽 선교

(1) 봇물 터진 동유럽 선교: 소련의 해체는 구 공산권 선교의 물꼬를 터뜨렸다. 제2차 대전 이래로 약 50여 년간 유물론적 사회주의 정책으로 핍박받던 교회에 자유가 찾아왔다. 종교의 자유를 누리지 못하던 백성들에게는 신앙의 자유가 주어졌다. 1990년대의 동구 교회들은 유럽과 미주의 많은 교단과 교회, 선교단체들로부터 선교사들과 구호물자들을 받아들여 교회 재건에 큰 힘을 얻게 되었다. 그러한 상황은 2000년대에 들어와서도 계속 이어졌지만, 양적으로는 줄어들기 시작했고, 물량적 지원의 폐해도 나타나기 시작했다. 공산 치하에서 내핍 생활하던 동구의 목회자들은 갑자기 쏟아져 들어오는 지원들로 인해 서서히 물질에 의지하기 시작했다. 박해 시대의 인내의 리더십은 사라지고 미

---

56. 신학교 이름은 The Protestant Theological Institute인데, 교육부 허가를 받은 정식 대학으로써, 루터란, 유니테리언, 그리고 아욱스부르그 고백교회와 함께 연합하여 교역자를 양성을 위해 신학교육을 하고 있다.
57. 웨스트민스트 신학교를 졸업한 젊은 루마니아 목사 Mihai Corcea에 의해 2019년 9월에 수도에서 The Evangelical Reformed Church of Bucharest라는 개혁교회가 세워졌다.

국이나 유럽식의 양적 성장에 물들기 시작했다. 그리고, 온갖 이단들과 타 종교들도 스며들기 시작하여 동유럽의 영적 기상도는 복잡해지고 종교 각축장처럼 되어버렸다. 그럼에도 불구하고, 소수의 인재들은 미국과 유럽에서 신학을 하고 돌아와서 자기 교회를 섬기는 경우들도 생겨났다.

(2) 지난 30년간의 선교와 문제점들: 30여 년이 지난 지금 동유럽 나라들에는 서구의 도움으로 새로운 교회들과 신학교들이 제법 세워졌지만, 근본적인 문제들은 아직 해결이 되지 못하고 있다. 구 공산권 동유럽 교회들이 가진 근본적인 문제들은, 새로운 목회자 수급 문제, 목회자 후보들의 신학교육 전문성 문제, 목회자들의 생활비 문제, 목회자들의 이중직업 문제, 신학박사 학위를 소지한 신학교수 부족 문제, 평신도 훈련 및 동력화 문제 등이다. 그래서 이제 동유럽 선교는, ① 현지 목회자 재교육, ② 신학교 교수 사역, ③ 체계적인 교회교육 사역, ④ 교회와 목회개발 지원 사역, 그리고 ⑤ 평신도 지도자 훈련과 소그룹 운동 등에 초점이 맞추어져야 한다고 생각한다.

(3) 동유럽 선교에 열심인 단체들: 이러한 상황 속에서도 여전히 동유럽 선교에 힘을 쏟고 있는 단체들이 많이 있다. 그중 하나는 ECM(European Christian Mission)이다. ECM은 1904년 에스토이아의 청년 Ganz Raud에 의해 시작되었는데, 그는 러시아 혁명으로 인해 미국으로 이민을 간 이후 북미주 교회를 동원하여 유럽 선교에 헌신하였다. 현재 유럽 25개국에 약 300여 명의 선교사들이 사역 중이고, 그중 동유럽 12개국에서 약 90여 명의 선교사가 사역 중이다. 그리고, 1930년대에 이미 영국에서 시작된 EMF(European Mission Fellowship)는 유럽 전역을 대상으로 사역하지만, 폴란드와 우크라이나, 체코, 몰도바 등 동유럽 선교에도 힘을 쏟고 있다. 또한, 1951년에 시작된 독일선교 공동체 DMG(Deutsche Missions Gemeinschaft)와 GEM(Greater Europe Mission) 역시 많은 사역들을 감당하고 있다. 2007년 노르웨이에서 시작된

M4 Europe도 후발 주자이지만, 유럽 15개국에서 교회개척과 개발 및 교육 사역들을 하고 있다. 이 단체의 비전은 놀라운데, 그것은 유럽에서 매일 새로운 교회가 하나씩 개척되는 것이다. 즉, 매년 365개의 새 교회를 개척하는 것이다.[58] 또 하나 특이한 스토리를 가진 동유럽 선교 단체는 Josiah Venture이다. 이 단체는 1989년 베를린 장벽이 허물어지는 것을 경험한 다수의 미국 군목들이 새로이 열린 동유럽을 향한 열정으로 시작한 선교 단체인데, 지금은 헝가리, 체코, 폴란드 등 동유럽 16개국에서 약 300여 명의 선교사들이 사역하고 있다. 소련 붕괴 후 한국 선교사들도 많이 들어왔는데, Krim의 2021년 통계에 의하면, 동유럽에서 장기 사역하는 한인선교사는 952명이다.

4) 우크라이나 개신교회의 부흥

(1) 동유럽 선교의 허브(hub): 동유럽에서 개신교 선교 열매가 가장 많은 곳은 우크라이나라는 점을 부인할 사람은 없을 것이다. 우크라이나는 한인 선교사들에게 적합한 사역지임이 드러났다. 직접 현지인 교회개척도 가능했고, 역량에 따라 현지 목회자 재교육, 신학교, 기독대학 사역들도 가능했다. 한인 선교사에 의한 현지목회자 재교육에는 Ukrainian Evangelical Seminary(UES), Grace and Truth Seminary(GTS), 그리고 Odesa Theological Academy(OTA) 등이 있다. 서구나 미주에서 온 선교사들의 사역들도 활발하여 현지인 교회들과의 연계 속에서 신학교도 발전시키고 새로운 교회들도 많이 개척되었다. 그중에서도 우크라이나는 구소련권 선교의 허브(hub)와 같다. 구 공산권 나라들에서 사역하는 목회자들 중에는 우크라이나 출신들이 대단히 많다. 그 이유는 개신교의 역사가 오래되었을 뿐 아니라, 공산 치하에서도 우크라이나에서

---

58. https://m4europe.com/ 참조.

는 영적인 리더들이 일어났기 때문이다. 그중에는 세르게이 산니코프(Sergei Sannikov) 같은 신학교육의 선구자가 있었다. 그가 설립한 오뎃사 신학교(Odessa Theological Seminary, 1989)는 우크라이나 교역자 양성의 핵심 교육 기관이며, 잘 갖춰진 현지인에 의한 신학교이다.[59] 독립 이후 키이우에서는 서구 선교사들에 의해 시작된 Kiev Evangelical Theological Seminary (1991)는 미주의 신학교의 분교 역할을 할 정도로 잘 짜인 신학교육 기관이다.

우크라이나의 수도 키이우에는 메머드급 대형교회도 등장했다. 하나님의 대사 교회(Embassy of the Blessed Kingdom of God for All Nations)이다. 1993년, 나이지리아 출신으로써 벨라루스에서 유학했던 Sunday Adelaja 목사에 의해서 개척된 교회인데, 키이우에 약 25,000 신도가 있고, 전 우크라이나에 10만여 명의 회원을 가진 교회이다. 동서 유럽을 통틀어 가장 큰 교회일 것이다. 아프리칸 목사가 개척했지만, 99% 우크라이나 현지인 교인들이며, 러시아와 우크라이나 및 동유럽 지역에 2천여 교회를 개척하였고, 전 세계에 약 1,000개의 자매교회들을 가진 대형교회이다.

(2) 우크라이나 전쟁과 그 이후: 독립한 우크라이나는 NATO/EU와 가까워졌고 회원국이 되고자 했다. NATO/EU의 동진을 못마땅하게 보아왔던 러시아와 푸틴 대통령은 역사적 맥을 함께 해 온 우크라이나마저 NATO에 가입하려 하자 참을 수 없었다. 푸틴은 우크라이나 정치에 깊숙히 개입하여 친러 대통령들을 세웠지만, 국민들은 유로마이단 혁명[60](Euromaidan Uprising)을 통해 이에 저항하면서 나토 가입을 촉구하였다. 친러 대통령은 시민들을 총격으로 진압하기 시작했고, 수천 명의 사상자가 발생했으며, 많은 건물들이 불타고

---

59. http://en.odessasem.org/history/ 참조.
60. '유로마이단'(Евромайдан) 혁명은 2013년 11월 21일에 우크라이나에서 우크라이나와 유럽 연합과의 통합을 지지하는 대중들의 요구로 시작된 대규모, 지속적인 시위이자 시민혁명이었다.

무너졌다. 이 혁명은 이듬해 2월 27일, 친러 대통령이 러시아로 망명하기까지 계속되었다. 이러한 상황은 2014년 3월 11일, 러시아가 크림을 침공하게 된 배경이었다. 러시아는 그들의 해군함대 기지가 있는 크림반도를 강제 병합시킨 후 우크라이나 동부에서 반군을 일으켜 지원하면서 그 땅을 합병하려고 했다. 그러다가 드디어 2022년 2월 27일, 푸틴은 대대적인 군사작전을 통해 우크라이나를 침공하였다.

2023년 4월 현재, 러시아와의 전쟁 중에 있는 우크라이나 교회들은 큰 어려움에 처해 있다. 정교회는 러시아와의 관계를 단절하고 독립을 선포했지만, 러시아 총대주교를 추종하는 성직자들과 교회들이 아직 많이 존재하고 있어서 갈등이 심각하다. 개신교에는 그런 갈등은 없으나, 많은 성도들이 피난을 떠났고, 폭격에 의해 예배당이 주저앉은 곳도 있다. 그럼에도 불구하고 교회를 지키는 목회자들도 있고, 신도들은 더 기도의 부흥을 체험하고 있다. 국경 근처에서 난민 사역을 하고 있는 한국인 선교사들도 다수이다. 세계 교회가 우크라이나를 위해 물자를 지원하고 기도하고 있다. 전쟁이 끝나고 국가 재건이 시작되면 6.25 이후의 남한처럼 우크라이나 교회는 더 영적으로 부흥하게 될 것이라 전망된다.

5. 동유럽과 발칸을 전망하며

발칸반도의 끝자락에는 동로마와 비잔틴 제국의 수도였던 콘스탄티노플 (Constantinople)이 있다. 오스만 제국이 점령한 뒤로는 지금까지 이스탄불 (Istanbul)로 불리고 있으며 유럽에 있는 튀르키예의 땅이다. 그 도시 중심에 웅장하게 우뚝 서 있는 하기아 소피아(Hagia Sophia) 성당이 있는데, 모든 동로마 교회의 중심이었다. 물론, 오스만이 점령한 뒤로는 박물관 겸 모스크로 바뀌어 버렸다. 예배실 천정과 벽에는 알 수 없는 아랍어 캘리그라피(Calligraphy)

들이 장식하고 있다. 유럽 관광객들은 그것을 보면서 문명충돌의 역사적 비극을 생각하며 속눈물을 흘린다.

스페인의 그라나다(Granada)는 이베리아 반도를 700여 년간 점령했던 이슬람 제국 알 안달루스(Al Andalus) 왕국의 수도였다. 그 도시의 언덕에는 알함브라 궁전(Al Hambra Palace)이 우뚝 서 있다. 아랍인들은 그 맞은편 언덕에 모스크를 지어 놓고, 날마다 그 궁을 바라보면서 알 안달루스의 회복을 꿈꾸고 있다. 우리는 이 비극적 문명 충돌의 역사를 되새기며 앞으로 '하기아 소피아'에서도 다시 삼위 하나님께 예배가 드려질 날을 고대한다.

VI. 마그레브와 레반트 지역에 대한 선교적 이해

유로메나 지역부의 특징은 지중해 남부와 동부 지역에 펼쳐져 있는 북아프리카와 중동의 이슬람 나라들을 포함하고 있다는 점이다. 이 지역의 공통점은 대부분 이슬람 신봉국들이라는 점이지만, 정치, 지리학적으로는 마그레브(Maghreb) 지역과 레반트(Levant) 지역으로 나누어진다.

1. 마그레브 지역에 대한 선교적 이해
1) 마그레브 지역

마그레브(Maghreb)란 서쪽이라는 뜻인데, 이슬람 세계의 중심인 아랍과 이집트를 중심으로 보면 확실히 서쪽이다. 이 지역은 사하라 사막과 아틀라스 산맥 북쪽의 지중해 지역을 말한다. 모로코, 모리타니아, 서사하라, 알제리, 튀니지, 리비아가 이에 속한다. 역사적으로 지중해 문명의 영향을 많이 받았으며, 고대 로마제국과 18-19세기 제국주의 시대에 서구의 지배들을 받았다가 20세기에 다시 독립한 나라들이다. 이 지역에 있는 씨우타(Ceuta)와 멜리아(Melilla)는 아프리카에 있는 스페인 땅이다. 마그레브의 인구는 약 1억 명인데, 모로코와 알제리 인구가 대부분이다. 식민지 시대에 서구는 이 지역이 '베르베르족'(Berbers)의 땅이라 하여 언어유희적으로 '야만인들의 나라들'이라는 뜻으로 'Barbary States'라고 부르기도 하였다.

2) 마그레브 지역의 민족과 종교적 변화

(1) 베르베르족(the Berbers)[61]

마그레브의 원주민 베르베르인들은 로마 제국과 아랍이 북아프리카를 점령하기 이전부터 그 지역에 거주해 왔다. 원래 베르베르는 고대 그리스인들이 자기들이 알아듣지 못하는 언어를 말하는 이방인이라는 뜻에서 붙인 이름이다. 하지만, 그들은 스스로를 애머지흐(Amazigh)라 불렀는데, 자유로운 사람(free-man)이란 뜻이다. 그들은 고대로부터 나일강 지역에서 서쪽으로 이주하여 정착한 사람들이며, 다양한 부족들로 형성되어 각기 다른 왕국들을 건설하여 살았다.[62] 그러다 보니 강력한 중앙집권적 국가가 존재한 적이 거의 없었고, 부족공동체연합 형태로 적에 대해 공동 방어하는 시스템을 오래 가지고 있었다. 그들의 역사 중에 이룩한 강했던 제국은 알모라비드 제국(Almoravids, 1056-1147)과 알모하드 제국(Almohads, 1147-1230)이었는데, 그들은 한때 이베리아 반도를 지배하기도 했었다.

베르베르인들은 아랍어와는 달리 고대 이집트어와 관련된 Afro-asia 어족에 속하는데, 지역마다 조금씩 다른 방언들을 가지고 있다. 베르베르어는 고유한 알파벳 문자가 없는 구어체 언어였다. 그래서 아랍어나 라틴어 알파벳을 차

---

61. 김정숙, 김양주, 임기대, 『북아프리카 지역에서의 부족 집단간 갈등 양상에 관한 기초연구: 마그레브 지역의 베르베르족을 중심으로』 (세종: 대외경제정책연구원 출판, 2011) 참조.
62. 오늘날의 모로코 지역의 베르베르인은 Mauri족, 모로코 동부와 알제리 그리고 튀니지 서부 일부를 포함한 중앙의 베르베르는 Masaesyli족, 튀니지 지역은 Massyli족이라 불렀다.

용하여 표기하기도 했다. 모로코와 알제리에는 아직도 그들의 전통 언어를 사용하는 베르베르인들이 제법 많다. 베르베르인은 전체 약 3,600만 정도이며, 그 중 모로코(60%)와 알제리(25%)에 가장 많이 분포되어 있다. 프랑스에 베르베르 디아스포라가 약 200만 명에 이르고, 네덜란드에도 약 50만의 베르베르 디아스포라가 살고 있다. 마그레브 사람들의 대부분이 베르베르의 후손이지만, 원래의 에머지흐(Amazigh) 전통으로 살고 있는 사람들은 그리 많지 않다. 이슬람이 이 지역을 점령한 이후에는 아랍인들이 이주해 와서 통치하며 살기 시작했고, 시간이 흐름과 함께 아랍계가 원주민 베르베르인들보다 더 많아졌다. 이로 인한 민족 간 갈등도 존재하며, 베르베르 문화 부흥 운동을 위해 세계 아마지그 회의(World Amazigh Congress, 1995)가 결성되어 마그레브 지역뿐 아니라, 디아스포라 베르베르인들이 함께 활동하고 있다.

(2) 마그레브 땅에 들어온 기독교

사도행전 2장에 나타난 오순절 성령 사건 기록에 의하면, 그 현장에는 "구레네(Cyrene)에 가까운 리비야(Libya) 여러 지방에 사는 사람들"(행 2:10)도 섞여 있었음이 나타난다. 구레네와 리비야는 모두 오늘날 마그레브 지역에 속한 지명들이다. 그들은 베르베르인이었을 수도 있고, 흩어진 유대인들이었을 수도 있다. 아무튼 그들을 통해 예수에 대한 가르침이 전해졌을 가능성을 배제할 수는 없다. 하지만, 기독교가 정식으로 전파된 것은 로마제국에 의해서였다.

① 아프리카 교구의 형성: 로마가 융성하던 시기에 북아프리카 베르베르인들이 세운 큰 나라는 알제리와 동부 모로코 지역 그리고 서부 튀니지 지역에 이르렀던 누미디아 왕국(the Kingdom of Numidia, 202-46 BC)이었다. 하지만, 지금의 튀니지 지역의 카르타고(Carthage)가 융성하게 되자 그들의 용병이 되어 한니발 장군을 위해 로마제국과 싸웠다. 하지만, 로마에 패하여 AD 40년에 로마 제국의 한 속주가 되었다. 그래서 그 지역은 카르타고에 본부를 둔 '아프

리카 교구'(Diocese of Africa)가 되었다. 7세기말 무슬림들에 의해 점령당하기까지 마그레브 전역에 로마와 비잔틴의 지배 아래에서 기독교가 전파되었다.

이 지역 출신으로써 기독교에 업적을 남긴 사람들은 3명의 교황을 비롯해서 터툴리안(Tertullian, 155-240)과 싸이프리안(Cyprian, 200-258) 그리고 성 어거스틴(st. Augustine, 354-430) 등이 있다. 이들은 모두 베르베르 혈통의 신학자들인데, 터툴리안은 삼위일체 신학의 발전에 중요한 역할을 했으며, 라틴어로 신학 저술을 광범위하게 적용한 최초의 신학자여서 라틴 기독교의 아버지 및 서양 신학의 창시자라고까지 불렸다. 성 어거스틴 역시 누미디아 출신 베르베르인 신학자였는데, 삼위일체 교리뿐 아니라 신학적 인간학을 통해 이신칭의 교리를 확립했고, 도나티즘(Donatism)의 이단성을 확실히 했다. 그는 신의 도성, 기독교교리, 고백록 등 오늘날에도 읽히는 귀한 저술들을 남겼고, 루터와 칼빈 등 종교개혁자들에게도 지대한 영향을 끼친 초대-중세 교회 최고의 신학자였다.

② 베르베르 기독교의 이슬람화와 그 선교적 교훈[63]

기독교 역사에 이러한 족적을 남긴 아프리카 교회였음에도 불구하고, 마그레브 교회는 이슬람에 쉽게 점령 및 동화되어 버렸다. 그 원인을 살펴보면 오늘날 선교에도 중요한 교훈을 준다.

가장 큰 원인은 마그레브의 베르베르인들의 기독교는 로마 교회와 하나 되지 못하였다. 즉, 수도 칼타고의 교회들은 로마의 교구로써 로마 교황청에 충성하였다. 하지만, 그 교회들은 지방의 풀뿌리 시민들의 상황을 대변하는 현지화, 토착화, 상황화되지 못하였다. 베르베르어로 된 성경도 없었다. 카르타고에서

---

63. "Lessons from North African Church History: Embracing a Theology of 'Unity in Diversity'" https://lausanne.org/CONTENT/LGA/2018-09/LESSONS-FROM-NORTH-AFRICAN-CHURCH-HISTORY (Accessed at 2023. 04. 18).

도나티즘(Donatism)이 발생한 것도 이 때문이었다. 도나티즘을 따르는 교회들은 더 민족주의적 교회 운동을 하였고, 그들의 교리는 이단으로 정죄되었지만, 지역민들의 정서에는 더 어필하였다. 베르베르인들은 식민지배에 기여하는 기독교보다는 뭔가 다른, 그들의 정체성과 정치적 위치가 고려된 그러한 교회를 원했다. 또, 베르베르인들은 라틴어로 드려지는 예배와 미사를 통해서는 영적 해갈이 되는데 어려움이 많았다. 그리고, 전통적으로 베르베르인들은 유목민들로써 지방을 떠돌며 살았기 때문에 중앙권력 집단의 통제를 싫어한다. 카르타고와 몇몇 큰 도시들은 정치, 군사, 경제, 문화적으로 로마화 되었지만, 유목하는 지방 베르베르인들은 상대적으로 더 소외된 주변인들이었다.

카르타고 교구 지도자들은 로마 교회와의 하나됨(Unity)을 중시하여 늘 토착 도나티스트 교회들과 논쟁하였다. 로마를 중시하는 글로벌파(로마교회 추종파)와 현지의 민족적 상황을 고려하는 로컬파(도나티스트 교회들) 사이의 갈등과 싸움이 교회와 현지인들의 교회에 대한 충성심을 약하게 만들었다. 이러한 교회의 분리, 갈등, 싸움으로 인해 교회는 힘을 합쳐 외부의 적과 싸울 힘이 없었다. 결국, 이슬람 군대가 밀려왔을 때, 로마 교회는 돌아가 가버렸다. 하지만, 도나티스트 교회들은 그들과 싸우며 한동안 견뎠다. 로마교회는 베르베르인들의 삶에 뿌리내리지 못했고, 영적으로 그들의 마음을 사로잡지도 못했다. 만약 교회가 현지인 베르베르인들의 마음을 장악하는 데 성공하여 그들을 진정한 그리스도의 깃발 아래 모을 수 있었다면, 베르베르인들이 그렇게 빨리 이슬람을 지지하게 되지는 않았을 것이다.

베르베르인들의 신속한 이슬람화는 선교적 교훈을 주고 있다. 그것은 오늘날 타문화 사역원리를 담은 선교학적 질문과 동일하다. 제국주의적 선교(imperialistic missions)와 토착화(Indegenization) 문제인 것이다. 선교적 정답은 다양성 속의 통일성(unity in diversity)이다. 로마교회라는 하나의 틀만 유지된다면, 그 안에서 얼마든지 현지화를 시도했어야 했다. 그들의 민족적 정서와 조화된 교회가 될 때 기독교는 거기서 뿌리를 내릴 수 있기 때문이다.

3) 아랍의 봄 – 튀니지 혁명과 그 이후의 선교적 전망

7세기에 발흥한 마호멧의 종교 이슬람은 아라비아 반도를 넘어 기독교 세계였던 중동과 소아시아, 북아프리카와 동남유럽과 발칸반도를 점령하여 20세기에 이르기까지 지중해권의 2/3 세계를 지배해 왔다. 마그레브 이슬람 나라들은 서구의 제국주의 식민정책에 밀려 약화되는 듯했으나, 제2차 대전을 거치면서 하나 둘 독립하기 시작하였고, 20세기 후반부터는 오히려 오일 파워와 함께 서구를 조종하는 막강한 힘을 발휘하여 왔다. 내부적으로는 과격한 근본주의적 이슬람주의(살라피즘)가 강화되어 서구와는 다시 문명 충돌과 같은 극심한 종교, 문화, 이념적 갈등으로 테러들을 일으켜 왔다. 21세기에 들어서서 더불어 살아가는 글로벌화가 한참 진행 중이었음에도 불구하고, 이슬람 세계는 더 전체주의적 샤리아가 지배하는 나라들로 강화되어 갔다. 이러한 현상들을 보면서 학자들은 저 "아랍 세계에는 언제쯤 봄이 올 것인가?"하는 한탄 섞인 질문들을 던져왔다. 그런데, 21세기에 들어온 후 아랍의 봄을 알린 청신호가 튀니지에서 일어났다.

(1) 튀니지 혁명 (Tunisian Revolution)

튀니지 혁명은 자스민 혁명(Jasmin Revolution)이라고도 하는데, 2010년 12월 17일에서 2011년 1월 14일까지 28일간 계속됐던 시민 저항 운동이었다. 한 노점상 청년의 분신자살로 촉발된 반정부 시위는 민중들의 반정부 투쟁으로 이어졌다. 결국, 군대가 중립을 지키자 23년간 독재를 했던 벤 알리(Zine El Abidine Ben Ali) 대통령은 사우디로 망명하게 되었고, 이어 민주적 선거가 이어졌다. 이 민주화 운동은 튀니지에 머무르지 않고 모로코, 알제리, 리비아, 모리타니아, 이집트, 중동 등 다른 아랍 국가로도 확대되어 갔다. 이집트에서는 호스니 무바라크 정권이 무너졌고, 알제리와 수단에서도 20-30년씩 통치한 대통령들이 하야했으며, 여러 나라들에서 정변과 정치 개혁들이 일어나게 하였다.

(2) 튀니지 혁명에 대한 선교적 의미

튀니지 재스민 혁명의 구호는 빵, 일자리, 사회정의였다. 하지만, 튀니지와 함께 혁명의 기치를 내걸었던 나라들은 아직도 경제적으로 어려운 여건 속에 놓여 있다. 그들은 독재자들을 퇴출시켰으나, 다시 군부 독재가 시작되기도 하였다. 그래서 미완의 혁명이라고 부르기도 한다. 하지만, 아랍의 봄 이전과 이후에는 몇 가지 중요한 차이가 있다.

첫째, 혁명 이전에는 대부분 나라들이 부족적, 종파적, 전제적 나라들이었다. 하지만, 비록 서구 민주국가들과는 다르지만, 혁명 이후에는 아랍 나라들도 전제적인 정권들을 싫어하고, 현대적인 통합된 국가적 정체성을 가진 나라가 되기를 소망하게 되었다.

둘째, 중요한 점은 백성들이 더 이상 정치적 이슬람(Political Islam)의 통치를 거부하게 되었다는 점이다. 폭정과 부패를 일삼던 이슬람주의자들의 통치를 결사적으로 반대하게 되었다. 그래서 혁명 이후에는 정치와 종교가 분리되고, 온건주의 이슬람 현상이 조심스럽게 나타나고 있다.

셋째, 2011년 7월 1일, 모로코에서는 베르베르인들의 언어인 아마지그어가 공식어로 채택되었다. 이는 베르베르 민족주의의 부활을 뜻하며, 아랍주의가 전횡을 일삼던 분위기에서 다문화주의로 이동하고 있음을 나타낸다. 하지만, 대부분의 젊은이들은 경제적 이유로 프랑스어, 스페인어, 영어를 선호한다.

넷째, 민주적 정치 절차들이 진행되기 시작했다. 대표적으로 튀니지는 민주적 선거를 통해 지도자가 선출되고 있고, 더디지만 착실히 민주주의 공고화로 나아가는 모습을 보여주고 있다.

다섯째, 여성 인권이 향상되고 있다. 튀니지는 2014년에 남녀의 기회 평등 법이 통과되어 다양한 영역에서 여권이 신장되고 있다. 하지만 여성 권리의 정점인 남녀 동등 상속권 문제는 아직 해결되지 못하고 있다. 2018년, 튀니지에서는 남녀 상속권 동등을 부르짖는 수천 명 여성들의 시위가 있었다. 정부는 상속권을 포함한 모든 영역에서 남녀 동등 문제를 다룰 위원회를 구성했지만, 이슬람 지도자들의 강력한 반대로 통과되지는 못했다.[64] 혁명 이후 이러한 여성들의 시위들이 공적으로 일어나고 있는 것은 사회가 조금씩 변화되어가고 있다는 증거이다.

마그레브와 아랍 세계에 이슬람주의 통치가 완화되고, 민주적 절차들이 자리를 잡아가고, 현대 인권 국가로 나아가게 된다면, 세속주의로의 틈이 생기게 된다. 그러면 민주주의가 이슬람권에도 스며들 수 있게 된다. 민주주의가 확산되면 종교다원주의와 다문화주의가 들어서게 되기 때문에 기독교 선교의 문도 열릴 수가 있게 된다. 이것이 이슬람 세계가 가야 할 길인데, 아랍의 봄은 그 조그만 틈새를 연 정도일 뿐이기에, 기독교 선교는 아직 갈 길이 먼 것 같다.

2. 레반트 지역에 대한 선교적 이해

1) 레반트 지역의 일반적 상황

좁은 의미에서 레반트 지역에 속한 나라들은 이스라엘, 요르단, 레바논, 팔레스타인, 시리아의 5개국을 지칭하지만, 21세기에 와서는 이집트와 이라크를 포함하기도 한다. 이들 나라들 중에서 이스라엘은 유대교가 주류이지만, 예수를 그리스도로 믿는 메시아닉 유대인(Messianic Jews)들의 숫자가 조금씩 늘어나고 있다. 레바논은 이슬람과 기독교 비율이 인구면에서는 6:4 정도이지만 정치

---

64. FIDH, *Legal Barriers to Gender Equality in Inheritance in the Maghreb Region: Algeria, Morocco, and Tunisia* (Paris: FIDH, 2021) 참조.

적으로는 5:5여서 기독교가 상당히 힘이 있다. 그래서 더더욱 이슬람과 첨예하게 대결하는 나라이기도 하다. 요르단은 기독교 비율이 8% 정도이지만, 그래도 다소 종교적 자유가 있는 나라이다. 팔레스타인 문제는 중동의 뜨거운 감자이지만, 근년에는 이스라엘과 아브라함 협약을 체결하는 나라들이 늘고 있어서 그 존재감이 줄어들고 있는 듯하다. 이집트는 강력한 무슬림 형제단(Muslim brotherhood)이 활동해 온 나라이지만, 아랍의 봄 이후에 잠시 정권을 잡았으나 군부에 의해 모든 재산이 몰수되고 활동들도 불법화되었다.

2) 레반트 지역의 기독교

레반트 지역에는 이슬람이 주된 종교이지만 타 종교들도 존재한다. 이스라엘은 유대교가 주류이고, 이집트, 레바논, 요르단, 시리아 등에는 상당한 역사적 배경을 가진 실체적 기독교가 존재하고 있다. 이집트에서 공식 인정된 3대 종교는 이슬람, 기독교, 유대교인데, 법적으로는 종교의 자유가 보장되어 있지만, 현실에서는 그렇지 않다. 무슬림 남성은 기독교나 유대교의 여성과 결혼할 수 있지만, 기독교와 유대교의 남성은 무슬림 여성과 결혼할 수 없다. 그리고, 기독교나 유대교인은 이슬람으로 개종할 수 있지만, 무슬림이 기독교나 유대교로 개종하는 것은 허락하지 않는다. 기독교는 콥틱정교회로써 인구의 약 10%를 차지한다. 2002년, 무바라크 정부는 콥틱교회 성탄절인 1월 7일을 공휴일로 지정하였지만, 무슬림들부터의 박해와 위협들 그리고 교회 방화와 테러들은 계속되고 있다.

레바논은 원래 기독교 우위 지역이었지만, 1975년 이래로 많은 무슬림 난민들이 계속 유입되어 이슬람 우위 지역이 되어버렸다. 기독교 주류는 마론파 가톨릭교회(Maronite Catholic Church) 교회인데, 이슬람과의 정치적 평행을 유지해 오고 있지만 갈등이 대단하다. 시리아는 1971년 이래로 수니 이슬람에 속한 바트당의 독재가 이어져 오고 있다. 2011년에 시작된 아랍의 봄으로 인해 알-아사드 정권의 독재를 타도하려는 반군과의 내전이 지금까지 계속되고 있으며, 그로 인해 수많은 난민들이 발생하여 튀르키예와 인접국들 그리고 유럽으로 흩어졌다. 기독교 인구는 약 10% 정도인데, 그중에서 정교회가 다수이고 소수의 개신교회도 존재한다. 콥틱교회, 마론파 가톨릭, 시리아 정교회 등은 기독교이지만 복음주의 개신교회들이 선교적 협력을 도모하기에는 한계가 존재한다.

3) 레반트 지역의 선교적 이슈들

(1) 레바논화(Lebanization)의 선교적 의미

레바논화(Lebanization)는 1970-1990년대까지 국제 정치에서 많이 언급되던 정치전문 용어이다. 레바논은 1943년 11월 22일 프랑스로부터 독립하였다. 레바논은 역사적으로 기독교가 이슬람보다 숫적 우위에 있던 나라였다. 그런데, 1967년 제3차 중동전쟁 이후 45만 명에 달하는 팔레스타인 난민들이 대량 유입되었고, 베이루트에는 팔레스타인해방기구(PLO)의 본부가 설치되었다. 더욱이, 1970년의 요르단(Jordan) 내전 이후 요르단으로부터 수많은 팔레스타인 난민이 유입되었다. 결국, 레바논은 팔레스타인 무장세력의 근거지가 되었다. 이후 무슬림 인구가 더 많아져 마론파(Maronites) 기독교의 우위가 무너지면서 정세는 더 불안해졌다.

현재 레바논은 이슬람교가 54%, 기독교가 40.5%를 차지하고 있지만, 정치 안정을 위해 국회는 64:64의 의원 비율로 구성되어 있다. 대통령(기독교), 수상(이슬람교), 국회의장(이슬람교)을 해당 종파 중에서 배출하도록 법제화하였지만, 무슬림 인구 증가로 인해 이슬람이 더 많은 권력을 차지하려고 하여 레바논 내전의 배경이 되고 있다. 기독교 우위의 레바논은 무슬림들의 대거 유입으로 이슬람 우위의 나라로 변해 버렸다. 그래서, 정치, 종교적 의미에서 '레바논화'란, 한 종교(문화)가 우위를 점하고 있는 나라에 다른 종교(문화)를 신봉하는 이주민과 난민들이 대거 유입되어 그 나라의 종교, 문화적 정체성이 바뀌어 버리는 것을 말한다. 이것은 오늘날도 서구로 유입되는 무슬림들로 인해 유럽이 이슬람화 하게 만들려는 아랍 세계의 전략과 맥을 같이 한다. 한국을 포함한 오늘날 세계에서는 다문화, 다양성이라는 가치를 주장하면서 무슬림들의 이주를 무분별하게 받아들이고 있지만, 한 나라의 종교적, 문화적 정체성으로 볼 때 이는 대단히 위험한 일이라는 것을 자각해야 한다.

(2) 아브라함 협정(Abraham Accords)에 대한 선교적 이해

1948년 이스라엘이 중동 땅에서 독립국으로 등장한 이래로 아랍 세계는 이스라엘을 지구상에서 없애기 위해 수많은 노력들을 해왔다. 즉, 범아랍주의(Pan-Arabism)와 시오니즘(Zionism)은 공존할 수 없는 개념이었다. 이스라엘은 주변의 아랍 나라들과 여러 번의 전쟁을 치렀지만 다 승리하였다. 그러다가 중동의 정치 판도에 새로운 기운이 감돌기 시작한 것은 2018년 2월 8일, 사우디 아라비아가 이스라엘에게 자기들의 영공 통과를 허가하면서부터였다. 그리고 3월 16일에 처음으로 이스라엘 비행기가 사우디 영공을 통과했다. 그리고, 빈 살만 왕세자는 이스라엘도 중동에서 땅을 차지할 권리가 있다는 발언을 했고 언젠가는 국교를 정상화할 것이라고 말하였다.

그런데 2020년 가을, 또 다른 한 중요한 사건이 발생했다. 그 해 9월 15일, 미국(트럼프 대통령)의 중재하에 중동의 두 나라, 아랍 에미레이트(UAE)와 바레인(Bahrain)이 이스라엘과 외교관계 정상화를 위한 협정에 서명한 것이었다. 즉, 아브라함 협정(the Abraham Accords)에 서명한 역사적 사건이었다. 아브라함은 유대교, 이슬람, 기독교가 공유하는 조상이기에 그 이름 아래에서 평화를 모색하자는 의미이다. 이 협정은 과거 이집트-이스라엘 평화 조약(1979. 3.

26.)과 이스라엘-요르단 평화 조약(1994. 10. 26)이 발효된 이후 아랍-이스라엘 정상화의 새로운 시작이었다. 곧이어 모로코(12/10)와 수단(2021. 1. 6)도 이 협정을 체결했다. 이후 양국의 교역과 투자, 비행노선 개통, 기업 간 및 정부 간 교류와 함께 삼각 또는 다자 협력 프로젝트도 늘어나고 있다. 각 나라들이 서명한 아브라함 협정 선언문(The Abraham Accords Declaration)은 선교적 측면에서도 중요한 메시지들이 담겨 있다. 그것은 첫째로, 협정 선언문은 아브라함과 연관된 세 개의 종교(유대교, 기독교, 이슬람) 간의 대화와 종교적 자유의 중요성을 공유한다고 분명히 표현하였다.[65] 이것은 유대주의 이스라엘과 기독교 서방 그리고 이슬람의 아랍이 공존하자는 것인데, 이는 종교적 다원주의 세계를 인정하겠다는 중요한 의미를 지닌다.

둘째로, 협정 선언문은 그동안 이슬람 테러들을 가져왔던 과격주의를 끝내고 중동과 세계의 평화, 안전, 번영이라는 비전을 추구하여 아이들에게 더 좋은 미래를 제공하겠다고 하였다.[66] 이것은 아랍 세계가 더 이상 테러를 일으키는 과격한 근본주의에서 벗어나서 공존이 가능한 온건주의 이슬람(moderate Islam)의 길을 가겠다는 선언과 같다. 유럽과 많은 나라들은 과격주의 이슬람 테러로 인해 얼마나 많은 희생자들이 발생했었던가? 전 아랍권이 서명한 것은 아니지만, 다수의 아랍 나라들이 더 이상 그런 이슬람주의의 길로 가지 않겠다

---

65. <아브라함 협정 선언문>(The Abraham Accords Declaration)에 잘 표현되어 있다: "We, the undersigned, recognize the importance of maintaining and strengthening peace in the Middle East and around the world based on mutual understanding and coexistence, as well as respect for human dignity and freedom, including religious freedom. We encourage efforts to promote interfaith and intercultural dialogue to advance a culture of peace among the three Abrahamic religions and all humanity..."

66. 협정 선언문에서의 표현은 다음과 같다: "We seek to end radicalization and conflict to provide all children a better future. We pursue a vision of peace, security, and prosperity in the Middle East and around the world."

고 나선 것은 이슬람 세계를 향한 혁명적 선포요, 지구촌에는 반가운 뉴스요 희망이 아닐 수 없다. 사실, 사우디 왕실이 주관하는 세계무슬림연맹(Muslim World League, MWL)은 수년 전부터 이슬람 세계를 향해 온건주의 이슬람 운동을 강력하게 추진해 오고 있다. 이것은 조용한 이슬람 종교개혁 운동과 같다. 이러한 현상이 조금만 더 확산된다면 민주주의와 타 종교의 이슬람권 유입도 가능해지는 날이 오게 될 것이다.

(3) Messianic Jews와 종말적 알리야(Aliyah) 운동

① 유대인 크리스천들: 예수님 당시부터 지금까지 예수(Yeshua)를 구주(Messiah)로 믿는 유대인 크리스천들은 항상 존재해 왔다. 하지만, 기록에 기초한 최초의 유대인 크리스천 회중은 1813년 9월 9일 영국 런던에서 시작되었다.[67] 미국에서는 1885년에 최초의 뉴욕 유대인 크리스천 교회가 설립되었다. 그들은 유대교와의 차별화와 기독교와의 연대를 위해 메시아닉(Messianic)이라는 용어를 공적으로 사용하기로 하였다. 1973년, 샌프란시스코에서 유대계 미국목사 모이쉐 로센(Moishe Rosen)에 의해 설립된 유대인 선교단체 Jews for Jesus는 많은 나라들에 지부를 확장하여 수많은 유대인들을 주께로 인도해 오고 있다. 이스라엘 내에서 자생한 유대인 전도 단체로는 One for Israel[68]의 활동이 인상적이다.

② Messianic Judaism: 이스라엘 건국 이후(1948), 1960년대에 이르러 이스라엘 내에서도 메시아닉 유대교(Messianic Judaism) 운동이 일어나기 시작했다. 시온이즘(Zionism)으로 인해 많은 유대인들이 세계로부터 이스라엘로

---

67. 41명의 유대인 기독교인들이 모여 "하나님의 자녀들" 즉 베니 아브라함(Beni Abraham)이라는 협회를 설립하고 주일마다 예배 모임을 시작했다. 그리고 1860년에는 유대인 크리스찬 연합(The Hebrew Christian Alliance)을 발족했다. 19세기 말에 영국에는 약 25만 명의 유대인 크리스천들이 있었다.
68. https://www.oneforisrael.org/ 참조.

이주하기 시작했기 때문이었다. 2008년, 이스라엘 정부는 법적으로 유대인으로 인정되는 자는 메시아닉 크리스천이라 할지라도 이스라엘 귀환법(the Law of Return)[69]에 따라 시민권을 받을 수 있게 하였다. 이로 인해 이스라엘에는 구소련권, 유럽과 미주로부터 이미 예수를 믿는 유대인들도 많이 이주하였다. 현재 글로벌 메시아닉 유대인은 약 350,000명 정도이고, 이스라엘 안에는 약 20,000명 정도로 파악되고 있다.

복음주의 기독교계는 메시아닉 유대인들을 복음적인 기독교의 한 교파 정도로 생각한다. 하지만, 메시아닉 유대인들은, 자기들도 복음주의 기독교와 같은 교리를 따름에도 불구하고 기독교의 한 분파이기보다는 유대교 내에서 예수를 메시아로 믿는 한 분파로 인정되고자 애쓰고 있다. 그래서 토요일에 예배로 모이고, 유대적 절기들을 지키며, 유대교적 전통들을 많이 받아들이고 있다. 하지만, 정통 유대주의자들과 정부는 그들을 개신교의 한 분파로 분류하고 있다.

③ 종말적 알리야(Aliyah) 운동: '알리야'란 가장 강력한 시온이즘(Zionism)의 실천으로써, 유대의 거룩한 도시 예루살렘으로 "올라가는"(going up, 대하 36:23) 것을 뜻한다. 구약은 성전이 있는 예루살렘으로 가는 것을 "올라간다"라고 표현하고 있는데, 알리야는 세계에 흩어진 유대인들이 이스라엘 땅으로 돌아가는 운동이다. 이스라엘은 1950년에 이미 이스라엘 귀환법(the Law of Return)을 제정하여 돌아오는 유대인들에게는 즉시 시민권을 부여하고 있다.

이스라엘의 역사는 약속의 땅으로의 귀환의 역사이다. 야곱과 요셉에 의해 애굽에 정착했던 이스라엘 백성들은 430년 후에 모세와 여호수아의 리더십 아래에서 다시 가나안 땅으로 돌아갔다. 또, 바벨론에 의해 멸망한 후, 70년간의 바벨론 포로기를 거친 후 고레스 칙령(대하 36:22-23; 스 1:1-4)에 따라 에스라,

---

69. 1950년 7월 5일에 통과한 이스라엘 법률로써, 어머니가 유대인이거나 유대교로 개종하여 그 율법에 따라 신앙하는 자들이 이스라엘로 올 경우 시민권을 주기로 한 법이다.

느헤미야가 주도한 제1차 알리야가 있었고, 스룹바벨, 에스라, 느헤미야가 함께 주도한 제2차 알리야가 있었다. 그 때 약 5만여 명이 돌아왔는데, 그들은 귀환 후 성벽을 재건하고 성전을 다시 지었다. 그리고, 약 600여 년 이후에, 로마에 의해 다시 세계로 흩어진 유대인 후손들은 2000여 년이 지난 지금 또다시 그 땅으로 돌아오고 있다.

19세기말까지만 해도 세계 유대인들의 99.7%가 팔레스타인 바깥 세계에 살고 있었다. 그러나, 1882년에 러시아로부터 많은 유대인들이 당시의 팔레스타인 땅으로 이주하자 다른 지역들로부터도 귀환이 이어졌다. 1940년까지 약 40만 명이 귀환하였고, 1948년 이스라엘 건국 이후 지금까지 약 400만 명의 유대인들이 이스라엘로 돌아갔다. 구소련권으로부터 귀환한 사람들도 약 120만에 이른다. 지금도 꾸준히 세계로부터 유대인들이 이스라엘 땅으로 돌아오고 있다. 2023년 현재 이스라엘 인구는 970여 만명에 이른다. 19세기까지만 해도 팔레스타인 지역의 유대인 인구는 2-5%를 넘지 못했었지만, 현재 이스라엘에는 73%가 유대인이다. 홀로코스트로 인해 약 400만 명의 유대인이 죽었지만, 그 후 오늘까지 약 600만이 약속의 땅으로 돌아왔다.

알리야 운동은 이스라엘의 세속적 프로젝트임과 동시에 영적인 운동이다. 구약에는 흩어진 유대인들을 하나님이 준 땅으로 돌아오게 하겠다는 예언이 64회 나타난다.[70] 주로 바벨론 포로로부터의 역사적 귀환을 언급한 것이다. 하지만, 그 내용을 살펴보면, 그 귀환들은 당대의 한 사건으로 끝나는 것이 아니고, 종말적 성취를 내포하는 계시적 사건임을 알게 된다. 바벨론으로부터의 1, 2차 알리야는 메시아 오심의 예비적 사건이었다(렘 23:1-8, 33:6-18). 알리야 이후 오실 메시아(예수)는 이방의 빛으로써 땅끝까지 구원을 베풀 것이다.(사

---

70. "The Astounding Prophetic Significance of Aliyah" https://heartofg-d.org/wp-content/uploads/2012/06/AstoundingAliyah.pdf (Accessed at 2023. 5. 2).

49:1-7) 그리고 이방 민족들은 이스라엘의 후손들과 함께 하나님께로 돌아올 것이다.(사 49:22) 그러므로, 이방인들이 예수를 믿는 Messianic Jews들과 함께 하나님께로 돌아오는 것은 메시아의 다시 오심을 준비하는 종말적 사건이다(사 59:20f; 롬 11:11-12, 25-27). 결국, 레반트 선교의 한 주요 과제는 알리야 운동이 종말적 선교 운동이 되게 하는 것이다. 우리는 세계로부터 이스라엘로 돌아오는 그들에게 예수를 전하여 그들의 구원이 진정한 알리야 운동의 성취가 되게 해야 하고, 그들을 통해 이스라엘 백성들이 주께 나오게 해야 한다. 이것이 레반트 선교 특히, 이스라엘 선교의 과제라 할 것이다.

VII. 결론: 전략적 제언

우리는 지금까지 기독교 전통의 서유럽과 구 공산권 동유럽, 발칸 그리고 북서 아프리카의 마그레브 지역과 중동의 레반트 지역에 대하여 선교적인 시각으로 두루 살펴보았다. 이제 몇 가지 전략적 제언들과 함께 유로메나 지역의 선교적 개관을 마무리하고자 한다.

서유럽에서는 첫째, 무엇보다 파트너십 선교(Partnership Missions)가 효과적이다. 선교사가 현지 교회 및 교단의 파트너가 되어 사역하면 거주 비자 획득이 용이하고, 현지 교회와 함께 창조적인 방법으로 선교 사역들을 개척할 수 있다. 둘째, 다인종 교회개척 사역도 가능성이 있다. 현지어가 준비된 선교사라면, 그 사회에 이미 동화되어 그 나라말로 살아가는 다인종들과 같은 상황에서 교회개척을 할 수가 있다. 셋째, 전문인 선교도 열려 있다. 현지어를 습득한 선교사가 태권도 유단자이거나 침술 또는 의료 시술 자격자라면 충분히 사역을 열어 갈 수 있다. 넷째, 이주민 및 난민 대상 구호사역을 통한 총체적 선교(Holistic Missions)도 유용한 전략이다. 하지만, 서유럽 사역은 하나의 전략으로 접근하긴 어렵고, 선교사 개인의 준비와 전문성에 따라 선택할 문제라고 생각한다.

반면에, 동유럽에서는 서유럽 선교 전략들도 다 적용 가능하지만, 특히 현지인 교회개척 사역의 가능성이 더 높다. 동유럽은 공산주의 치하에서 교회가 와해되다시피 했었기 때문에 교회를 재건하는 사역뿐 아니라, 새로운 교회들을 세우는 일도 중요하고 가능하다. 특히, 우크라이나, 루마니아, 몰도바, 그리고 발칸반도의 나라들에서는 현지 언어에만 능통하다면 이는 그리 어려운 과업이 아니다.

그리고, 마그레브와 레반트를 포함한 이슬람권 사역 전략들에 있어서, 첫째, 비자 문제 해결에는 BAM 사역과 국제단체로 파송되는 경우가 더 안정적이다. 둘째, 현지 사역 노출로 인해 안정적 체류가 어려워진다면, 비거주 선교도 좋은 전략이다. 셋째, 어떤 형태로 사역하던 중요한 것은 가정 모임을 만들어내야 한다. 그리고, 가정 교회 리더들을 양성해 내는 것이 (가정)교회개척으로 가는 가장 중요한 과업이다. 넷째, 10년 이상 이슬람 나라 현지 사역 경험을 가진 사역자라면, 인터넷 사역은 또 다른 효과적인 전략이다. 어느 한 나라에서 비자 문제를 고민할 필요 없이 무슬림들을 향해 마음껏 복음 전도 사역을 펼칠 수 있는 곳이 가상공간이기 때문이다.

선교는 궁극적으로 하나님이 하시는 일이지만, 그럼에도 불구하고, 더 잘 구비된 자를 파송하는 것이 중요하다. 특히, 이슬람권은 추수지역[71]처럼 선교사를 대량으로 파송한다고 되는 것이 아니다. 추수지역은 지금 "때가 찬" 지역이지만, 이슬람권은 창의적 접근 지역이기에 현재보다는 "미래의 추수"를 위한 선교라고 할 수 있다. 그러므로, 미래를 준비할 수 있는 선별된 소수의 선교사들이 전략적으로 파송되어야 한다.

---

71. 마 9:37-38, "이에 제자들에게 이르시되, 추수할 것은 많되 일꾼은 적으니, 그러므로 추수하는 주인에게 청하여 추수할 일꾼들을 보내 주소서 하라 하시니라."

이슬람권 선교사에게는 깊은 영성(deep spirituality), 탁월한 지성(excellent intelect), 용기 있는 친화력(courageous affinity), 그리고 전략적 접근 능력(strategic approach ability)이 요구된다. 이슬람권 선교사의 삶과 사역은 철저히 전략적이어야 한다. 행동하기 전에 먼저 연구, 조사하고, 터를 다지고, 관계망을 형성한 후, 전략적으로 치고 빠지며, 또 지속적으로 관리하며, 스스로 사역적 플랫폼(platform)을 건설할 수 있어야 한다.

유로메나 지역부는 역사, 문화, 인종이 각각 다른 지역들이 독특한 역사성과 관계들로 긴밀히 연결되어 있는 지역이다. 사역 형편들은 각각 다르지만, 팀이 되어 협력하면서 사역해야 한다. 유로메나 지역부는 사도 바울이 선교했던 지중해를 사이에 두고 그가 꿈꿨던 "신-마게도냐 환상," "신-로마 환상," 그리고 "신-서바나 환상"을 계승하는 지역부이다. soli Deo gloria!

참고문헌

김정숙, 김양주, 임기대. 『북아프리카 지역에서의 부족 집단간 갈등 양상에 관한 기초연구: 마그레브 지역의 베르베르족을 중심으로』. 세종: 대외경제정책연구원 출판, 2011.

문관열. "영국교회와 한인기독교회의 현황(IV)." 「런던타임스(London Times)」 (2022. 10. 30).

Bat Ye'or. *Eurabia: The Euro-Arab Axis*. Vancouver: Fairleigh Dickinson University Press, 2015.

_____. *The Decline of Eastern Christianity Under Islam: From Jihad to Dhimmitude, Seventh-Twentieth Century*. Vancouver: Fairleigh Dickinson University Press. 1996.

Charter of Fundamental Rights of the EU (2000).

Enoch Wan. *Diaspora Missiology: Theory, Methodology, and Practice. 2nd Edi*. Scotts Valley: createspace independent publishing, 2014.

FIDH. *Legal Barriers to Gender Equality in Inheritance in the Maghreb Region: Algeria, Morocco, and Tunisia*. Paris: FIDH, 2021.

George Hunsberger, Craig van Gelder. *The Church between Gospel and Culture: The Emerging Mission in North America*. Grand Rapids: Wm. B. Eerdmans Pub. Co., 1996.

Jim Memory. *Europe 2021: A Missiological Report (2021)*.

Oriana Fallaci. *Oriana Fallaci intervista Fallaci*. Millan: Corriere della Sera, 2004.

Lesslie Newbigin. *Foolishness to the Greeks: The Gospel and Western Culture*. London: SPCK, 1986.

_____. *The Gospel in a Pluralist Society*. Grand Rapids: Wm. B. Eerdmans Pub. Co., 1989.

Michael P. K. Okyerefo. "African Churches in Europe." *Journal of Africana of Religions* 2/1(2014): 95-124.

Samuel Phillips Huntington. *The Clash of Civilizations and the Remaking of World Order*. New York: Simon & Chuster Paperbacks, 1996.

Todd H. Green. "The Resistance to Minarets in Europe." *Journal of Church and State* 52/4(2010): 619-43.

The Lausanne 2004 Forum for World Evangelization in Pattaya, Thailand. 2004. 9/29~10/5.

"선교적 교회론이 살 길이다!" http://www.kscoramdeo.com/news/articleView.html?idxno=4673 (Accessed at 2023.05.10).

"A dream about a generation coming together from every corner of Europe to pursue revival in the university world and beyond" https://reviveeurope.org/en/about/ (Accessed at 2023. 3. 15).

"African Churches Boom in London's Backstreets" https://www.theeastafrican.co.ke/tea/magazine/african-churches-boom-in-london-s-backstreets-1411468 (Accessed at 2023. 3. 11).

Church Planting in Frankfurt and Beyond" https://www.imb.org/give/project/church-planting-in-frankfurt-and-beyond/ (Accessed at 2023. 05. 10).

"Europe's Growing Muslim Population" https://www.pewresearch.org/religion/2017/11/29/europes-growing-muslim-population/ (Accessed at 2023. 3. 11).

"Europe's LGBT population mapped" https://www.statista.com/chart/6466/europes-lgbt-population-mapped/ (Accessed at 2023. 3. 9).

"Is Europe Post-Christian or Pre-Revival?" https://www.christianitytoday.com/ct/2022/december-web-only/europe-revival-post-christian-continent-prayer-church-diasp.html (Accessed at 2023.05.10).

"Lessons from North African Church History: Embracing a Theology of 'Unity in Diversity'" https://lausanne.org/CONTENT/LGA/2018-09/LESSONS-FROM-NORTH-AFRICAN-CHURCH-HISTORY (Accessed at 2023. 04. 18).

"Religious Belief and National Belonging in Central and Eastern Europe: National and religious identities converge in a region once dominated by atheist regimes." https://www.pewresearch.org/religion/2017/05/10/religious-belief-and-national-belonging-in-central-and-eastern-europe/ (Accessed at 2023.05.10).

"The Astounding Prophetic Significance of Aliyah" https://heartofg-d.org/wp-content/uploads/2012/06/AstoundingAliyah.pdf (Accessed at 2023. 5. 2).

"The Extraordinary Re-Evangelization of Europe" https://lausanne.org/about/blog/the-extraordinary-re-evangelization-of-europe (Accessed at 2023.03.06).

https://www.ecmi.org/en/

http://en.odessasem.org/history/

https://gemission.org/

https://www.lausanneeurope.org/

https://www.lecnef.org/page/509713-missions

https://m4europe.com/

https://www.oneforisrael.org/

https://thesend.no/en/

제2부

국가별 지역연구

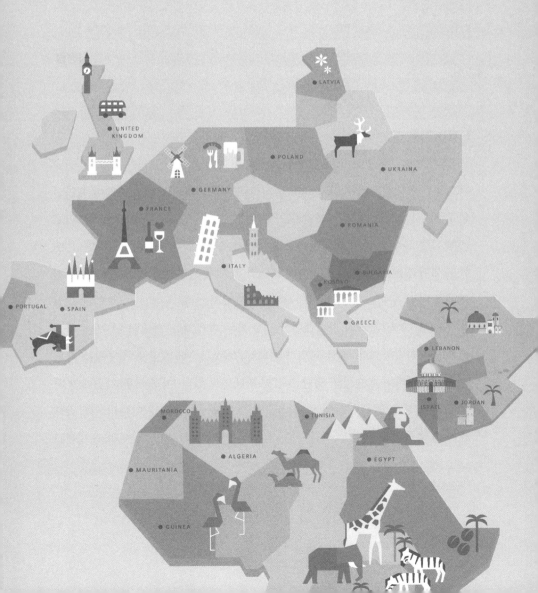

영국

I. 들어가는 말

영국은 역사적으로 교회사의 측면에서 청교도 신학을 꽃피운 곳이다. 선교적으로는 근대선교의 아버지 윌리엄 캐리로부터 근대 선교가 시작되어 해안선 선교 시대를 열고, 허드슨 테일러를 통하여 내지 선교가 이루어졌으며, WEC을 비롯한 유수한 국제 선교단체들이 세워져서 전 세계 선교를 주도하였다. 또한 18세기와 20세기 웨일즈 부흥운동으로 전 세계에 부흥의 영향을 끼치고, 최근까지 마틴 로이드 존스 목사와 존 스토트 목사를 통하여 전 세계에 그 영향을 끼쳤다. 그러나 과거 찬란했던 영국교회는 현재, 세속화되어 한 세대 만에 급속도로 쇠퇴하였다. 영국 교회가 쇠퇴해 가는 가운데 무슬림의 숫자는 빠른 속도로 증가하여 이슬람의 영향은 점점 확대되고 있다. 이런 상황 가운데서 다시 교회가 힘을 얻고 부흥이 일어나서 영국에 있는 무슬림뿐 아니라 디아스포라 여러 종족들을 복음으로 품기를 기대한다. 또한 국내뿐만 아니라 세계선교

---

1. KPM 영국 선교사.

에도 다시 귀한 역할을 담당하는 영국교회가 되기를 소망하면서, 본고에서는 현재 영국에서 선교적으로 이슈가 되는 네 가지 영역 즉, 영국교회의 쇠퇴의 원인, 영국에서 디아스포라 선교, 영국과 서유럽의 이슬람화 문제, 그리고 영국에서의 난민사역에 대하여 자세히 살펴보고자 한다.

II. 일반적 고찰

1. 공식명칭 & 행정구역

영국의 정식명칭은 그레이트 브리튼 및 북아일랜드 연합왕국(United Kingdom of Great Britain and Northern Ireland)이며, 약칭으로 브리튼(Britain)이라고 한다. 1707년에 잉글랜드 왕국과 스코틀랜드 왕국은 그레이트 브리튼(Great Britain) 왕국으로 통합되었다. 현재 영국을 지칭할 때 흔히 쓰이는 '유나이티드 킹덤(United Kingdom)'이라는 호칭은 이 그레이트브리튼 왕국을 부를 때 사용했던 국명으로, 다만 1707년부터 1800년까지 정식 국명은 여전히 '그레이트브리튼 왕국'이었다. 1801년에는 아일랜드 왕국과 그레이트브리튼 왕국이 통합되며 그레이트브리튼 아일랜드 연합왕국을 구성하였다. 1922년에 아일랜드 자유국이 분리되어 영국에서 떨어져 나가자, 영국은 아일랜드 북부 지방 일부만을 통치하게 되었고 그에 따라 정식 명칭을 '그레이트 브리튼 및 북아일랜드 연합 왕국'이라고 바꾸게 되었다. 영국은 현재 단일국가이기는 하지만, 잉글랜드, 스코틀랜드, 웨일스, 북아일랜드가 여전히 상당한 자치를 가지고 있다.

2. 위치와 해외 영토

영국(英國)은 유럽 본토 해안에서 북서쪽으로 떨어진 곳에 위치한 섬나라이자 입헌군주국이다. 북해, 영국 해협, 아일랜드해 및 대서양에 접하여 있으며 그레이트 브리튼 섬의 잉글랜드, 스코틀랜드, 웨일스 및 아일랜드 섬 북부의 북아일랜드로 네 개의 구성국이 연합해 형성한 단일 국가이다. 수도는 런던이고 스코틀랜드, 웨일스, 북아일랜드의 수도는 각각 에든버러, 카디프, 벨파스트이다. 아일랜드 섬의 영국령인 북아일랜드는 아일랜드 공화국과 국경을 맞대고 있으며 해외 영토까지 포함 시 스페인(영국령 지브롤터), 키프로스(아크로티리 데켈리아)와 국경을 공유하고 있다. 건지섬, 저지섬, 맨섬과 같이 본토의 일부는 아니나 영국의 군주의 지배하에 있는 왕실 속령들도 있다. 해외 영토 거주민들과 영국 본토의 국민들은 서로의 지역에 거주할 권리가 없으며 상호 간의 이민도 자유롭지 않다.

3. 간략한 역사

영국은 서기전 55·54년 카이사르(Caesar)의 침공으로 로마의 속주(屬州)가 되어 브리타니아로 불렸다. 약 400년간 로마의 군정이 있은 뒤 앵글로색슨의 침공으로 6~8세기에 7왕국 시대가 있었으나 829년 통일왕국을 이루고, 1066년에 봉건국가 노르만조(朝)가 성립되었다. 절대군주제는 엘리자베스(Elizabeth) 1세의 치세 이후 점차 쇠퇴하여 17세기 100년 동안의 내란으로 국왕이 처형되고 크롬웰(Cromwell)이 주도한 공화정부가 들어섰으나, 그가 죽은 뒤에는 다시 왕정으로 돌아가 1688년 이른바 명예혁명이 이룩되었다. 이때부터 영국은 입헌군주제하에서 의회민주주의를 발전시켜 오늘에 이른다. 엘리자베스시대에 시작된 해외영토 확장은 18세기에 이르러 '대영제국(大英帝國)'을 건설했고 그 위세는 19세기말 빅토리아(Victoria) 치세 때 절정에 달하였다. 이즈음 우리나라에도 한영 수교의 기원이 발단되었다. 20세기에 들어와 치른 두 차례의 세계 대전의 영향으로 대영제국은 '영연방(英聯邦)'으로 탈바꿈하여 사실상 붕괴되었다.

4. 정치제도와 사회 및 인구

영국 정치제도의 기본은 입헌군주제하의 의회정치이다. 국왕은 상징적, 의전적 기능을 갖는 데 그치고, 복수 정당이 총선거에 참가하여 의회(하원) 내에서 다수 의석을 차지하는 정당이 집권당이 되며, 수상이 수반이 되어 대권을 장악 및 행사한다. 하원은 소선거구제에 의해 선출된 659명의 의원으로 구성된다. 상원은 세습귀족, 성공회 주교, 법관 등으로 구성되며, 1910년 이래 여러 차례에 걸친 법 제정으로 그 권한이 극히 제한되어 하원에서 의결된 법안의 성립을 최대 1년 기간 지연시킬 수 있을 뿐이다. 그러나 상원은 관습적인 전통에 따라 연합왕국의 최고재판소로서 기능하는 '국회법원(High Court of Parliament)'의 권한을 행사한다. 영국은 거부권을 가진 국제연합 안전보장이사국으로서 자유진영의 지도적 국가이며, 유럽공동체와 북대서양조약기구(NATO)의 일원이다. 영국은 입헌군주제를 기본으로 하여 근대적 의회제도와 의원내각제를 전 세계로 전파시킨 국가이며 산업혁명의 발원지로 제일 먼저 산업화가 된 나라이자 19세기와 20세기 초반 세계 인구와 영토의 1/4을 차지한 유일의 초강대국이었으나, 제2차 세계 대전 이후 쇠퇴하였다. 그러나 여전히 세계에 경제, 문화, 군사, 과학, 정치적인 영향을 끼치는 강대국 중 하나로 남아 있으며 특히 대중음악은 비틀즈와 롤링 스톤스, 레드 제플린, 퀸을 시작으로 현재까지 세계에 막대한 영향을 끼치고 있다. 2021년 현재 영국의 추정 인구는 약 6,800만 명이다. 영국은 유럽에서 5번째로 인구가 많은 나라이자 세계에서 21번째로 인구가 많은 나라이다.

III. 선교적 고찰

현재 영국에서 선교적으로 이슈가 되는 네 가지 영역 즉, 영국교회의 쇠퇴의 원인, 영국에서 디아스포라 선교, 영국과 서유럽의 이슬람화 문제, 그리고 영국에서의 난민사역에 대하여 차례로 심층적으로 자세히 살펴보고자 한다.

1. 영국교회의 쇠퇴 원인

1) 2001년과 2011년 인구 조사 비교

2001년 영국 인구 조사에 따르면 인구의 종교적 소속은 다음과 같다. 기독교: 71.7%, 무종교: 14.8%, 이슬람교: 2.8%, 힌두교: 1.0%, 시크교: 0.6%, 유대교: 0.5%, 불교: 0.3%, 기타 종교: 0.3%, 명시되지 않음: 7.2%이다. 2011년 영국 인구 조사에 따르면 인구의 종교적 소속은 다음과 같다. 기독교: 59.5%, 무종교: 25.7%, 이슬람교: 4.4%, 힌두교: 1.3%, 시크교: 0.7%, 유대교: 0.4%, 불교: 0.4%, 기타 종교: 0.4%, 명시되지 않음: 7.2%이다. 위의 영국 인구조사에 따르면 2001년 이후로 기독교인이라고 밝히는 사람들의 비율이 감소하고 종교가 없다고 밝히는 사람들의 비율이 증가하고 있으며 아울러 이슬람교의 비율이 10년간 거의 두배로 증가하는 등 종교적 소속에 상당한 변화가 있었다는 점은 주목할 가치가 있다. 특별히 2011년 통계에서 기독교가 59.5%로 나와 있지만 이는 대부분 명목상의 기독교인 숫자이고 현재 매주일 교회에 참석하는 숫자 비율은 1.4% 정도로 아주 심각한 상황이다.

2) 최근 수십 년 동안 영국 교회의 쇠퇴에 기여한 몇 가지 요인들

영국교회의 쇠퇴원인을 자세히 살펴보기 전에 먼저 가장 중요한 요소 중 일부만 간단히 나열하면 다음과 같다. (1) 세속화: 사회가 점점 더 세속화되고 덜 종교적이 되면서 많은 사람들이 교회에 참석하거나 기독교인임을 밝히는 것을 중단했다. (2) 종교에 대한 태도의 변화: 사람들이 종교를 시대에 뒤떨어지거나 삶과 무관한 것으로 간주한다. (3) 이민: 영국은 다양한 종교적 전통을 가진 국가로부터 상당한 수준의 이민을 경험했으며, 이는 영국의 종교적 신념과 관행의 다양화에 기여했다. (4) 스캔들과 논쟁: 교회는 최근 몇 년 동안 아동 학대와 재정적 부적절 혐의를 포함하여 많은 스캔들과 논쟁으로 흔들렸고, 이로 인해 교회의 평판과 신뢰성이 손상되었다. (5) 인구통계학적 변화: 영국 인구는 노령화되고 있으며 젊은 사람들 보다는 노인들이 종교적일 가능성이 높다. 그 결과 종교인의 전체 비율이 감소하고 있다. (6) 세속적 대안: 이제 사람들은 명상이나 요가와 같이 종교적 요소 없이 유사한 이점을 제공할 수 있는 전통적인 종교적 관행에 대한 많은 세속적 대안을 가지고 있다. 제시한 모든 요인들은 영국교회의 쇠퇴에 기여했으며, 이러한 추세가 계속될 것인지 또는 교회가 그 쇠퇴에 적응하고 역전시킬 수 있을 것인지는 두고 봐야 한다.

2. 영국에서 디아스포라 선교의 중요성

영국에 거주하고 있는 한인 교회 성도들, 특히 사역자들 중에는 영국이 다시 예전처럼 교회가 회복되고 세계선교에 중요한 역할을 하는 나라가 되기를 소망하며 실제로 이를 위하여 매일 기도하는 분들도 있다. 사실 이러한 소망은 영국에 거주하는 신실한 한인 성도들과 사역자들이라면 누구나 마땅히 갖게 되는 소망이라고 할 수 있다. 그런데 여기서 한걸음 더 나아가 구체적으로 어떻게 이 일이 가능할 것인가를 생각하면 좀 막막하다. 어디서부터 어떻게 해야 이 일이 이루어질 수 있으며, 한다고 해도 과연 우리가 하면 얼마나 할 수 있을 것인가? 이렇게 전체적으로 현재 처한 상황을 보면 언제, 어떻게 이 일이 이루어질지 막막하지만, 그렇다고 우리가 이 일에 전혀 손을 놓고 있는 것도 아니다. 디아스포라의 관점에서 말한다면, 영국의 한인교회는 영국에 있는 다양한 여러 디아스포라 민족 중에 한 축으로서 한인교회가 든든히 서있는 것만으로도 일익을 담당하고 있는 것이라 할 수 있다. 한인 디아스포라로서 교회들과 성도들과 사역자들이 각자 있는 위치에서 뜨겁게 기도하며 기회 있는 대로 전도하고 각자의 사역들을 잘 감당하고 있는 자체로 귀한 역할을 하고 있는 것이다. 그러면 과연 전체적으로 영국이 다시 복음으로 회복되는 길은 없는가? 있다면 그것은 무엇이고 우리 한인 디아스포라 교회와 성도 그리고 사역자들이 주도적으로 할 수 있는 일인가? 이 물음에 대한 답 가운데 하나를 다음과 같이 영국의 디아스포라 상황을 살펴봄으로 찾아볼 수 있다.

지금은 디아스포라의 시대라고 해도 과언이 아니다. 이것은 통계를 보면 알 수 있는데, 유엔 통계에 따르면, 2000년에서 2017년까지 전 세계에서 국제적으로 이동한 이민자 증가 수는 2000년에 1억 7천3백만 명에서, 2017년에 2억 5천8백만 명으로 무려 8천 5백만 명(49%)이 증가하였다. 한편 2017년 말에 전 세계 나라들 안에서 일어나는 자국 내 이민자 수도 4천만 명에 이른다. 그러고 보면 자국 내 이민자와 국제적으로 이동하는 해외 이민자 수를 합하면 거의 3억 명이 이동한 것이다. 이러한 상황은 우리로 하여금 지금은 디아스포라의 시대라고 부르기에 충분할 뿐 아니라 우리는 디아스포라의 상황에 처해 있는 것이라 할 수 있다. 이러한 상황에서 한 가지 특기할 일은 디아스포라 현상의 중심에 영국이 서 있다는 사실이다. 엄밀히 말하면, 전 세계에서 런던은 뉴욕 다음으로 디아스포라 이주민이 많은 도시이다. 이러한 현상을 반영이라도 하듯이 이미 오래전부터 런던은 300개가 넘는 언어가 통용되는 도시라고 말하고 있는 상황이다. 이런 엄청난 디아스포라 현상이 우리에게 중요한 것은 단순히 디아스포라 숫자가 많다는 것뿐만이 아니라 여기에는 아주 중요한 선교적 도전과 기회가 내포되어 있다는 사실이다. 기회의 측면에서 보면 하나님께서 대규모 디아스포라 현상을 통해 선교의 판을 뒤엎고 계신 것이다. 우리는 이 판을 잘 보고 기회를 잘 포착해야 한다.

영국에서 이러한 디아스포라 상황을 통해 나타나는 특이한 현상 중의 하나는 영국에서 성도의 숫자는 현저히 줄었는데, 교회의 숫자는 늘어나는 것이다. 그 원인은 바로 디아스포라 현상에 있다. 즉, 각국에서 들어온 디아스포라 교회들의 수적인 증가에 따른 것이다. 여기에서 중요한 것은 이러한 현상은 우리로 하여금 영국 선교의 통로 중의 하나가 디아스포라 교회임을 암시하고 있는 것이다.

디아스포라 교회가 영국선교의 하나의 중요한 통로가 됨과 동시에, 다른 디아스포라 교회를 어느 정도 아우르며 나아갈 수 있도록 여러 가지 요소들을 통하여 하나님께서 우리 한인 디아스포라 교회의 위상을 현저히 높여 주신 것이다. 우리는 하나님께서 한인디아스포라 교회에게 주신 이 기회를 놓치지 말고 잘 선용해야 한다. 따라서 우리가 어떻게 하면 주도적으로 이 기회를 잘 살려서 다른 디아스포라 교회들과 협력하여 영국선교를 감당할 수 있을지 종합적이고 체계적으로 그 방안들을 모색해야 한다. 아무쪼록 우리는 다른 디아스포라 교회들과 네트워크가 형성되고 서로 협력하는 가운데, 한인 디아스포라 교회가 디아스포라 선교를 주도적으로 이끌어 가는 모멘텀이 이루어져서 영국선교의 돌파가 이루어지기를 간절한 마음으로 기도하며 소망하는 바이다.

3. 영국과 서유럽의 이슬람화에 대한 선교적 대안 모색을 위한 연구 과제

이슬람화의 경향을 좀 더 폭넓게 이해하기 위하여 영국이 속해 있는 서유럽의 상황과 같이 살펴보는 것이 영국의 상황을 이해하는데 도움이 될 것이다. 영국과 서유럽에서 이슬람은 주지하고 있는 바와 같이 유럽의 다 종교 사회에서 기독교 다음으로 두 번째로 큰 종교 단체이면서, 가장 빠르게 확산되고 있는 종교이다. 영국과 서유럽의 무슬림은 인종, 종교, 철학적 신념, 정치적 설득력, 세속적 경향, 언어 및 문화적 전통이 매우 다양하다. 최근에는 IS의 영향으로 인해 시리아와 중동 각국에서 발생한 난민이 유럽으로 대 이동하면서 급속하게 무슬림 인구가 증가하고 있다. 이에 따른 여러 형태의 부작용도 함께 발생하고 있다. 특히 영국, 프랑스, 독일 등에서 동시 다발적으로 일어나는 이슬람 극단주의 테러로 인해 이슬람에 대한 공포증과 두려움은 물론이고 이슬람의 확산에 대한 우려의 목소리도 나오고 있는 실정이다. 이와 같은 상황과 더불어 영국과 서유럽의 이슬람화의 문제는 세간에도 아주 중요한 이슈가 된 지 오래되었고 이제는 더 이상 뒤로 미룰 수 없는 우리의 현실적 과제가 되었음은 주지의 사실이다. 그러나 현재 영국과 서유럽은 이슬람화에 대한 대책을 마련하기에는 미흡한 단계이다. 따라서 지금은 우선 영국과 서유럽의 이슬람화에 대응하기 위하여 체계적인 대책 마련이 중요한 시점이라 할 수 있다. 그러기 위하여는 기본적으로 크게 세 가지가 필요한데, 첫째는 영국과 서유럽의 이슬람화에 대한 관점이 적절하게 정리되어야 하고, 둘째는 방향이 설정되어야 하며 셋째는 그에 따른 구체적인 실천 방안이 있어야 한다. 영국과 서유럽의 이슬람화에 대한 체계적인 대책마련을 모색하는 차원에서 위의 세 가지 이슈를 개략적으로 정리할 것이다. 또한 이해를 돕기 위하여 이러한 이슈와 관계된 영국과 서유럽의 이슬람 상황을 먼저 간단하게 살펴보고자 한다.

1) 영국과 서유럽의 이슬람화에 대한 관점과 평가

(1) 영국과 유럽의 나라별 무슬림 인구 현황

유럽의 이슬람화를 논할 때 제일 먼저 고려할 사항은 유럽의 무슬림 인구 비율이다. 나라별 무슬림 인구를 서유럽 주요국의 인구비율과 함께 보면, 프랑스 5,720,000(8.8%), 독일 4,950,000(6.1%), 영국 4,130,000(6.3%), 이태리 2,870,000(4.8%), 네덜란드 1,210,000(7.1%), 벨기에 870,000(7.6%), 스위스

510,000(6.1%), 오스트리아 600,000(6.9%) 등으로 나타난다. 그동안 유럽의 무슬림 인구는 상당히 빠르게 증가해 왔기 때문에 이런 추세대로라면 과연 유럽이 얼마나 빨리 이슬람화 될 것인가에 관심이 모아지고 있다.

(2) 현재 영국과 서유럽의 이슬람화에 대한 관점

현재 유럽의 이슬람화에 대한 관점은 크게 두 가지로 나뉜다. 첫 번째 관점은 유럽이 급속하게 이슬람화 할 것이라는 관점인데, 'Muslim Demographics'가 하나의 좋은 예이다. 이에 따르면 유럽은 수 십 년 내에 이슬람화가 될 것이며 20년 동안 유럽 전체 인구 증가의 90%가 무슬림 이민자가 된다. 프랑스의 경우는 한 가정당 1.8명의 자녀가 있는 반면에, 무슬림 가정은 한 가정당 8.1명의 자녀가 있고, 20세 이하의 30%가 무슬림이다. 그리고 무슬림의 출생률이 훨씬 높은 것으로 나타났으며, 2027년에는 무슬림이 20%가 되어, 프랑스는 39년 안에 이슬람 국가가 될 것이라고 주장한다. 독일의 경우는 출산율이 떨어져 회복될 기미가 보이지 않아 2050년 정도엔 독일도 이슬람 국가가 될 것이라고 주장한다. 영국의 경우는 1980년대 초부터 무슬림 인구가 30 배나 증가했다고 한다. 이에 대한 두 번째 관점은 다음과 같다. 이제까지 무슬림 인구가 가장 빠르게 증가하고 있는 것은 사실이지만, 수십 년 안에 유럽이 쉽게 이슬람화가 되지는 않을 것이라는 관점이다.

(3) 현재의 관점의 문제점과 평가

위의 유럽의 이슬람화에 대한 관점에는 세 가지 이슈가 나타난다. 첫째는 유럽의 이슬람화의 이슈가 거의 여기에 함몰되어 있다는 것이다. 이렇게 되면 유럽의 이슬람화에 따른 다른 중요한 이슈들은 간과하게 되는 문제가 생긴다. 둘째는 유럽의 이슬람화 문제를 유럽 전체의 인구변화 측면에서만 논의하고 있다는 것이다. 그러나 유럽이 이슬람화 되기 위해서는 유럽 전역이 무슬림들로 가득 차야 할 필요는 없는 것이다. 유럽 주요 나라의 주요 도시가 이슬람화 되는 문제가 핵심적인 것임을 간과하고 있다는 것이다. 셋째는 유럽의 이슬람화가 빠르게 진행되든 안 되든 이미 주요 도시에는 상당 부분 진행되어 왔고 무슬림은 이미 세를 형성할 만큼 충분한 숫자가 되어서 그로 인한 문제가 발생하고 있다. 따라서 우리는 유럽의 이슬람화를 심각하게 받아들이고, 이에 대한 대책을 마련해야 하는 중요한 시점에 와 있다고 할 수 있다.

2) 영국과 서유럽의 이슬람화의 심각성

영국과 서유럽의 이슬람화의 기준은 무엇인가? 영국과 서유럽의 이슬람화를 평가하기 위해서는 다음 사항들이 고려되어야 한다.

(1) 주요 도시의 무슬림 인구비율

유럽의 이슬람화는 유럽 전체 무슬림 인구 비율로만 평가할 수 있는 것은 아니다. 다시 말하면, 유럽이 이슬람화 되기 위하여는 유럽의 시골 구석까지 무슬림이 다 차지할 필요는 없는 것이다. 영국을 예로 들면, 영국이 이슬람화 되기 위하여는 영국의 주요 도시들이 이슬람화 되면 이미 영국은 이슬람화가 진행되고 있다고 볼 수 있다. 2014년 영국 도시들의 무슬림 인구 비율은 Tower Hamlets (45.6%) in the East London borough, Newham (40.8%), Blackburn (29%), Slough (26%), Luton (25.7%), Birmingham (23%), Leicester (20%), Manchester (18%) 순이다. 여기서 버밍험은 런던 다음으로 영국의 두 번째 도시이고, 맨체스터도 주요 도시 중 하나이다. 이런 의미에서 영국의 이슬람화는 상당히 심각한 상황으로 진행되고 있음을 알 수 있다.

(2) 게토화

일반적으로 유럽에서 무슬림 밀집 지역은 게토화 되어왔다. 무슬림들이 모여들면 그곳에 살던 주민들은 다른 지역으로 빠져나가게 되고 그 지역은 점차 무슬림들로 채워져 이슬람화 된다. 특히 이런 게토화 과정은 모스크와 관련이 크다. 모스크가 세워지면 모스크 앞에는 이슬람식으로 도살된 고기와 할랄식품을 파는 시장이 들어선다. 그러므로 모스크가 세워지면, 그곳은 단순한 종교적 집회 장소로 끝나지 않는다. 그 주변에 이슬람식 시장과 모스크의 부속 건물인 이슬람 꾸란학교 등이 세워지면서, 그 지역이 게토화 된다. 이슬람 문화가 그 지역을 중심으로 성장하게 되는 것이다. 모스크가 대도시에 세워지면서 도시에서도 이런 현상이 일어남으로 그 도시가 게토화 되고 점점 이슬람화가 진행되는 것이다. 유럽 내 모스크 현황에 대한 데이터는 정확하게 언급된 것이 없으나 대략적으로 9개 국가에 7,000개의 모스크가 있다고 한다. 그중 80%가 서유럽 국가에 분포되어 있으며, 특히 3개국에 집중되어 있다. 정확하게 알 수는 없지만 독일에는 대략 2,500-2,700개, 프랑스에 2,300개 정도로 추정되며, 영국에는 약 1,750개의 모스크가 런던, 버밍험, 맨체스터, 리즈, 글라스코, 카디프 그리고 밸파스터 지역에 있으며, 83%에 해당하는 모스크들은 지난 10년간 만들어진 것이다.

(3) 전략적 확장

무슬림 게토화는 이슬람 이데올로기와 교리를 바탕으로 다분히 전략적이라고 할 수 있다. 먼저, 이슬람 이데올로기의 추구이다. 모든 신실한 무슬림은 자신이 살고 있는 나라가 이슬람 샤리아법에 의해 통치되어야 한다는 이데올로기를 갖고 있다. 따라서 예를 들어, 영국에 살고 있는 신실한 무슬림들의 이상은 영국이 샤리아법으로 통치되는 것이다. 다시 말하면, 영국의 이슬람화이다. 이슬람 교리와의 연관성은 다음과 같이 나타난다. 먼저, 샤리아 법정이다. 무슬림이 늘어나면 무슬림들은 반드시 그들의 신앙과 이데올로기를 따라서 샤리아 법정을 요구하게 되고 영국은 이미 100여 개의 샤리아 법정이 세워져 운영 중이다. 다음으로 아잔의 허용문제이다. 영국 버밍험의 무슬림들은 무슬림 밀집 지역 모스크에서 적어도 하루에 세 번의 아잔을 허락해 달라고 요청한 상태이다. 그 외에도 히잡, 할랄음식 등의 요구가 나타난다. 따라서 이상의 내용을 종합하면, 유럽의 이슬람화를 평가할 때 단순히 유럽 전체의 무슬림 비율로 판단하기보다는, 특히 서유럽의 주요 도시의 이슬람화를 주목해야 하는데 그 이유는 한 나라의 이슬람화는 그 나라의 주요 도시들의 이슬람화에 달려 있기 때문이다. 영국의 버밍험의 예에서 보듯이 모스크를 중심으로 게토화 된 무슬림 밀집 지역에서 샤리아 법정으로 샤리아 법이 시행되고, 모스크들에서 하루 세 번씩 아잔이 울려 퍼지면 그 지역이 이슬람화 되는 것은 기정사실이 된다. 지금 우리는 영국뿐만 아니라 서구 유럽의 여러 주요 도시에서 이러한 사실을 목도하고 있고 이런 과정은 계속 확산될 것이다. 이런 의미에서 우리는 유럽의 이슬람화를 심각하게 받아 드려야 한다. 그러면 이런 심각한 영국과 서유럽의 이슬람화의 상황에서 어떻게 대응해야 하는가? 그 대안은 무엇인가? 이를 위해서 우선 우리의 방향 설정이 필요하다.

3) 유럽 이슬람화에 대한 선교적 대안 모색을 위해 고려할 사항들

(1) 사역의 시급성

역사적으로 이슬람은 7세기와 13세기에 동유럽, 지금의 러시아와 불가리아 지역에 들어왔다. 오토만 제국은 침략과 정복으로 유럽 지역에 이슬람을 확산시켰으며, 기독교 제국인 비잔틴 제국을 정복하여 지금의 이슬람 왕국 터키를 건설하게 되었다. 20세기와 21세기에는 무슬림의 상당수가 서유럽인 독일, 프랑스, 영국 등에 많이 이주해 왔으며 최근에는 많은 난민들이 유럽으로 들어오게 되었다. 그 연령 분포를 보면, 2016년의 유럽 무슬림들의 중간 연령은 30.4세로 전 유럽의 중간 평균 연령 43.8세 보다 13살 더 젊다. 이러한 과정 속에서 현재 목도하고 있는 바와 같이 지금 서유럽의 몇몇 주요 도시에서의 이슬람화는 이미 진행이 되어왔고 그 상태는 상당히 심각하여 이에 대한 대책마련이 시급하다고 할 수 있다. 무엇보다도 한인 사역자 차원에서 선교적 대책 마련이 요구되는 시점에 와 있다고 할 수 있다.

(2) 대상의 다양성

서유럽의 국가별 이슬람 인구와 종족별 분포를 보면, 프랑스에는 1973년까지 약 1백만 명의 북부 아프리카 무슬림들과 그 후손들이 살았으나, 지금은 약 4백만 명까지 됐다. 현재 프랑스에 약 6백만 명의 무슬림 가운데 마그레브라고 불리는 북아프리카 출신이 무려 82%를 차지하고 있다. 나라별로는 알제리인이 43.2%를 차지하고 있고, 모로코와 튀니지 출신은 각각 27.5%와 11.4%이다. 프랑스 무슬림 인구 대부분이 북부 아프리카인이라면, 독일은 터키인이다. 1961년에 독일에서 튀르키예인은 단지 수천 명에 불과하였었지만, 1976년 약 1백만 명, 1990년 중반에는 약 2백만 명으로 늘었다가, 오늘날에 이르러 튀르키예인은 5백만이 넘었다. 이 가운데 1백6십만 명은 터키 이민자이고 4백만은 부모 중 한 명이 터키인이다. 그런데 이 숫자는 3, 4, 5대 자녀들과 불가리아 등 다른 나라에서 온 튀르키예인은 뺀 숫자이다. 네덜란드에는 무슬림 인구의 31%가 모로코인이고 38%가 튀르키예인이며 이들은 벨기에 무슬림 인구의 대다수를 차지하고 있다. 반면 영국의 무슬림은 절반이 서남 아시아인들이다. 파키스탄인이 32%이고, 방글라데시와 인도 무슬림들은 17.8%이다. 따라서 이렇게 유럽에 무슬림들이 여러 종족별로 다양하게 분포되어 있는 것을 감안하여 그에 따른 전략을 마련해야 된다.

(3) 전략적 접근

위에서 살펴본 대로 무슬림들이 그들의 속성상 전략적으로 주요 도시에 이슬람화를 진행하고 있는 만큼 우리도 이제 전략적으로 연합해야 하고, 전략적으로 접근해야 하며 그들에게 맞는 적합한 전도 방법을 마련해야 한다.

4) 구체적 실천 과제

영국과 서유럽의 이슬람화에 대한 선교적 대안으로써 가능한 실천 항목들을 정리하면 다음과 같다.

(1) 현재 영국과 서유럽에서 이슬람 사역의 실태 파악이 필요하다. 이미 선교에 헌신하고 있는 이들이 많이 있다. 이들로부터 현재까지 영국과 서유럽의 이슬람화의 상황을 바탕으로 한 대응책이 있다면 어떤 것들이 있는가를 먼저 파악하는 것이 필요하다.

(2) 현재 유럽의 무슬림들의 분포도 작성이 필요하다. 현재 유럽에 있는 무슬림들은 나라마다 지역마다 부족마다 다 다르다. 따라서 그에 따른 연구를 위해서는 그들의 세밀한 분포도가 필요하다.

(3) 각 그룹의 무슬림에 대한 리서치와 특성 연구가 필요하다. 다양한 무슬림 그룹을 위한 맞춤 전략을 위해서는 그들에 대한 그룹별 특성 연구가 필요하다.

(4) 각 그룹의 무슬림의 특성에 맞는 전도 방법을 비롯한 맞춤 전략이 필요하다. 무슬림 각 그룹의 특성을 바탕으로 그에 맞는 맞춤 전략이 꼭 필요하다.

(5) 다양한 형태의 교회 설립을 최종 목표로 한 로드맵이 필요하다. 개혁주의 건설을 최종 목표로 한다고 해도 그 형태는 다양하다. 어떤 형태의 교회 설립이 가장 적합한가를 잘 살펴서 지역마다, 그룹마다 그에 맞는 교회가 필요하다.

(6) 유럽의 이슬람화의 대책 가운데 난민 사역의 초, 중, 장기 단계와 관련한 연계 사역이 필요하다. 무슬림 난민사역은 정착단계에 따라 초, 중, 장기 단계로 구분할 수 있는데, 이 난민 사역은 이미 정착한 이주 무슬림 사역의 돌파구가 될 수 있어서 유럽의 이슬람화 대책의 한 중요한 부분으로서 연계사역이 필요하다.

(7) 궁극적 대안은 교회의 회복이라고 할 수 있다. 이에 대한 대책도 마련할 필요가 있다. 각 나라마다 무슬림 선교의 궁극적 대안은 그 지역에서 교회들이

활성화되는 것이다. 유럽의 교회들이 다시 회복되도록 도와야 하고 동시에 지역교회들과 연합하여 무슬림 선교를 해야 하는데, 그렇게 하면 서로 시너지 효과도 기대할 수 있다.

유럽에서 무슬림 인구는 계속 가속되어 증가하고 있고 각 나라의 주요 도시의 상황은 살펴본 대로 유럽 특히 서유럽의 이슬람화가 심각하게 진행 중이다. 따라서 현재 유럽의 이슬람화의 대책으로서 선교적 대안은 매우 중요하다고 할 수 있다. 이를 위하여 본 소고에서는 유럽의 이슬람화의 심각성을 살펴보고, 다양한 무슬림 그룹들에 맞게 실제적으로 체계적이고 종합적인 대안을 모색하는 의미에서 구체적인 실천과제들을 개략적으로 제시하였다. 바라기는 이러한 일이 시급하게 마련되어야 하는데, 이를 진행함에 있어서 계속 사역자 간의 협력이 이루어져서 한인 사역자 차원에서 플랫폼이 형성되고, 한걸음 더 나아가 현지교회들과 협력하여 유럽에서의 무슬림 선교의 돌파가 이루어지기를 간절히 소망하는 바이다.

4. 영국에서 난민사역의 특성과 전망

유럽에서의 난민사역의 가능성은 지금까지 이미 많은 사역자들의 사역을 통해 입증되었고, 앞으로도 그 가능성은 매우 크다고 할 수 있다. 유럽에서의 난민 사역은 이제 그 가능성을 넘어서 전략적으로 그 의미와 그에 따른 다양한 결과로 나타나는 긍정적인 선교적 함의를 논해야 할 때이다. 사실 유럽에서의 난민사역은 긍정적인 의미에서 엄청난 선교적 잠재력을 품고 있는데, 우리는 이러한 난민사역의 잠재력을 잘 살려야 할 때이다. 유럽지역에서도 특히 필자가 속해 있는 영국에서의 난민사역의 가능성과 선교적 함의는 매우 크고 중요한 것이 사실이다. 따라서 영국에서의 난민사역의 특성을 현재 진행되는 상황과 함께 간단히 살펴봄으로 영국에서의 난민사역의 전망을 대략적으로라도 가늠해 보고자 한다. 이렇게 볼 때 본 소고의 성격은 어떤 이론적인 분석을 위한 것이 아니라 영국에서의 난민사역 현장의 상황을 살펴보고 이곳에서의 난민사역이 어떻게 좀 더 영국 상황에 맞게 종합적이고 체계적이며 효율적으로 진행될 수 있을지를 실제적인 측면에서 그 방안을 모색하는 것이다. 본 소고의 목적은 영국에서의 난민사역이 영국의 특성에 맞게 진행되면 얼마나 광범위하게 여러 영역과 관련해서 선교적 영향력을 미칠 수 있는 지와 얼마나 종합적이고 체계적이며 효과적으로 난민사역이 이루어질 수 있는지를 살펴보는 것이다.

1) 영국의 특성에 맞는 난민 사역의 중요성

(1) 후발 주자로서 영국의 난민사역

영국은 난민 정착국으로서 난민사역에 있어서는 후발주자라고 할 수 있다. 특별히 한인 사역자들에게는 더더욱 그렇다. 영국에서 한인사역자들이 난민사역을 시작한 때는 소위 난민 발생인 레바논, 요르단, 터키나 난민 이동국인 그리스에서 활발하게 사역한 후의 일이었다. 그것은 어쩌면 자연스러운 현상이라고 할 수 있다. 왜냐하면 2015년 어간에 시리아 난민사태가 발생한 이후로 난민 발생국들과 난민 이동국들이 난민들의 대거 유입으로 난민문제가 현실적인 이슈로 크게 대두된 것과는 대조적으로 영국은 난민 정착국으로서 지리적으로도 제일 멀리 위치해 있으면서 난민의 유입 규모도 매우 적었고, 따라서 난민의 이슈에 있어서도 상대적으로 중심에서 벗어나 있었기 때문이다. 이런 상황에서 한인 사역자들이 난민사역에 새롭게 많은 관심을 가지고 이 사역에 뛰어들기에는 동기부여가 될 만한 여건이 아니었다. 따라서 이런 상황에서 영국에서 한인사역자들 가운데 난민사역이 활발하게 이루어지지 않은 것은 어쩌면 자연스러운 현상이라고 할 수 있는 것이다.

(2) 영국의 특성에 맞는 난민 사역의 중요성

후발주자로서 영국에서의 난민사역이 잘 이루어지기 위해 가장 중요하게 고려해야 할 핵심요소는 바로 영국의 특성을 잘 파악해서 그 특성에 맞게 난민사역을 진행해야 한다는 점이다. 왜냐하면 영국에서의 난민사역의 출발점, 진행과정, 방법, 거기에서 파생된 확장성, 그리고 앞으로 나아갈 방향이 모두 영국만이 가지고 있는 특성과 관련이 있기 때문이다. 그러면 여기에서 난민사역의 후발 주자로서 한 가지 주의할 점과 유익한 점은 그것들을 간단히 살펴보면 다음과 같다. 먼저 주의할 점이다. 이런 상황에서 몇몇 한인 사역자들이 난민사역을 시작하는 초기 단계에서, 한 가지 쉽게 넘어갈 수 있는 유혹은 이미 난민 사역이 이루어지고 있는 난민 발생국이나 이동국에서의 난민사역의 방법이나 모습을 따라 하려는 것이다. 왜냐하면 난민사역을 어떻게 할지 잘 모르는 상태에서 어느 지역에서 이건 간에 그곳에서 행해지고 있는 난민사역을 따라하는 것이 제일 쉬운 방법이기 때문이다. 이렇게 되면 난민들과의 사역 자체에 함몰되어서 자신이 사역하고 있는 지역의 전체 상황을 간과할 가능성이 많다. 그렇게 되면 그 나라에서 난민사역으로부터 파생된 다양한 영역으로 연결되고 확산되어 갈 수 있는 엄청난 잠재력을 놓치기 쉽게 되는 것이다. 따라서 영국에서의 난민사역에 있어서 난민사역 자체뿐만 아니라 이 모든 잠재력을 살리기 위해서는 영국의 특성에 맞게 난민사역을 진행해 나가는 것이 핵심이 되는 것이라 할 수 있다. 다음으로 유익한 점을 보면 다음과 같다. 후발 주자로서 영국에서의 난민사역이 다른 지역의 난민사역을 참고하는 것이 유익한 경우가 있는데, 그것은 영국의 특성이 먼저 파악이 되어서 그것을 영국의 특성에 맞게 적용이 될 때이다. 예를 들면, 그리스의 난민사역을 보고 그것이 영국의 사역에 중요한 참고가 되는 부분이 있음을 발견하게 된다. 이는 난민사역의 단계의 중요성으로 직렬형 사역을 참고해서 이것을 영국의 상황에 맞게 병렬형으로 변형 적용할 수 있다. 따라서 이것은 영국의 상황에서 난민사역이 상당히 효과적으로 이루어질 수 있도록 그 틀을 제공하는 것이 된다. 이와 같이 영국의 특성에 맞는 난민 사역의 중요성은 영국에서의 종합적이고 체계적이며 효과적인 난민사역을 위하여 가장 중요하게 여겨야 할 요소라고 할 수 있다.

2) 영국의 난민사역의 특성과 중요성

영국의 난민사역의 특성은 다음과 같이 세 가지 범주로 구분해서 살펴볼 수 있다. 첫째는 난민과 관련된 특성이고, 둘째는 영국의 요인들과 관련된 특성이며, 셋째는 난민사역의 전략과 관련된 특성이다. 그렇게 세 범주의 특성들을 자세하게 살펴보는 이유는 각각의 특성의 범주마다 영국에서의 난민사역에 있어서 아주 중요한 요소와 역할을 담당하고 있기 때문인데 그 각각의 범주의 내용은 다음과 같다.

(1) 난민과 관련된 특성과 중요성

영국의 난민사역의 세 가지 범주의 특성 중에 첫 번째 범주는 난민과 관련된 특성인데 이것은 다시 세 가지로 나누어서 살펴볼 수 있다. 첫째는 정착국으로서의 특징이고, 둘째는 선호국으로서의 특징이 있고, 셋째는 정착단계의 특징이다. 이 세 가지 특징은 영국에서의 난민사역이 종합적이고 체계적이며 효율적으로 이루어지는 근간을 이룬다는 점에서 아주 중요하다고 할 수 있다.

① 정착국으로서의 특성과 그 중요성

영국이 난민사역에 있어서 정착국으로 불리는 이유는 난민들이 궁극적으로 정착하여 살기를 원하는 나라 중의 하나이기 때문이다. 이와 관련하여 한 가지 설명이 필요한 부분이 있는데, 그것은 난민의 이동 경로에 따라서 난민 발생국, 난민 이동국, 그리고 난민 정착국으로 구분하는 것이다. 난민 발생국은 레바논이나 요르단과 터키 같이 난민들이 집결하여 있다가 일부 난민들이 서부와 북부 유럽으로 이동을 시작하는 국가들이라고 할 수 있다. 난민 이동국은 그리스가 대표적인데 이 나라는 난민들이 북, 서유럽으로 가는 길목에 위치하여서 대부분 난민들이 다음 정착국으로 가기 위한 준비를 위해 단기간 머무르게 되는 것이 특징이다. 이에 비하여 정착국인 영국에는 난민들이 들어와서 정착을 하는 것이 가장 큰 특징이고 이 부분이 제일 중요한 부분이다. 따라서 난민사역의 측면에서 보면 난민 정착국인 영국에서의 사역이 난민 이동국인 그리스에서의 사역의 방식과 지향점이 같을 수가 없는 것이다. 예를 들면, 그리스에서의 난민사역은 난민이 그리스에 도착하여 1-2년 또는 3년 안에 다른 나라로 옮겨 가기 때문에 그에 맞게 단기 프로그램을 운용하는 방식으로 할 수밖에 없고 멤버가 항상 새로운 사람으로 바뀌는 상황에서 사역을 해야 한다. 그에 비하여 영국에서의 난민사역은 난민들이 정착을 위하여 왔기 때문에 난민들을 위한 장기 프로그램이 가능할 뿐 아니라 믿는 난민들이 매개가 되어 사역의 확장성이 넓어질 수 있게 되는 것이다. 이렇게 난민을 통한 사역의 확장성과 사역의 잠재성은 오직 난민들이 정착하는 경우에만 가능하기 때문에 그런 의미에서 난민들의 정착국으로서 영국의 특성은 난민을 통한 모든 연관되는 사역의 토대로서 가장 중요한 요인이라고 할 수 있다.

② 선호국으로서의 특성과 그 중요성

영국은 난민들의 정착국으로서 뿐만이 아니라 가장 선호하는 나라 중의 하나이다. 이 점도 정착국의 특성과 더불어 영국에서 난민 사역의 또 하나의 중요한 특성이 된다. 앞의 특징을 다른 말로 하면 영국에는 앞으로 난민들이 그 숫자에 상관없이 끊임없이 계속 들어온다는 것이다. 따라서 영국에서의 난민 사역에 있어서 영국이 난민들의 선호국이라는 특성은 영국이 난민들의 정착국이라는 특성을 뒷받침하는 역할을 하게 되는데 그것은 난민들이 끊임없이 영국에 찾아와서 정착하도록 난민들을 영국으로 끌어오는 힘으로 작용하기 때문이다. 다시 말하면 영국이 난민들의 선호국이라는 특성은 영국에 정착하기 위하여 영국에 들어오는 난민들의 숫자를 꾸준하게 일정 수준을 유지하도록 하는 역할을 한다고 할 수 있다. 따라서 영국이 난민 선호국이라는 특성의 중요성은 이것이 난민의 정착국으로서 난민의 숫자를 유지시켜 주는 역할을 하는 것이므로 정착국으로서의 중요성과 서로 보완하는 관계로서 그 중요성을 가늠할 수 있다.

③ 정착 단계의 특성과 그 중요성

영국이 난민들의 정착국과 선호국이라는 특성 때문에 일정 수의 난민들이 영국에 들어오게 되면 그들이 정착하는 과정에서 몇 가지 단계를 밟게 되는데 그 단계를 각 단계마다의 명칭과 함께 살펴보면 다음과 같다. 첫째 단계는 비자나 정식 서류 없이 영국에 들어온 이민자(Undocumented Migrant)로서 이들이 영국에 들어오면 다음과 같이 관리된다. 우선 이들은 망명 청구권을 신청할 수 있고 인권 보호법에 따라 영국에 일정 기간 머물 수 있다. 그리고 망명 청구가 접수되기 전의 모든 불법 이민자들은 미등록 이민자로 간주된다. 두 번째 단계는 난민 신청자(Asylum Seeker)로서 이들은 인종, 종교, 국적, 특정 사회 집단의 구성원, 신분 혹은 정치적 견해를 이유로 박해나 차별을 받을 때 이를 피해 제삼국으로 탈출하여 보호를 요청하는 사람들이다. 이들은 난민 신청이 되면 난민 협약과 인권협약에 의해 보호를 받으며 주택과 생계비가 지원된다. 세 번째 단계는 망명 심사에서 거절된 사람(Failed Asylum Seeker)으로서 이들은 항소를 하거나 재청구(Fresh Claim)를 할 권리가 주어진다. 그러나 일정 기간 동안 항소나 재청구를 하지 않을 경우 추방되는데, 이들은 추방이나 재심사를 지원했다는 가정하에 3개월 동안 주택과 생계 지원을 받을 수 있게 된다. 네번째 단계는 거주증이 주어진 사람(Granted Leave to Remain)으로서 이들은 다음 두 가지 경우이다. 첫째 경우는 난민(Refugee)이다. 이 경우에 일할 권리가 주어지고, 영국시민과 같은 복지 혜택을 받게 되고, 여권이 주어진다. 둘째 경우는 인권으로 보호받는 자(Humanitarian Protection)로서 난민(Refugee)과 같은 권리와 혜택이 주어지지만 여권은 5년 이후에 주어진다. 여기에서 한 가지 특기할 것은 위와 같은 난민의 네 가지 정착 단계를 난민사역의 관점에서 편의상 난민의 초기-중기-장기 단계로 나누어 볼 수 있다. 초기 단계는 난민 신청 단계로서 난민지위를 받기 전의 단계이다. 일반적으로 이 단계에 있는 사람들이 도움이 가장 많이 필요한 때이고 복음의 수용성이 가장 높은 시기라고 할 수 있다. 중기 단계는 난민지위를 받아서 거주증도 있지만 아직 경제, 사회적으로 완전히 정착이 안된 단계이다. 마지막으로 장기 단계로서 경제적으로나 사회적으로 기존의 이주민과 같이 정착이 된 경우이다. 난민사역의 측면에서 볼 때 초기와 중기 단계에서 복음의 수용성이 상대적으로 높다. 이들은 여러 가지 필요가 많으므로 자연스럽게 만남이 자주 이루어지고 관계 형성이 잘 되며 일반적으로 복음을 잘 받게 된다. 이때에 믿음을 갖게 된 사람들이 장기 단계에서 기존의 이민자들의 사회에 정착을 하게 되면 자신들의 주변의 이민자들에게 자연스럽게 복음을 나누게 되는 여건이 조성이 되는 것이다. 이런 점에서 난민정착단계의 중요성을 심도 있게 살펴볼 수 있다.

(2) 영국 내의 특성과 그 중요성

이제 두 번째 범주인 영국 내의 특성과 그 중요성을 다음 두 가지로 나누어서 살펴보려고 한다. 하나는 영국정부의 난민 정책과 관련하여 난민사역의 의미와 중요성을 살펴보고 또 하나는 영국에 기존에 형성되어 있는 인프라를 살펴보고 그것이 난민사역과 관련하여 내포하고 있는 의미와 중요성을 차례로 간단히 살펴보고자 한다.

① 영국 정부의 난민 정책 중 하나는 난민들을 영국 전역에 골고루 분산하는 것이다. 따라서 누구나 영국의 거의 모든 대도시에서 난민들을 접할 수 있

게 되었다. 이것은 그 자체로 영국에서의 난민 사역의 측면에서 상당히 고무적인 의미를 내포하고 있다고 볼 수 있다. 그 의미와 중요성은 영국 전역에 난민들이 분포해 있으므로 영국전역에서 어려움에 처한 난민들을 영육 간에 잘 돌보며 난민 사역의 좋은 기회로 삼을 수 있다. 난민 사역이 영국 전역으로 확산되어 그 확장성과 잠재성이 충분히 발현된다면 영국 전역은 영적인 활기를 얻을 것이다. 이러한 일이 일어날 수 있도록 이미 여건이 조성되어 있다는 것은 놀라운 일이 아닐 수 없다. 즉 이러한 특징은 영국의 특성에 맞게 난민 사역을 진행하는 것이 얼마나 중요한지를 깨닫게 해준다. 이와 함께 영국 전역에 분포되어 있는 난민 사역 인프라와 연결하여 전략적으로 사역한다면 그 시너지 효과는 매우 클 것이다.

② 영국은 최근 30년 동안 교회가 급속도로 쇠퇴하였지만 지금까지 오랫동안 기독교가 국교로 남아있는 나라이다. 따라서 영국에는 기독교적 인프라가 어느 나라 못지않게 나라 전역에 잘 형성되어 있다. 이 인프라는 두 가지로 대별할 수 있는데, 첫째는 모임을 할 수 있는 건물 또는 공간적인 인프라이고, 둘째는 인적 또는 기관이나 단체 인프라이다. 건물 또는 공간적인 인프라는 각 지역에 교회 건물이나 커뮤니티 센터 등 공간이 이미 많이 있어 난민 사역을 순탄히 할 수 있는 여건이 마련되어 있다. 또한 인적 또는 기관이나 단체로서의 인프라는 크게 네 가지로 구분될 수 있는데, 그것은 영국교회, 선교단체, 디아스포라 교회, 그리고 자원 봉사자 등으로 난민 사역을 위한 인적 인프라이다. 영국에서 난민 사역이 효과적으로 이루어지기 위해서는 이러한 영국의 인적 자원과의 협력이 아주 중요하다. 그중에서도 영국교회, 디아스포라 교회, 선교단체와의 협력 사역이 중요하다. 그 이유는 첫째로 협력하여 사역한다면 더 많은 인원이 투입되어 더 많은 난민을 영육 간에 살릴 수 있기 때문이다. 둘째는 살아난 난민을 통하여 영국의 교회, 디아스포라 교회, 그리고 선교단체들이 살아

나기 때문이다.

(3) 난민사역의 전략적 특성과 중요성

영국에서의 난민사역의 특성의 세 번째 범주로서 난민사역의 전략과 관련된 특성은 다음 두 가지로 나누어서 생각해 볼 수 있다. 하나는 난민사역의 단계의 중요성이고, 또 하나는 난민사역 연구의 중요성이다.

① 난민 사역의 단계의 중요성

난민사역의 후발주자로서 영국에서의 난민사역을 효과적으로 진행하기 위하여는 이미 진행되고 있는 다른 지역의 난민사역을 참고할 수 있다는 것은 후발주자의 하나의 큰 장점이자 유익이라고 할 수 있을 것이다. 그런데 그 참고내용의 유익이 극대화되려면, 단순한 답습과정은 큰 의미가 없고, 해당지역의 특성을 잘 파악하고 그에 맞게 적용해야 시행착오도 방지하고 훨씬 효과적으로 난민사역을 진행할 수가 있게 된다. 이런 측면에서 필자는 영국에서의 난민사역이 효과적으로 진행되도록 하기 위하여 그리스의 난민사역 모델을 참고하였다. 또한 이를 영국의 특성에 맞게 변형 적용하여 영국의 난민사역 모델을 만들고, 그리스의 모델을 직렬모델로, 그리고 영국의 모델을 병렬모델로 하였다.

a) 직렬단계 모델

현재 유럽에서 난민사역의 A to Z의 과정과 모델이 그리스의 양용태 선교사의 사역에 잘 나타나 있다. 필자는 양용태 선교사가 하는 아테네 난민 성경훈련코스에 처음부터 강사로 참여하여 양 선교사의 난민사역을 듣고 보며 함께 의논하면서 전 과정을 어느 정도 파악하게 되었는데 간단하게 그 과정의 단계만 언급한다면 다음과 같다. 가. 식사제공의 긍휼사역 단계 나. 식사제공과 함께 복음 나눔의 단계 다. 앞의 단계의 열매로 교회설립의 단계 라. 성경훈련의 단계 마. 그룹성경공부 리더들을 세우는 단계이다. 이렇게 함으로 진행된 성경훈련코스를 통하여 1기부터 재작년 7기까지 모두 150여 명의 난민 훈련생이 배출되었고 그중에 9명이 CBS 성경공부 그룹 리더로서 세워져서 난민성경공부 그룹을 형성하여 인도하고 있다. 코비드-19 팬데믹 상황에서도 이러한 사역이 가능했던 것은 온라인 줌 덕분이다. 지금까지 10여 명의 난민 출신 훈련생들은 본국의 믿는 친구들과 온라인으로 연결되어서 이 성경훈련 코스에서 훈련을 받았거나 그룹성경공부 반에서 함께 성경을 공부하고 있는 것이다. 온라인 특성상 전 세계가 국경의 제약을 받지 않고 난민들과 그들 출신 본국의 믿음의 형제들이 다 연결되어 네트워크가 형성될 수 있으므로 앞으로 그 사역의 폭은 거의 제한이 없이 진행될 수 있을 것이다. 그런데 여기서 중요한 부분은 양 선교사는 난민 사역을 처음 한다는 것이다. 이 모든 단계를 처음부터 계획한 것이 아니라 하다 보니 한 단계씩 하게 되어서 20여 년의 긴 시간에 걸쳐서 현재까지 이르게 된 것이다. 그리고 그 상황에서는 그 단계들이 최선의 것이었고 전체 단계를 하나씩 보여주는 귀한 하나의 모델이 된 것이다.

b) 병렬단계모델

그러나 영국의 난민사역 상황에서는 이 모든 단계를 처음부터 그리스의 양 선교사와 같이 직렬형으로 한 단계씩 할 필요가 없다. 후발주자의 이점을 여기에서 찾을 수 있는데, 이제 우리는 이 모든 단계를 파악하고 있고, 영국에서는 사역을 진행할 충분한 여건이 되기 때문에 처음부터 가능하면 이 모든 단계를 종합해서 병렬형으로 동시에 할 수 있는 것이다. 그렇게 되면 이 모든 단계를 한 단계씩 직렬형으로 진행할 때 20여 년이 걸리는 시간을 크게 줄일 수 있게 된다.

(4) 난민사역을 위한 연구의 중요성

영국에서의 종합적이고 체계적이며 효과적인 난민사역을 위하여는, 지금까지 살펴본 것처럼 영국에서 난민의 특성과 영국 내의 특성, 그리고 전략적 특성 등 이 세 가지 범주의 특성 모두를 종합하고 분석하여 체계를 세워야 한다.

그 뿐 아니라 영국 내 각 지역의 난민의 분포와 그들의 출신 배경 및 특징 등을 파악하고 그에 따른 접근 방식을 연구하고, 지역 교회와 선교단체 등과 협력을 위한 방안과 난민사역을 위한 동원과 훈련까지, 이 모든 요소들을 연구하며 사역을 진행해 나가야 한다.

3) 무슬림 난민 사역의 확장성

영국은 난민들의 최종 정착지로서 대부분의 난민들이 유럽에서 가장 살고 싶어 하는 나라 중에 하나이다. 한때 세계 선교를 주도했던 이 땅에 다시 한번 선교의 기회가 제공되고 있다. 난민 선교의 후발 주자로서 이 땅에 찾아온 난민들을 섬기며 선교의 새로운 모델을 모색하고 있는 한인 사역자들이 어떻게 영국 선교의 동력으로 이어질 수 있을 것인지 그 가능성을 바라보며 난민사역의 확장성을 다음 다섯 가지 영역에서 살펴볼 수 있다. 첫 번째 영역은 난민이 난민에게 복음을 전하는 것이다. 이것은 난민사역에 있어서 외부인이 난민에게 접촉할 수 없는 영역이라도 같은 난민이 그들을 얼마든지 만나 관계를 형성하고 복음을 나눌 수 있는 장점이 있다. 그뿐만 아니라 같은 난민으로서 동질감을 가지고 그들의 진정한 필요가 무엇인지 알고 그에 맞게 복음을 나눌 수 있으며 복음을 받는 난민도 외부인과는 다른 동질감으로 관계를 받아들일 수 있는 장점이 있다. 두 번째 영역은 난민이 이미 그 지역에 정착해 있는 무슬림 이주민에게 복음을 전하는 것이다. 이런 일은 믿는 난민이 난민으로 허락되어 거주증을 받고 직장을 얻어 이미 형성되어 있는 이주민 사회에 정착하여 자신의 커뮤니티에서 복음을 전하는 경우이다. 이렇게 되면 이주민 선교에 지금까지와는 차원이 다른 일들이 일어나게 되는데 이것은 난민 사역에서만 가능하고 이는 난민사역의 확장성의 한 영역이다. 난민사역의 확장성의 세 번째 영역은 난민의 각 종족 디아스포라 선교의 영역이다. 이것은 위에 언급한 두번째 영역의 확장 개념인데, 각각의 난민이 자신의 종족의 이주민 커뮤니티에 정착을 했을 때에 각자 자신의 종족에게 복음을 전하면 각 종족 디아스포라 선교의 새로운 장이 열리게 된다. 네 번째 영역은 영국에 있는 무슬림 난민과 이주민이 본국의 무슬림들에게 복음을 전하는 것이다. 이것은 위에 잠깐 언급한 그리스의 성경훈련코스에서도 현재 나타나는 현상인데 온라인상으로는 얼마든지 쉽게 가능하고 오프라인 상황에서도 충분히 가능하다. 이것도 기존의 선교방식으로는 쉽지 않았던 일들이 용이하게 전개되는 사례이다. 마지막으로 다섯 번째 영역은 영국 안에서 난민을 통한 영국교회와 선교단체의 활성화이다. 현재 영국이 처한 영적인 상태는 누구나 쉽게 짐작할 수 있듯이 선교적 돌파가 쉽게 일어나지 않아 영국교회나 선교단체의 분위기가 상당히 무거운 상태이다. 그런데 난민사역을 하는 교회나 선교단체는 그 상황이 많이 다르다. 그들은 활력이 넘친다. 그것은 적어도 사역이 이루어지고 있고 그 결과로 복음의 수용성도 높기 때문이다. 그렇게 해서 믿게 된 난민들이 자연스럽게 해당 교회나 선교단체에 소속이 되면서 그 교회나 기관들이 활력을 얻고 살아나게 되는 것이다. 그 외에도 당연히 이에 따르는 부수적인 일들이 많이 있겠지만 여기에서는 우선 다섯 가지 영역만 간추려서 살펴본 것이다. 이러한 특성은 엄청난 선교적 잠재력을 가진 난민 사역의 확장성이라고 할 수 있다. 이것은 다른 나라의 난민사역을 답습해서는 결코 나타날 수 없는 것이기도 하다. 이런 가운데 영국의 난민사역의 가장 큰 과제는 난민사역을 위한 인프라가 이렇게 잘 준비되어 있고, 난민사역의 확장성이 이렇게 큰 것에 비하여, 막상 이 일을 수행할 난민 관련 사역자가 턱없이 부족하다는 것이다. 이것은 영국이 난민사역의 후발주자로서 자연스러운 일이기는 하지만, 이제 영국에서의 난민사역은 위에서 살펴본 대로 그야말로 영적으로 볼 때 잘 무르익어 희어져 추수할 밭인데, 추수할 일군이 턱없이 부족한 상태이다. 이 같은 상황에서 한 가지 간절히 바라는 것은, 아주 큰 잠재력이 있는 이 추수 밭에, 마음껏 추수할 수 있도록 필요한 인적, 물적 자원들이 충분히 충당되는 것이다. 그리하여 영적으로 거의 힘없이 가라앉아 있는 이 땅에, 난민사역의 확장성으로 말미암아 다시 한번 활력과 부흥을 맞보는 역사가 일어나기를 간절한 마음으로 소망한다.

III. 영국에서의 한인 및 KPM 사역자와 효과적인 사역 영역

1. 영국에서의 한인 사역자

현재 영국에서 사역하고 있는 한인 사역자의 수는 한인교회 목회자와 선교사 부부를 포함하여 약 230여 명이다. 영국에서 한인 사역자들은 세 개의 단체를 조직하여 이 단체들을 중심으로 서로 교제하며 협력하고 있는데, 그것은 다음과 같다.

1) 한인교회 연합회(KCA)

한인교회 연합회는 영국에서 한인교회를 맡고 있는 한인 목회자들의 모임으로서, 55유닛이 회원으로 가입되어 있으며 회원가입이 안된 목회자를 포함하면 약 70유닛 정도의 한인 목회자들이 친목과 정보교류 그리고 여러 가지 협력을 도모하며 여러 필요한 행사를 주관하고 있다.

2) 한인 선교사 협의회(KMC)

한인 선교사 협의회는 한인 선교사들로 구성된 단체로서 42 유닛이 회원으로 있으며 회원으로 가입하지 않은 선교사들까지 합하면 50여 유닛이 영국에서 영국인과 여러 디아스포라 종족들을 대상으로 서로 친목을 도모하고 협력하며 사역을 감당하고 있다. 연령대로 보면, 70대 10%, 60대 20%, 50대 40%,

40대 20%, 30대 10%로 아직은 40대와 50대가 합하여 60%가 되니 고령화 측면에서는 아직은 약간 여유가 있는 편이라 할 수 있다.

3) 런던선교대회(LMC)

런던선교대회는 현재 12명의 운영위원으로 구성되어 있으며 영국에서 유일하게 사역을 도모하는 단체로서 매년 포럼을 개최하여 영국에서 선교의 돌파구를 마련하는 데 최선을 다하고 있다.

2. KPM 선교사

영국의 KPM 소속 선교사로는 김경량(김은희) 선교사와 안세혁(문향선) 선교사 그리고 이중환(조남희) 선교사 등 세 유닛, 6명이 있으며, 웨일즈와 잉글랜드에서 각각 사역하고 있다. 이들은 거리전도, 일대일 양육, 난민센터 사역, 스포츠 사역, 의료 사역, 신학교육 사역, 영국 및 한인교회 사역, 어린이 사역, 디아스포라 등 다양한 영역에서 사역을 감당하고 있다.

3. 영국선교 돌파를 위한 효과적인 사역의 영역

영국에서 선교는 두 가지가 핵심인데, 하나는 영국교회의 회복이고, 또 하나는 무슬림을 포함한 디아스포라 선교이다. 이것을 효과적으로 감당하기 위해서는 다음 몇 가지 효과적인 선교의 영역들이 있는데, 즉 효과적인 영국 선교의 주요 통로라고 할 수 있다.

1) 전체적으로 보면 영국교회가 한 세대 만에 급속도로 쇠퇴했음을 알 수 있다. 90년대 중반부터 시작된 지난 한 세대의 교회 쇠퇴 현상은 다만 영국교회만의 현상이 아니라 미국과 한국 등 전 세계적인 현상이었다. 영국교회가 전

반적으로 급속도로 쇠퇴하여 교인들이 노령화 되고 숫자가 많이 줄었으며 자유주의 영향을 받은 곳도 많지만 그러나 감사하게도 아직은 많은 교회들이 남아 있다. 우리는 아직 남아 있는 불씨들이 더 소멸되기 전에 남은 불씨를 살려야 한다. 남은 불씨를 살리는 것은 아무것도 없는 데서 새로 시작하는 것보다 훨씬 쉽다.

2) 현재 매주일 교회에 참석하는 비율은 2% 미만이지만, 2011년 통계에 본인의 종교가 기독교라고 답한 사람의 비율이 거의 60%이다. 대부분 명목상의 크리스천들이지만 이 또한 감사한 일이다. 영국교회가 다시 일어나려면 이 명목상의 그리스도인들이 완전히 돌아서기 전에 이들을 다시 교회로 돌아오도록 해야 한다. 이들이 60% 가까이 있다는 것은 또한 우리에게는 좋은 기회이다.

3) 전 세계 어디를 가나 어린이는 어린이이다. 영국의 어린이는 영국교회의 미래이기도 하지만 어른 전도보다 훨씬 덜 세속화되어서 그만큼 복음에 대한 수용성이 높고 어릴 때 그리스도인이 되면 신실한 일꾼으로 키울 수 있을 뿐만 아니라 평생 헌신된 일꾼이 될 수 있다. 더욱이 교회 어린이 주일학교는 교회의 노령화의 유일한 대안이 된다. 어린이 사역은 영국교회나 디아스포라 모두 마찬가지로 중요하다.

4) 영국에서 여러 종족 디아스포라 교회들을 주도하며 이끌어 갈 수 있는 것은 한인 디아스포라 교회와 사역자들이다. 하나님께서 그만큼 한국교회와 한인 디아스포라 교회, 그리고 사역자들의 위상을 높여 주셨다. 너무 감사한 일이며 동시에 이 기회를 살려서 디아스포라 교회들과 협력하여 영국에 와 있는 여러 디아스포라 종족들을 선교해야 한다. 이 일은 20-30년 전에는 꿈도 못 꾸는 일이었다. 현재 런던에 330개가 넘는 언어가 통용되는 디아스포라 현상을 고

려하면 디아스포라를 통한 선교는 하나님께서 우리에게 주신 좋은 기회이다.

5) 디아스포라 사역이 주로 이미 영국에 정착한 이주민들이라면, 난민은 그 중에서도 좀 다른 독특한 영역이다. 그들이 처한 환경 때문에 제일 접촉이 쉽고 복음의 수용성도 높은 편이다. 이미 위의 글에서 자세히 설명한 대로 특히 무슬림 난민은 무슬림 선교의 좋은 통로가 된다. 우리는 또한 이 좋은 기회를 잘 살려야 한다. 난민에 대한 가장 좋은 최상의 도움은 육신의 빵과 함께 영생의 빵을 나누는 것이다.

6) 마지막으로 중요한 것은, 이 영역들을 따로 분리하여 생각하고 사역한다면 효과가 떨어진다. 영국 선교에 돌파가 효과적으로 일어나려면 이 모든 영역을 동시에 같이 해야 한다. 그렇게 하려면 종합적으로 할 수 있는 플랫폼이 형성되어야 한다.

IV. 나가는 말

글을 마치며, 영국 교회는 서두에 언급한 대로 개신교 신학 및 선교에 있어서 전 세계에 지대한 공헌과 그 영향을 미쳤다. 지금도 영국은 세계의 정치, 경제, 문화 등의 많은 영역과 왕년의 영연방 나라들로 구성된 커먼웰스 나라들을 고려할 때 지금도 전 세계에 막대한 영향력을 가지고 있는 나라이다. 이런 영국이 교회가 쇠퇴하고 이슬람의 영향력 아래 들어가는 나라가 된다는 것은 상상하기조차 안타까운 일이다. 영국교회는 다시 회복되어야 하고 다시 복음의 선한 영향력을 세계에 미치는 나라로 회복되어야 한다. 특별히 왕년에 토마스 선교사나 존 로스 선교사 등 영국교회가 한국교회에 미친 영향을 생각하면 복음의 사랑의 빚을 다시 갚아야 하는 측면에서 한국교회는 더욱더 영국교회가 다

시 회복되는 일에 혼신의 힘을 다 쏟아야 할 것이다. 주께서 영국을 다시 회복
시켜 주시기를 간절히 기도한다.

스페인

곽상호[1]

I. 일반적 개요

스페인 왕국(*Reino de España*)의 약칭은 스페인(*España*)으로 유럽에 위치하고 있는 국가이다.

1. 영토 및 인구

이베리아 반도에 걸쳐져 있으며 대서양에 위치한 카나리아 제도와 지중해에 위치한 발레아레스(*Illes Balears*) 제도, 세우타(*Ceuta*), 멜리야(*Melilla*), 페뇽데벨레스데 라고메라(جزيرة قميرة أو جزيرة بايسن)와 같이 아프리카에도 영토를 보유하고 있다. 스페인 본토는 동쪽과 남쪽은 지중해와, 북쪽은 대서양과 접해 있으며 서쪽은 포르투갈과 남쪽 영국의 지브롤터와 육지 국경을 접하고 있고 북쪽으로는 피레네 산맥을 경계로 안도라 및 프랑스와 국경을 접하기도 한다. 면적은 505,990km²(한국의 5배)으로 서유럽과 유럽연합에서 두 번째로 넓

---

1. KPM 스페인 선교사.

으며, 유럽 국가 전체에서는 네 번째로 영토가 넓다. 인구는 4천726만 명 정도 (2020년)로 유럽 연합에서 네 번째로 많고 인구 밀도는 90명/km²으로 세계 106위 정도이며 수도는 마드리드(665 만 명)이다.

2. 기후[2]

스페인은 우리나라처럼 사계절이 뚜렷하고 계절의 시기도 비슷하다. 하지만 내륙과 해안, 그리고 고도와 지형에 따라서 조금씩 다른 기후를 가진다. 스페인 북부 해안 지역에는 7~8월을 제외하고 연중 비가 많이 내린다. 여름은 비교적 덥지 않은 편이지만 겨울은 춥다. 마드리드를 비롯한 스페인 중앙부에 위치한 지역은 건조한 대륙성 기후로 겨울엔 춥고 여름엔 비가 거의 내리지 않는다. 스페인 남부 안달루시아는 뜨거운 여름으로 유명한데 보통 여름 한낮의 기온이 45도를 넘는다. 하지만 습도가 낮아서 한낮의 태양만 피하면 불쾌하지는 않다. 그러나 겨울은 춥고 일교차가 심하다. 바르셀로나가 있는 스페인 동남부 해안 지역은 지중해성 기후로 사계절이 온난한 편이다. 겨울에도 낮기온이 영상 10도 아래로 내려가지 않아 눈이 거의 내리지 않는다. 그러나 피레네 산맥의 1000미터가 넘는 산에는 비 대신에 눈이 내림으로 천혜의 자연 스키장을 이룬다. 북부 지역을 제외한 지역에는 비가 많이 내리지 않지만 3~4월 그리고 10월 중순에서 11월 중순 사이의 겨울과 봄이 시작될 때는 비가 자주 내린다. 8월과 9월에는 스페인 다운 뜨거운 햇살을 느낄 수 있고, 5월과 6월은 덥거나 춥지 않다.

---

2. 김은하, 『스페인 셀프 트레블』 (서울: 상상출판, 2019).

3. 언어

스페인의 국가공용어는 카스티아어(스페인어)로 스페인 전 지역에서 통용된다, 카스티아어는 여러 지방 방언들이 있는데, 안달루시아 방언과 카나리아 방언이 특징적이다. 한편 스페인어를 구사하는 17개의 자치지방 중 6개의 자치지방에서는 카스티아어와 함께 다른 언어가 공용어가 되고 있다. 이러한 자치주에 거주하는 사람들은 카스티아어와 함께 지역 공용어, 두 언어를 사용하는 이중언어 상태가 익숙하다. 그래서 스페인어가 대표적인 공용어이지만 일반적으로 4대 공용어가 있다. 스페인어, 카탈로니아어, 갈리시아어 그리고 바스크 지방의 바스크어가 공식적인 언어로 사용된다.

4. 교육 제도

스페인의 기본 학제는 6-4-2로 구성되어 있다. 초등 6년, 중등 4년을 의무교육으로 하고 있으며 2년의 고등 교육은 자율적으로 선택이 가능하다. 특히 중학교 4학년은 이과나 문과 둘 중 하나를 선택해야 할 뿐 아니라 직업학교나 일반 고등학교 진학에 대해 결정해야 하는 중요한 시기이다. 스페인의 고등교육은 의무교육이 아니다. 고등학교 진학을 결정한 학생들은 1학년 때 또 선택의 갈림길에 놓이게 된다. 이들은 이과, 예술&인문학, 사회과학 중 하나를 선택해야 한다. 대학 입학을 위해서는 먼저 고등학교를 졸업해야 하는데 고등학교의 한 과목이라도 낙제할 경우 대학 시험을 볼 수 있는 자격이 주어지지 않는다. 그리고 수능을 봐야 하는데 이는 학원을 다닐 필요 없이 학교 수업만으로도 충분한 점수를 받을 수 있다. 14점 만점에 5점을 받으면 합격처리가 된다고 한다. 대학교육은 크게 세 가지로 나누는데 학사(*Grado*)는 대부분 4년제이나 의과 계열은 5~6년 정도이다. 석사(*Máster*)의 경우 1년제로 선택한 한 테마에 대해서만 집중적으로 수업을 한다. 박사(*Doctorado*)는 한 주제에 대해 연구 자료를

발표해야 하며 3년 이상 공부해야 한다.[3]

5. 경제

유로존에서 네 번째로 큰 경제 대국이다. 관광 산업은 스페인 경제의 주요 수입원으로 낮은 물가와 투우, 플라멩코 및 이슬람 유적을 보기 위해 세계 각국에서 관광객이 몰려오고 있다. 2019년에 8,370만 명의 외국인 관광객이 들어왔고, 미국과 함께 세계에서 외국인 관광객을 가장 많이 유치하는 국가로 자리 잡았다. 자동차 및 화학, 식품 등의 기존 산업에서의 수출 호조도 지속되었다. 실업률도 꾸준히 안정되어 2016년 19.6%에서 2019년 14.1%이다. 2020년 관광업이나 요식업 등 서비스업에 대한 경제적 의존도가 높아 코로나19로 인해 경제적 타격을 가장 크게 입는 나라 중 하나가 되었다. 1인당 국민 소득 36,200 달러이다.

6. 역사

카르타고는 기원전 5세기부터 스페인을 지배했고, 스페인은 기원전 200년부터 로마 제국의 일부가 되었다. 이것은 서고트족에 의해 전멸되며 끝이 났다. 무어인들은 서기 711년에 북아프리카를 침공하고 732년 투르 전투에서 견제당하기 전, 스페인까지 진출했다. 스페인은 약 1000년까지 북쪽으로는 가톨릭과 남쪽으로는 무슬림 사이에서 효과적으로 분할되었다. 무어인의 영향의 증거는 스페인 남부의 건축과 지명에서 여전히 찾아볼 수 있다. 1250년까지 가톨릭 왕들은 무어인들로부터 스페인 대부분을 되찾았다. 가톨릭 지역은 카스티야 왕국과 아라곤 왕국에 속해 있었고 아라곤의 페르난도(페란도 2세)와 카스

---

3. "스페인의 교육제도" https://spainagain.net/study-in-spain-02-spain-education-system/ (Accessed at 2022.09.07).

티야의 이사벨라(이사벨 1세)의 결혼으로 정치적 통합을 이뤘다. 스페인의 통일은 1494년에 완성되었다. 당시의 가톨릭 왕들의 지배하에서 스페인은 초강대국이 되었다. 크리스토퍼 콜럼버스의 신대륙 발견은 스페인에게 막대한 새로운 부를 의미했다.

그러나 16세기 후반부터, 특히 1588년 무적함대의 패배로 스페인 제국과 권력은 쇠퇴하기 시작했다. 17세기와 18세기는 스페인 사회 내 지적 무기력과 극단적 사회 보수주의의 시기였다. 로마 가톨릭 교회는 어찌할 도리가 없을 정도로 편협하고 부패했으며 그 권력은 약해졌다. 19세기 내내 스페인은 내란으로 혼란스러웠다. 1873년부터 1874년까지 짧게나마 제1공화국이 수립되었다. 공화주의와 사회주의는 20세기 스페인 사회에서 다시 성장했다. 그 결과로 1931년부터 1936년까지 반파시즘과 반종교주의(anti-clerical)를 표방하는 제2공화국이 탄생했다. 공화주의와 민족주의 집단 간의 충돌이 커지면서 1936년부터 1939년까지 스페인 내전이 발발했다. 프랑코 장군이 이끄는 민족주의자들이 히틀러 정권의 지원을 받아 공화주의자들을 물리쳤다. 프랑코 장군은 바티칸의 스페인 내 재산을 회복시켰다. 프랑코의 독재는 그 후 그가 사망하면서 1975년 후안 카를로스 1세가 스페인 군주국을 계승할 때까지 지속되었다. 민주 정부로의 느리지만 꾸준한 전환이 뒤따랐다. 1986년 스페인은 NATO와 유럽 경제 공동체에 가입했다. 1992년 복음주의, 이슬람교와 유대교에게 완전한 종교적 권리가 주어졌다. 의회와 내각은 양원제로 상원보다는 하원이 정국을 주도하고 총리를 정부 수반으로 두고 있으며 현 총리는 스페인 사회노동당 소속인 페드로 산체스이다. 주요 정당으로는 스페인 사회노동당(PSOE), 인민당(PP), 시우다다노스(Ciudadanos), 포데모스(Podemos), 복스(Vox) 등이 있다.

II. 스페인의 기독교 상황

1. 스페인 교회 역사

사도 바울이 스페인을 방문했을 가능성이 있다(롬 15:24). 3세기에는 국가교회이긴 해도 이단적인 (아리우스파) 교회가 있었다. 589년 톨레도 공의회에서 스페인은 로마 가톨릭교를 받아들였다. 스페인 종교역사는 이슬람과 로마 가톨릭에 의해 지배되어 왔다. 개혁 신앙은 16세기에 스페인에 도달했으나 종교재판으로 인해 박해를 겪었다. 이후 19 세기에 제2의 개혁이 있었다. 1479년 스페인에 개신교도를 처벌하기 위한 로마 가톨릭 종교 재판이 도입되었다. 비 가톨릭 이단자에 대한 재판은 고문과 함께 비밀리에 진행되었다. 이러한 형벌은 벌금이나 투옥에서 화형에 이르기까지 다양했다. 유대인과 이슬람교도도 개신교도가 당했던 것처럼 무자비하게 취급받았다. 1559년 스페인의 왕위 계승자가 참석한 가운데 개신교도에 대한 최초의 공개 화형이 이루어졌다. 스페인의 경우, 종교개혁의 영향력은 제한적이고 일시적이어서 고립된 귀족과 그들의 가족, 교육받은 계층 사이에서나 행사되었다. 당시 개신교회는 형성되지 못했다.

20 세기에는 스페인 복음주의 입장에서 매우 의미 있는 세 시기가 있었다. 첫째, 1967년 종교 자유법 승인 둘째, 1975년 독재자 프랑코의 죽음 셋째, 1992년 스페인 정부와 복음주의 교회 간의 협력 동의가 그것이다.

가톨릭은 1868년 제1공화국이 수립될 때까지 완전한 지배력을 유지했고, 제1공화국 이후 새로운 법이 소수의 신자들을 구제했다. 이때부터 개신교 선교사들도 스페인에 입국할 수 있게 되었다. 오늘날 대부분의 오래된 복음주의 교회는 이 시대에 그 기원을 두고 있다. 가톨릭은 스페인에서 계속해서 매우 큰 영향력을 발휘했다. 1939년 프랑코 장군이 승리할 당시 개신교도들이 공화주의자로 비난받았고, 박해가 뒤따랐다. 교회들은 문을 닫고 가족의 품에서 아이들을 빼앗은 경우도 있었다. 스페인에서 어느 정도의 종교적 관용이 다시 허용된 것은 제2차 바티칸 공의회 이후였다. 1975년 프랑코 장군이 사망한 후 새 헌법에 따라 완전한 종교의 자유가 보장되었다.

2. 스페인 개신교

1) 현황

과거 민족주의 지역에서 기독교인들은 엄청난 사회적 압력에 직면했다. 스페인 사람들은 성격상 군주제와 독재정권과 잘 통한다고 한다. 따라서 권위주의적인 로마 교회는 잘 수용하는 반면, 개신교도 그룹은 이단으로 간주되었다. 오늘날 스페인 개신교는 광신적 종교 집단(cult), 특히 여호와의 증인과 몰몬교가 복음주의교 신도들보다 많다. 그들은 초자연적 현상과 오컬트에 대한 광범위한 관심을 가지고 있다. 그럼에도 불구하고 스페인은 오늘날 복음에 상당히 개방적이다. 스페인은 독실한 가톨릭 국가로 여겨지지만 국민의 약 20%만이 가톨릭을 실천하며, 반 가톨릭 정서가 널리 퍼져 있다. 그러나 기적을 행하는 성물과 마리아 숭배가 만연하고 있다.

최근 스페인에는 50,000명의 복음주의 신자가 있는 것으로 추산된다. 혹은 집시 인구의 3분의 1을 포함하여 인구의 0.79% 또는 300,000명 이상이 복음주의 기독교인이라고 한다. 후자의 수치는 부풀려진 것이 거의 확실하다. 대부분의 개신교회는 카탈로니아(특히 바르셀로나), 안달루시아 및 마드리드 주변에 집중되어 있다. 대부분이 약 25명 규모이며, 일부는 100명이 넘는 곳도 있다. 집시 교회들은 아르메니아 교리를 따르며 실천에 있어서 오순절적이며, 율법주의적(legalistic) 또는 반율법주의적(antinomian) 경향을 보인다. 스페인 복음주의종교연맹(FEREDE)은 카리스마파와 제7일 안식일 예수 재림교 등을 포함한 다양한 집단을 포용하며 정부와 긴밀한 관계를 맺고 있다. 스페인의 복음주의 개혁 교회는 알미니안주의, 자유주의, 에큐메니즘에 의해 다양한 영향을 받았다.

1868년 이래 스페인에서 이루어진 많은 선교 노력이 있었음에도 불구하고 적극적으로 교회를 세우려는 시도를 하지 않았다. 대부분의 스페인 기독교인들은 수년간의 얕은 가르침으로 인해 신학적으로 가하게 뿌리를 내리지 못했다. 더구나 많은 교회들이 자신들의 목회자를 재정적으로 지원하라고 배우지 못했고, 그 결과 전임 목회자는 거의 전무하다. 은사주의 운동, 복음의 본질에 집중하지 못하는 것, 분열과 개인주의 등은 스페인 복음주의를 약화시키는 요인이라고 한다.

극소수의 스페인 기독교인들이 '개혁파(Reformed)'라고 주장한다. 이 나라의 개혁파 신자들은 아마도 수백 명에 불과하며 널리 흩어져 있을 것이다. 그러나 일부 지역에서는 은혜의 교리에 대한 개방성이 증가하고 있는 것으로 보인다. 소수의 목회자와 선교사들이 참된 성경적 가르침에 대한 관심을 불러일으키기 위해 노력하고 있다. 그들은 개혁주의 신앙으로 설교자를 훈련하고, 개혁주의 문헌을 출판하며 연례 회의를 마련하는 데 초점을 맞추고 있다.

2) 문제점

스페인에서 개신교 신자가 되는 것은 결코 쉬운 일이 아니었다. 16세기의 종교 재판부터 21세기의 세속주의까지 개신교 종교개혁의 다섯 가지 원칙만 고수하는 개신교 진리를 믿는 것(오직 성경, 오직 믿음, 오직 은혜, 오직 예수로만 통해 구원 그리고 하나님께만 영광)은 항상 기독교인들을 주변 문화와 대립하게 만들었다. 스페인 복음주의 교회가 수적으로 성장했다고 말할 수 있지만 영적으로는 많이 약하다. 이런 연약함은 특히 세 가지 면에서 나타난다. 교리적 명확성 부족, 매우 낮은 수준의 성결함, 다소 공격적인 종파주의가 그것이다.

복음주의는 스페인 사회에 거의 영향을 미치지 못하고 있다. 더욱이 최근 개신교의 수적 성장은 대부분 스페인 사람들의 개종이 아니라 국외 이주민과 난민 성도들 때문이다. 그마저도 최근 스페인의 경제적인 위기로 인해 많은 사람들이 자기 나라로 돌아갔다.

스페인 교회가 마주한 주요 도전은 라틴 아메리카 스페인어 사용 국가에서와 마찬가지로 거짓 번영 복음의 영향이 만연하다는 것이다. 전 스페인에서 일어나고 있는 신 복음주의 교회들, 특히 대도시의 교회들의 대부분은 이 번영 복음의 일부이다. 스페인 사람들의 우상 문제는 다른 여타 나라들과 크게 다르지 않다고 생각한다. 이 문제에 영향을 준 것은 가톨릭과 세속주의다. 스페인에는 대중 종교와 관련된 많은 우상숭배가 존재한다. 마리아 숭배, 성인 숭배 등이다. 그러나 가톨릭과 우상 숭배 가운데서 더 강한 것은 돈과 모든 것을 살 수 있는 성적 부패, 축구에 대한 열광과 세속주의이다. 우루과이 칠레 같은 라틴 아메리카와 같이 미국에서 복음주의 교회가 세속주의의 증가로 인해 점점 더 많은 저항을 마주하고 있는데 이것은 스페인 교회에 새로운 일이 아니다.

3. 카탈루냐 지방의 개신교

카탈루냐 지방의 개신교는 스페인의 개신교와 맥을 같이하며 독특한 특징을 가진다. 주목해야 할 첫 번째 특징은, 개신교 종교개혁이 카탈루냐에 도달한 적이 없다는 것이다. 종교개혁의 원래 의미는 서구 기독교 교회를 영적으로 개혁하려는 의지였다. 스페인에서 우리가 확인할 수 있는 이 운동의 추종자는 없었다. 그 이유는 네덜란드 개혁주의 신학자이자 역사가인 버나드 코스터(Bernard Coster)의 말과 같이, "16-17 세기의 반종교개혁은 개신교를 견제하기 위해 박해와 전쟁을 포함한 모든 종류의 사회적, 종교적 압력"을 사용했기 때문이다. 특히, 스페인에서 종교재판은 초기 루터주의를 종식시켰고, 다른 역사적 개혁의 진입을 막는 데 결정적인 역할을 했다. 스페인에서 개신교에 대한 이러한 사회적 종교적 억압은 아주 작은 예외를 제외하고는 가혹하고 신속하게 달성되었다. 1539년에 처음으로 오토데페(auto de fe)가 일어나서 옥시탄과 프랑스인들이 프로테스탄트라는 비난을 받았다거나, 몇 년 후인 1542년에 스페인의 도시들에 루터 교도들이 존재했다는 증거가 있다. 또는 1562년 7월 12일 바르셀로나의 레이 광장에서 선고를 받은 8명은 '루터교 이단자들'이었다.[4]

1868년 9월 30일 명예혁명에서 Reus 도시의 아들인 Prim 장군이 이끄는 La Gloriosa가 승리했다. 엘리자베스 2세와 그 가족은 국경을 넘어 망명해야 했고, 그리하여 25년 동안 지속된 '슬픈 운명'의 주권 통치가 끝나고 상황은 바뀌었다. La Gloriosa의 승리는 당시의 개신교 지도자들에게 새로운 기회가 되었다. 카브레라, 알마하, 그리고 지브롤터에 있던 다른 추방된 개신교도들은 알헤시라스로 갔다. Prim 장군이 이 도시에 있다는 사실을 알게 된 개신교들은 그에게 청중을 요청했다. Prim 장군은 상냥함으로 그들을 맞이했고, 작별하면서 다음과 같은 유명한 말을 남겼다. "이제 당신들은 성경을 팔에 끼고 전 스페인을 달려가도 된다." Joan Gonzalez는 카탈루냐에 개신교가 도착한 시작을 2차 종교 개혁이라고 불렀다. 16세기의 프로테스탄트와 달리 이 시기의 개종자들은 더 이상 내부로부터 로마 교회의 개혁을 목표로 삼지 않고, 오히려 새로운 기독교 신앙을 고수했다. 이러한 이유로, 이 사건을 프로테스탄트 회복이라고 부르는 것을 선호하는 사람들이 있다. 개신교 회복의 두 번째 특징은 1834년 종교 재판소가 폐지된 후 19세기가 되면서 개신교도들의 숫자는 전제 카탈루냐 지방의 1/3이나 되었다.[5]

---

4. "CRISTIANISMO" https://ajuntament.barcelona.cat/oficina-afers-religiosos/es/blog/cristianismo-el-cristianismo-protestante-y-cataluña (Accessed at 2023.05.03).

5. "CRISTIANISMO."

참고문헌

김은하.『스페인 셀프 트레블』. 서울: 상상출판, 2019.

"스페인의 교육제도" https://spainagain.net/study-in-spain-02-spain-education-system/ (Accessed at 2022.09.07).

"CRISTIANISMO" https://ajuntament.barcelona.cat/oficina-afers-religiosos/es/blog/cristianismo-el-cristianismo-protestante-y-cataluña (Accessed at 2023.05.03).

갈릴리에서 서바나까지

포르투갈

강병호

1. 들어가는 말; 포르투갈의 역사 및 개관

포르투갈은 유럽대륙의 서남단에 위치한 이베리아 반도의 스페인 서쪽에 있는 나라로서 남서해안이 대서양과 만나고 있으며 포르투갈의 수도 리스본 근교 신트라 지역 북위 38도 해발 140미터의 절벽 위에 유럽대륙의 최서단 지점인 Cabo da Roca가 위치하고 있다.

포르투갈은 12세기 초에 이베리아 반도를 북아프리카 무슬림인 무어족들의 지배로부터 벗어나게 하기 위해 결성된 십자군의 레콩키스타(Reconquista) 원정으로 이베리아 반도 서쪽의 무어족들을 몰아내면서 1147년에 프랑스 왕가 후손인 '아폰수 엔리크'를 초대왕으로 하여 설립된 유럽에서 가장 오래된 민족국가들 중 하나이다. 두 번째 왕조를 시작한 요한 1세의 셋째 아들 인판트 엔리케 왕자가 부왕의 뜻에 따라 1415년부터 대서양 탐험의 기초를 놓았다. 포르투갈의 첫 번째 항해자인 Gil Eanes는 인판트 엔리케 왕자의 뜻에 따라 1415년에 북아프리카 Ceuta 정복을 시작으로 1419년에 Madeira 군도를 발견하고 정복하여 영토로 삼았으며, 1427년에는 아소레스 군도를 발견하고 정복하여 영토에 편입하였다.

포르투갈의 항해자들에 의해 1446년에 발견되어 포르투갈의 식민지가 된 기네비사우는 17-18세기에는 아프리카 노예무역으로 번성하였으나 포르투갈 왕실은 식민통치의 거점을 카보데르드에 두고 기네비사우 내륙으로 들어가 살지는 않았다. 그들은 기네비사우를 카보베르드로부터 분리하여 별도로 포르투갈령 기니로 구분하여 통치하였다.

1456년경에 포르투갈 항해자들이 까보 베르드 군도를 발견하여 1462년경부터 포르투갈 사람들이 이주해 오면서 식민통치가 시작되었다. 까보 베르드 군도는 포르투갈 사람들이 아프리카 노예들을 사로잡아 서인도제도와 신세계인 아메리카와 브라질에 팔아넘기기 위해 일시적으로 가두어두는 아프리카 흑인 노예무역의 중계지가 되었다. 15세기에 포르투갈 항해자들에 의해 발견된 기네만에 위치한 작은 두 섬나라인 '싸웅 뚜메 이 프린시프'도 역시 16세기부터 식민통치가 시작되어 아프리카 노예무역의 중계지 역할을 하였고 사탕수수, 커피, 코코아 산지로 개발되었다.

1488년에 포르투갈의 항해자인 바르돌로메우 디아스가 남아공 희망봉을 발견하였고 1498년에는 바스코 다 가마가 인도항로를 발견하였으며 1519년-1521년 사이에 마젤란은 범선으로 대서양과 태평양을 횡단하며 세계일주를 이뤄냈다.

1500년에 포르투갈의 항해자 페드로 알바레스 카브랄이 이끄는 탐사팀이 인도로 가려다가 표류하여 지금의 브라질을 발견하고 포르투갈 국왕의 영토로 선포하였으며 1530년에 마르팅 아폰수 드 소자가 이끄는 원정대를 파견하여 본격적인 식민지화가 추진되었다. 1548년에 총독부가 설치되었고 1578년부터 브라질의 동북부에 사탕수수를 들여와 재배하면서 아프리카에서 노예들을 데려와 일을 시켰다. 이후 프랑스와 네덜란드가 브라질에 진출하였으나 포르투갈에 의해 모두 격퇴되어 브라질에 본격적인 포르투갈의 식민통치가 시작되었다. 포르투갈 왕실과 귀족들은 세습총독으로 지내면서 포르투갈의 식민지로 자리잡게 되었고 1822년 독립할 때까지 포르투갈의 식민통치를 받았다.

1483년에 포르투갈의 항해자 디에고 까웅이 앙골라 북부 해안에 도착하여 콩고왕국을 처음 발견한 후 1540년대부터 아프리카 앙골라에서 선교활동을 시작하였다. 1575년에는 군대를 이끌고 와서 점령하여 식민지로 삼아 인도 무역을 하러 갈 때 지나가는 거점으로 활용하기도 했고 또 포르투갈의 브라질 식민지 개척에 필요한 아프리카 흑인 노예들의 인력공급지로 이용되면서 포르투갈의 식민지로 자리 잡게 되었다.

1498년 인도항로를 발견하러 가던 포르투갈의 항해자 바스코 다 가마의 내항으로 유럽에 알려진 모잠비크는 1505년부터 포르투갈의 세력하에 들어가 인도-말라가-향료제도-중국-일본으로 거쳐가기 위한 중계점이자 보급도시의 역할을 했다.

1808년 포르투갈 여왕 마리아 1세 때 나폴레옹 군대의 침입으로 포르투갈 왕실이 브라질로 천도하면서 마리아 1세의 아들 요한 6세가 브라질에 항구를 개항하고 공장 가동을 허락했으며 브라질 은행을 설립하기도 했다. 1816년 마리아 1세가 죽고 섭정 왕자 요한 6세가 포르투갈 왕위를 물려받았고 그의 아들 베드로 4세를 섭정 왕으로 세운 뒤 요한 6세는 포르투갈로 돌아갔다. 1822년 9월에 브라질의 섭정왕자 베드로 4세가 포르투갈의 부친 요한 6세에게 브라질의 독립을 선언하는 편지를 보냄과 동시에 자신은 브라질의 초대 왕 베드로 1세로 즉위하면서 브라질이 독립하게 되었다.

브라질이 독립한 후에도 포르투갈은 앙골라, 모잠비크, 기네비사우, 까보 베르드, 싸웅 또메 프린시프 등 아프리카 5개국과 인도의 Goa 지방 및 마카오까지 식민지를 경영하였지만 아프리카 5개국도 식민지 전쟁을 거쳐 1974년-1975년 사이에 독립을 하였다. 포르투갈 국내에도 1974년 4월 25일 카네이션 혁명으로 42년간의 살라자르 독재정부가 종식되고 민주주의 정부가 들어서면서 실질적인 종교의 자유가 실시되었다. 이후 개신교 선교단체의 선교사들이 들어오기 시작했으며 1999년 마카오도 112년 만에 중국으로 환원되면서 현재는 포르투갈 본토와 대서양의 마데이라섬과 아소레스군도가 포르투갈의 공식영토이며 면적은 92,212 평방 km로서 대한민국(남한)과 비슷하다.

포르투갈의 인구는 약 1,030만 명이고, 수도 리스본 시의 인구는 52만 명 정도 되는데 수도권 5-6 도시의 인구까지 포함하면 광역권 리스본의 인구는 70만 명 가까이 된다.

포르투갈의 언어는 포르투갈어로서 과거 포르투갈의 식민지였던 브라질과 아프리카 5개국이 포르투갈어를 사용함으로써 선교언어학적인 면에서 6번째로 많이 쓰는 언어이기도 하다.

포르투갈에는 과거 포르투갈 식민지였던 아프리카 5개국으로부터 이주해 온 사람들 때문에 흑인들이 많이 살고 있는데 국민의 5%-10% 정도가 흑인으로 분류된다. 포르투갈에 살고 있는 외국인은 45만 명 정도인데 브라질인이 9만 명으로 제일 많고 포르투갈 개신교 인구의 증가에 큰 몫을 담당하며 까보 베르드인 35,000명, 우크라이나인 32,000명, 루마니아인 3만 명, 중국인 2만 명, 영국인, 프랑스인, 이탈리아인 순이다. 중국인은 2017년 이후 투자활동을 위한 거주비자, 즉 골든비자를 얻어 입국하는 자들이 증가하는 추세이다.

포르투갈의 1인당 GDP는 2022년 IMF 자료에 따르면 미화 24,910 달러로 전 세계 40위이지만 삶의 질 국가순위는 2021년 통계로 일본 다음인 세계 18위이다. 전 세계적으로 최상위 수준의 의료시스템을 갖추고 있는 나라로서 테러가 없고 가장 평화로운 나라 중 하나로 평가되며 주요 생산품은 코르크, 대리석, 펄프와 제지, 포도주, 올리브, 면직물, 도자기 등이다. 기후는 수도인 리스본이 북위 38도에 걸쳐있지만 유럽대륙의 최 서남단에 위치해 있고 서안해양성 기후로 우기에 해당하는 겨울철은 온화하며, 건기에 속하는 여름은 기온이 높지만 집안이나 그늘에서는 시원하다. 이러한 기후 덕분에 양질의 포도주, 코르크, 올리브 및 유카리 나무가 생산되며 특히 미세먼지 없이 공기가 맑고 깨끗한 편이다.

정부 형태는 왕정이 끝난 1910년부터 대통령제와 내각책임제를 결합시킨 형태로서 행정부의 수반은 수상이지만 대통령이 국군통수권과 의회해산권을 갖고 있다.

다수 정당으로는 사회당과 사회민주당이 있다. 1986년에 EU에 가입했으며 그 후 EU 국가들에 진출하기 원하던 외국 기업들이 포르투갈에 세운 생산공장들로 인해 GDP가 많이 증가했다. 그러나 이러한 외국기업들이 90년대 중반부터 EU에 새로 가입하기 시작한 동구권 나라들로 옮겨 가고 우크라이나와 루마니아 등 동구권 나라들로부터 값싼 노동력이 대거 유입되면서 포르투갈 국내는 젊은층의 실업률이 늘어나며 소비가 줄었다. 경기가 침체되는 가운데 2011년부터 IMF 구제금융으로 경기회복을 시도했다. 2014년 5월 5일을 기해 IMF 국제금융체재가 끝이 났지만 포르투갈 정부는 유럽중앙은행이나 국제금융으로부터 계속 긴축정책을 실시하라는 압력을 받고 있는 상태이다.

포르투갈은 1999년부터 유로를 사용하고 있으며 저임금과 12%에 달하는 높은 실업율로 경제적 어려움을 겪고 있다. 그러나 아직도 EU의 서유럽국가 중 물가가 제일 싼 편이며 식생활품의 가격은 서유럽국가나 한국에 비해 저렴한 편이다.

2. 포르투갈의 종교 및 전반적인 선교상황

1929년부터 1969년 사망하기까지 40년간 포르투갈을 통치했던 '살라자르' 총통은 국민들의 관심을 독재정치로부터 돌리기 위해 3F 정책을 도입했다고 전해진다.

즉 주어진 운명에 체념하며 살아가는 서민들의 구슬픈 애환을 노래한 리스본의 전통민요인 Fado를 Amalia Rodrigues라는 가수를 통해 크게 유행시켰으며, 모잠비크 출신으로서 세계적인 축구선수가 된 '유세비오'를 통해 국민들의 관심을 축구(Football)로 몰아갔다. 또한 제정 러시아에 볼세비키 혁명이 일어난 1917년 5월부터 10월 사이에 매달 13일 성모 마리아가 포르투갈 중부 조그만 산골마을인 Fatima에 사는 어린이들 3명에게 발현하여 교회가 핍박을 당할 것과 기도로 준비할 것을 지시한 것을 로마 교황청으로부터 확인받은 후 Fatima 마을을 성모 마리아 발현 성지로 조성하였다. 더하여 그 곳에 대규모 광장과 기념성당을 건축하고 매년 5월부터 10월까지 12일 밤마다 기념성회를 열어 온 국민들의 관심이 노래, 스포츠, 종교적 신비에 쏠리도록 만들었다.

포르투갈의 전반적인 종교 분포상황은 로마 가톨릭 교회가 전통적으로 강하며 전 국민의 81% 정도를 점하고 있고 이중 19% 정도가 매주 미사에 참여하고 있다. 젊은 세대 특히 수도 리스본 지역의 대학생들의 경우 70-80% 정도는 무신론자 내지는 회의론자들이며 10% 정도는 믿음이 있다고 하지만 신앙생활을 하지 않는 명목상의 로마 가톨릭 신자들이며 나머지 10% 정도가 매주일 로마 가톨릭 교회에 출석하는 신자들이다.

무슬림도 0.45%를 차지하고 있고 인도와 파키스탄 방글라데시와 네팔 등에서 온 이주민을 통해 힌두교도 0.25%를 점하고 있으며 여호와의 증인이나 몰몬교, Adventist와 Scientologist 같은 개신교 이단들이 0.8%를 차지하고 있다. 포르투갈에서는 여호와의 증인과 몰몬교 같은 이단을 개신교회의 한 부분으로 생각하는 사람들이 많다.

개신교는 1.2% 정도인데 개신교회 중에는 '하나님의 성회' 교단과 오순절 계통의 교회들이 부흥하고 있다. 최근에는 브라질에서 건너온 목회자들을 중심으로 예언과 신유의 은사나 귀신을 쫓아내는 사역을 통해 성령의 은사들을 강조하는 카리스마틱 교회들이 크게 성장하는 추세이다.

포르투갈 내 개신교교회들의 자립도는 낮은 편인데 하나님의 성회와 은사 중심의 카리스마틱 교회들의 성장이 빠르며 비교적 자립도도 높다. 그밖에 침례교, 감리교, 장로교, 형제단교회들도 있지만 자립하기에 급급한 형편이다.

신학교는 1969년에 The Baptist Theological Seminary가 리스본 근교 Queluz 지역에 설립되었고 1974년에 리스본 근교 Tojal 지역에 Greater Europe Mission에 의해 복음주의 계통의 Portuguese Bible Institute가 설립되었다. 1975년에는 미국 하나님의 성회 선교부에 의해 리스본 근교 Fanhoes 지역에 Bible Institute of Assembly of God in Portugal이 설립되었고, 1978년에 리스본 근교 Fanhoes 지역에 미국 Teen Challenge 선교부에 의해 기독교 마약중독자 갱생원인 Teen Challenge Portugal 본부와 갱생원이 설립되었다.

미국 침례교 선교부도 1980년부터 미션스쿨을 시작하면서 교회개척과 미션스쿨 사역의 좋은 롤 모델을 제시하고 있다.

1994년에 설립된 OM은 교회개척과 로마 가톨릭교회의 성지 파티마 순례자들 전도와 초등학교 학생들을 대상으로 한 인형극전도, 그리고 Teen Street 사역에 주력하고 있다. 1949년에 설립된 포르투갈어린이전도협회는 주일학교 활성화를 위한 교재개발과 교사 양성 연중 프로그램과 여름주일학교 성경캠프를 운영하고 있다.

3. 포르투갈의 개신교 선교역사 및 개신교회 설립역사와 현황

1641년에 포르투갈 수도 리스본에 화란 개혁교회가 설립되었으며, 조아웅 알메이다(Joao Ferreira de Almeida)에 의해 포르투갈어로 신약성경이 번역되어 1681년에 출판되었다. 그 후 조아웅 알메이다는 구약성경을 에스겔서까지 번역한 후 서거하여 구약성경 전체가 포르투갈어로 번역되어 출판된 것은 1819년의 일이었다.

1540년에 포르투갈에 들어온 로마 가톨릭교회의 Jesuit 교단은 교육과 선교에 열심을 내는 교단으로서 포르투갈의 남미와 동남아시아 지역의 식민지 국가들 및 일본까지 이르는 해외선교를 주도했다. 국내적으로는 교육제도 전반을 장악하며 정치적으로 압력을 행사하던 중에 1755년 리스본에 대규모의 쓰나미와 지진이 일어나면서 도시 전체가 폐허로 변하는 엄청난 참사가 일어났다. 도시 복구작업과 도시계획을 주도한 Pombal 후작이 집권하면서 포르투갈 내에서 Jesuit 교단을 해산시키는 대변혁이 일어났다. 이 일로 인해 개신교 선교활동에도 숨통이 트여 1759년에 존 번연의 '천로역정'이 포르투갈어로 번역되기도 했다.

19c 초에 포르투갈에서 종교재판(Inquisition)이 폐지됨에 따라 개신교 선교사들이 들어오는 계기가 되었다. 1838년에 영국 Glasgow의 외과의사 Robert Kalley 부부는 포르투갈 Madeira 섬에서 8년 동안 의료 및 학원선교를 감당했으나 극심한 박해로 병원과 학교가 훼파되고 1846년에 철수하게 되었다. 그 후 1860년경 스코틀랜드 목회자인 Robert Stewart에 의해 포르투갈의 수도 리스본에서 포르투갈 사람들에게 복음이 전파되기 시작하여 장로교회가 시작되기도 했다.

1871년에는 영국 선교사인 James Cassels에 의해 포르투갈의 두 번째 도시인 Porto에 웨슬리 감리교 교회 모임이 시작되었다. 1877년에는 형제단교회(Brethren church)가 시작되었고 1880년에는 회중교회(Congregational church)와 Lusitanian(Portuges) Anglican church가 설립되었다. 그리고 1910년에 왕정이 끝나고 공화정이 시작되면서 예배와 종교적인 집회의 자유가 공식적으로 인정되기에 이르렀다.

그 후 미국 감리교단에서 세운 교회와 침례교 및 나사렛교회들이 세워졌고 1920년에는 오순절교단의 교회가 시작되었는데 그 당시 가장 큰 개신교 교단은 Lusitanian Anglican church였으며 전체 개신교 교회의 교세는 전 국민의 0.05%에 이르렀다고 한다.

그러나 1929년부터 시작된 Salazar 독재정권이 포르투갈 내 로마 가톨릭교회와 결탁하게 되면서 개신교 교회는 더 힘든 시기를 지나게 되었다. 1932년에 포르투갈 내 개신교 교세는 신앙생활을 하는 교인이 3,000명 정도였고 개신교 교회에 동조하던 자들까지 합하면 10,000 정도 되었는데 그중에서 가장 큰 교단이었던 Lusitanian Anglican church의 교인은 2,000명 정도였다고 한다.

그래서 1940년대와 1950년대에 개신교 교회들은 눈에 잘 띄지 않는 건물 1층의 작은 방들이나 지하실 같은 곳에서 집회를 계속했지만 적극적인 전도활동은 하지 못했다고 볼 수 있다.

1950년대에 들어서야 오순절교단의 교회들이 복음전파에 힘을 쏟아 괄목할 만한 성장이 있었으며 교세는 3,000명 정도 되었다. 다음으로는 형제단 교회(Brethren church)로서 교세가 2,000명 정도 되었는데 그 당시 개신교 전체의 교세는 35,000명 정도였다고 한다.

1969년에 살라자르가 사망했고 이어 그 후계자들이 독재정권을 이어갔지만 1971년에 종교자유법안이 통과되었고 포르투갈에 1974년 4월 25일 군부 쿠데타가 일어나 40년 이상 계속되어온 독재가 무너지고 민주화되었다. 따라서 실내나 야외 대중집회 및 라디오방송으로 복음을 전파하기 시작하여 개신교 전체 교인 수는 70,000명 정도에 이르렀고, 전체 국민의 0.7% 선까지 성장하게 되었다.

1974년 이후부터 1980년대에 이르기까지 개신교 교회들의 성장률이 높지는 못했으나 미국과 캐나다와 영국을 비롯한 서구 선교사들과 브라질로부터 선교단체와 선교사들이 들어오기 시작했다. 브라질에서 이미 포르투갈어로 번역되어 있던 영어권 신학서적들이 포르투갈로 유입되면서 서구 선교단체에 힘입어 포르투갈 내의 신학교육, 제자훈련 사역 그리고 교회개척 사역이 지속적으로 행해지게 되었다.

서구 선교단체들은 그들이 지닌 특수성들을 포르투갈 내에서 지속적이고 책임감 있는 리더십으로 잘 극복하고 토착화함으로써 개신교 교회성장에 기여했으며 포르투갈 개신교회들로 하여금 제자훈련 사역과 교회성장에 있어서 서구 선교단체들에 대한 의존도를 낮추며 자생적인 능력을 갖추도록 했다.

그리고 1921년에 초대회장 Eduardo Moreira에 의해 창설된 포르투갈 개신교연맹(Portuguese Evangelical Alliance)도 서구 선교사들과 선교단체들에 의해 주도된 복음전파와 제자훈련 사역 및 교회개척 사역을 포르투갈의 개신교회들이 떠맡도록 도전함으로써 포르투갈의 개신교회 성장에 기여했다.

특히 기독교 유사종파인 여호와의 증인, 몰몬교, Adventist, Scientologist 등 유사 기독교들이나 또 1977년에 브라질에서 설립되어 1990년에 포르투갈에 들어온 '하나님의 나라 전 세계교회(Universal Church of the Kingdom of God)'가 치유나 축사 등의 이적들을 통해 교인들을 현혹하고 가정의 문제나 경제적인 파탄을 악한 영의 일로 해석하며 교회의 예배영상과 성물을 강매하고 헌금을 강요하는 불건전한 정책을 펼쳤다. 포르투갈 개신교 연맹은 이들의 불건전한 시도로부터 포르투갈 개신교회를 지켜내는 역할을 수행하고 있다.

1974년 포르투갈이 민주화된 이후 미국과 서구 선교단체들은 포르투갈 개신교 교회개척과 교회지도자들을 양성하기 위해 신학교 설립에 힘을 쏟았다. 미국 하나님의 성회 교단선교부에서 1974년에 설립한 신학교인 Monte Esperanca(소망의 동산) 신학교에는 포르투갈 학생들 외에도 아프리카 지역의 포르투갈 식민지국가들로서 1973년-1974년 사이에 독립한 포르투갈어권 5개 국가들인 앙골라, 모잠비크, 기네비사우, 까보 베르드, 싸웅 또메 프린시프로부터 유학 온 학생들이 많이 있었다. 현재는 이 신학교도 리더십이 현지 포르투갈 교회지도자들에게 이양된 상태로 운영되고 있다.

그리고 1975년에 미국 Teen Challenge 선교단체에서 포르투갈의 마약중독자들을 선교하기 위해 포르투갈에 Desafio Jovem을 설립하였고 현재는 이 선교단체도 리더십을 포르투갈 Desafio Jovem에서 성장한 포르투갈 현지인 지도자들에게 이양하여 운영하고 있다.

1973년에 Greater Europe Mission에서 설립한 초교파적인 복음주의 신학교인 Portugues Bible Institute를 통해서도 침례교, 감리교, 장로교, 형제단 교회 및 파라처치와 어린이전도협회를 위한 목회자들과 지도자들이 양성되었다. 현재는 이 신학교도 포르투갈 현지 지도자들에게 리더십이 이양되어 Gospel Missionary Fellowship(GMF)과 MOU를 맺고 있는데 정규학생들은 없고 분교나 집중강의를 통해 운영되고 있는 실정이다.

포르투갈에는 개신교회의 교세가 국민전체의 1% 정도에 그치고 대부분의 개신교회들이 담임목사에게 포르투갈 최저임금을 사례로 지급하면서 겨우 자립을 하고 있기 때문에 부교역자를 둘 형편이 안 되고 교회개척도 너무 힘든 상황이다. 따라서 고등학교를 졸업하고 신학교에 입학하여 3년간의 수업을 거쳐 졸업해도 부교역자로 일할 곳이 없다. 또한 개신교 선교사들이 교회를 개척하여 신학생들이나 신학교 졸업생들을 협력사역자로 활용하여 현지지도자를 양성하던 1970년대 초반부터 1990년대 중반까지와는 다르다. 1990년대 중반 이후 서구 선교사들이 포르투갈에서 대부분 철수하면서 신학교 학생이나 졸업생들의 수요가 없어져 신학교에 정규로 입학하는 학생들이 급감하게 되었다.

현재 포르투갈에는 위에서 언급한 신학교와 선교단체 외에도 1980년부터 미국 침례교 세계선교부(Association of Baptist for World Evangelism)에서 40여 명의 선교사들을 파송하여 교회개척과 신학교 운영 및 Association of Christian Schools International(ACSI) 멤버인 미션스쿨(Greater Lisbon Christian Academy)을 운영하고 있다. 1980년에 설립된 이 미션스쿨에는 6-7명의 미국과 캐나다로부터 온 교사선교사들을 두고 있으며, 선교사들의 자녀들을 초교파적으로 받아서 교육하고 있다. MK 외에도 포르투갈 개신교회에서 성장한 학생들과 한국, 브라질, 네팔 등 외국학생들도 다니고 있는데 유치원 과정부터 고등학교 3학년까지 약 30-40명 정도로 유지하고 있다.

포르투갈에 세워진 개신교회들 가운데 자유주의 신학의 영향으로 좌경화 된 교회들도 생겨났는데 대표적인 것이 1860년 포르투갈 수도 리스본에 스코틀랜드 목회자 Robert Stewart를 통해 시작된 장로교회의 경우라고 볼 수 있다. 포르투갈 내의 장로교회들이 독일로부터 유입된 자유주의 신학의 영향을 받아 WCC에 가입하면서 좌경화되었다. 이에 정통개혁주의 장로교신학을 따르는 교인들은 1980년대 초부터 미국 OPC 선교사들을 중심으로 따로 정통개혁주의 장로교회를 설립함으로써 교회가 분리되었다. 현재 포르투갈의 수도 리스본과 근교에 설립된 정통개혁주의 장로교회는 5-6개 정도 된다. 포르투갈에는 이외에도 OM 및 Biblical Action 선교단체와 메노나이트 형제단 교단의 MB Mission 등의 선교단체가 사역하고 있다.

현재 포르투갈에서 사역하고 있는 한국인 선교사는 KPM 소속 선교사 3가정(강병호 이은선, 정충호 박은정, 김영기 하연화)과 고신총회 북부산노회 선교부에서 포르투갈 한인장로교회 목회자로 파송한 이성민 목사이다. 또 UBF 소속 선교사 2가정이 사역하고 있으며 한인교회는 1986년에 설립된 고신 유럽총회 소속 '포르투갈 한인장로교회'가 유일한 한인교회이다.

4. KPM 소속 선교사들의 사역소개

1) 강병호 이은선 선교사

1986년 3월 고신 총회 경남노회에서 포르투갈 선교사로 파송받은 강병호 선교사는 그 당시 고신 총회세계선교회에 선교사 훈련기관이 없어 이신철, 박은생, 남후수, 최광석 선교사 후보생들과 함께 서울중앙교회 교육관과 부산 청학기도원 등에서 두 달간 자체적으로 선교훈련을 받았다. 그 후 주례제일교회의 후원으로 동년 6월 말에 출국하여 스페인 바르셀로나 제일스페인 도만기 목사의 지도하에 이베리아반도 선교현장들을 경험한 후 도만기 목사의 도움으로 1986년 8월 18일 날 포르투갈로 입국했다. 그는 곧바로 고신 유럽총회소속 포르투갈 한인장로교회를 설립하여 교민들 전도와 함께 국립 리스본대학교 인문대학(Faculdade de Letras) 내 포르투갈 언어와 문화과정에서 언어훈련을 시작하였고 이은선 선교사는 두 살 된 딸아이와 함께 동년 12월에 포르투갈로 입국하게 되었다.

강병호 선교사는 리스본대학교 인문대학 언어문화 과정에서 3년간 언어훈련을 하면서 동시에 포르투갈 현지인 선교를 준비하기 위해 포르투갈어로 기도하고 설교하며 전도하는 것과 주일학교 사역, 교회개척과 신학교육을 통한 현지지도자 양성에 대해 배우기 위해 Portuguese Bible Institute에서 2년간 수학하기도 했다.

이렇게 언어훈련과 현지인 선교 사역을 위한 준비를 마친 강병호 이은선 선교사는 1990년 1월부터 포르투갈 현지인 선교를 시작하게 되었다. 이들이

1986년에 포르투갈로 파송되어 현재까지 사역하고 있는 지역은 포르투갈의 수도 리스본 시내와 리스본의 북쪽 가난한 서민들이 사는 샤르네카 지역이다.

강병호 이은선 선교사가 1990년 1월부터 포르투갈 현지인 선교를 시작하면서 마약촌과 가난한 흑인동네와 집시마을을 찾게 된 데는 아래와 같은 이유가 있다.

1974년경부터 본격적으로 포르투갈에 들어오기 시작한 서구 선교사들은 신학교 사역과 함께 안정된 주택가를 중심으로 교회개척 사역에 치중했다. 그 결과 리스본 시내 도처에 널려진 빈민촌과 또 아프리카 포어권 나라들로부터 이주한 가난한 흑인들, 또 집시들이 모여 사는 판자촌 마을들에는 개신교회가 전혀 없는 영적으로 버려진 상태에 놓여 있었다.

주님께서 강병호 선교사 내외를 포르투갈에 보내신 것은 아무도 복음을 전하지 않는 리스본 시내 가난한 마을들의 버려진 영혼들을 찾아가 복음을 전하라는 귀한 뜻이 있음을 깨닫고 빈민촌, 흑인동네 그리고 집시마을들을 찾아 나서게 되었다.

(1) 마약중독자 및 노숙자 전도 급식사역

강병호 이은선 선교사는 리스본 시내에 산재해 있던 빈민촌과 흑인동네와 집시부락을 찾아 사역을 시작했다. 그 중 첫 번째로 리스본에서 제일 큰 규모로 마약밀매와 마약복용이 이뤄지던 판자촌인 '까잘 벤토주' 마약촌에 들어가 마약중독자들을 길에서 소그룹으로 모아 그날 성경본문을 읽어주고 설교하며 그들을 위해 기도해 주고 집에서 준비해 간 샌드위치, 바나나와 초콜릿 우유를 담은 봉지를 나눠주며 전도급식사역을 시작하게 됐다. 그러나 마약촌에는 예배처소가 없고 마약중독자들도 마약밀매와 마약복용으로 바쁘기 때문에 길가나 마약을 맞는 옆자리에서 소그룹으로 모일 수밖에 없다.

강병호 선교사가 2020년 3월까지 마약중독자들을 위해 사역했던 곳들은 과거 리스본 시내에서 가장 큰 규모로 마약밀매와 복용이 이뤄졌지만 1999년에 재개발이 완료되어 마약밀매와 복용이 자취를 감췄다. 그러나 여전히 소규모로 마약밀매와 복용이 계속되고 있는 까잘 벤토주(Casal Ventoso) 지역, 리스본 시내 알투 드 싸웅 조아웅(Alto de Sao Joao) 빈민지역, 집창촌 내에서 마약밀매와 마약복용이 만연돼 있는 인텐덴트(Intendente) 지역, 인텐덴트 지역에서 가까운 마르팅 모니즈(Martim Moniz) 지역 그리고 리스본 북쪽에 위치한 루미아르(Lumiar) 인근 산타 크루즈(Santa Cruz) 지역까지 총 5곳이 있다.

그리고 마약촌에 머물고 있는 마약 중독자들은 대부분 에이즈에 감염되어 있고 영양실조, 간염과 폐렴, 결핵 등의 질병으로 몸이 쇠약해져 있다. 또한 일정한 잠자리가 없이 불결한 곳에서 먹고 자며 옷을 갈아입기도 힘든 상황이다. 그러나 리스본 시에서 마련한 마약 중독자들과 노숙자들을 위한 쉼터는 매일 귀가시간을 지켜야 하고 규정이 까다로워 장기간 머물 수 없는 형편이다.

미국의 마약 중독자 선교를 위해 설립된 'Teen Challenge' 선교단체가 1973년경에 포르투갈에 들어와 설립한 Desafio Jovem 갱생원은 마약촌에 머무는 마약 중독자들이 곧바로 들어갈 수는 없다. Desafio Joem에서 주 2회 운영하는 커피숍 모임에 3달 정도 빠짐없이 참석하며 상담과 예배에 참석해야만 갱생원 본부에 들어갈 수 있다. 따라서 강 선교사도 거리전도를 위해 스텝들과 팀을 이루어 마약 중독자들과 노숙자들을 모임에 데려가 상담과 예배에 참석하도록 돕는 사역을 감당하기도 했다.

(2) 흑인동네 및 집시마을 주일학교 및 교회개척 사역

강병호 이은선 선교사는 1991년 2월 첫 번째 안식년으로 귀국하여 고신 총회세계선교회의 KMTI 훈련을 거쳐 고신 총회세계선교회(KPM) 소속 선교사로 인준받고 1991년 3월 28일 포르투갈로 파송 받았다.

그리고 1991년 9월부터 제2기 사역을 시작하면서 마약촌 전도급식 사역 외

에도 여러 빈민촌과 흑인동네 및 집시마을을 찾아다니며 노방에서 아이들을 모아 놓고 포르투갈 어린이 전도협회(APEC)를 통해 구입한 '좋으신 하나님', '예수님 찬양' 같은 복음 찬송을 가르치고 '글 없는 책' 등 시각교재들로 복음을 전하기 위해 힘썼다.

그 결과 1993년 5월부터 리스본 북쪽 샤르네카 빈민지역의 빠일레빠 (Pailepa) 흑인동네에 예배처소를 마련했다. 강병호 선교사가 Portuguese Bible Institute에서 함께 수학했던 조르지 파타따 전도사와 부인 테레자와 함께 '샤르네카 장로교회' 개척을 시작하여 장년예배와 주일학교 예배 및 주중에 마을 어린이와 청소년 모임을 갖게 되었다.

그리고 1992년 1월부터 리스본 서쪽 근교 린다벨야(Linda Velha) 지역의 웅가로스(Hungaros) 흑인동네에서 노방 주일학교를 인도하던 중 6월에 이 동네 여성도 아델라이드의 집에서 신실한 청년들에 의해 개척교회가 시작되었다. 강병호 선교사도 10월부터 이들과 협력하여 웅가로스 교회를 세워나가면서 아프리카 포르투갈어권 나라들 가운데 Cabo Verde로부터 이주해 온 흑인들이 거주하던 두 동네에 교회를 개척하게 되었다.

웅가로스 복음교회는 재개발로 인해 2001년에 리스본 서북쪽 근교 Massama(마싸마) 지역으로 이전하면서 1994년에 포르투갈로 파송된 지성범 KPM 선교사가 현지지도자와 협력하여 '마싸마 복음주의교회'로 세워 나가게 되었다. '샤르네카 장로교회'는 강 선교사에 의해 2006년 9월에 리스본 북쪽에 위치한 Ameixoeira 임대주택단지로 이전하여 새롭게 시작하게 되었다.

강병호 이은선 선교사는 1994년에 포르투갈로 파송된 KPM 지성범 엄목자 선교사와 함께 1997년 4월 11일 날 '포르투갈 한국 장로교선교부'를 조직하여 포르투갈 법무부에 법인체로 등록했으며 2002년 10월 21일에는 샤르네카 장로교회를 포르투갈 법무부에 종교법인체로 등록하기도 했다.

1998년에 포르투갈 정부는 리스본에서 전 세계 국가들을 대상으로 열린 엑스포를 준비하면서 리스본 시내 북동쪽 샤르네카 지역의 가난한 서민들과 아프리카 포어권 흑인 이주민들이 모여 살던 판자촌들을 재개발했다. 따라서 그곳 주민들은 리스본 시에서 건축한 여러 임대아파트들로 흩어져 이주하게 됐는데 샤르네카 지역의 Pailepa 판자촌에 있던 '샤르네카 장로교회'도 새로운 예배처소를 마련하기 위해 2006년 9월 22일날 리스본 시 사회주택과와 영구계약을 맺고 매월 55유로의 임대료를 납부하는 조건으로 Ameixoeira 임대아파트단지 내의 새 예배처소로 이전하였다. 교회는 가난한 현지인들과 집시가정들을 대상으로 주일 오전에 장년 예배를 인도하고, 주일 저녁, 주중 그리고 수요일과 금요일 저녁에는 주일학교를 열어 동네 아이들과 청소년들을 대상으로 탁구와 태권도를 가르치며 예배를 인도하고 있다. 이 사역에는 김영기 태권도 전문인 선교사가 협력하고 있다.

특기할만한 것은 2007년 12월 초에 스페인 바르셀로나에 위치한 '제일스페인교회'에서 침술 단기선교팀이 샤르네카 장로교회에서 봉사하고 간 후, 이 임대주택단지 내의 주민들 몇 사람이 샤르네카 장로교회 주일예배에 출석하는 일도 있었다. 2013년 여름에도 스페인 바르셀로나에 위치한 '한서교회' 단기선교팀이 샤르네카 장로교회에 와서 일주일간 침술선교로 봉사한 적이 있었다.

또한 2016년, 2018년, 2019년 여름에도 한서교회에서 포르투갈로 단기선교팀을 보내어 샤르네카 장로교회가 위치한 임대주택단지 내 주민들을 위한 침술치료와 주일학교 아이들을 대상으로 여름성경학교를 인도하기도 했다.

또 스페인 바르셀로나 한서교회 단기선교팀은 쁘리오르 벨유 흑인동네와 까마라트 지역의 집시마을에 있던 주일학교를 대상으로 여름 어린이 성경학교를 실시했으며 리스본 시내의 마약중독자들과 노숙자들을 위한 버스킹 경배와 찬양사역 및 성극공연을 통해 복음을 전파하고 전도하는 사역들을 감당하여 큰 관심을 불러일으키기도 했다.

과거 포르투갈 식민지였던 '기네비사우'로부터 이주해 온 흑인들이 모여 사는 판자촌 동네 중의 하나인 쁘리오르 벨유(Prior Velho) 흑인 마을에서는 주일 오전에 마을회관에서 예배를 드렸는데 포르투갈어가 아프리카 부족어와 섞여 변형된 '끄리올루'를 사용했지만 강병호 선교사는 포르투갈어로 설교를 하곤 했다. 주일예배 후 마을회관 마당에서 이 마을 어린아이들을 위한 노방 주일학교를 열어 구원찬송과 성경의 인물들에 대해 시청각 교재로 가르치며 주일학교를 인도했다. 주일학교 아이들은 대부분 포르투갈에서 태어나 자랐기 때문에 '끄리올루'가 아닌 포르투갈어로 주일학교를 인도했으며 이 마을도 2016년에 완전히 철거되어 교인들과 주일학교 아이들이 흩어지게 되었다.

그리고 리스본 시와 인근지역을 통틀어 마지막으로 남아 있던 리스본 북동쪽 까마라트(Camarate) 지역의 빈민 집시마을 아이들을 위한 주일학교 사역도 중단되었다가 2017년부터 재개하였는데 주일 오전에 이 지역 집시마을의 한 집에 딸린 가건물을 빌려 교회를 개척하고 있던 Urban Mission 선교팀과 함께 사역을 했다.

Urban Mission 선교팀은 오전 10시 반부터 장년 주일예배를 인도했으며 강병호 선교사는 같은 시간에 가건물로 지은 예배실 밖에 간이 의자들을 놓고 20명 가까운 집시 아이들에게 찬양과 말씀을 가르쳤다. 위에서 언급한 적이 있는 쁘리오르 벨유 흑인마을 마을회관에서 예배하다 흩어진 교인들이 Urban Mission팀이 인도하는 주일예배에 참석하기도 했다.

그런데 이 집시마을도 재개발이 계속 진행되어 주민들이 임대아파트로 이주해 가면서 가건물을 빌려 쓰던 집도 이사를 가게 되어 Urban Mission도 이 마을을 떠나게 되었다. 강병호 선교사가 남아 있던 집시가정의 아이들을 데리고 주일 오후에 노방 주일학교를 인도했는데 스페인 바르셀로나의 한서교회 단기

선교팀이 여름마다 단기선교팀을 보내줘 함께 사역하기도 했다. 그러나 2020년 3월 이후 코로나19 팬데믹으로 사역이 중단되었고 팬데믹 기간 중 KPM 재난구호금으로 구제 사역을 두 차례 진행했으며 2022년 들어 남아 있던 집시가정들 대부분이 리스본 시에서 지은 임대주택으로 이주하면서 현재는 1가정이 남아 있는데 이 가정도 곧 이주할 예정이다.

(3) 리스본 지역의 대학교 캠퍼스 전도 사역

강병호 선교사의 세 번째 주요 사역은 리스본 지역의 5-6개 대학 캠퍼스에서 학생들에게 전도지를 나눠주며 복음을 전하는 일이다.

리스본 지역의 여러 대학들 안에 성경공부모임(GBU)과 UBF 선교사들이 사역하고 있지만 캠퍼스에서 직접 학생들을 만나 복음을 전하는 사람들은 거의 없는 실정이다.

강병호 선교사는 팬데믹 전까지 매주 화요일과 금요일에 리스본 지역의 5개 대학을(리스본대학교 인문사회대학, 자연과학대학, 신리스본대학, Higher Technical Institute, Lusofona 대학) 번갈아가며 방문하여 전도지를 나눠주며 전도했었다.

그러나 리스본 지역 대학생들의 영적인 상태는 열 명 중 여덟 명 정도가 무신론자나 하나님의 존재에 대해 의심하는 불가지론자들이며 종교다원주의의 영향으로 성경에 나타난 전능하며 천지를 창조하신 유일하신 하나님을 인정하지 않고 예수 그리스도의 유일한 구주되심을 거부하는 자들이다.

그리고 열 명 중 한 명은 자신을 로마 가톨릭교회 신자라고 하며 전능하신 하나님과 예수 그리스도에 대한 믿음이 있다고 말하지만 신앙생활을 하지 않는 명목상의 교인이다. 나머지 한 명은 믿음이 있다고 말하며 로마 가톨릭교회에 거의 매주 나가서 미사에도 참석한다고 하지만 그들이 구원받는 참된 믿음을 가졌는가 하는 데는 여전히 의문이 있다.

2) 지성범 엄옥자 선교사

고신 총회세계선교회(KPM) 소속 선교사로서 포르투갈로 파송을 받아 1994년 3월에 포르투갈에 입국한 지성범 엄옥자 선교사는 곧바로 포르투갈 한인장로교회를 이양받아 목회하면서 언어훈련과정을 거쳤다. 1996년 9월-1998년 2월까지 강병호 이은선 선교사의 두 번째 안식년 기간 동안 포르투갈 한인장로교회 외에 강병호 이은선 선교사에 의해 설립된 샤르네카 장로교회와 웅가로스 복음주의 교회를 맡아 섬겼다. 1998년 3월부터는 웅가로스 복음주의 교회를 전담하여 섬기는 가운데 웅가로스 판자촌이 재개발되면서 포르투갈 한인장로교회 교인들이 마련한 건축헌금으로 리스본 북서쪽 근교 Massama 지역에 예배처소를 구입하여 2002년 6월 5일 날 봉헌예배를 드렸다. 그곳에서는 포르투갈 한인장로교회와 웅가로스 복음주의 교회가 예배를 드리게 되었으며 웅가로스 복음주의 교회는 Massama 복음주의 교회로 이름을 바꾸게 되었다.

지성범 엄옥자 선교사는 포르투갈 한인장로교회 사역과 마싸마 복음주의 교회 목회 사역 외에도 2005년경에 리스본의 서쪽 근교에 위치한 Cascais 인근 지역인 크루즈 베르멜야 마을의 라우라 할머님 가정에 포르투갈 현지인 가정교회를 세워 예배와 기도회를 인도하며 섬겼으며 리스본 북쪽 시외지역인 Malveira 지역의 여성도 룻 가정에도 가정교회를 세워 섬겼다. 또한 지성범 엄옥자 선교사가 거주하던 리스본 북서쪽에 위치한 Sintra 지역의 '빌라 베르드' 마을 복음주의 교회에 담임목회자가 없는 것을 알고 그 교회와 협력하며 설교 사역을 감당하기도 했다.

이처럼 왕성하게 포르투갈 한인장로교회 목회사역뿐만 아니라 현지인을 위한 선교 사역도 신실하게 감당하던 지성범 엄옥자 선교사는 2009년 두 번째 안식년 본국 사역을 하러 귀국했다가 본국의 화산전원교회로부터 청빙을 받아 KPM 선교사직을 사임한 후 국내 목회 사역에 전념하게 되었다.

이로 인해 강병호 선교사가 2009년 9월부터 포르투갈 한인장로교회를 다시 이양받아 목회하던 중 2016년 9월에 본국 고신총회 산하 북부산 노회에서 이성민 목사를 포르투갈로 파송하게 되어 이성민 목사가 포르투갈 한인장로교회를 이양받아 목회하고 있다. 마싸마 복음주의 교회는 브라질에서 이주해 온 로베르토 목사와 이아라 사모가 이양 받아 현재까지 교회를 섬기고 있다.

3) 정충호 박은정 선교사

북아프리카 M국에서 9년간 불어 언어훈련 및 개인전파 사역과 제자훈련을 통해 가정교회들을 세우기 위해 사역했다. 그러나 합법적인 방법으로 더 이상 북아프리카 M국에서 거주비자를 갱신을 하는 것이 너무 힘든 것을 절감하고 합법적으로 거주비자를 갱신할 수 있는 나라를 유럽지중해 지역부 내에서 찾다가 2017년 9월 포르투갈로 재배치 받았다. 정충호 박은정 사역자는 포르투갈어를 배우면서 선임사역자인 강병호 이은선 선교사를 도와 샤르네카 장로교회 예배, 주중의 주일학교 사역 그리고 또 리스본 시내 마약 중독자들과 노숙자 전도급식 사역에 협력하였다. 동시에 포르투갈 현지 개신교회와의 협력 사역 및 현지인 사역자들을 위한 상담과 심리치료 등을 사역목표로 정하고 현지 개신교회들과 사역자들과의 협력을 모색하던 중 코로나19 팬데믹 상황으로 인해 국내로 귀국하여 2020년 12월부터 고신 총회세계선교회(KPM) 본부에서 3년간 사역지원국장으로 섬기게 되었다.

4) 김영기 하연화 선교사

북아프리카 M국에서 사역하던 박덕형 선교사를 통해 M국에서 평신도 태권도 전문인 사역자로 사역하도록 도전을 받은 김영기 태권도 사범은 그 후 고신대학교 태권도 선교학과를 졸업 후 KPM OTC 훈련을 거쳐 2021년 2월 KPM

선교사로 파송을 받았다. 그 당시 박덕형 선교사는 북아프리카 M국에서 중동 이스라엘로 재배치 인준을 받기 위해 국내에서 준비하며 대기하던 상황이었기 때문에 김영기 하연화 선교사가 포르투갈 강병호 이은선 선교사의 후임자로 부름을 받게 되었다. 코로나19 팬데믹 상황으로 포르투갈로의 입국이 지연되자 2021년 6월-8월까지 석 달간 아프리카 포어권 국가인 까보 베르드에서 언어와 포어권 선교지 현지 적응훈련을 했다. 2021년 11월에 두 자녀(예별, 예본)와 함께 포르투갈에 입국하여 언어훈련과 현지정착을 위해 힘쓰며 선임사역자인 강병호 이은선 선교사를 도와 샤르네카 장로교회 주일예배와 주중 주일학교 사역에 협력했다. 샤르네카 장로교회 주일학교 아이들에게 태권도를 가르치며 포르투갈에서 태권도 선교 사역을 안정적으로 하기 위해 '샤르네카 태권도 아카데미' 법인체를 조직하였다. 또한 현지인이 운영하는 태권도 도장에서 학생들을 지도하면서 현지 태권도 사범들과도 교류의 폭을 넓혀가고 있으며 태권도 선교 사역에 필요한 물품들을 스페인 바르셀로나 소재 대도회사를 통해 준비해 가고 있다.

5. 포르투갈에서의 바람직한 팀 사역 아이템

현재 포르투갈에서 사역하는 한국 태권도 사범으로는 KPM에서 태권도 전문인 선교사로서 포르투갈로 파송한 김영기 선교사와 국기원에서 파송한 이정훈 사범 두 명이다. 필자는 포르투갈에 평신도 전문인 태권도 사역자 가정과 리스본 대학생 캠퍼스전도와 제자훈련을 전담할 사역자 한두 가정을 파송 또는 재배치하는 것이 전략적으로 좋은 방법이라고 본다. 포르투갈 사역자 전원이 본인들의 사역비 중 일정금액을 모아 리스본 대학가에 태권도, 한글강좌, 캠퍼스전도와 제자훈련을 할 수 있는 선교복합시설을 마련하여 팀 사역을 할 수 있기 때문이다.

그리고 포르투갈어권 아프리카 5개국 중 아직 KPM 선교사가 파송받지 못한 앙골라, 기네비사우, 까보 베르드, 싸웅 또메 프린시프 4개국에 선교지를 개발하고 KPM 선교사들을 앞의 4개국에 파송하기 전 포르투갈에서 2년간 언어 훈련을 하게 한다. 또한 1년에 1달씩 포르투갈에 와서 휴가를 갖게 하면서 포르투갈의 어린이 전도협회를 통해 시청각 교재 등을 구입하여 아프리카 현지로 보내는 등 사역을 지원하는 일도 필요하다.

6. 동북아에서 비자발적으로 철수한 선교사들을 위한 재배치 포인트

현재 포르투갈에는 중국인 이민자들이 약 3만 명 정도 되며 리스본 시내 중심지에 차이나타운도 형성되어 있다. 중국인들은 식당과 식품점 외에 값싸고 실용적인 잡화상을 모든 도시와 마을마다 열고 있어서 이미 인프라가 구축되어 있다. 중국인 개신교회도 리스본 시내 2곳에 설립되어 있어 중국학생 및 상인들을 대상으로 개인전도와 제자훈련 및 교회개척 사역이 가능하다.

갈릴리에서 서바나까지

폴란드

고은유[1]

I. 들어가는 말

쇼팽, 퀴리부인, 교황 바울로 2세, 바웬사 등 이들은 모두 폴란드가 낳은 세계사의 영향을 미친 주요 인물들이다. 폴란드는 독일의 동쪽, 체코의 북쪽인 발트해 연안에 위치하고 있다. 서쪽으로는 우크라이나, 리투아니아, 그리고 러시아가 있다. 폴란드는 유럽 나라 중에서도 꽤 큰 영토를 자랑한다. 특별히 폴란드는 러시아의 영향력 아래 오래 있었던 나라였기 때문에 반 러시아 성향이 강하다. 폴란드의 남쪽으로는 하이 타트라 산맥이 흐르고 있다. 산맥을 제외하고는 대부분이 평원이다. 위치적으로 보았을 때, 러시아가 서유럽으로 가기 위해서 꼭 지나가야 하는 곳이 폴란드였고, 또한 유럽 쪽에서 러시아 평원으로 진출하기 위해서도 꼭 지나가야 하는 곳이었다. 이러한 지리적 장점으로 보아 폴란드는 복음의 문을 여는 복음사역의 요충지라 할 수 있다.

---

1. KPM 폴란드 선교사.

II. 일반적 고찰

1. 폴란드 개관

폴란드공화국은 동유럽의 중심에 위치하고 있으며 "동유럽의 심장"이라 불린다. 면적은312,683km2 로 한반도의 1.4배이며 인구는 3,800만 명이다. 96%가 넘는 인구가 폴란드인이며 실레시안과 독일인이 그 다음으로 많다. 98% 이상이 폴란드어를 사용한다. 집에서 쓰는 언어가 그 정도이니 100% 폴란드어를 사용한다고 볼 수 있다. 폴란드의 출산율은 2020년도에 1.38명이었지만 현재는 -0.26%로 인구 감소의 궤도에 올랐다. 폴란드의 정치는 대통령제가 가미된 내각 책임제이다. 폴란드의 기후는 연평균 섭씨 17도에서 19도 사이이며 겨울은 흐리고 추우며 강수량이 많다(겨울 최저 섭씨 -30도). 여름에도 충분한 강수량으로 인해 폴란드의 평원은 푸르고 드넓다(Poland의 Pole이 평원이라는 의미를 가지고 있다). 평원 농촌생활은 폴란드인들의 민족성에 큰 영향을 미치는 요소 중 하나이다.

2. 역사

한국과 마찬가지로 폴란드에도 건국 신화가 존재한다. 신화에 등장하는 레흐라는 인물은 우리나라의 단군과 비슷하다. 폴란드 버전의 슬라브 전설에 따르면 레흐, 체흐, 루스 세 형제가 각자의 나라를 세우기 위해 길을 떠났다고 한다. 함께 길을 가다가 서로 갈라지게 되는데, 첫째 레흐는 폴란드를, 둘째 체흐는 체코를, 셋째 루스는 러시아를 세웠다고 한다. 전설에서 첫째 레흐는 길을 가던 중 떡갈나무 위에 자신의 둥지를 지키는 흰 독수리를 마주치게 된다. 흰 독수리는 석양으로 붉게 물든 평원을 등지고 자신을 향해 날아오며 인사하였고 레흐는 이 지역에 대해 깊은 인상을 받게 된다. 이후 그곳에 깃발을 세우고 국가를 건설하게 된다. 깃발을 꽂은 곳은 수도가 되었고 '둥지'라는 이름을 따서 '그니에즈노'라 불렸다.

6세기경에 정착한 슬라브족은 여러 부족들로 나뉘어 생활했다. 그중 서슬라브족인 폴란족(폴인)이 다른 부족들을 통합하여 세력을 넓혀갔다. 폴란드는 미에슈코 1세에 의해 통합이 되었고 서기 966년, 미에슈코 1세가 가톨릭을 받아들임으로 폴란드의 역사가 시작된다. 원래 지금의 폴란드 땅에는 게르만족들이 살고 있었다. 10세기경 폴라니에족을 중심으로 폴란드 왕국이 형성되었고 민족과 국토의 명칭이 생겨났다. 966년 가톨릭을 받아들이면서 피아스트 왕조가 성립되었고 그니에즈노와 크라쿠프가 정치적 중심지로 발전하게 된다. 200여 년의 국가 분할 시대를 거쳐 중앙 집권 국가를 이루었다. 1385년, 피아스트 왕조에 이어 폴란드-리투아니아의 연합 왕조인 야기에오 왕조(14~16세기, 수도 크라쿠프)가 탄생했다. 이후 1410년 그룬발트 전투에서 독일군을 격파하고 발트해로 통하는 길이 열리게 된다.

16세기에는 유럽의 곡창 지대로 최대 전성기를 맞았다. 1573년 야기에오 왕조가 끝나고, 귀족들이 국왕을 선출하는 일종의 귀족 공화정이[2] 등장하였고, 1596년에 수도를 크라쿠프에서 바르샤바로 이전했다. 그러나 자유 선거 채용과 바르샤바로 천도한 후, 귀족계급의 강대화와 투르크, 스웨덴과 전쟁 등으로 국력이 쇠퇴하여 국운이 기울어졌다. 18세기 후반에 왕권의 강화와 국가 개혁이 시도되었지만 프로이센, 러시아, 오스트리아 세 나라들이 점진적으로 폴란드를 침입해 1795년 폴란드를 분할했다. 이후 나폴레옹에 의한 바르샤바 공국 시대(1807~1815) 외에는 1795년부터 1918년까지 세 개의 국가의 지배를 받게 되었다. 그의 맞서 1830년 독립을 위한 혁명 정부를 조직하였지만 독립투쟁

---

2. 이때 생겨난 귀족문화가 지금의 폴란드 언어 우월주의를 남겼다고 할 수 있다.

은 결국 실패에 이르게 된다. 이후 1차 세계 대전 중 윌슨 대통령이 제창한 민족자결주의 원칙에 따라 1918년에 독립 국가가 되었다. 폴란드는 19세기의 독립운동의 전통과 제1차 세계 대전을 기회로 국가 재건을 수행했다. 그 뒤 바르바니파르토 소장이 지휘하는 군인이 쿠데타를 일으킨다. 1939년 나치 독일과 소련의 침략을 받고 서부지역은 나치 독일에, 동부는 소련에 분할 점령되었다가 1945년 해방되었다. 해방 후 1947년 총선 결과 노동자당의 압승으로 공산당 정부가 수립되었고, 냉전을 거치며 소련의 강한 영향력하에 있었다. 그러나 경제 실패와 지도층의 부패로 노동자 파업이 일어났고, 1981년 바웬사가 이끄는 자유 노조는 전국적으로 확산되었다. 이후 민주화를 이루며 1990년 바웬사가 첫 민선 대통령이 되었다. 그리고 폴란드는 1999년에 NATO, 2004년에 EU에 각각 가입하였다.

3. 경제

폴란드의 인구는 3,800만 명 정도이다. 경제 규모는 5천8백억 달러이며 세계에서 23위의 경제 규모를 가지고 있다. 1인당 명목 GDP는 15,300달러[3]이며 세계 GDP 순위에서 47위이다. 2011년 조사한 내용에 의하면 폴란드의 고용률은 59.7%이다. 폴란드는 코로나19로 인해 30년 만에 처음으로 경기가 나빠졌다고 한다. 2004년 EU에 가입할 당시 서유럽 경제에 잠식될지 모른다는 비판이 쏟아졌지만, 폴란드는 오히려 서유럽을 상대로 한 수출을 통해 높은 경제성장을 보였다. 구 동구권에서 경제성장을 이루어 낸 성공적인 사례라고 할 수 있다. 심지어 2008-9년도 경제난을 겪었을 때, EU국가를 통틀어 유일하게 경제성장을 이룬 나라가 폴란드이다. 폴란드는 특별히 지하자원이 풍부하며 기계

---

3. 경제학자들은 우크라이나 난민들로 인해 GDP가 17,000달러까지 올랐다고 보고 있다.

생산 및 철 산업도 규모가 있는 편이다. 가구와 자동차 부품이 많이 수출되며 화폐는 즈워티(Złoty)를 사용한다.

4. 교육[4]

폴란드 교육 시스템은 세계 20위에 들 정도로 우수하다. 학제는 유아원 3년, 국민학교 6년, 중학교 3년, 고등학교 3년, 대학교 5년이다. 대학 5년 졸업 후 석사학위를 수여받는다. 폴란드에 학사학위 제도는 없다.

5. 일반 종교상황

폴란드의 종교는 로마 가톨릭 85%, 독립적 정교회 1.3%, 개신교가 0.4%이며 조사되지 않은 종교와 기타 종교가 12.9%이다. 폴란드가 동유럽의 가톨릭 국가가 되기까지 폴란드 출신 264대 교황인 요한 바올로 2세의 영향을 막대하게 받았다고 볼 수 있다. 가톨릭 역사상 요한 바올로 2세는 최초의 슬라브어권 출신 교황이었다. 오랜 세월 동안 이탈리아인들이 교황직을 독점해 왔는데 요한 바올로 2세가 455년만에 비 이탈리아인으로서 교황이 된 것이다. 가장 국외 순방을 많이 다닌 교황이자 역사상 가장 인기가 많았던 교황이었다. 동유럽과 소련 공산주의 체제의 붕괴에 기여한 핵심적인 인물이 요한 바올로 2세라고 해도 과언이 아니다. 그는 비폭력적인 방법으로 소련이 물러나게 했고 가톨릭 신앙과 평화적으로 공산주의 독재체제를 무너 뜨리는데 성공했다. 많은 사람들은 그가 1979년 6월에 그의 모국인 폴란드를 방문했던 시점을 동유럽 공산주의 붕괴의 출발점으로 본다. 교황이 모국인 폴란드를 방문하여 폴란드인들로

---

4. "폴란드 교육정보" https://overseas.mofa.go.kr/pl-ko/brd/m_9399/view.do?seq=594645&srchFr=&srchTo=&srchWord=&srchTp=&multi_itm_seq=0&itm_seq_1=0&itm_seq_2=0&company_cd=&company_nm= (Accessed at 2023.05.04).

하여금 애국심과 독립 의식을 싹트게 한 것이다. 이후 폴란드의 성직자들은 공산정권에 대한 투쟁을 적극 지원하게 된다. 그 당시 다른 사회주의 나라에서 가톨릭 신자 수가 줄어든 반면, 폴란드에서는 가톨릭 신자들이 오히려 증가하는 현상을 보였다. 1980년대 후반에는 전 국민 정기적 미사 참석율이 70%를 육박했다. 심지어 정부 설문조사에 가톨릭 신자가 아니라고 답변하는 사람이 5%도 안 될 정도로 교세가 커졌었다. 이러한 역사적 사건들로 인해 폴란드는 깊고 오래된 가톨릭의 뿌리를 가지고 있다.

폴란드는 85%가 넘는 사람들이 가톨릭 신자라고 주장하지만 신앙 생활하는 신자는 40%도 안되며, 오히려 마리아 숭배사상이 짙게 자리 잡고 있다. 17세기부터 시작한 마리아 숭배 사상은 성 바울 수도원에 있는 블랙 마돈나에서 시작되었다고 볼 수 있다. 블랙 마돈나라 불리는 성모화는 18세기에 폴란드가 독립을 잃었을 때 민중들의 공경을 받았다. 해방과 통치권의 수호자로 여겨졌고 지금까지도 그렇다. 폴란드 각 가정에는 예수님의 그림보다 마리아의 그림이 더 많이 걸려 있다. 이들은 대부분 마리아를 가정을 지키는 수호신으로 믿고 공경하고 있다. 부모들은 어린 자녀들이 잠자리에 들 때 꼭 마리아의 기도문을 읽어주며 자녀들도 스스로 마리아에게 기도할 수 있도록 가르친다. 폴란드의 마리아 숭배사상은 체계적이며 조직적이다. 각 교구에는 마리아 숭배 센터가 있고 이곳은 성지 순례와 지역의 축제를 준비하는 수천 명의 회원들로 구성되어 있다. 그 밖에도 초등학교에서는 마리아의 그림을 그리는 대회를 개최하곤 한다. 모든 폴란드 교회의 벽화에는 블랙 마돈나의 그림이 붙어있으며, 폴란드의 문학과 역사 그리고 지방의 특성을 담은 책자에도 마리아 기도문이 수록되어 있다. 마리아숭배 사상을 통해 폴란드인들의 정서에 기복신앙이 짙게 자리 잡게 되었다.

III. 선교적 고찰

1. 기독교 역사

유럽의 초기 역사 가운데 로마의 문명을 기독교화, 로마화, 그리고 문명화로 정리할 수 있다. 폴란드가 유럽의 역사에 정식으로 등장할 수 있었던 이유는 곧 기독교를 받아들였기 때문이다. 신성로마제국이 성립하던 시기에 제국의 동방이었던 레히아 지역의 부족들은 여전히 이교신앙을 믿고 있었으며 문명 밖의 존재였다. 이 부족들 중 하나가 폴란족이었다. 이 폴란족을 중심으로 국가체제가 갖춰지고 있었다. 폴란족의 추장이었던 '미에슈코 1세'가 서기 966년에 정식으로 세례를 받게 된다. 그렇게 폴란드는 폴란드 공국이라는 이름으로 유럽 역사에 등장하게 되었다.

폴란드는 미에슈코 1세가 세례를 받은 해를 국가 수립의 신년으로 역사 속에 기록하고 있다. 로마 교회를 받아들인 이후 미에슈코 1세는 종교적 단결을 통해 강한 중세 폴란드 왕국의 기틀을 마련했다. 역사 속에서 이러한 가톨릭 전통과 그 유산은 폴란드가 주변 외세의 잦은 침략과 지배를 받을 때마다 폴란드인들의 단결을 일깨워주는 주요 요소가 되었다. 이것이 폴란드인들이 동유럽 내에서도 가장 강력한 가톨릭 민족으로 성장하게 되는 밑거름이 되었다.

1517년 루터의 종교개혁을 통해 성경을 자국 말로 번역해서 읽게 했다. 가톨릭의 무서운 박해 속에서도 폴란드는 1564년 라지비우라는 공작의 후원으로 폴란드어 성경을 번역했고, 1632년 그다인스크 번역본을 완성시켰다. 18-19세기에 독일인들이 폴란드로 많이 몰려올 때는 기독교 수가 늘어났지만, 로마 가톨릭의 집요한 박해가 있었고 유럽의 타락한 문화 유입으로 지금은 복음주의교회가 힘을 잃어가고 있다.

2. 개신교 선교 역사

현재 폴란드에는 100여 명의 선교사가 교단을 초월하여 복음을 전하며 폴란드에 하나님의 나라를 세우고 있다. 이밖에 다른 선교단체들로는 UBF, 통합, 온누리교회, Converge Ministries, IntouchMission 등이 있다.

UBF(대학생성경읽기선교회) 선교회는 대학생 사역에 집중하고 있다. 앞서 언급한 바와 같이 폴란드에는 역사가 깊은 대학들이 많다. UBF는 캠퍼스 대학생 사역과 불신자를 대상으로 한 제자양성사역을 감당하고 있다. UBF선교사들은 한인마트, LG Batteries에서 직원으로 회사생활 하는 등 직업을 가지고 생활을 꾸리며 순전히 자비량 선교를 하고 있다.

Converge International Ministries는 미국북침례교 소속 선교단체이다. 그단스크 지역 등 주 도시에 많지 않은 선교사들이 파송되어 사역하고 있으며 이들은 교회개척을 주사역으로 감당하고 있다. 이 선교단체를 통해 개척된 교회 수가 950개를 넘어서고 있다고 한다. 특별히 Converge International Ministries는 지역별로 정해진 목표나 방향이 다 다르다는 점이 주목할 만하다. 지역별 사회적, 지리적, 영적 상태를 파악하여 사역 방향을 세운다. 사역방향의 중심은 현지인들을 대상으로 그들을 예수님의 제자 삼고 그들이 또 다른 제자를 삼아서 복음을 전하는 것이다. 이를 위해 연합사역, 지원(교회행정강화 및 목회 연구 사역 등)사역, 격려 및 훈련을 하며 코칭을 제공한다.

그밖에 Intouch Missions선교단체에서는 성경번역을 하고 있다. 특별히 Intouch Missions는 무엇보다 가톨릭에서는 경험할 수 없고 가르치지 않는 하나님과의 인격적인 교제를 강조하고 있다. 폴란드의 가톨릭은 워낙 깊고 넓어서 예수님의 십자가 복음을 전하면 전혀 흡수가 되지 않는다고 한다. 관계전도를 통해 복음을 전하지 않으면 가톨릭의 벽을 뚫기가 너무 힘이 든다는 뜻이다.

3. 현재의 기독교 상황

폴란드의 가톨릭 인구비율은 통계적으로 85%이다. 가톨릭 종파 중에서도 로마 가톨릭이 가톨릭 신자 수의 대부분을 차지한다. 그밖에 기독교 안에 속한 종파는 정교회 1.3%, 복음주의 개신교 0.4%이다. 복음주의교단 중에서도 활발하게 교회개척을 하고 복음전도를 하는 교단은 침례, 순복음, 그리고 그리스도 교회 교단이다. 한국의 상황과는 다르게 폴란드 순복음은 복음주의적인 면이 강하다. 기타로 구분된 0.3%의 종교에는 이단단체들도 포함된다. 크게는 그리스도의 교회(Churches of Christ)와 여호와의 증인(Jehovah's Witness)이 있다. 또한 소수의 무슬림, 유대교, 불교가 있다. 2020년도 기준으로 폴란드에 복음주의는 인구의 0.2-0.3%를 넘지 못한다. 90% 이상의 개신교회 신자들이 가톨릭에서 개종한 사람들인데, 개신교에 대한 개혁적인 모습도 있는 반면 아직도 마리아숭배 사상이 남아 있는 경우도 많다. 폴란드의 개신교회는 0.5% 미만이다. 폴란드 내 복음주의 역사를 보아도 복음을 전하기 위한 적극적인 참여가 저조했던 것도 사실이다. 이러한 현실을 바꾸기 위해 "Evangelical Poland"라는 복음주의 교회연합이 설립되었고 폴란드를 복음화하기 위해 전도와 기독교 리더십 등을 강조하고 있다. 폴란드에는 그밖에도 12개의 복음주의 교단이 설립되어 있지만 여전히 소수이다. 몇 개의 복음주의 교단을 언급하자면 다음과 같다. Church of God in Christ in Poland, Church of Evangelical Christians in Poland, Baptist Union of Poland, Fellowship of Christian Church in Poland이다. Evangelical Poland는 현재 이러한 작은 복음주의 교단들과 교단에 속한 폴란드의 총 700여 복음주의 교회들을 하나 되게 하는 노력을 하고 있다. 힘을 합쳐 폴란드에 복음주의 교회를 개척하고 진정한 복음을 전하고 있다. 개신교인의 수는 대략 7천 명 정도 된다. 이러한 운동과 노력들을 하고 있는 Evangelical Poland의 목표는 2050년까지 700개 복음주의 교회를 5,000개

교회로 증가시키는 것이며 8만 명의 복음주의 성도를 30만 명으로 늘리는 것이다. 거기에 더하여, 10만 명의 리더들을 세우는 일을 위해 열심을 쏟고 있다.

Evangelical Poland의 주 사역은 총 6가지다. 1) 복음전도 및 교회개척 2) 리더양육 3) 제자양육 4) 미디어 사역 5) 지역활동 사역 6) 교육 사역이다. 폴란드에 복음주의 신학교들도 있다. 크게는 브로츠와프에 위치한 Evangelical School of Theology와 수도 바르샤바에 위치한 Warsaw Baptist Theological Seminary(WBCT)가 있다. 복음주의 교회로는 북/남부 교회(그리스도교단 자매교회), 즈보루교회(침례), 라브카교회, 크리니차교회, 야보즈노 벧엘교회가 있다.

대부분의 폴란드인들이 만물을 지으신 하나님께서 우리와 개인적인 관계를 맺고 싶어 하신다는 복된 소식을 듣지 못했다. 외적으로는 잘 사는 것 같아 보이고 행복해 보이지만 우울증 환자들이 넘쳐나고 문란과 황폐함이 영혼을 지배하는 곳이다. 현지 사람들의 복음주의 성도들에 대한 시선은 아직도 의심의 눈빛이 많다. 심지어는 복음주의 교회를 이단으로 생각하기도 한다. 가톨릭이 아니면 다 이단이라고 생각할 뿐 아니라 이단이 이단이라고 판단할 수 있게 만들어주는 기준이 없기 때문이다. 종교개혁의 중심역할을 했던 마틴 루터를 역사상 가장 큰 이단의 지도자로 보고 있으니 많은 숙제가 남은 것은 사실이다. 폴란드 복음화에는 아직도 넘어야 할 산들이 많지만 복음의 순수함과 그 능력으로 나아가고 신선한 창의성을 가진다면 폴란드에도 영적 부흥이 일어날 것이라 믿는다. 폴란드 복음주의 교회들은 하나 되어 복음을 위해 일어나기를 노력하고 있으며 죄와 사망에서 자유함을 주시는 그리스도 예수님의 십자가 복음을 전하고 있다. 하나님의 은혜로, 영적으로 광야 같은 폴란드에 길이 나고 영적으로 사막과도 같은 폴란드인들에게 강이 드러나기를 기도하며 동참한다.

또 한 가지 논할 것은 개신교의 상황이다. 개신교회에 노처녀가 늘어나고 있는 현실이다. 같은 신앙을 가진 남자 배우자를 찾기가 어려워졌기 때문이다. 교회 내에 여성의 활동이 강해서 일수도 있는데, 남자 성도의 수가 확연하게 적다.[5] 폴란드인들에게 예수님은 '또 하나의 속박을 주는 사람' 정도로 여겨진다. 예수님 안에 자유함이 있다고 전하면 잘 이해하지 못한다. 이상하게도 '자유'라는 단어를 '죄'와 연관시키기 때문이다. 예수님의 십자가 복음 안에 죄로부터 자유함이 있다는 메시지를 지혜롭게 전하는 숙제가 남아 있다.

IV. 효과적인 선교 전략

1. 개혁주의 교회개척 & 가정사역

폴란드 사회 이혼율은 비공식적으로 보았을 때 70%이다. 결혼한 10쌍의 부부 중에 7쌍이 이혼을 한다고 볼 수 있다. 가정이 깨어져가고 자녀들은 가정에 대한 올바른 가치관을 갖지 못하고 있는 현실이다. 자녀들은 보고 배운다. 이혼이라는 것은 이들에게 가벼운 선택이 되어 버렸다. 또한, 이혼의 상처로 인한 우울증과 흡연 및 불법약물에 대한 문제도 심각하다. 폴란드에는 마약에 대한 처벌이 아주 엄격함에도 폴란드는 유럽의 암거래 마약시장의 20%의 지분을 차지하고 있을 정도이다.

폴란드 선교는 많은 면에서 한국 국내 선교와 닮은 면이 많다. 폴란드 자녀들은 보통의 경우 남부러울 것 없이 자란다. 민족성도 가톨릭 종교의 영향이 아주 짙고 문학과 언어에 강한 자부심을 가지고 있으며 자존심 또한 강하다. 기독교 역사로 보았을 때 폴란드는 한국보다 훨씬 더 오랜 기독교 역사를 가지고 있다. 크라쿠프에 위치한 성마리아 성당은 조선이 건국되던 1,300년에 세워

---

5. "오직 여호와만을 섬기라 [땅끝에서온편지] 마리아 숭배사상- 폴란드 김상칠 선교사" https://www.pckworld. com/article.php?aid=4641587680 (Accessed at 2023.05.09).

졌을 정도이다. 크라쿠프에서 이삭교회를 담임하고 현지인 사역을 하는 김상칠 선교사의 말이다. "제가 처음 폴란드에 들어왔을 때 한국에서 온 선교사라고 소개했습니다. 그랬더니 현지 사람들이 웃으면서 저에게 그러더군요. '내가 만약에 한국에 가서 폴란드에서 온 태권도 사범입니다라고 말한다면 당신은 어떻게 생각하시겠습니까?' 폴란드 선교는 유럽을 이해하지 못하면 불가능 합니다." 따라서, 관계전도를 통해 이들에게 접근하는 것이 필요하다. Converge International Ministries 소속 미국북침례교 출신인 Brothers 선교사는 대학가에서 만난 학생들을 대상으로 사역을 하고 있다. 그는 학생들을 집으로 초대하여 해리포터 영화를 함께 시청하고 이후 영화의 의미와 내용을 나누고 영화에서 발견할 수 있는 성경적인 의미를 찾아 나누었다고 한다. 그리고 아주 잠깐 영화의 교훈과 관련된 성경 몇 구절을 읽어주었다고 한다. 소그룹 교제와 문화의 공유를 통해 이들의 마음의 문이 열리기 시작했고 성경에 대해 더 공부하고 싶어 하는 학생들이 여러 명 생겨났다. 이처럼 관계전도를 통해서 현지인 사역이 이루어지는 것이 필요하다. 폴란드 젊은이들에게는 더더욱 이러한 소그룹 형태 혹은 일대일 전도의 전략이 필요하다. 더 나아가 필자는 가정교회의 목회 모델을 접목시켜 가정의 전 세대가 믿음으로 세워야 한다고 생각한다. 개혁주의 교회개척과 가정사역을 통해 폴란드의 온 세대가 신앙의 가정을 이룰 수 있도록 터를 잘 닦아야 할 것이다.

2. 난민사역

"난민 사역은 앞으로 일 년 이상 하나님의 역사를 여는 문이 될 것입니다." 이 말은 폴란드에서 26년 동안 사역 중인 박엘리야 선교사의 말이다. 어떤 여성 사역자는 폴란드 난민 사역에 대해 이야기하면서, "여전히 헌신된 사역자들과 헌신의 손길이 필요합니다. 난민들을 위해 할 일은 많습니다."라고 말했다. 아울러 현재 난민들의 반이나 되는 인구가 그 가족과 함께 폴란드에 정착하고 있는 상황이다. 이들은 폴란드에 정착하여 일자리와 자녀들을 위한 교육을 알아보고 있고 폴란드에서 교육과정을 밟고 있는 이들도 많다. 어떤 이들은 돌아갈 집이 없어서 폴란드 도시 외곽에 반드시 정착해야만 하는 상황이다. 따라서 우크라이나 전쟁이 끝나도 폴란드 내에서 난민을 위한 사역들이 계속해서 이루어져야 한다.

현재도 교단을 초월하여 폴란드 개혁교회들은 난민들을 위해 문을 열어주며 그들을 수용하고 있다. 복음주의와 순복음 교단이 나서서 복음을 전하고 교회를 개방하여 도움을 주고 있는 그런 상황이다. 어떠한 방법으로든지 1백 50만 명이 넘는 우크라이나 난민들을 위해 폴란드 현지 교단과 손을 잡고 협력할 사역자와 목회자가 필요한 시점이다. 바르샤바 Global Expo 난민캠프에서 여전히 전쟁의 후유증으로 하루하루 정신적 스트레스로 힘겹게 살아가는 난민들을 만날 수 있었다. 모든 도시의 중심에 위치하고 있는 광장에서는 관광객들을 찾아와 구걸하는 우크라이나 청년들도 많이 만날 수 있었다. 당장 오늘 살기 바쁜 난민들은 이처럼 좋지 못한 방법으로 생계를 꾸려 나가고 있다. 내일이 걱정인 이들에게 영원을 보장해 주시는 그리스도 예수님의 복음이 가장 필요하다는 것을 느낀다. 복음주의 교단과 협력한다면 이들에게 보다 더 효율적으로 복음을 전할 수 있는 창구들을 많이 마련할 수 있다.

3. 집시 어린이 사역

폴란드에 집시 인구는 약 5만 명으로 추정된다. 집시족은 유랑민이기 때문에 정확한 인구를 측정하는 것에 어려움이 있다. 폴란드의 남쪽에 위치한 체코 국경지역 그리고 불가리아 인근 지역에 집시족이 모여 살고 있다. 이들은 트레일러나 컨테이너에서 생활한다. 이것을 가리켜 집시촌이라고 부른다. 동유럽 전역에 분포되어 유랑민으로 살아가고 있는 집시족은 유럽에서 유랑하며 살아가는 유일한 소수부족이다. 2020년도 조사에 따르면, 유럽 전 지역에 개수되지 않은 집시족까지 다 합해서 1천 6백만 명 이상으로 보고 있다. 집시 사역은 어렵기로 소문이 나 있다. 현재 집시사역을 감당하는 선교사들에 따르면 밑 빠진 독에 물 붓기라고 한다. 그러나 집시족 어린이들에게 집중하여 어린이 사역에서 출발한다면 계속해서 그들에게도 복음을 전할 수 있다고 믿는다.

V. 나가는 말

유럽의 심장이라 불리는 폴란드는 위치적인 장점으로 인해 복음사역의 요충지가 되었다. 오랜 기독교의 역사를 자랑하지만 가톨릭 종교의 유산은 사라지고 종교의 유물만 남아 있다. 폴란드는 영적으로 동유럽의 얼어붙은 심장이다.

2022년까지 폴란드에 KPM 선교사는 없었다. 2022년 고온유 선교사가 폴란드에 파송됨으로써 폴란드 선교는 고신교단 역사상 새로운 도전이 되었다. 현재 폴란드를 품고 선교하는 타 교단 선교사들의 이야기에 의하면 20년 된 선교사에게 현지 동역자가 한 명도 없다고 말한다. 그만큼 폴란드에서 복음을 전하려면 넘어야 하는 가톨릭 종교의 산이 높다는 의미이다. 사역에 앞서 반드시 이들의 종교문화 상황을 잘 이해하고 이들처럼 생각하는 과정이 필요하다. 폴란드인들에 대한 이해를 바탕으로, 그 위에 복음의 씨앗을 뿌리는 작업이 이루어져야 한다. 언제나 주위 국가들에게 지배당하고 늘 침략만 당했던 폴란드인들에게는 자유라는 단어가 사치로 다가올 수 있다. 하지만 이제는 이들에게 진정하고 영원한 자유를 주시는 그리스도의 긍휼이 필요하다.

라트비아

신성주

I. 들어가는 말

라트비아는 한국 사람들뿐만 아니라 유럽인들에게도 아직 낯선 나라이다. 수도 리가(Riga)와 서울에 각각의 대사관이 개설되었지만, 라트비아에 상주하는 한인은 겨우 50여 명 정도이고, 코로나 팬데믹이 오기 전에는 매 학기에 약 30여 명의 한국 대학생들이 교환학생으로 왔었다.

II. 일반적 고찰

라트비아의 공식 명칭은 라트비아공화국(The Republic of Latvia)이며, 동북 유럽의 발트해(the Baltic Sea) 연안에 위치해 있다. 라트비아라는 이름은 이 지역에 살았던 고대 라트갈리안(Latgalians)의 이름에서 파생되었다. 북쪽의 에스토니아와 남쪽의 리투아니아와 함께 '발트3국'이라 불리는데, 이 3국은 역사, 정치적으로 운명을 같이 해 오고 있다. 동으로는 러시아와 벨라루스, 남서쪽 해상으로는 폴란드(Poland)와 발트해를 공유하고 있고, 서북쪽으로는 발트해를 사이에 두고 스칸디나비아 나라들(노르웨이, 스웨덴, 핀란드)과 마주하고 있다.

1. 영토와 기후

영토의 면적은 남한의 약 3/5 정도이며, 수도 리가에서 사방 국경에 이르는 시간은 자동차로 약 3시간이면 충분하다. 대부분 평지이며, 가장 높은 곳도 해발 약 312m 정도이다. 전국에 숲이 많아 삼림 자원이 풍부하지만 모두 평지여서 라트비아인들은 높은 산과 계곡을 무척 좋아한다. 두 개의 큰 강이 흐르고 있는데, 특히, 발트해에서 수도 리가(Riga)를 거쳐 러시아 깊숙이 상류로 뻗어 있는 다우가바(Daugava) 강은 옛날부터 바이킹(Viking) 해적들이 내륙으로 들어가던 중요한 루트였다.[1]

발트해 서부는 해양성 기후로써 상대적으로 따뜻하고, 대륙에 속한 동부는 습한 대륙성 기후여서 겨울이 더 춥고 눈도 더 많이 온다. 3-4월은 봄이라고 할 수도 있겠지만, 사실은 겨울의 긴 끝자락으로써 눈이 왔다가 녹았다가 한다. 여름(6-8월)에는 한 주간 정도 30℃를 기록하기도 하지만 평균 25℃로 많이 덥진 않고, 10월은 단풍이 드는 가을이지만 여전히 서늘하여 늦여름의 연장 같은 기분이다. 전체적으로는 6개월의 긴 겨울 문화권(11~4월)과 6개월의 그리 덥지 않은 여름 문화권(5~10월)으로 구분된다고 할 수 있겠다. 겨울에는 오후 3:30분이면 벌써 해가 지고 깜깜해진다. 반면, 한 여름에는 해가 늦게 지기에 낮이 길고, 한밤중에도 그리 어둡지 않아서 가게의 간판들을 읽을 수 있을 정도로 백야와 같은 현상이 나타난다.

---

1. Richard C. Frucht(ed), *Eastern Europe: An Introduction to the People, Lands, and Culture* (Santa Barbara, CA: ABC-CLIO, Inc., 2005), 113-64 참조. 지금도 다우가바 강에는 관광객을 태운 바이킹선들이 떠다닌다.

2. 인구, 민족, 언어

인구는 현재 약 184만 명 정도인데, 수도 리가(Riga)에 인구의 약 1/3이 살고 있다(약 60만 명). 현재 도시화율은 69%이지만, 임금이 높은 서유럽으로 청년인구가 유출되어 매년 인구가 줄고 있다. 2018년 총출산율은 1.61명으로 이중 45%가 미혼모에게서 태어났다. 민족 구성은 다양하다. 원래 라트비아인은 '리브인'(Livs) 혹은 '리보니안'(Livonians)으로 불렸었다. 2021년 인구조사에 의하면, 라트비아인(62.7%)과 구소련계가 약 30%(러시아인 24.4%, 벨라루스 3.1%, 우크라이나인 2.2%)이며, 그 외 폴란드인(2.0%), 리투아니아인(1.1%), 유대인(0.3%) 그리고 독일인과 에스토니아인 등이 있다.[2] 한 가지 특이 사항은 라트비아에는 약 30만 명의 "비시민"으로서의 거주여권 소지자들이 있다. 그들은 대부분 구소련 시절에 라트비아에서 일하며 살았지만, 독립 이후에 라트비아 시민권을 신청하지 않은 러시아인들이다. 마치, 일본 시민권을 신청하지 않고 살고 있는 재일 한인 동포들과 같은 정치적 주변인들(marginals)이다. 이들은 하나의 소수민족 단체를 만들어 정치적 목소리를 내고 있지만, 러시아의 크림 합병이나 우크라이나 침공을 지지하지는 않는다.

언어 상황은 좀 복잡하다. 법적 공용어인 라트비아어(Latvian)는 '인도-유럽어족'에 속한 '발토-슬라브어'(the Balto-Slavic language)의 하위 그룹에 속한다. 라트비아 동부 지역에는 라트갈리아어(Latgalian)가 공식 방언으로 보호받고 있다. 러시아와 가까운 동부 지역에서는 러시아계 인구가 다수여서 생활 언어로써는 아직 러시아어가 많이 사용되고 있다. 1991년 독립을 회복하면서부터 초등학교 1학년부터 모든 학생들은 영어를 필수 외국어 과목으로 배우고 있다. 그래서 현재 라트비아에서는 비즈니스와 관광 그리고 관공서에서는 라트

---

2. 영문 Wikipedia 참조. 전체적으로 라트비아계와 비라트비아 유럽계의 비율은 63:37 정도이다. 하지만, 수도 리가의 경우는 거의 50:50이다.

비아어, 러시아어, 영어가 함께 널리 통용되고 있다.

3. 정치와 행정

라트비아에는 역사 문화적 특성이 조금씩 다른 4개의 큰 지방-꾸르란드
(Courland), 라트갈레(Latgale), 빗제메(Vidzeme), 젬갈레(Zemgale)-으로 구
성되어 있다. 마치 한국의 영남, 호남, 충청, 강원같이 조금씩 다른 특색을 지닌
지방들이다. 국회는 '사이마'(Saeima)라고 부르는데, 의원들은 4년마다 직접
투표로 선출된다. 대통령은 내각과 함께 총리를 임명하며, 총리는 사이마의 신
임 투표를 받아야 한다. 2004년에 EU와 NATO에 가입하였고, 2007년부터 유
럽 내에서 자유롭게 여행할 수 있는 셍겐 지역(Schengen Area)의 일부가 되었
다. 외교의 최우선 파트너는 북유럽-발트해 연안 국가들[3]이며, 최근 구 공산권
이었던 동유럽 국가들과도 정치, 안보 동맹을 강화하고 있다.

4. 경제와 교육

경제는 27개 EU 회원국들 중에서 끝에서 서너 번째 수준이지만 꾸준히 성
장해 왔으며, 2014년 유로존 (Eurozone)에 가입하였다. 현재 평균 임금은 약
1,000유로 정도이지만, 대부분 부부가 다 일하기 때문에 결혼 가정의 수입 합
산은 좀더 많아진다. 사회주의적 정책이 강해서 약값과 의료비가 싸고, 은퇴하
면 연금을 받는다. 2020년, 제3차 서비스 산업이 가장 많았으며(23.1%), 생산
제조업 부문은 약 15% 정도에 그쳤다. 2010년부터 외국인들의 투자 거주 프로
그램(골든 비자)을 시작했다. 에스토니아의 수도 탈린에서 라트비아 수도 리가

---

3. Nordic-Baltic Eight(NB-8)이라고 불리는 8 나라들인데, 아이슬란드, 노르웨이, 스웨덴, 핀란드, 에스토
니아, 라트비아, 리투아니아, 덴마크이다. 그중 특히 에스토니아, 라트비아, 리투아니아는 '발트3국' 혹은
'세 자매 나라들'이라고 불린다.

를 거쳐 리투아니아와 폴란드를 거쳐 베를린까지 연결하는 레일 발티카(Rail Baltica) 프로젝트가 2026년에 완공되면 쉥겐 지역 여행자들이 늘어나게 되고, 서비스업은 더 발전할 것으로 기대된다.

교육에는 많은 변화가 있었다. 2019년부터 모든 학교가 라트비아어로만 교육하게 되었으며, 러시아어는 선택과목으로 밀려났다. 의무교육은 유치원과 1-8학년까지이며, 그 이후로는 기술계 직업학교로 들어가거나 12학년을 마친 후 대학을 진학하게 된다. 학부모들과 학생들의 교육열은 강하지 않고, 대학의 수준도 높지 않다. 세계 대학 랭킹 750위 안에 드는 대학이 없다. 발전된 큰 기업들이 없기 때문에 특별히 공부 잘하는 엘리트라도 갈 곳이 별로 없다. 그리고, 인구가 많지 않은 데다가 서구의 다른 나라들로 떠나는 청년들이 많기 때문에 직장 구하는 것이 어렵지도 않다. 그러다 보니 학생들에게 공부 열심히 하라고 하면 오히려 멍한 표정으로 바라본다.

5. 역사

라트비아인의 조상은 기원전 약 3000년경에 발트해의 동쪽 해안에 정착한 다양한 부족들이었다. 12세기경에는 다양한 부족 공동체들이 그룹들을 형성하고 있었지만, 독일의 튜톤 기사단(the Teutonic Knights)에 의해 점령된 후 점진적으로 중앙집권 국가로 변화되어 갔다. 아이러니하게도 라트비아의 공적인 역사는 외세의 침공으로부터 시작되었다. 1201년 기독교(가톨릭)를 전파하려는 독일의 튜톤 기사단은 이 지역을 점령하여 리보니아(Livonia)라는 나라를 세웠다. 튜톤 기사단은 다우가바(Daugava) 강 하구에 리가(Riga)라는 새 도시를 건설하고, 점령지를 내륙으로 확장해 갔다. 그 후 리가는 독일의 한자동맹 도시가 되어 번성하였다. 하지만, 라트비아인들(토착 리보니아인들)은 767년간 외세의 점령 아래에서 고난의 세월을 보냈다.

제1차 세계 대전 이후 2차 대전 발발 전까지 짧은 독립을 누렸으나(1918-1940), 이후 50년간 나치(Nazi)와 소련의 지배를 받는다(1940-1990). 1990년 5월 4일에야 비로소 라트비아는 다시 독립을 선포하여 오늘에 이르게 된다. 독립회복에는 고르바초프의 개혁과 개방 정책의 영향이 컸다. 독립 회복 이래로 라트비아는 평화 속에서 자유민주주의를 꽃피워 왔다. 또한 라트비아는 2023년부터 징집제를 시작하여 NATO군과 함께 국가 안위에 힘을 쏟고 있다. 하지만, 최근 러시아의 푸틴 정권이 크림반도를 강제 병합시키고(2014), 우크라이나를 침공(2022)함으로 인해 구 동구권에 속한 나라들과 발트3국은 긴장하고 있다.

6. 문화

767년간의 긴 피지배 역사는 라트비아인들의 '민족성'(national character) 형성에도 크게 영향을 끼쳤다. 라트비아 사람들은 마치 남의 집에 온 것처럼 나지막한 소리로 말한다. 그들은 또한 속마음과 자신을 드러내기를 꺼린다. 배가 고파도 체면을 차리며. 가끔 지나칠 정도로 방어적이고 보수적이어서 사귀기가 매우 어렵다. 타민족들의 오랜 지배로 외국인의 "우위"(dominion)에 대해 지나치게 민감하고, 외국인의 지배 아래에 놓이는 것을 대단히 싫어한다. 그래서 외국 선교사가 설교나 강의를 할 수는 있어도, 직접 교회를 개척하여 담임하는 것은 불가능하다. 그리고 아직 '희생' 혹은 '헌신'이라는 개념이 희박하여 내 물질로 남을 돕는 데에 인색하기 때문에 자체적으로 선교사를 파송하지 못한다. 이러한 민족성은 역사적 '힐링'(healing)을 필요로 한다.

한 가지 놀라운 것은 13세기 이래로 독일과 러시아 등의 외세의 지배를 받으면서도 그들의 문화에 동화되지 않고 그들의 정체성과 특정한 전통문화생활을 유지한 점이다. 그것이 가능했던 이유는 그들은 농노와 하층민으로 살았기 때문에 상류층 지배자들과 섞이기 어려웠기 때문이었다. 하지만, 360년간 지배한 독일과 200여 년 이상 지배한 러시아의 잔재는 언어와 건축, 생활양식과 종교 등에 많은 영향을 끼쳤다.

라트비아인들은 피지배자로서의 오랜 삶 속에서도 시, 노래, 춤으로 그들의 정서들을 표현하며 살았다. 지금도 여름이면 전국적으로 각종 전통 민속 음악 축제들이 도시마다 열린다. 그들의 민속 문화는 태양과 자연을 숭배하는 이교적인 신앙과 연결되어 있었다. 하지만, 튜톤 기사단의 점령 이후에는 기독교 전통과 혼합을 이루기 시작했다. 예를 들면, 매년 6월 22-24일은 민족 최고의 축제일인 야니 축제(Jāṇi festival) 기간이다. 태양이 가장 오래 머무는 하지(summer solstice) 기간에 가지는 축제이다. 원래 이 축제는 그들의 영웅을 기리며 건강과 안녕을 기리는 Ligo 축제였었다. 그것이 세례자 성 요한(St. John the Baptist)의 축일을 기념하는 축제와 혼합이 되었다. '야니'(Jāṇi)란 영어의 'John'의 라트비아어이다. 이는 마치, 기독교 이전에 로마가 태양신을 섬기던 12월 25일이 예수의 성탄절로 바뀐 것과 비슷하다.

7. 일반적 종교 상황

라트비아는 종교의 자유가 보장되는 나라이고, 전통적으로 그 존재를 인정받고 있는 7개 교파들(루터란, 가톨릭, 정교회, 구파 정교회, 침례교, 감리교, 안식교)과 유대교는 정부의 각종 특혜를 받고 있다. 그들은 상황에 따라 공립학교에서 성경을 가르칠 수도 있고, 군대와 교도소 등에서 선교를 할 수도 있으며, 외국 선교사들을 정식으로 초청하여 비자를 받게 할 수도 있다. 하지만, 다른 종교 단체들도 정식으로 등록이 된다면 기본적인 법적 보호를 받을 수 있다. 유

대교는 나치 독일이 잠시 점령했던 1941-42년 사이에 엄청난 박해를 겪었다.[4]

오늘날 라트비아의 종교는 루터란 중심의 개신교와 가톨릭 그리고 러시아계 정교회가 세 축을 이루고 있다. 2015년 International Social Survey Programme에 의하면, 무신론자가 36.7%, 루터란을 포함한 개신교는 17.8%, 가톨릭 18.5%, 그리고 정교회가 19.7%의 비율로 나타났다. 루터란 교회 자체 통계에 의하면, 교회당 293개, 목사 139명, 등록 교인은 25만 명 정도이지만, 한국의 불교 신자들처럼 명목상 신자들이 많다. 복음적인 개신교단들도 거의 다 활동을 하고 있지만, 통계상으로는 인구의 2% 이하이며, 대부분 선교사들과 해외 자매 교단들과 함께 협력하여 성장을 꾀하고 있다. 상대적으로 오순절 교회와 침례교회가 활발하고, 감리교회(5개)와 화란계통 개혁교회도 있다(3개). 자생한 은사주의 독립 오순절 교회인 New Generation Church는 3,000여 명이 모이는 교회로 성장하였는데, 전국에 여러 개의 지교회들이 있고, 유럽과 북미주에도 지교회들을 가지고 있다.

무슬림은 약 1,000여 명으로 대부분 소련 시대에 유입된 타타르계(Tatars)와 터키계이며, 순수 라트비아인은 극소수이다. 종말론적 메시아 사상을 표방하는 소수의 인도계(주로 펀잡 지방) 아마디 무슬림 공동체(Ahmadiyya)도 있다. 그리고, 근년에 EU를 통해 무슬림 난민들이 여러 가정 정착하기도 하였다. 몇 년 전, 리가의 이슬람 문화 센터는 2050년까지 라트비아를 이슬람화 하겠다고 공포하면서 거리에서 기도회를 하다가 경찰에 의해 해산당하기도 하였다. 불교 사원도 있고, 인도인 이주자들의 증가로 힌두교도 활동하고 있다. 여호와의 증인, 몰몬교, Christian Scientists, 통일교 등 한국을 포함한 여러 나라들에

---

4. 나치는 발트삼국 지역 유대인들을 집단 수용시켰고, 폴란드 등지의 수용소 부족으로 리가 수용소(Riga Ghetto)로 그들을 데려와 약 9만여 명을 집단 학살하였다. 역사가들은 이것을 '라트비아의 홀로코스트'(the Holocaust of Latvia)라고 부른다.

서 온 사이비 종교들도 활동하고 있다. 디엡츄리(Dievtri, the Gods keepers)라는 자생 종파도 있는데, 한국의 대종교나 증산도처럼 전통 민속 사상과 기독교가 혼합된 사이비 종파 운동이다. 물론, 소련 시대의 영향으로 무신론자들도 많고, 젊은 사람들은 세속주의에 물들어 있다.

II. 라트비아 기독교 고찰

1. 라트비아의 기독교 역사[5]

1180년 토속신앙과 이교도들의 땅이었던 이곳에 첫 기독교 선교사가 들어왔다. 최초의 선교사는 독일 어거스틴계 수도사 메인하르드(Meinhard, 1134-1196)였는데, 아직 리가(Riga)가 건설되기 전, 독자적인 헌신으로 다우가바 강 하류의 익스킬레(Ikskile)라는 마을에 정착하여 선교를 시작했다. 회심자는 몇 명 되지 않았지만, 그가 다우가바 강변에 지은 예배당은 발틱 지역 최초의 교회당이었다(1184-1185).[6] 1186년, 로마 교황청은 메인하르드를 이 지역의 초대 주교(Bishop)로 임명했지만, 1196년 사망하였다. 리보니아 교구를 관장하던 독일 브레멘 대교구는 제2대 주교(Berthold)를 보냈지만, 기사단과 함께 도착한 직후 토착 부족들과의 전투에서 전사하고 만다. 제3대 주교로 파송된 알버트(Albert)는 강화된 튜톤 기사단과 함께 이 지역을 점령하는 데 성공하여 리보니아국(Livonia)을 세웠다. 또한 그와 튜톤 기사단은 강 하구에 새도시 리가(Riga)를 건설하여 독일과 무역하며 가톨릭 국가로서의 새 나라의 기초를 다

---

5. Liva Fokrote, "Christianity in Latvia in the Twentieth Century" (Master of Arts in Theological Studies, George Fox University, 2000), 39 참조. https://digitalcommons.georgefox.edu/seminary_masters/39.
6. 이곳은 하구의 댐 건설로 물에 잠긴 섬처럼 되었고, 예배당은 그 섬 위에 무너진 잔해만 남아 있지만, 현재 라트비아 기독교 성지가 되어 국가적으로 잘 가꾸며 보존하고 있다.

져갔다. 1215년 교황청은 가톨릭 리보니아를 '테라 마리아나'(Terra Mariana) 즉, '마리아의 땅'이라고 명명하였다. 1993년 9월, 교황 요한 바오로 2세의 방문으로 인해 메인하르드 선교사를 기념하는 St. Meinhard Memorial Church 가 익스킬레에 세워졌다.

1517년, 독일에서 일어난 루터(M. Luther)의 종교개혁(the Reformation)은 라트비아 종교개혁으로 이어졌다. 크놉켄(Andreas Knopken, 1468-1539), 테겟메이어(Silvester Tegetmeier, ~1552), 호프만 (Melchoir Hoffman, 1495-1543) 등에 의해 개신교 종교개혁(the Livonian Reformation) 운동이 거세게 몰아쳤다. 루터란을 지지하는 백성들은 리가 시정부의 지원에 힘입어 폭동을 일으켜 모든 가톨릭 사제들과 수녀들을 추방하였으며, 가톨릭 성당들은 루터란 교회가 되었고, 재산도 루터란으로 넘어갔다. 하지만, 1554년, 리보니아에 종교의 자유가 선포되면서 가톨릭은 일부 재산을 돌려받았지만 많이 약화되었다.

1721년, 제정 러시아의 뾰뜨르 황제는 즉위 후 '유럽의 창'으로 불리는 뻬쩨르부르그(St. Petersburg)를 건설하여 수도로 삼아 발틱 지역을 점령, 통치하기 시작했다. 러시아 정교회는 외래종교로 인식되었지만, 제정 러시아의 지배 아래에서 약 200년간 발틱 지역에 자연스럽게 뿌리내리기 시작하였다. 라트비아 정교회는 러시아 총대주교(the Patriarch)의 리더십 아래에 놓여 있었으나 라트비아 정교회 수석대주교(the Metro-politan)의 리더십 아래에서 자치하는 교회로 인정받았다. 하지만, 공산주의 시대에 이르러, 다시 러시아 정교회의 한 교구로 축소되었고, 다른 종교들과 함께 KGB의 감시와 탄압 속에 있을 수밖에 없었다. 독립 회복과 함께 다시 자치하는 교회가 되었고, 2022년 9월 8일, 라트비아 정교회는 러시아와 관계없이 완전히 독립된 자치교회를 천명하였다. 국회는 이를 합법적으로 받아들였으며, 대통령이 이를 선포함으로써 외부의 간섭이 없는 독립 라트비아 정교회가 시작되었다.

나치군을 몰아낸 소비에트 정권은 라트비아의 종교를 박해했다. 많은 지역 교회들이 통폐합되었고, 교회 건물들은 아파트나 체육관 혹은 식당이나 창고로 전용되었다. 소비에트 시절에는 종교의 자유가 보장되지 않았기에 목사라는 직업은 정부가 인정하는 직업이 아니어서 월급을 받을 수 없었으며, 교회도 목사에게 생활비를 지불할 수 없었다. 그래서 모든 목사들은 다 정부가 허락하는 직장에서 일해야 월급을 받을 수 있었고, 주일 예배와 교회 사역들은 순전히 개인의 신앙과 헌신에 따라 봉사하는 수준에 머무르는 것이었다.[7] 공산화로 인해 라트비아의 엘리트들 약 5만여 명이 해외로 망명하였는데, 그때 루터란 교회 수석주교와 131명의 목사들(전체의 55%)도 해외로 떠났다. 스탈린 시대에는 통제가 더 심하였는데, 특히 교회 지도자들의 가족들의 안위와 그들의 생계 문제를 포함한 인간적으로 연약한 부분들을 공격하여 통제하였다. 하지만, 1970년대 후반부터는 각 개신교파들로부터 지하교회 모임들이 많아지고 정부 정책에 저항하는 리더들도 많아졌다.[8]

2. 현재의 기독교 상황

1) 라트비아 루터란 교회(the Evangelical Lutheran Church of Latvia, ELCL)

루터란은 라트비아의 종교개혁과 함께 시작되었고, 보수주의적 경향을 기조로한 신학사상으로 낙태, 안락사, 동성애, 그리고 동성결혼을 인정하지 않는다. 1975년 여성 목사 안수제도를 시작했지만, 1993년 다시 폐지되었다. 전국

---

7. 이 전통은 구소련권 동구 나라들에 아직도 남아 있어서 교회는 목사에게 사례(생활비)를 지출하지 않으며, 목사들은 대부분 자기 직업을 통해 생활한다. 이로 인해 목사가 교회의 물질에 초연할 수 있는 것은 큰 장점이지만, 풀타임으로 목회에 전념하지 못할 뿐 아니라, 자기를 계발하는 데 투자하기 어렵다는 점은 큰 단점이기도 하다. 최근 목사에게 조금씩 사례(활동비)를 지급하는 교회들이 늘어나고 있다.
8. Robert F. Goeckel, *Soviet Religious Policy in Estonia and Latvia: Playing Harmony in the Singing Revolution* (Bloomington, IN: Indiana University Press, 2018) 참조.

교회수는 약 293개이고, 목사는 100여 명이다. 그래서 열심 있는 목사들은 2-3개 교회를 돌보면서 오전과 오후에 예배를 인도하고 있지만, 목사가 없어 예배를 정기적으로 드리지 못하는 교회들도 있다. 2016년 500여 년 라트비아 루터란 교회 역사에 한 큰 사건이 생겼다. 그것은 국제 복음주의 라트비아 루터란교회(the Latvian Evangelical Lutheran Church Worldwide, LELCW)라는 조직이 수도 리가에 자리 잡게 됨으로써 두 개의 루터란 총회가 생기게 된 것이다. 소련의 점령으로 총주교와 131명의 성직자들이 유럽, 북미주, 호주, 남미 등으로 떠났었는데, 그들은 해외에서 라트비안 루터란 교회들을 세워 네트워크를 형성하였으며, 미국에 본부를 두고 활동해 왔었다. 이 조직이 라트비아로 본부를 이전해 옴으로써 두 개의 교단이 되어 버린 것이다. 더욱이, LELCW는 WCC 회원으로서 여성 목사 안수 제도를 가지고 있는데, 2017년 여성 목사 안수를 위해 ELCL을 탈퇴하여 LELCW로 가입하는 교회가 생겨났다. 라트비아 루터란은 이제 신학적으로 보수와 진보가 대립하는 시대가 되어 버렸다.

2) 복음주의 개신교회들의 상황

현재 라트비아 침례교회(Union of Baptist Churches in Latvia)는 약 88개의 교회와 66명의 목사가 사역하고 있다. 침례교는 라트비아어로 예배하는 교회들과 러시아어로 예배하는 교회들이 나뉘지 않은 채 하나의 침례교 비숍(Bishop)의 리더십 아래에 있다. 공식적으로는 하나이지만, 종종 편의에 따라 각각 다른 모임들을 가지기도 하며, 교제 그룹들이 구별되어 있기도 한다. 반면에, 오순절 교회는 러시아어로 예배하는 교단과 라트비아어로 예배하는 교단으로 나뉘어 있다. 교회 수는 각각 35개와 20개 정도인데, 러시아계 교회가 조금 더 많다. 감리교회와 개혁교회 모두 공산화로 사라졌다가 독립과 함께 다시 시작되었다. 현재 감리교회는 전국에 약 5개 정도이고, 개혁교회는 3개이다.

III. 라트비아 선교 상황

1. 침례교

1855년 라트비아의 첫 침례교인이 생겨났다. 1861년 첫 침례교 목사가 탄생한 이래로 라트비아 침례교회는 루터란과 가톨릭 그리고 정교회의 틈바구니에서 꾸준히 성장하였다. 1991년 첫 독립 이전 교세는 약 60여 개였고, 현재는 약 88개의 자립하는 교회와 22개의 그룹들이 개척 중에 있다. 라트비아 침례교회는 발틱 목회자 학교(the Baltic Pastoral Institute)를 통해 목회자 양성과 교회 개척에 힘을 쏟고 있다. 라트비아 침례교 성장 역사에는 잊을 수 없는 인물이 한 명 있다. 그는 침례교 부흥운동[9]을 이끈 윌리암 페틀러(William Fetler, 1883-1957) 목사이다. 라트비아 목사의 아들로 태어난 페틀러는 1903년 영국으로 건너가서 찰스 스펄전의 Tabernacle Church의 목사학교(Pastors' College)에서 신학을 공부하였다. 그는 학업 기간 중에 일어난 웨일즈 부흥 운동(1904-1905)을 현장에서 생생하게 체험하였고, 1907년 졸업과 함께 당시 러시아의 수도 뻬쩨르부르그(St. Petersburg)로 가서 교회를 개척했다. 그는 모스크바를 오가며 전도하다가, 1914년 정교회와 경찰의 박해로 체포되어 러시아에서 추방당하였다. 수년간 미국에서 러시아계 교회들을 세우고, 성경학교를 열어 후진을 양성하였다. 1921년 페틀러 목사는 고향인 라트비아 수도 리가(Riga)로 돌아와서 Salvation Temple Church를 개척하였고, 그 교회는 곧 1,000여 명 이상 모이는 교회로 성장했다. 1927년 토론토의 오스왈드 스미스(Oswald Smith) 목사의 후원으로 3층 건물의 새 예배당을 헌당하게 된다. 페틀러 목사는 다시 4층

---

9. John Wood, *Born in the Fire: the Story of William Fetler alias Basil Malof* (2013) 참조. https://www.bible.lv/system/user_files/Documents/William%20Fetler_John%20Wood.pdf (accessed at 2023.01.23).

건물의 교육관을 짓고, 목사학교를 열어 목회자들을 양성하기 시작했다. 제2차 세계 대전이 나기까지 약 10여 년 동안에 그는 약 100여 명의 목사를 배출했고, 라트비아와 발트삼국 전역으로 파송하여 교회를 개척하게 하였다. 그의 사역으로 인해 라트비아 교회는 부흥을 경험하게 되었다. 하지만, 그가 세계침례교 총회 참석을 위해 미국을 방문하고 있는 중에 제2차 세계 대전이 일어나 나치와 소련이 번갈아 라트비아를 지배하게 된다. 러시아에서 추방당한 적이 있는 그는 공산 라트비아로 돌아오지 못하고, 미국에서 러시아계와 라트비아계 교회를 섬기다가 소천한다. 공산화 이후 그의 Salvation Temple Church는 체육관이 되었고, 목사학교가 있던 교육관은 아파트가 되고 말았다. 그러나, 1991년 독립 이후 교회당과 교육관을 돌려받게 되었고, 현재 약 200여 명의 신도들이 모여 예배하고 있다. 페틀러 목사가 목사학교로 사용하던 교육관 건물은 리모델링되어 현재는 라트비아 성경센터(the Latvian Biblical Center, LBC)가 세워졌고, 라트비아의 초교파 목회자들과 평신도들을 대상으로 기독교 교육을 감당하고 있다.[10]

2. 오순절 선교운동[11]

라트비아에서 오순절 운동은 침례교 내에서 핍박받던 성령 은사주의자들과 해외에서 온 선교사들에 의해 시작되었다. 1902년, 미국 오순절 교파인 하나님의 교회(the Church of God) 소속 빌헬름 에벨(Vilhelm Ebel) 목사가 라트비아에 와서 선교센터와 출판사를 열어 성결(Holiness) 운동을 전개하였

---

10. 그 곳에 <리가한인선교교회>가 모이고 있으며, KPM-Latvia Team의 사무실도 있다.
11. Wilhelm Teraudkalns, "Origins of Pentecostalism in Latvia," *Cyberjournal for Pentecostal-Charismatic Research* 6(1999). http://www.pctii.org/cyberj/cyberj6/latvia.html (Accessed at 2023.2.3).

다. 그런데, 라트비아 오순절 운동이 조직적으로 시작된 것은 제임스 그레빈스 (James Grevinsh)에 의해서였다. 1926년, 미국에서 성경학교를 마치고 돌아온 그는 오순절 운동에 심취해 있었다. 1927년 그는 The Latvian-American Mission Society를 조직하였고, Missionars라는 저널을 출판하여 복음 사역에 매진하였다. 그 결과 1930년에 라트비아에서 추방당할 때까지 9개의 교회들이 생겨났다. 1984년, 공산당의 박해가 느슨해지면서 러시아계 주도로 오순절교회협회가 설립되었다. 하지만, 당시 라트비아에는 독립의 바람이 거세게 불고 있었기 때문에, 1989년 9월, 라트비아계는 라트비아 오순절교회연합(Latvian Pentecostal Church Association, LPCA)을 따로 설립하였다. 그래서 라트비아 오순절 교회는 러시아, 우크라이나, 벨라루스, 그리고 중앙아시아의 구소련권 나라들로부터 온 구 쏘련 및 러시아계 교단과 라트비아계 교단으로 나누어질 수밖에 없었다. 현재 러시아계 오순절 교회는 30여 개이고, 라트비아계 오순절 교회는 20여 개이다.

3. 감리교회 운동[12]

1908년 라트비아 선교를 시작한 독일 감리교회는 1910년에 게오르그 두르디스(George R. Durdis)를 파송하였는데, 그는 1912년에 리가에 최초의 감리교회를 설립하였다. 라트비아가 제1차 세계 대전 이후 독립하게 되자 미국 연합 감리교회의 지원을 받은 리가감리교회는 훌륭한 새 예배당을 지었고, 리예빠야(Lijepaya)와 쿨디가(Kuldiga), 체시스(Cesis) 등에도 교회를 개척하였다. 하지

---

12. World Methodist Council과 UMC Northern Europe의 Latvia 편 참조. "Latvia, The United Methodist Church ≫ Member Churches" https://worldmethodistcouncil.org/member-churches/name/ latvia-the-united-methodist-church; "Latvia" https://www.umc-ne.org/about-us/countries/latvia/ (accessed at 2023.2.3).

만, 얼마 후 제2차 세계 대전이 발생하여 소련의 속국이 되면서 목회자와 교회에 대한 조직적인 박해와 건물 몰수로 인해 그동안의 사역들이 허물어졌다. 이후 1991년 독립과 함께 예배당 건물을 돌려받으면서 재건을 시작했지만, 교세확장이 그리 빠르지는 않았다. 2019년 통계에 의하면, 5명의 목사(1명은 여성)와 8명의 안수집사가 있으며, 5개의 교회와 약 500여 명의 등록 신자들이 있다.

4. 개혁교회의 재건[13]

1733년에 시작된 라트비아 개혁교회는 독일인들의 교회였다. 1,000여 명이 모이는 큰 교회로 성장하여 구시가지에 예쁜 예배당도 지었었다. 하지만, 1938년, 제2차 세계 대전을 일으키기 전 나치당이 라트비아에 있는 모든 독일인들을 강제 귀국시킴으로 인해 교회는 문을 닫게 되었다. 남은 소수의 현지 교인들은 복음주의개혁형제공동체(Evangelical-Reformed Brethren Community)에 합류하였다. 1992년, 독립 회복 후 미국 장로교(PCA)의 지원 아래에서 알비스 사우카(Alvis Sauka)[14] 목사가 첫 개혁교회를 시작하였다. PCA의 도움으로 계절신학교를 열어 신학강좌를 하고 있지만, 신학생 양성에 큰 열매는 보이지 않는다. 하지만, 졸업생 2명이 교회를 개척하여 리가에 2개의 개혁교회가 더 생겨났고, 라트비아 복음주의 개혁교회(Evangelical Reformed Church of Latvia, ERCLat)라는 교단이 탄생하였다. 그러나 과거의 독일계 개혁교회와의 연계성이 입증되지 않아 과거의 예배당 건물을 돌려받는 데에는 실패하였고,

---

13. 유럽 크리스챤 개혁교회(EUCRC)가 2016년에 정리한 자료인 "Evangelical Reformed Church of Latvia (ERCLat)/Baltic Reformed Theological Seminary (BRTS)" 참조. http://www.eucrc.org/pdf/EuCRC-churches-2016.pdf (Accessed at 2023.2.3).
14. 라트비아 루터란 교회 목사였으나, PCA의 후원으로 미국 세인트 루이스의 <카버넌트 신학교>에 유학하고 돌아와서 첫 개혁교회를 시작하였다. PCA의 해외선교부인 <Mission To the World>(MTW)는 이 교회와 계절신학교 운영을 위해 목사1 가정과 평신도 1가정을 선교사로 파송하여 협력하고 있다.

교회당은 루터란 신학교에 귀속되고 말았다. 아직 자기 교회 건물을 가진 교회는 없으며, 타 교단의 예배당을 빌려서 사용하고 있다.

5. KPM 선교역사와 사역 소개

　　라트비아에서의 KPM 사역은 2013년부터 시작되었다. 필자는 2013년 3월, 두 주간의 정탐 여행을 다녀온 후 집행위원회의 파송으로 온 가족이 2013년 6월 4일 리가(Riga)에 도착하였다. 2년 차부터는 <러시아계 오순절 교단>과의 협력으로 거주허가증을 받아 사역해 오고 있다. 필자는 그 교단의 연합집회 행사에 참여하고, 격려하며, 순회 설교, 청소년 캠프, 교회 리더십 훈련 등을 지원하고 있다. 2022년 5월에는 <라트비아계 오순절 교단>과 사역협력 MOU를 체결하였는데, 그 첫 열매로 라트비아로 재배치된 L 선교사 부부에게 초청장을 내주어 거주비자를 얻게 하였다. 현재, 현지 목회자 재교육 및 평신도 지도자 훈련 사역, 무목교회 순회 설교 사역, 리가한인선교교회 사역을 하고 있다. 2022년 3월 10일, 인도(India)와 하이티(Haiti)에서 사역했던 이정원/정영숙 선교사 부부가 라트비아로 재배치를 받아와서. 이제 라트비아에는 두 가정이 협력하여 KPM-Latvia Team으로 사역하게 되었다. 필자 가정은 현지인 사역에 치중하고, 이 선교사 가정은 리가한인선교교회 사역을 맡게 되었다. 두 가정은 각자의 사역에 집중하면서도 서로의 사역을 지원하면서 현지 사역의 시너지를 이루어 가게 되었다.

IV. 효과적인 선교 전략

　　선교는 각 선교지의 상황에 맞게 전개되는 것이 바람직하다. 라트비아는 미전도 지역이나 전방개척 지역이 아니다. 한때 기독교가 융성했었지만, 공산화로 인해 무너져 내렸던 곳이다. 그러므로, 라트비아 선교는 교회의 재건과 성장을 돕는 방향으로 나가는 것이 효과적이다. 그런 측면에서 라트비아에 필요한 선교 전략을 몇 가지로 정리해 보자.

1. 파트너십 선교를 해야 한다.

라트비아에서는 선교사가 직접 교회를 개척하는 것은 불가능하고 불필요하다는 것을 이미 설명하였다. 효과적인 라트비아 선교를 위해서는 현지의 교단 그리고 교회들과 MOU를 맺고 파트너십 사역을 해야 한다. 그러면, 거주허가나 비자 문제로 고민할 필요가 없고, 사역 개발도 쉬우며, 현지 선교센터를 짓기 위해 고민할 필요도 없다. 과거 한국에서의 OPC 선교사들(한부선, 간하배, 하도례, 고주영 등)은 모두 고신과 합동측 교단과 협력하여 사역했다.

2. 목회자 재교육 사역을 해야 한다.

라트비아 교회는 한때 융성했으나 공산주의를 거치면서 쇠락했다. 지금은 약해진 교회들을 일으켜 세우는 때이다. 하지만, 목사들의 신학교육 수준이 낮기 때문에 교회교육이나 신앙 훈련을 체계적으로 시킬 수 있는 역량이 부족하다.[15] 또한, 자기 직업 때문에 자기 계발을 위해 투자하는 데에도 한계가 있다. 그러므로, 선교사는 각종 세미나들과 단기 과정들을 통해 목회자들을 구비시키는 사역이 시급하다.

3. 주일학교와 청소년 사역이 절실하다.

대부분의 교단들은 주일학교 교사양성 프로그램이 없다. 그러므로, 작은 교회는 주일학교가 없으며, 예배시에 부모들이 돌아가며 돌보는 정도로서 체계

---

15. 라트비아 출신으로서 영미에서 신학박사를 취득한 자는 리가한인선교교회가 들어가 있는 라트비아 성경센터(Latvian Biblical Center, LBC)의 교장인 Vitali Petrenko 박사가 유일하다. 즉, 라트비아 교회는 아직 "스스로 신학을 발전시키는"(Self-theologizing) 역량을 갖추지 못한 교회이다.

가 세워져 있지 않다. 더하여 중고등학생들의 신앙 생활 지도는 거의 전무하다. 이에 필자는 여름성경학교를 열었고, 앞서 제시한 이유로 많은 학생들이 몰려왔다. 따라서 SFC와 같은 체계적인 운동이 절실하다.

4. 청년/대학생 중심의 한국형 국제 교회개척의 가능성이 보인다.

필자는 지난 수년간 리가한인선교교회에 나오는 한국의 교환학생들과 연계하여 라트비아 현지 대학생들과 국제 학생들에게 복음을 전해왔다. 한국의 위상과 "한류"의 영향으로 한국 학생들은 외국 학생들을 교회로 쉽게 데려온다. 청년들을 위해 준비된 영어 예배, 찬양과 말씀 선포, 그리고 한국 음식을 동반한 친교 문화가 제공되면 외국 학생들에게 대단히 매력 있는 모임이 될 수 있다는 것을 경험해 왔다. 그러므로, 영어와 한국어를 같이 사용하는 한국형 국제교회개척은 라트비아에서 시도해 볼 만한 좋은 전략이라고 생각한다.

V. 나가는 말: 선교적 교회가 될 때까지!

라트비아는 튜톤기사단의 십자군 운동에 의해 탄생된 나라였지만, 소비에트 정권에 의해 교회들이 붕괴되고 쇠락했었다. 그러므로, 21세기 라트비아 선교는 교회들을 일으켜 주고, 재건된 교회들의 성장과 교회개척을 돕고, 말씀 운동을 일으키며, 리더들을 훈련시키는 사역들을 해야 한다. 선교사들은 교회와 목회자들의 멘토와 코치가 되어 해외선교에도 눈을 뜨게 하여 하나님 나라 확장의 킹덤 파트너(Kingdom Partners)가 되어야 한다. 필자는 2022년에 LBC와 함께 한 지역교회를 대상으로 선교학교를 열어 보았지만 호응도가 미미하였다. 하지만, 오히려 함께 했던 현지인 목사가 도전을 받는 것을 보았다. 라트비아 선교는 현지 교회들이 선교적 교회(missional church)가 되는 것을 꿈꾸면서 뚜벅뚜벅 걸어가야 할 것이다.

참고문헌

Liva Fokrote. "Christianity in Latvia in the Twentieth Century." Master of Arts in Theological Studies, George Fox University, 2000.

Richard C. Frucht(ed). *Eastern Europe: An Introduction to the People, Lands, and Culture.* Santa Barbara, CA: ABC-CLIO, Inc., 2005.

Robert F. Goeckel. *Soviet Religious Policy in Estonia and Latvia: Playing Harmony in the Singing Revolution.* Bloomington, IN: Indiana University Press, 2018.

John Wood. *Born in the Fire: the Story of William Fetler alias Basil Malof* (2013) https://www.bible.lv/system/user_files/Documents/William%20Fetler_John%20Wood.pdf.

Wilhelm Teraudkalns. "Origins of Pentecostalism in Latvia." *Cyberjournal for Pentecostal-Charismatic Research* 6(1999). http://www.pctii.org/cyberj/cyberj6/latvia.html.

"Evangelical Reformed Church of Latvia (ERCLat) / Baltic Reformed TheologicalSeminary (BRTS)" http://www.eucrc.org/pdf/EuCRC-churches-2016.pdf (accessed at 2023.2.3).

"Latvia, The United Methodist Church ≫ Member Churches" https://worldmethodistcouncil.org/member-churches/name/latvia-the-united-methodist-church; "Latvia" https://www.umc-ne.org/about-us/countries/latvia/.

우크라이나

김형준[1] **정한규**[2]

I. 들어가는 말

우크라이나는 1991년 독립 후 오렌지 혁명, 유로마이단(Euro-Maidan)으로 명명된 시민적 저항운동, 그리고 2014년 러시아 하이브리드 전쟁(Hybrid Warfare)을 겪으면서 국가의 전분야에서 크나큰 변화를 겪어왔다. 잘 알려진 대로 2022년 2월 24일 새벽 러시아군의 전격적인 무력 침공으로 시작된 우크라이나 전쟁이 어느덧 일 년을 넘기고 있다. 이 글에서는 우크라이나의 일반적 사항을 간략히 검토하고, 일반 종교 상황 및 선교적 고찰을 살펴보고자 한다.

---

1. KPM 우크라이나 선교사.
2. KPM 우크라이나 선교사.

II. 일반적 고찰

1. 영토, 인구, 기후 등 일반적 국가 개관

우크라이나(Україна)는 동유럽 국가이며 수도는 키이우이다. 우크라이나는 '변방의 지대', '변방의 땅'이라는 의미가 있다. 남쪽과 남동쪽으로는 흑해와 아조프해, 동쪽과 북동쪽으로는 러시아, 북쪽과 북서쪽으로는 벨라루스, 서쪽으로는 폴란드, 슬로바키아, 헝가리, 남서쪽으로는 루마니아, 몰도바와 국경을 접하며 동유럽 평원과 이어져 있다. 기후는 비교적 온화한 대륙성 기후를 보이는데 남쪽의 크림반도 인근에서는 온난 습윤 기후가 나타나기도 한다. 비는 북서부 지방에 가장 많이 내리고 동부와 남동부 지역은 덜 오는 편이다. 겨울은 흑해 인근 지방이라면 따뜻하지만 내륙으로 들어갈수록 대체로 추워진다. 여름에는 전반적으로 따뜻하지만 남쪽 지방은 무덥다.

법적 공용어는 우크라이나어이고, 인구 대부분은 우크라이나어를 사용하지만, 동부 인구(주로 동부 지역과 동남부 지역, 오데사 지역)는 주로 러시아어를 사용한다. 주요 도시로는 키이우, 도네츠크, 드니프로, 하르키우, 르비우, 오데사, 자포리자가 있다. 2014년 러시아가 크림반도를 합병함에 따라 우크라이나의 행정력이 크림반도에 미치지 못하지만, 국제사회는 대체로 크림반도를 우크라이나의 일부라는 태도를 견지하고 있다. 인구는 2001년 조사에 따라 48,457,102명(36위)이고, 2022년에는 41,167,336명(크림반도 제외)이다. 인구밀도는 73.8명/km²(115위)이고, 주요 민족은 우크라이나인이며 동슬라브족에 속해 있다.

2. 역사

'우크라이나'라는 국가명과 민족명에 대해서는 정확한 기원을 밝혀 내기가 쉽지 않으나, 드네프르(Dnieper)강 중류지역에 형성된 9세기의 동슬라브족 최초의 국가명은 '루스(Rus)'이다. 키이우 루스의 수도는 키이우였으며, 역사적으로 보면 동슬라브족이 세운 우크라이나, 벨라루스, 러시아 중에서 우크라이나가 종가(宗家)이다.[3]

13세기 중반 몽골-타타르의 침입을 받기 전까지 우크라이나인, 벨라루스인, 러시아인들과 같은 언어를 가진 공동 운명체였다. 그러나 양자 간의 분열이 시작되어 우크라이나는 14세기 중엽 리투아니아의 영향력 아래 놓이게 되었다. 1569년 폴란드와 합병한 리투아니아가 러시아정교를 믿는 우크라이나를 가톨릭 국가인 폴란드에 합병하려 하자 이에 반발하여 러시아와의 유대를 강화하였다. 결국, 우크라이나는 러시아의 동맹국이 되었으며 1654년 러시아에 합병되었다.

1990년 우크라이나 최고회의에 루흐(Rukh) 인민전선의 지원을 받은 민주파 개혁인사들이 의원으로 선출되면서 새로운 변화의 계기가 조성되었다. 전체의원수의 25%인 이들이 1990년 7월 16일 우크라이나 독립에 관한 결의를 통과시킨 것이다. 이에 따라 우크라이나는 1990년 12월 고르바초프(Gorbachev, M.)의 느슨한 연방안인 신연방조약에 대한 인준을 거부한 채, 쿠데타가 실패한 직후인 1991년 8월 24일 독립을 선포함으로써 3세기에 걸친 러시아의 지배를

---

3. 고고학자들은 9~12세기 키이우 루스(Киевская Русь) 땅에서 살고 있던 폴랴닌(Поляне), 드레블랴닌(Древляне), 볼리랴닌(Волыняне), 부자닌(Бужане) 등 동슬라브 여러 종족이 모여 우크라이나 민족을 형성했다고 본다. 우크라이나라는 이름이 단일한 행정적-지리적 단위로 지도상에 처음 등장한 것은 1917년이다. 1917년 러시아 혁명 이후 오스트리아 지배 하의 서부 우크라이나와 러시아 지배하의 동부 우크라이나가 각각 독립을 선언, 1920년에는 동서 통일을 선언했으나 외부 군대의 침략으로 신생 독립국 우크라이나는 오래 가지 못하였다. 결국 1922년에 서쪽은 폴란드, 동쪽은 소비에트 연방의 영토가 되었다. 임형백, "동슬라브족의 형성과 분화: 우크라이나, 러시아, 벨라루스," 「한국 이민 정책학 회보」 5/1(2022): 131-32.

공식적으로 종결시켰다.[4]

3. 경제

중부·동유럽권에서 보기 힘든 내수시장과 제조기반, 고급인력을 보유하고 있는 경쟁력 있는 국가이다. 우크라이나는 중부·동유럽 권역 국가 가운데 인구가 가장 많은 나라이며, 구소련 시절을 바탕으로 만들어진 산업 기반이 비교적 탄탄한 나라이다. 제조기반을 갖추고 있으면서, 어느 정도 내수시장까지 확보하고 있는 성장 잠재력이 높은 나라이다. 2022년 러시아의 침공 이전 세계 190개국을 대상으로 비즈니스 및 투자환경, 규제환경 등을 평가하는 기업환경평가에서 우크라이나는 2020년 64위를 차지했다. 유로마이단 운동이 있기 전인 2013년에는 112위를 기록했지만, 친서방 노선을 유지한 지난 8년 간 비즈니스 환경도 계속 개선되어 48단계나 상승했다.

4. 교육

우크라이나는 특히 상당한 수준의 양질의 인적자원을 보유하고 있는데, 인구의 70% 이상이 중등 이상 교육을 받았다. 고급인력도 풍부한 편이어서 IT산업의 경우 매년 13만 명 이상의 엔지니어들이 배출되고 있다. 최근에는 영어교육 필요성도 높아져서 영어와 우크라이나어 및 유럽언어를 사용하는 고급인력도 많이 늘고 있다.[5]

---

4. "우크라이나" https://encykorea.aks.ac.kr/Article/E0040147 (Accessed at 2023.03.08).
5. KOTRA, 『2022 우크라이나 진출전략』 (서울: KOTRA, 2021). http://dl.kotra.or.kr/pyxis-api/1/digital-files/a7f5ebe0-7bd7-43b1-9de5-6e6fa9ea86ab.

5. 일반 종교상황

1991년 소련의 붕괴와 함께 우크라이나는 독립국가를 수립했다. 새로 성립된 정부는 우크라이나인들이 독특한 정체성을 가진 민족임을 주장하면서 새로운 시대에 걸맞은 우크라이나 민족 정체성을 수립하기 위해 노력해 왔다. 이러한 과정에서 종교는 우크라이나인들에게 중요한 문화 요소로 받아들여져 왔다. 키이우 루스 시기 수용된 정교는 우크라이나 종교문화의 근간으로 여겨져 왔다.[6]

2019년 조사에 따르면 우크라이나의 종교 상황은 우크라이나정교 62.3%, 그리스정교 9.6%, 가톨릭 1.2%, 개신교가 1.5%, 유대교 0.1%, 이슬람 0.5% 그리고 불교가 0.3%이다.[7] 이 조사에 따르면 응답자들 중 67.9%는 본인의 종교에 대해 '믿는 자'라고 답변했다. 여기서는 '믿는 자'라는 답변에 주목할 필요가 있다. 우크라이나 종교 연구자들 연구의 의하면 '믿는 자'라는 답변은 정교회나 가톨릭 신자들이 하나님을 믿는다고 고백하는 것과 같은 의미가 아니다. 이것은 이들의 '이중신앙(Двовір'я)'을 가리키는데, 이중신앙은 신앙적 차원에서 기독교의 외형 아래 민간 신앙과 관습이 혼재되어 있는 종교체계를 의미한다.[8] 우크라이나의 종교문화를 일컫기 위해 주로 사용되는 '이중신앙'의 현상은 민간신앙을 신봉하던 키이우 루스 시기인 10세기에 정교회가 도입되면서 시작되었다.[9] 민간신앙은 국가와 교회에 의해 거의 16세기말까지 지속적인 탄압이

---

6. 홍석우, "우크라이나인들의 민속 문화에 나타난 혼합적 종교성," 「슬라브研究」 24/1(2008): 138.

7. Конфесійна структура населення України і створення Православної Церкви України: травень 2019. http://oou.org.ua/ (укр.). Відкритий православний університет Святої Софії-Премудрості. 24 травня 2019. Процитовано 1 червня 2019.

8. 황성우, "러시아 이중신앙 용어에 대한 재검토," 「슬라브 연구」 17/1(2001): 52-53.

9. '이중신앙'에 대해 많은 학자들은 다양한 논의를 벌여 왔으며, 대체적으로 민간신앙과 정교회의 관계에 초점을 맞추며 크게 세 가지의 관점을 제시해 왔다. 첫째, 민간신앙과 정교회의 관계를 매우 적대적이고 비타협적인 관계로 보는 갈등론적 관점; 둘째, 기독교 사상이 민간신앙에 점차로 주입되어 러시아인들

이루어졌다. '민간신앙'에 오염된 관습을 개혁하고자 했던 국가와 교회의 노력에도 불구하고 일부 대중들은 여전히 기독교화에 역행하는 행동을 감행했다.[10] 이와 같은 '이중신앙'의 현상은 오늘날 민속 신앙이 정교회와 혼합되면서 우크라이나인들의 종교성과 정신문화에 영향을 미치고 있다.

III. 선교적 고찰

1. 지역의 기독교 역사

1) 초기 역사

우크라이나 지역의 기독교 역사를 보면 키이우 루스 공국 후계자인 이고르(Igor, 913-945)의 아내 올가(Olga, 945~964)가 통치 당시 비잔틴과 교류하면서 동방정교회에 대한 관심을 가지게 되었다. 그는 957년에 콘스탄티노플에 가서 세례 받으면서 우크라이나 정교회의 첫 세례자가 되었다. 그리고 998년에 올가의 손자인 블라지미르가 그의 백성들과 세례를 받음으로써 우크라이나는 정교회 국가가 되었다. 키이우 정교회 대주교구를 중심으로 16개의 주교구가 생길 정도로 최전성기를 누렸다. 야로슬라브는 키이우성 입구에 금문(Golden Gate)을 세우고, 1037년에 성소피아성당(Kiev's Saint Sofia Cathedral)을 세웠다. 그리고 1051년에 수도사(monks) 안토니(Anthony)와 데오도시우스(Theodosius)는 뻬체르스크 라브라 수도원 (Kiev Pechersk Lavra)

의 삶이 기독교적으로 변화하게 되었다고 보는 동화론적 관점; 그리고 마지막으로 두 가지의 종교체계(민간신앙과 기독교)가 서로 혼합되는 과정 속에서 각기 독립적으로 존재하거나, 아니면 두 종교체계가 기본구조와 정체성을 상실하고 질적으로 새로운 형태로 결합한다는 혼합주의적 관점이다. 홍석우, "러시아 이중신앙 용어에 대한 재검토," 140.

10. 홍석우, "러시아 이중신앙 용어에 대한 재검토," 141-42.

을 설립하였다.[11]

한편 몽골의 침입 이후 키예프 루시 공국 서쪽은 리투아니아(Lithuania)
가 지배하였다. 게디미나스(Gediminas: 1275-1341)공은 1323년에 빌니우스
(Vilnius)를 수도로 삼고 과거 키이우 공국의 영역이며 몽골 킵차크 칸국이 지
배하고 있는 지역으로 확장하였다. 카지미르 4세(Kazimierz Ⅳ, 1440-1492)
때인 프로렌스 연합회의(1458년) 때 로마 교황 및 콘스탄티노플 총 대주교
그레고리 3세(Григорий III)의 지원으로 모스크바 자치 교구와는 별도로 로
마 교황의 관할하에 두기 위해 모든 루스자치교구를 키이우에 두어 그레고리
(Григория Болгарина: 1458-1473)를 대주교로 세웠다. 이렇게 과거 키이우
공국의 루스 정교회 주교구 16개 중, 7개가 모스크바 정교회 자치교구로, 나머
지 9개가 로마 교황 관할하에 있는 키이우 가톨릭 자치교구가 되었다. 이렇게
키이우에는 처음으로 정교회와 가톨릭이 공유하는 지역이 되었다.[12]

2) 근대 이후부터 볼셰비키 혁명까지[13]

19세기 우크라이나의 복음주의적 교회가 부흥하는 계기가 된 네 가지 사회
적인 요인이 있었다. 1861년 농노제 폐지, 900여 년 정교회의 도덕적 쇠퇴, 식
민지 개척자(Stundism)[14]의 영향, 그리고 성경책의 공개 번역이 그것이다.

---

11. 이 땅은 이미 오래전부터 기독교 영향을 받았다. 특히 북방 실크로드 서쪽 끝인 우크라이나 지역을 북
     방 유목인들이 통치하였는데, 기원전 1,000년은 스키타이인(Scythians), 기원후 500년은 훈족(Huns)
     이, 그다음 500년은 투르크-몽골족(Truks-Mongols)이 통치하였다. 이들 유목민을 통하여서도 우크라
     이나 지역이 기독교의 영향을 받았다. 최하영, "우크라이나 기독교 역사를 통한 선교 전략," 「복음과
     선교」 39(2017): 233-39.
12. 최하영, "우크라이나 기독교 역사를 통한 선교 전략," 242-43.
13. Pomazkob Vladimir 목사 자료 제공(오데사 침례 신학교 총장 2008-2019 역임).
14. 1860년대에 Mennomites사이에 공동성경읽기, 기도, 합창으로 예배하는 경건주의가 1870년대에 우크
     라이나에 전파되어 현재의 침례교의 근간이 됨.

특히 성경이 번역 출판되어 서민들에게도 전해지면서 영적 각성의 중요한 계기가 되었다. 이는 주로 Osnova(오늘날: Odessa, Berezovsky)에서 일어났다. 1865년 Osnova 지역에 대략 20명 정도의 공동체가 있었고, 1870년에는 219명의 회원들로 뿌리를 내리게 되었다. 이어 Kirovograd 지역에서도 영적 각성이 시작되었다. Efim Tsimba는 1869년 6월 11일에 침례교 목사인 Abram Unger에게 침례를 받았는데, 이는 최초로 문서에 나타난 침례였다. 1870년에 Karlovka 및 Lubomirka 지역에서는 70명의 침례 신자들이 스스로를 침례교인이라고 부르기 시작했다. 그리고 1875년에 복음주의 침례교 형제회가 오데사에서 일어났고, 1882년에는 키예프까지 복음 전파가 시작되었으며 같은 해에 동부지역인 Dnepropetrovsk 지역에도 공동체가 시작되었다. 침례교 형제회의 교회와 신도의 수에 대한 정확한 정보는 파악하기 어렵다. 다만, 1920년대 말까지 소련에는 약 100만 명의 침례교와 복음주의 기독교인이 있었던 것으로 추정된다.[15]

3) 구소련 시대

소련은 처음부터 복음주의 신자들에 대해 부정적인 태도를 취했다. 과거 Stunde교도와 침례교도를 법률로 위험하고 해로운 종교로 규정하기도 했다. 박해는 1918년까지 계속되었다. 1918년 10월 혁명의 계기로 침례교의 황금기가 10년 동안 이어졌다. 이때는 예배와 선교 활동이 자유롭게 이루어졌고, 총회도 정기적으로 이루어졌다. 종교 서적이 발행되고 심지어 외국에서도 문헌이 유입되었으며, 주일학교도 활발하게 진행되었다.

그러나 1927년 스탈린 시대부터 침례교를 탄압하기 시작하여 1929년에는

---

15. История евангельско-баптистского движения в Украине: Материалы и документы / Составитель, редактор Головащенко С., Одесса, 1998.

전투적 무신론자 연합(Union of Militant Atheists)이 결성되었다. 1935년에는 침례교 연합 전체 지도부가 체포되고, 이듬해인 1936년에는 모든 교회의 등록이 취소되었다. 1937년에는 165,200명의 교역자가 체포되어, 그중 107,800명이 총살되었다. 1959년 흐루쇼프 시대에도 교회를 탄압해 지하에서 비밀히 예배를 드리다가 1989년에 페레스트로이카(재건, 개혁)로 인해 교회는 지상으로 나와 햇빛을 보게 되었다.[16]

2. 최근 우크라이나 기독교 역사

소련 붕괴 이후(1992년 1월 1일 통계) 우크라이나에는 1,100개의 침례교회가 있고, 96,000명의 교인이 있다. 이는 전도의 자유와 설교에 대한 갈증이 교회의 급속한 성장을 이끈 것이었다. 성경 학교와 신학교가 형성되기 시작했고, 목회가 급속히 활발해졌다. 정부의 조찬 기도회도 성행될 정도로 개혁교회의 발전은 급속히 진행되었다. 현재 우크라이나의 침례 교회는 3,000개의 교회와 131,000명의 성도로 성장했다.

특히 전체 개혁교회의 대부분을 차지하는 '우크라이나 복음주의 기독교 침례교(All-Ukrainian Union of Churches of Evangelical Christians - Baptists)' 교단의 사례를 보면, 2,272개의 교회, 113,000 명의 교인으로 전체 침례교의 86%를 차지한다. 그리고 이중에 현재 전쟁 중인 돈바스 지역에는 400개의 교회가 러시아의 수중에 있다. 반면 오순절교회는 3,100개의 교회, 111,000명의 성도가 있고, 은사주의 교회는 2,600개의 교회로 급속한 성장세가 두드러진다. [17]

---

16. Вальтер Заватски, "Евангелическое движение в СССР", Москва 1995. - 560.
17. Савинский С.Н., ≪История евангельских христиан - баптистов Украины, России, Белоруссии≫, Спб: ≪Библия для всех≫, 2001. -440.

AUC ECB교단에서는, 훈련되고 자격을 갖춘 목사의 부족으로 인해 90년대 상반기에 활발히 형성되기 시작하여 대학과 같은 많은 수의 신학 교육 기관을 열기 시작했다. 덕분에 우크라이나에서는 2000년 말까지 훈련받은 목회자가 2.5배 증가하여 5975명에 이르렀다.[18] 목회자 훈련의 속도가 교회 수의 증가와 항상 일치하지는 않기 때문에 일부 회중에는 목사가 없었고 또 한 목사가 2~3 교회를 담당하기도 했다.

교단 내 대부분의 교회는 평균 100명 정도의 교인이 있었고, 2000년까지는 500명에서 1000명 이상의 큰 규모의 교회가 형성되었다. 1000명 이상의 회원이 있는 대형 교회는 14개 교회였다.[19]

1990년대 초부터 어린이와 청소년을 위한 주일학교가 교회에서 조직되어, 여름 성경 학교와 기독교 어린이 및 청소년 캠프("캠핑")가 해마다 시행되어 교회 성장에 큰 역할을 했다.[20]

그리고 국내외에서 선교 사역이 활발히 전개되었다. 폴란드, 라트비아, 이탈리아, 포르투갈, 슬로바키아, 크로아티아, 터키, 조지아, 카자흐스탄, 타지키스탄, 이집트, 에콰도르, 우간다, 네팔, 파푸아뉴기니, 인도, 중국, 캄보디아, 태국, 브라질에 선교사를 파송하였다. 특별히 우크라이나인의 디아스포라는 선교에 큰 역할을 했다. 우크라이나 내 25개 주의 ECB 지방 총회를 기반으로 우크라이나 디아스포라 복음주의 침례교회는 미국, 캐나다, 호주, 아르헨티나, 파라과

18. Назаркіна О.І. Історіографія досліджень протестантських конфесій України у 90-ті роки XX ст. Праці наукової конференції Донецького національного університету за підсумками науково-дослідної роботи за період 1999-2000рр. --Донецьк: ДонНУ. 2001. -165-167.

19. Баптизм в світі й Україні.// Релігійна панорама. 2/6(2001): 74.

20. На миссионерских полях. // Благая весть. - Информационный христианский вестник. апрель 4/4(1999); Християнські новини. // Сходи. - Українська християнська газета. - 1999. - 30 липня . - No3.

이, 포르투갈에 5개의 협회로 확장되었다.

그러나 2013년 11월 마이단 사태와 크림과 돈바스 내전은 우크라이나 교회 성장에 큰 영향에 미쳤다. ECB의 Antonyuk 교단 총회장은

"교회 성장이 급격히 후퇴한 것은 인도주의적 재앙과 동부 우크라이나 전쟁의 결과로 발생했습니다. Baptist Union은 크림 합병과 Donbass(Luhansk 및 Donetsk 지역)의 적대 행위로 인해 161개의 교회를 잃었습니다. 그중 93개 교회는 Donbass의 점령 지역에, 68개는 Crimea에 있습니다. 그러나 침례 교회는 이 사태를 계기로 교회의 역할을 다시 생각하게 만들었습니다. 따라서 2015년 10월 9일부터 10일까지 "사회를 변화시키는 교회"라는 주제로 열린 전략 회의는 세상에서 교회의 역할을 이해하는 데 초점을 맞췄습니다."[21]

이는 침례교단의 엄청난 변화를 가져오는 발언이었다. 이전까지는 침례교단은 정치와 교회를 엄격하게 구분했다. 그러나 마이단 혁명의 계기로 교회의 정치적 영향을 깊이 인식하게 되었다. 그래서 성도들의 선거 참여 및 정부 기관에서의 활동이 빈번해졌다. 또 정부 관리들과 함께 조찬 기도회도 가지기도 했다. 게다가 코로나 바이러스 대유행, 전쟁, 2022년 2월 24일 러시아의 우크라이나 군사 침공까지 겹쳐, 교회는 큰 영향을 받는다. AUC ECB의 400개 교회가 러시아의 점령하에 있고, 일부 목사를 포함하여 많은 젊고 활동적인 리더십들이 우크라이나를 떠났다.

그 외에도 우크라이나에서 개혁교회에서 큰 역할을 하고 있는 독립 교회 형제단은 1987년에 '우크라이나 독립 형제교 복음주의 기독침례교(Братством

---

21. ≪Місія церкви в умовах війни≫. Євангельська Нива 1/72(2015). Духовно-просвітницький журнал. - 26.

независимых церквей и миссий евангельских христиан-баптистов Украины)'의 13개 독립 교회를 창립하여, 1993년에 국가 등록했다(종교성 등록). [22] 이 교단은 1991년에는 21개 교회가 있었고, 1995년에는 42개, 2000년에는 99개 교회가 있었다.[23] 우크라이나의 독립 교회 수는 계속 증가했는데 현재로서는 정확한 데이터는 없다. 왜냐하면 아직도 많은 독립 교회들이 국가 등록을 꺼리기 때문이다.

그리고 교회 성장에 지대한 역할을 했던 우크라이나 신학교의 역사는 다음과 같다. 구소련이 붕괴되기 직전에 1989년 8월 25일, 우크라이나 오데사 까똡스끼에서 '오데사 성경학교'가 최초로 시작되었다. 첫 학사 프로그램은 약 100명의 학생으로 구성된 4년간의 설교자 훈련 프로그램이었고, 1989년 12월에는 주일학교 교사 과정이 시작되었다. 1990년 10월 모스크바에서 열린 BWA(Baptist World Union) 대표 회의에서 러시아에 침례교 신학교를 열어서 Andrew D. MacRae 박사를 BWA의 교장으로 임명하여 늦어도 1991년 2월까지 모스크바에 신학교를 개설하기로 결정했다.[24] 1991년 9월 1일, 구소련 시대 이후 전국에서 최초로 오데사 신학교가 개강하여 학생들을 가르치기 시작했다. 그때부터 급속히 6개의 신학교와 기독교 대학들이 우크라이나 전 지

22. Решетников Ю., Санников С. Обзор истории евангельско-баптистского братства в Украине. – Одесса: "Богомыслие", 2000. – 222, 246.

23. (1) Зведені дані про кількість релігійних громад, культових будівель і недільних шкіл в Україні, станом на 01.01.1992 р. – Поточний архів Державного комітету України у справах релігій.

(2) Зведені дані про кількість релігійних організацій, що діють в Україні станом на 01.01.2001 – 1, 9-18. – Поточний архів Державного комітету України у справах релігій.

(3) Зведені дані про кількість релігійних організацій, що діють в Україні, станом на 01.01.1996 –1, 9-14.

24. Санников С.В., ≪Двадцать веков христианства. Второе тысячелетие≫, Одесса: Изд-во ОБС ≪Богомыслие≫, 2001. – 704.

역에 세워졌다.

그러나 2014년에 러시아군이 도네츠크에 진입하여 도네츠크 기독교 대학이 폐쇄되기도 했다. 현재, 우크라이나에는 7개의 침례교 신학교가 있으며 매년 평균 440명의 졸업생이 배출되었고 지난 5년 동안 2,686명의 졸업생이 고등 신학 교육을 받았다. 또한 목회자 훈련은 지역 총회에서 관리하는 성경 연구소와 지역 신학교에서 개설되었다. 여기서 평균적으로 약 400명의 목회자들이 매년 배출되고 있다.[25]

3. 한인 선교 역사

구소련이 무너지면서부터 시작된 한인 선교 역사는, 2023년 현재 56유닛(105명)이 우크라이나 전역에서 골고루 분포하여 각자의 사역에 많은 열매를 맺어오고 있다. 한인선교사의 특유한 민족성과 복음에 대한 열정, 그리고 원어민과 동일한 고려인들과 함께 한인선교사의 사역은 더 큰 결실을 맺을 수 있었다. 이제 33년 선교 역사 가운데 한인 선교를 평가하며, 현재의 전쟁이 미친 영향과 앞으로의 선교를 위한 전략을 간략하게 살펴보고자 한다.

필자는 한인 선교 역사를 4시기로 나누어 보았다.[26] 1세대는 구소련이 무너진 1991년부터 한인선교사협의회(윤상수 초대회장, GMS)가 결성된 2003년 3월 25일까지, 그리고 2세대는 국가에 큰 변화를 가져온 2013년 11월에 발생한 마이단 혁명까지, 3세대는 마이단 혁명 이후부터 2022년 2월 24일 전쟁 시기까지로 구분하고자 한다. 그래서 4세대는 1년간의 전쟁 기간으로 구분하고자 한다.

---

25. Pomazkob Vladimir 목사 자료 제공(오데사 침례 신학교 총장 2008-2019 역임).
26. 필자는 한선협의 임원으로 7년동안 활동에 의한 총회와 한인 선교사 주소록 자료에 근거함.

1) 1세대(구소련 붕괴 ~ 2003년 3월까지) 선교

구소련 붕괴 직후는 우크라이나의 정치나 경제는 정비가 되지 않은 시기로 생필품조차 구하기 어려운 척박한 환경이었다. 초기에 5-6 유닛 선교사의 수고는 이루 말로 표현하기 힘들 정도로 어려웠다. 생활 여건이 어려웠지만, 소수의 한인선교사들은 서로 가족과 같은 아름다운 관계를 가지며 한선협(한인선교사협의회)이 결성되기 전까지 23 유닛으로까지 성장했다. 이 시기는 교단 중심보다는 한인선교사로서 자연스러운 연합이 이루어졌다. 그래서 선교지 결정도 서로 양보하며 의논하여서, 가능하면 한인 선교사가 없는 곳으로 사역지를 찾았다.

이렇게 해서 초기부터 키에프, 서부의 르보브, 동부의 드네프로페레꿈스끼, 남부의 오데사, 크림반도의 얄타와 장꼬이, 크라스노페레꿈쓰끼, 동부의 자팔로지 등으로 지역 분배가 균형 있게 이루어졌다. 1세대의 선교사의 영향은 현재까지도 한인 선교에 큰 골격을 이루었고, 1세대 선교사의 헌신으로 현재의 한인 선교에 큰 열매를 맺게 하는 토대가 될 수 있었다.

2) 2세대(2003년 3월 ~ 2013년 11월) 선교

한선협 결성 이후부터 2013년 11월 21일 마이단 혁명까지 10년 동안에 한인 선교사는 54 유닛 가정으로 늘어났다. 10년 동안 거의 두 배로 늘어난 황금기라고 할 수 있겠다. 우크라이나 국가 체제가 안정되고, 유럽과의 무역이 활발하게 이루어져 생활 수준이 유럽에 못지않았다. 1세대 선교사의 도움으로 신입 선교사들의 사역도 빠르게 정착될 수 있었다. 한선협회 결성은 비록 친목이 목적이었지만, 한인선교사의 연합에 많은 영향을 미쳤고, 연합에 의한 선교의 열매는 당연히 지대했다.

그리고 무엇보다, 러시아와 CIS 모슬렘 지역에 추방된 선교사들의 유입은 한인 선교에 큰 기폭제 역할을 하였다. 이들은 언어권이 동일하였기 때문에 적응기가 없이 사역이 활발하게 이루어져, 왕성하게 성장할 수 있었다.

선교의 왕성한 활동은 자연스럽게 현지인의 열매로 나타났다. 각 사역지마다 리더십들이 일어남으로 신학교 사역이 절실하게 되었고, 연합신학교(남성호), 키예브아발론신학교(최영빈), GM신학교(윤상수), 은혜신학교(김교역), 자팔로지신학교(김홍인)의 사역은 매우 활발하여 제자들로 인해 교회개척도 많이 이루어진 황금 시기였다.

3) 3세대(2013년 11월 ~ 2022년 2월까지) 선교

이 시기는 우크라이나의 대혼란기이다. 2013년 11월 21일 마이단 혁명으로 수많은 희생자들이 있었고, 이 혁명으로 친러 야누코비취 현직 대통령은 권좌에서 쫓겨나 러시아로 망명했다. 러시아는 이를 이용해 크림반도를 빼앗고, 곧이어 러시아와 크림반도의 육로 교통을 위해 돈바스 내전을 유발했다. 이런 사태는 평화롭던 우크라이나의 모든 분야에 큰 파장을 가져왔고 선교에도 큰 영향을 미쳤다.

특별히 크림의 한인 선교사들의 비자가 제한되었고, 심지어 교회가 폐쇄되기도 했다. 현재 크림에서 사역하던 한인 선교사들은 모두 철수하였고, 대부분 선교사는 우크라이나에서 사역을 이어가지만 예전과 같은 선교 원동력을 회복하는 데 많은 어려움이 있었다. 크림의 사역지는 현지인 제자들이 사역을 이어가지만, 그 영향력은 매우 미비한 상태였다. 그러나 크림과 돈바스 내전의 영향은 한인 선교사들이 현지인 리더십 양육과 사역 이양에 깊은 관심을 가지는 계기가 되었고, 뚜렷하고 건전한 선교 방향을 선정하는 채찍이 되기도 했다.

그래서 이 시기에는 협의회 주관으로 다양한 연합 사역이 이루어졌다. 초교파적인 영성 집회 및 세미나, 현지인 대상으로 몇 개의 정기적인 큰 집회가 한

섭협 주체로 활발하게 진행되었다. 특이한 점은 교파를 초월하여 신학적으로 하나가 될 수 있는 연합이었던 것이다. 대표적으로 청, 장년 집회, 그리고 현지인 목회자 집회와 그리고 선교사를 위한 성경 연구, 영성 세미나가 초교파적 연합으로 활발하게 이루어졌던 시기였다.

4) 4세대(2022.02.24 이후~) 선교

러시아의 우크라이나 침공은 우크라이나의 모든 것을 정지시켰고, 아울러 선교 사역까지도 할 수 없게 했다. 한인 선교사는 한국 정부의 여행 금지를 법으로 규제하여 승인 없이는 우크라이나 땅을 밟지 못하게 되었다. 그렇지만 한인 선교사는 우크라이나 국경 지대에서 피난민들을 섬기며 선교를 진행하였고, 우크라이나 내지에 한국 교회의 아낌없는 헌금으로 구호품을 끊임없이 보내면서 더욱 활발한 선교 사역을 이어가고 있다. 이로 인해 우크라이나 교회는 한국 교회에 대해 깊은 형제애의 관계를 가질 수 있었다. 게다가 전쟁터에 있는 여러 한인 선교사의 교회는 선교사로부터 훈련받은 현지인 성도들이 스스로 예배를 드리고 교회를 지켜가는 감동적인 모습을 국경너머에서 지켜볼 수 있었다.

4. KPM 선교역사와 사역 소개

KPM의 우크라이나 선교는 고려인 중심의 '할렐루야 교회'와 니꼴라이브주 자란체스코 지역에서 13개의 침례 교회 현지인 목회자를 위한 신학 재교육 사역과 오데사 한글학교 사역이 있다. 할렐루야 교회는 1993년 7월에 고려인 황 빅토르 전도사가 고려인 8명과 함께 교회를 설립하여 주일학교 중심으로 사역하다가 6개월 뒤에 사임하였다. 이어서 재미교포 황보철 선교사가 부임하여 2년 동안 사역하면서 16명 성도를 세례하며 교회의 기틀을 세웠다. 그 후에 재미교포 정정식 선교사를 거쳐 2003년에 경인노회 파송선교사로 정한규 목사가 부임하여 현재까지 고려인 중심으로 교회를 세워 왔다. 정한규 선교사는 2011년 11월에 KPM 선교사로 허입이 되었다. 흑해 연안에서 가장 항구 도시로 러시아, 중앙아시아, 튀르키예 등 유럽을 잇는 지정학적으로 유리한 입지에 있어, 앞으로 유럽, 유라시아, 소아시아 대륙을 연결하는 선교의 중요한 전초 기지로 활용되기를 기대해 본다.

우크라이나의 개혁교회 성도는 전체 인구의 3~5%이며, 구소련 70년 동안 지하 교회로 있었기 때문에 교회 지도자들은 신학을 배울 수 없었다. 구소련이 무너진 이후부터 신학교가 세워지기 시작했지만, 겨우 도시에 있는 소수의 목회자들이 신학을 했을 뿐이다. 시골에 있는 목회자들은 신학교를 다니는 것이 사치스러울 정도로 가난했다. 정교회 영향이 절대적인 우크라이나에는 개혁교회 건설이 너무나 중요한 과제였다. 이를 위해 미처 신학을 전혀 접하지 못한 자란체스코 지역 13개 교회 지도자들에게 신학 재교육을 하고 있다.

2007년부터 시작한 오데사 한글학교는, K 문화의 영향으로 400여 명의 많은 청년들이 한글학교를 거쳐 갔다. 할렐루야 교회의 청년들은 대부분 한글학교에서 교회로 정착되어, 교회 사역에 큰 원동력이 되어 왔다.

5. 효과적인 선교 전략

현재 우크라이나의 미래 선교 전략을 예측하는 것은 어려운 문제이다. 전쟁으로 모든 것이 파괴되었듯이, 지금까지의 우크라이나 선교도 전적으로 새롭게 재조명되어야 할 것이다. 교회 성도들은 세계 각국으로 뿔뿔이 흩어졌고, 우크라이나 영혼들의 상흔은 너무나 깊어서 또 다른 전문적인 선교적 접근이 필요할 것이다. 감사하게도 우크라이나의 모든 교회는 주일마다 예배자로 차고 넘치고 있다. 전쟁으로 인해 우크라이나인의 심령이 더욱 가난해져 하나님의 나라에 대한 소망이 너무나 클 것이다. 이런 관점에서 효과적인 선교 전략을 정리해 본다.

1) 전도 사역

지금까지 우크라이나인들에게 복음적 접근이 어려웠던 것은 70%나 되는 정교회 영향 때문이다. 정교회는 개혁교회를 이단시하기 때문에 이들에게 복음을 전하고 가르치는 것은 너무나 힘들었다. 심지어 개혁교회에 있는 우크라이나 성도들도 정교회 영향에 사로 잡혀 있어 올바른 신앙 지도를 하기 매우 어려웠다. 이로 인해 선교사의 사역은 위축될 수밖에 없었다.

그러나 이번 전쟁으로 우크라이나인들은 정교회의 실체를 많이 인식하고, 오히려 구호품을 헌신적으로 공급하고 희생하며 애쓰는 개혁교회에 큰 감동을 받아 새로운 시각을 가지게 되었다. 그래서 선교사는 전쟁 전보다, 더 자신 있게 개혁주의 성경관으로 무장해서 복음을 전파하며 우크라이나인들에게 새로운 각오로 접근해야 할 것이다.

2) 리더십 양육 사역

이번 전쟁을 통해 선교사는 언제든지 사역지를 떠날 수 있다는 사실을 깊이 인식하게 되었다. 그러므로 선교사의 사역을 계속 이어갈 수 있는 현지인 리더십 양육은 너무나 중요하고 절실한 사역임을 깨닫게 해주었다. 건강하고 바른 교회를 세워가는 개혁주의 신앙을 가진 현지인 리더십에 모든 힘을 쏟아야 하고, 그들을 어떻게 가르치고 훈련시켜야 할 것인지 철저한 준비가 필요할 것이다.

3) 구제 사역

파괴된 우크라이나에서 구제 사역은 광범위하고 할 일이 너무나 많기 때문에 교회가 할 수 있는 구제 사역은 극히 제한적일 것이다. 다만 선교사 사역지 중심, 혹은 현지 교단과 연합으로 더욱 효과적으로 건전하게 구제 사역을 할 수 있을 것이다. 무엇보다 구제 사역은 전도와 양육에 너무나 유용한 접촉점이 될 것이므로 많은 지혜와 전략이 필요하다.

IV. 나가는 말

우크라이나 무명의 선교사의 글을 인용한다면, 우크라이나가 목자의 나라로 서야 한다. 주변국이나 우크라이나를 위한 목자와 같은 지도자로 서서 주변국들을 섬기는 나라가 되어주는 비전을 품어야 한다.

또 하나는 선교사를 파송하는 나라가 되어야 한다. 우리나라처럼 받는 나라에서 주는 나라가 되어야 한다. 필자는 우크라이나가 주변국들에 선교사들을 많이 파송해서, 한국 다음 가는 선교사 파송국이 되도록 기도한다.

우크라이나가 복음의 불모지로 변해가는 서유럽을 비롯한 이슬람권의 중동, 나아가 지금은 침략국이지만 복음이 들어가기 어려운 러시아를 위한 복음의 전진 기지가 되어야 한다. 우크라이나는 충분히 한국에 이은 제2의 선교 강국이 될 수 있다. 아시아에서의 한국처럼, 유럽에서 우크라이나아가 선교 중심국이 되는 그날까지 이 비전을 놓고 계속 기도해 주길 바란다.

참고문헌

임형백. "동슬라브족의 형성과 분화: 우크라이나, 러시아, 벨라루스." 「한국 이민 정책학 회보」 5/1(2022): 131-32.

최하영. "우크라이나 기독교 역사를 통한 선교 전략." 「복음과 선교」 39(2017): 233-39.

홍석우. "우크라이나인들의 민속 문화에 나타난 혼합적 종교성." 「슬라브研究」 24/1(2008): 138.

황성우. "러시아 이중신앙 용어에 대한 재검토." 「슬라브 연구」 17/1(2001): 52-53.

"우크라이나" https://encykorea.aks.ac.kr/Article/E0040147 (Accessed at 2023.03.08).

KOTRA. 『2022 우크라이나 진출전략』. 서울: KOTRA, 2021. http://dl.kotra.or.kr/pyxis-api/1/digital-files/a7f5ebe0-7bd7-43b1-9de5-6e6fa9ea86ab.

Вальтер Заватски, «Евангелическое движение в СССР», Москва 1995. – 560.

Савинский С.Н., «История евангельских христиан – баптистов Украины, России, Белоруссии», Спб: «Библия для всех», 2001. –440.

Санников С.В., «Двадцать веков христианства. Второе тысячелетие», Одесса: Изд-во ОБС «Богомыслие», 2001. – 704.

История евангельско-баптистского движения в Украине: Материалы и документы / Составитель, редактор Головащенко С., Одесса, 1998.

루마니아

김진엽[1]

I. 들어가는 말

루마니아는 로마의 문화, 언어, 전통 그리고 영토를 계승한 나라라는 의미를 가지고 있으며 동유럽 가운데 슬라브어가 아닌 유일하게 라틴어의 언어와 문법체계를 따르며 사용하고 있다. 이러한 언어적인 특성으로 인해 루마니아 사람들은 이탈리아어나 프랑스어, 독일어, 영어 등을 상대적으로 용이하게 배울 수 있는 장점을 가지고 있다. 2007년 루마니아는 유럽연합(EU)의 회원국이 되었고, 2004년 자국의 안보와 군사적인 동맹을 위해 북대서양 조약기구(NATO)의 정식 회원국이 되었다.

루마니아의 종교는 루마니아 정교회가 85-86%를 차지하고 있고, 그 외에 가톨릭 5.4%, 개신교회가 7.8%(헝가리 개혁교회교단 3.2% 포함)를 차지하고 있다. 대부분의 루마니아인들은 자신들이 정교회의 신자라고 말하지만, 명목상의 신자일 뿐 성경에서 말하는 복음에 대한 믿음의 내용들과 거듭남에 대한 이

---

1. KPM 루마니아 선교사.

해가 부족하다. 하나님의 은혜와 진리의 말씀인 성경이 그들의 신앙의 기준이 아니라 정교회의 전통과 가르침이 하나님의 말씀 위에 존재하고 있다. 루마니아는 동방 정교회라는 기독교의 옷을 입고 1000년 이상의 기독교 역사를 자랑했지만, 1948년 공산주의 정권이 수립된 후 공산독재자 니콜라에 차우세스쿠(Nicolae Ceausescu)의 철권통치로 인해 신앙의 자유가 사라지게 되었다. 차우세스쿠는 비밀경찰 조직을 전국적으로 세우고 친위대를 세워 자신의 권력을 절대화시켜 나갔다. 그는 그러한 비밀 조직을 이용하여 교회와 성도들을 감시하고 감옥에 가두며 핍박했다. 뿐만이 아니라, 그리스도인들을 하류층의 시민으로 만들어 나갔다. 루마니아의 정치, 경제 몰락은 공산주의 독재 사회의 종말을 가져왔고 1989년 12월 25일 차우세스쿠와 그의 아내가 총살을 당하면서 새로운 민주사회의 시대가 열리게 되었다. 그러나 그 뒤를 이어 권력을 잡은 정치인들과 관료들은 고질적인 부정부패를 개혁하지 못하고 국민들로부터 도둑이나 강도와 같은 존재로 손가락질을 받아왔다. 인구의 90%가 정교회 신자라고 자랑하지만 교회의 전통만을 중시하는 경건의 모양만 있는 공동체가 되었다. 1990년 이후로 루마니아의 몰락한 사회와 경제를 복구하기 위해 미국을 비롯한 서유럽 등으로부터 다양한 원조와 협력이 이루어졌고, 루마니아 혁명이 일어난 지 30년이 지났다. 루마니아는 1인당 국민소득이 약 14,500불로 농업위주의 빈국에서 지속적인 경제성장을 이루었다. 그럼에도 불구하고, 지금 루마니아 개신교회들은 정교회로부터 구원을 받지 못하는 하나의 종교단체로 취급받기도 한다. 특히 코로나 이후에 루마니아 개신교회는 정체되고 있는 상황이며 다음 세대를 이어갈 깨어 있는 교회의 지도자를 세우는 일과 어린이 사역의 중요성에 대한 자각을 가지게 된다.

II. 일반적 개요

1. 영토와 인구

　루마니아는 동유럽에 속한 나라 중의 하나이며, 화약고라 불리는 발칸반도 지역에 속해 있고 다뉴브 강 하구에 위치에 있으며, 동쪽에는 흑해(The black sea) 바다를 끼고 있다. 루마니아의 남쪽으로는 불가리아를 시작으로 남동쪽과 북쪽으로 우크라이나 국경이 맞물려 있고 북동쪽에는 몰도바, 북서쪽에는 헝가리와 국경을 맞대고 있다. 루마니아의 영토는 남북한을 합친 한반도의 1.1배 크기이며 사계절이 뚜렷하다. 여름은 40도 이상 올라가는 고온 건조한 날씨이며 4-5월이 우기에 해당한다. 루마니아 수도는 부쿠레슈티(Bucuresti)이며 인구는 2021년 1월 거주인구 기준으로 1,918만 명에 이른다. 해외에 이민자로 살아가는 약 500만 명을 고려한다면 약 2,400만 명의 인구를 가지고 있다고 볼 수 있다. 국토 면적은 238,397㎢로 한반도의 1.1배가 되고 43개의 주(지방)로 나누어져 있으며 그 지방을 대표하는 거점도시가 하나씩 있다. 루마니아의 민족은 루마니아인(87.5%), 헝가리인(6.7%), 집시(3.3%) 기타 소수민족(세르비아, 독일, 유대인, 튀르키예, 우크라이나 등)으로 구성되어 있다. 집시는 등록된 통계상 60만에 해당되지만 등록되지 않은 집시들을 포함한다면 200만 명으로 추정하고 있다. 루마니아는 집시의 나라라고 할 만큼 많은 집시들이 부카레스트 인근의 컬러라쉬(Calarasi)와 브라쇼브(Braşov) 등에 집시마을이나 동네를 이루어 정착해 살고 있다. 순례자의 의미로 로미(Romi)라고 불리고 있으며 루마니아 사람들은 그들을 낮추어 부를 때 찌간(tigan)이라는 말을 사용하기도 한다.

2. 경제

　루마니아는 농업이 발달한 나라이다. 루마니아는 1000만 헥타르가 넘는 농경지를 가지고 있고 밀, 옥수수, 해바라기씨 등의 세계 생산량의 약 10%를 차지하고 있다. 포도가 잘 자라는 기후를 가지고 있으며 품질이 좋은 포도주를 많이 생산해 내고 있다. 인구의 약 26%(유럽에서 가장 높은 비율 중 하나)가 농업에 종사하고 GDP의 약 4.3%를 기여한다.[2] 루마니아 서부 지역에는 돼지고기, 가금류, 유제품, 사과 생산 등이 집중되어 있다. 루마니아의 1년 경제 규모 GDP는 약 2,790억 불(2021년 기준 348조)로 유럽연합에서 12위이고, 2021년 1인당 GDP는 약 14,587불이며(세계 58위) 경제성장률은 약 6.0%이다(2020년 -3.9% 코로나 여파). 무역규모는 1,922억 불(기계 및 수송장비, 원자재 및 공산품 등)이고, 수출은 818억 불, 수입은 1,104억 불이며 유럽연합 국가 중에는 독일의 수입 수출의 비중이 높은 편이다. 유럽연합 회원국가이지만 아직 Euro 화폐가 상용화되어 있지 않고 자국 화폐인 레이(Lei)가 통용되고 있다(Ron으로도 표기). 환율 1달러는 2022년 7월 기준으로 4.72 Ron에 해당한다. 물가 상승률은 5.0%이며, 실업률은 5.2%이다. 루마니아는 1970년대 석유와 천연가스가 매장되어 있는 산유국이었고 1970년-1980년대에는 중화학공업이 발달한 나라였지만, 공해 산업으로 인해 점점 쇠퇴하게 되었다. 루마니아는 1990년 이후 모바일 기술, 정보 보안 및 관련 하드웨어 연구의 주요 중심지로 꾸준히 성장했고 IT와 자동차 생산과 같은 분야에서 발전해 왔다.

3. 역사

　BC 5세기경 그리스 역사가 헤로도트는 루마니아인들의 조상이 기원전

---

2. "Farmers in the EU-satictics" European Commission, 2018.

2000-3000년경에 존재했던 인도-유로피안(India-European)의 한 갈래인 트라키아족이며 그들을 게토-다치인(Geto-dacii)으로 불렀다. 게토-다치인들은 오늘날 루마니아의 북부 트렌실바니아와 역사적으로 존재했던 문테니아(Muntenia; 루마니아의 남동부에 위치; 부카레스트, 불가리아 접경, 다뉴브강), 도브루자 (Dobrogea; 다뉴브강과 흑해 사이)에 살고 있었다. 다치아 왕국은 데체발왕을 중심으로 하는 강력한 중앙집권 왕정체제를 이루어 갔다. 로마제국의 팽창은 다치아 왕국에도 영향을 주었고 로마제국과 대치하고 있던 이웃나라들과 동맹을 맺어 로마의 공격을 막으려고 했으나 데체발 왕은 로마와의 전투에서 패배하고 스스로 목숨을 끊었다. AD 101-102, 105-106년간 전쟁을 거쳐 106년 로마제국의 트라야누스 황제에 의해 정복되었고, 트라야누스 황제는 다치아 민족 상당수를 카르파치아 산맥 이북으로 추방하고, 로마인의 다치아 이민 정책을 시행했다. 그럼에도 불구하고 다치아, 게르만, 슬라브, 타타르족 등이 혼재해 있었으며 AD 272년 로마군 철수 후에도 로마인들은 대부분 잔류하였고, 다치아 민족과 혼합되어 오늘날 루마니아 민족의 원조가 되었다. 그래서 루마니아는 라틴어와 로마 문화의 유산을 가진 나라가 되었다. AD 4-13세기에는 고트족, 타타르족, 슬라브족, 훈족 등 주변 이민족의 침입을 받으면서 국가형태(공국)를 형성해 나갔다. 그 결과로 남왈라키아 공국은 9세기말 제1 불가리아 제국의 지배를 당하고 북 몰다비아는 10세기말부터 러시아의 지배를 받게 되었다. 13세기에는 몽골의 지배를 받았으며 란실바니아는 10-13세기간의 전쟁을 거쳐 헝가리 왕국의 지배를 받아왔으나, 루마니아인들의 강력한 저항으로 광범위한 지역의 자치를 인정받게 되었다.

14세기에 들어서면서 카르파타아 산맥 이남의 다뉴브강 이북 지역에 왈라키아 공국이 세워지고 카르파치아 동쪽-드니에스터강 서쪽 지역에 몰다비아 공국이 건설되었다. 그 시기 강력한 가톨릭 세력인 주변 폴란드, 헝가리 왕국의 수차례 정복전쟁이 일어났는데 이러한 공격들에도 불구하고 강한 저항을 통해 외세의 공격을 물리쳤다. 그럼에도 불구하고, 왈라키아, 몰다비아공국은 14세기말부터 약 1세기에 걸친 저항 끝에 오토만제국의 속국이 되었다. 그러나, 오토만제국은 두 공국들에게 자치권을 부여해 주었다.

1541년 트란실바니아도 오토만 제국에 의해 피지배 왕국이 되었고 18세기에 와서는 오토만 제국의 몰락과 함께 헝가리, 오스트리아, 러시아 등 주변 열강의 침략을 계속 받게 되었다. 1699년 트란실바니아, 1775년 부코비나 지역이 오스트리아에 점령당하게 되었고 1867년 트란실바니아 지역은 자치권을 상실하고 헝가리에 편입된다. 또한 1812년에는 몰다비아 동부 지역(바사라비아)이 러시아에 편입되었다. 19세기 중엽에는 러시아, 오스트리아, 터키가 루마니아를 지배하면서 바사라비아는 러시아, 부코비나와 트란실바니아는 오스트리아, 왈라키아는 터키가 각각 통치하게 되었다. 19세기를 통해 민족의 독립과 통일을 위해 끊임없이 투쟁한 결과 1859년 알렉산드루 이오안 쿠자(A.I. Cuza)가 왈라키아와 몰도바를 통합하여 근대국가의 기초를 다져 나갔다. 진보적 개혁 정치를 펼쳤으나 보수세력에 의해 좌절되었고 1862년에 '루마니아' 국명이 공식 채택되었다. 1866년 입헌군주제가 채택되었고, 독일 호헨쫄레른계 왕족인 Carol Ⅰ세가 국왕으로 옹립되었으며, 1877년 러시아·터키와의 전쟁에서 터키의 패배를 계기로 루마니아는 독립을 선언하였다. 1878년에는 베를린 조약에서 국제적 승인을 획득하게 되었다. 루마니아의 역사는 독일 오스트리아 헝가리 제국, 오스만 터키와 러시아와의 열강 사이에서 겨우 자치권을 가졌지만 식민지로 오랜 세월을 보냈다. 열강 사이에서 전쟁의 각축장이 되었으나, 강대국 사이에서 세력의 균형을 이루기 위한 완충지대로 남으면서 국민의 주권을 가진 독립국가로 태어나게 되었다.

1차 세계 대전(1914년 7월 28일-1918년 11월 11일)은 약 4년 4개월간 유럽에서 일어난 세계 대전이다. 19세기 중반 오스만 제국의 세력이 쇠퇴함에 따라 이집트에서는 오스만 터키로부터 주권을 찾고자 하는 독립운동이 일어났다. 무력으로 이집트를 진압하고 저지할 때 러시아는 이집트를 핑계로 자신들이 원하는 부동항을 얻기 위해 크림전쟁(1853-1856)을 일으켰다. 러시아의 팽창은 유럽에 대한 도전일 뿐만이 아니라 위협이었기 때문에 유럽국가들은 오히려 오스만 제국을 도와 러시아 세력을 막고 봉쇄하는 데 성공한다. 프로이센 왕국(독일)과 오스트리아는 서로 동맹국이었는데 프로이센의 비스마르크는 러시아와의 밀약을 통해 서유럽에 대한 침략계획을 가지고 있었다. 러시아는 그 비밀협약을 통해 발칸반도 영토 점령을 서로 묵인하기로 했지만 비스마르크가 발칸 지역을 차지하려는 더 큰 욕심이 있었고 러시아는 발칸 지역을 보호한다는 명목으로 발칸국가를 지지하게 되었다. 전쟁은 제국주의를 지양하던 영국, 프랑스, 러시아, 독일과 이탈리아, 그리고 오스트리아와의 대립이 이어졌다. 그 이면에는 제국주의 국가들이 발칸반도에 있는 영토를 차지하고자 하는 욕심으로 인해 1차 세계 대전이 발발하게 되는 원인이 되었다. 1차 세계 대전에서 러시아가 공산혁명으로 전쟁에서 빠지면서 독일이 패전국가가 되어 천문학적인 전쟁배상금을 물게 되었고 윌슨의 민족자결주의 원칙에 입각한 신생 독립국가들이 이때 많이 생겨나게 되었다. 2차 세계 대전(1939년 9월 1일-1945년 9월 2일)은 30여 개 이상의 국가에서 1억 명에 가까운 군인이 동원된 세계 최대의 전쟁이었다. 2차 세계 대전은 1차 세계 대전 이후 유럽의 파시즘(전체주의, 민족주의, 권위주의, 반공주의를 지향)이 대두되면서 특히 독일의 독재자 히틀러와 이탈리아의 무솔리니가 가졌던 극단적 정치 이념(국가의 절대 우위)을 앞세워 자신의 권력을 합법화하고 정당화시킨 사람들로 인해 발발했다. 경제적으로는 1930년대에 경제 대공황으로 인한 실업 인플레이션으로 제국주의 국가들의 이해관계가 얽혀 폴란드, 루마니아, 리투아니아, 라트비아, 에스토니아, 핀란드에 대한 세력권을 분할하는데 독일과 소련이 서로 합의했다. 제국주의 국가들의 야욕으로 인해 전 세계는 전쟁의 도가니가 되었고, 소련이 공산주의 국가가 되면서 그 결과로 루마니아도 공산주의 이념과 법을 따르는 지도자들과 정치 경제 체제가 세워지게 되었다. 차우세스쿠가 등장하여 북한과 같은 공산독재국가로 발전하면서 루마니아의 시민들은 비밀경찰들과 서로를 감시하는 사회가 되었고 신앙의 자유 말살과 경제적 몰락으로 인해 1989년 루마니아 혁명이 일어나기 전까지 고통 속에 자유를 잃어버린 삶을 살아가게 되었다.

II. 기독교 상황

1. 루마니아 개신교의 출발과 각 교단의 역사

1) 루터교 교단과 아우구스트교회 교단 (루마니아 C.A 복음주의 교회)

루마니아에서 개신교라 함은 16세기 종교개혁을 통해 나타난 가톨릭과 동방정교회와는 다른 새로운 기독교의 형태를 가진 교회들을 지칭한다. 마틴 루터는 가톨릭교회의 면죄부 판매가 회개 없는 용서와 거짓 평안이라 비판했고 오직 믿음, 오직 은혜, 오직 성경이라는 3가지 가치를 내걸고 종교개혁의 불을 밝혔다. 1517년 종교개혁 이후 루터교회의 영향력은 1539년 이후 동유럽의 일부였던 트란실바니아에도 전해졌다. 16세기 트란실바니아 지역은 역사적으로 당시에 헝가리 영토에 속해 있었고, 원래는 가톨릭 교회가 대부분이었으나 종교개혁의 영향을 받아 개혁교회들로 바뀌게 되었다. "17세기 중엽부터 18세기 초 트란실바니아의 70~75%의 헝가리인들이 개혁교회와 루터교회에 소속되어 있다가 정치적 사건들인 터키와 합스브르크의 전쟁과 1848년의 헝가리 혁명의 결과로 로마 가톨릭이 다시 재건되어 19세기말에는 트란실바니아 인구의

30~35%만이 개신교인으로 남았다"[3] 1차 세계 대전에서 동맹국이었던 오스트리아-헝가리 제국이 협상국이었던 대영제국, 러시아제국, 프랑스에 패함으로써 처음에는 중립을 지키다가 이후 협상국 편에 선 루마니아가 트란실바니아 지역의 영토를 차지하게 되었다. 복음주의 루터교회는 헝가리계와 슬로바키아 사람들로 구성되어 있으면서 아우그스트(C.A)와 같은 교리를 가지고 있었다. 2011년 인구 조사에 따르면 복음주의 루터교 신자는 20,168명이었으며 수도 부카레스트에는 약 200여 명의 루마니아 신자가 있는 것으로 집계되었다. 복음주의 루터교 교회는 3개의 교구(브라쇼브, 클루즈나포카, 나들락)가 있고 본부는 브라쇼브에 있다. 2010년의 통계에 의하면 루마니아 C.A 복음주의 교회 신자들은 14,320명으로 나타나 있다.[4] 마자르족인 헝가리인들로 구성된 성도들은 헝가리어로만 예배를 드리기 때문에 민족적, 언어적인 장벽으로 인해 신자들의 수가 줄게 되었다.

2) 헝가리 개혁교회 교단

헝가리 개혁교회에서 기본교리로 고백하는 신앙고백서의 창시자는 칼빈(1509-1564)이었다. 그들은 신약을 해석하는 데 있어서 칼빈뿐 아니라 쯔빙글리(Ulrich, Zwingli)의 해석도 따르고 있다. 칼빈주의의 믿음의 기초는 '하이델베르크 교리문답'과 '헬베티아 신앙고백'이라는 두 문서로부터 취해졌다. 당시 가톨릭 교회가 라틴어로 예배를 드리는 것과는 달리 개혁교회는 자신의 모국어로 복음을 설명함으로 더욱 빠르게 민간인들에게 확대되어 갔다. 원래 오스

---

3. 김정애, "루마니아 기독교의 역사와 기독교교육에 관한 연구." (문학석사 학위논문, 고신대학교 대학원, 2014).

4. "Biserica Evanghelica Lutherana Din Romania" http://www.culte.gov.ro/biserica-evanghelica-lutherana (Accessed at 2022. 12.10).

트리아 합스부르그 왕가가 트란실바니아를 지배할 때에는 왕족들의 후원으로 가톨릭 교회가 우세했으나 2차 세계 대전 후에 트란실바니아가 루마니아의 통치 아래 들어가게 됨으로써 그때까지 헝가리 교구의 관할하에 있었던 바나트(Barnat), 크리샤나(Crisana), 마라무레쉬(Maramures)는 오라데아(Oradea)에 본부를 가진 새로운 루마니아 정부 관할 지역교구가 되었다. 헝가리 개혁 교단 역시 루터 교단과 마찬가지로 트란실바니아 지역에서 헝가리, 독일사람들을 중심으로 세워지게 되었다. 트란실바니아 지역이 루마니아의 영토로 귀속되었지만 그들의 민족신앙의 정체성은 정교회가 아닌 개혁주의 교회의 가르침을 따르고 있었다. 루마니아 사람들은 이전에 헝가리-오스트리아 제국시대에 낮은 신분의 위치를 가지고 있었다. 그러한 역사적인 사실로 인해 헝가리 사람들은 루마니아 사회에 동화되지 않고 헝가리어로 예배를 드리고 자신의 삶 속에서도 헝가리어 언어를 중요하게 생각한다. 일상에 필요한 루마니아어를 사용하지만 고령의 노인들은 루마니아어에 익숙하지 않은 경우도 있다. 헝가리 개혁교회는 자체적으로는 교리교육과 성경읽기, 교인들 심방, 예배모임이 잘 이루어져 성도들 간의 관계와 신앙이 좋은 편이다. 그러나 루마니아 내에서 헝가리의 언어와 문화, 역사, 민족 중심으로 이루어진 헝가리 개혁교회는 루마니아 사람들에게 복음을 전하거나 그들을 수용하지 못하는 한계의 모습을 드러냈다. 2002년 인구통계조사에 따르면 3.23%가 개혁주의 교회로 파악되었고 2014년 루마니아에 있는 개혁교회는 현재 701,077명의 신자가 있는데 대부분이 헝가리인들이다.

3) 침례교회
루마니아에서의 침례교회의 시작은 1856년 독일에서 온 선교사로부터 시작되었다. 독일에서 온 칼 요한(Karl-Johann)과 요한나 샤르쉬미트(Johanna

Schrschidt)가 침례교의 첫 가정으로 부카레스트에 거주하게 되었다. 그들은 신앙 소책자를 전파하기 위해 협회를 설립했고 활동의 결과로 1865년에 루마니아 종교성에 15명의 독일 침례교회 멤버들이 등록했다. 다니엘 쉬베르그 (1878-1886 목사 시무 기간)는 교회 공동체를 위한 설교뿐만이 아니라 부카레스트에서 발행된 성경책들을 보관, 관리하는 일들을 감당했다. 1900년에 침례교회의 수가 증가함에 따라 루마니아 정부는 침례교의 확산을 막기 위해 외부의 선교사가 아닌 루마니아 민족인 신자들을 통해서만 복음을 전할 수 있도록 그 활동을 제한했다. 그 결과로, F.W 슐러의 중재를 통해 루마니아 선교 사역은 독일어에 능통했던 콘스탄틴 아도리안(1882-1954)에게 위임 되었다. 아도리안은 1902년 젊은 나이에 회심을 하고 1903년에 세례를 받아 젊은 나이에 루마니아 침례교회의 기초를 닦은 사람이라 할 수 있다. 그는 침례연합 교단의 설립 (1918년)과 침례연합신학교 설립(1921년)을 했고 20년간 신학교의 학장을 맡았으며 부카레스트 골고다 교회의 목사로서 중요한 역할을 했다. "1942년 세계 2차 대전 후에 안토네스쿠 법령 927에 의해 모든 종교활동을 금지시키고 1943년 법령 431에 의해 다시 발표되었다. 그로 인해 많은 수의 침례교인이 신앙을 포기하였다... 1948년 공산정권이 세워지고 목사와 학생 수를 제한시킴으로 침례교인은 1989년 90,000명이었다."[5]

교회에서 모임을 가지는 경우에도 성도들의 수에 제한을 받기도 하고 교회의 재산을 몰수하기도 했다. 긴 핍박의 시기를 지나고 1990년 신앙의 자유를 가지게 되어 성도의 수가 늘어나기 시작했다. 1990년 오라데아에 임마누엘 침례신학교가 설립되었고 부카레스트 침례신학교와 더불어 신학생들을 매년 배출하고 있다. 2011년 통계에 따르면 침례교인들의 수는 인구비례 0.6%에 해

---

5. 김정애, "루마니아 기독교의 역사와 기독교교육에 관한 연구," 37.

당되는 118,003명으로 집계되었다. 루마니아의 수도 부카레스트, 콘스탄짜, 후테오아라, 오라데아, 시비우, 수체아바, 티미쇼아라 등 14개의 교구가 2007년에 확립되었다.

침례교회의 교리는 개혁주의의 5가지 즉, 오직 성경으로, 오직 그리스도(구원의 유일성), 오직 은혜로, 오직 믿음으로, 오직 하나님께 영광이라는 성경적인 가르침을 따르고 있다.[6] 그러나 침례교회는 유아세례를 인정하지 않고 구원의 확신에 대한 성경적인 가르침을 받아들이지 않고 있다. 2014년 침례교회는 약 1300개 이상으로 그 수가 증가했다. 그러나 목회를 하는 사역자들이 목회에만 전념하는 것이 아니라 다른 직업을 가지고 목회를 해야 하는 현실적인 문제를 가지고 살아가고 있다. 그 결과 설교를 준비하거나 심방이나 전도하는 일에 집중하지 못하는 경우가 있다. 침례교회 평균연령 또한 고령화가 되어가고 있고 어린이 주일학교에 대한 교육과 예배가 활성화되지 않고 있다. 여름 성경학교나 성탄절과 같은 행사 위주의 프로그램들이 있지만 매주 드리는 주일예배를 통해 어린이들이나 청소년들을 위한 예배나 교육 활동 등을 세워가야 하는 상황이다.

4) 복음을 따르는 제1형제교회와 성경을 따르는 제2형제교회
(1) 복음을 따르는 제1형제교회

형제교회의 출발은 1825년 영국 더블린에 소재하고 있는 트리니티대학에서 시작되었고 성경공부 모임과 기도, 그리고 성찬을 나누는 일들을 통해 모임이 커져 나갔다. 유럽의 종교개혁운동을 전개하였던 독일, 스위스, 영국 등의 나라들에 의해 루마니아에도 형제교회가 세워지게 되었다. "루마니아 형제교

---

6. "Statutul de organizare" *Marturisirea de credinta a Cultului Crestin Baptist din Romania* (Oradea: Editura Faclia, 2008): 9-13, 79-130.

회의 발단은 1899년 영국의 'Free Christians Congregations in England에서 파송한 에드문드 함머 브로드벤트(Edmund Hamer Boradbent: 1861-1945)가 살고 있던 아르메니아(Armenian) 그리스도인들을 방문함"으로[7] 시작되었다. 1902년에는 스위스에서 찰스 오벌트(Charles Aubert)와 쾨니히(KÖnig)를 통해 루마니아에 있던 독일계 정착민들에게 복음이 전해졌고 1905년에는 크라이오바에서도 모임이 시작되었다. 1922년에 스위스에서 파송된 파울 페렛(1895-1961)은 부카레스트에서 1943년에 정부로부터 추방되기 전까지 루마니아인 교회뿐만이 아니라 헝가리인과 독일인 교회를 방문하여 성경을 가르치고 기독교출판물들을 간행하였다.[8] 1942년에는 안타깝게도 종교법인이 폐쇄되기도 했고 정부로부터 재산과 기금, 중요한 기록보관물들을 압수당하면서 성경이나 전도지를 배포할 수 없게 되었다. 1948년 루마니아가 공산화되면서 1960년대에 668개의 형제교회가 360여 개로 줄어들게 되었다. 공산주의 독재국가에서 해방되기 전까지 형제교회가 만들어 왔던 전단지 등의 기독교 문서 활동을 공개적으로 배포할 수 없게 되었다. 1984년 9명의 루마니아인과 독일인이 비엔나로부터 성경을 배편으로 들여오다 체포되어 5년형을 선고받아 감옥에 갇혔지만 국제사회와 미국의 도움으로 9개월 만에 풀려나게 되는 일도 있었다. 1990년 루마니아 혁명을 통해 신앙의 자유를 찾게 되면서 형제 교회는 2002년에는 665개의 교회가 등록하게 되었고 2012년에는 50,000명의 세례교인이 모이게 되었다.

(2) 제2 형제교회

제2 형제교회는 루터교단, 헝가리 개혁교회, 침례교단, 오순절 교단과 같이

---

7. 김정애, "루마니아 기독교의 역사와 기독교교육에 관한 연구," 39.

8. Blanch DUMITRESCU-PERRET. "Cf cine sunt crstinii dupa evanghelie?," *"Paul perret" din aprilie 2003, Arhiva BCEAP, Dosar Misionari elvetieni* 3(2003): 41.

외부의 선교사들에 의해 시작된 교회가 아니다. 루마니아 정교회 신부였던 두미투르 코르닐네스쿠(1881-1975)의 회심을 통해 성경을 따르는 교회로 시작되었다. 그는 정교회의 신자였던 아버지의 뜻으로 신학교에 가게 되었다. 그러나 그들의 신학교 동료들은 자신의 죄에 대해 심각하게 생각하지 않았고, 코르닐네스쿠 자신이 생각했던 경건한 삶의 모습에 미치지 못했다. 그는 경건 서적을 번역하고 번역된 글들을 종교 전단지에 실어 보내는 일을 하기도 했다. 경건 서적과 소책차를 읽으면서 그 책들에서 공통적으로 매일 성경말씀을 상고하라는 것을 발견했다. 코르닐네스쿠는 라틴어로 된 성경을 읽다가 자신에게도 어려울 뿐만이 아니라 신자들도 이해하기 어려울 것이라 생각했다. 그래서 그는 마태복음을 루마니아어로 번역하는 일을 시작했는데 하나님의 도우심으로 당시 보수당 총수 부인이었던 랄루 칼리마키의 후원을 받아 1920년에서 1921년에 각각 시편과 신약성경을 번역하게 되었다. 그는 성경번역과정을 통해 회심을 경험하고 그의 동료 사제 포페스쿠에게 자신이 경험하고 만난 하나님에 대해 전하기 시작했다. 아내를 잃고 실의에 빠져 있던 그였지만 그는 자신이 남에게 해를 가하거나 악을 행하지 않은 선한 사람이라고 생각했고 코르닐네스쿠가 말하는 신앙을 이해할 수 없었다.

여러 차례의 설교를 통해 포페스쿠 자신도 거듭나는 은혜를 경험하게 되었고 또한 그의 가르침을 통해 1923년 신학을 공부하며 사제가 되기를 원했던 콘스탄티네스쿠와 여러 사제들도 거듭난 믿음의 신앙인이 되었다. 정교회에서 중요하게 생각하는 성인들에 대한 경배와 예배의식이 빠지면서 코르닐네스쿠는 정교회 신자들에게 핍박과 생명의 위협을 받게 되었다. 그는 스위스에서 영국으로 망명하였고 그곳에서 루마니아 성경을 편찬하기 시작했다. 코르닐레스쿠는 히브리어와 헬라어에 능숙했고 그에 의해 번역된 루마니아 성경은 1921년부터 1981년까지 약 500만 부가 인쇄되었다. 1975년에 그는 자신의 고향인 루마니아 땅을 한 번도 밟지 못하고 복음을 전하며 교회를 섬기다가 스위스에서 생을 마감하게 되었다.

5) 오순절 교회 교단

오순절 교회는 2022년 2,547개의 교회가 개척이 되었고 개신교 교단 가운데 가장 많은 선교사를 해외로 파견하였다. 현재 루마니아 개신교 교단을 통해 파송된 루마니아 선교사의 수는 500명에 이르고 있고 독일 프랑스, 영국 이탈리아 등 대도시를 중심으로 루마니아 교회가 크게 성장하였다. 또한 해외에서 아프가니스탄, 시리아, 그리고 우크라이나 난민들을 위한 복음전파와 선교 사역에 대한 활동을 감당하고 있다.

III. 루마니아 선교 현황과 선교단체들

루마니아 개신교 선교는 1990년 루마니아 혁명 이후 공산사회주의 체제가 붕괴된 후 자유의 물결을 타고 세계 국제 선교단체를 중심으로 선교 사역이 이루어졌다. 미국과 서유럽 국가들뿐만이 아니라 한국, 아프리카, 라틴아메리카 등 세계 곳곳에서 선교사들이 루마니아로 파송되어 왔다. 루마니아 사람들은 자유를 찾았지만 경제적인 삶의 빈곤과 국가관료와 정치인들의 부정부패 심화, 자신들의 삶을 지탱시켰던 사상과 세계관의 붕괴로 희망 없는 사람들과 같았다. 선교사들이 전한 복음은 루마니아의 캄캄한 어두움을 밝히는 한 줄기의 빛이 되었고, 루마니아 사람들은 거리에서나 동네에서 외치는 복음의 소리를 더 듣기 위해 세워진 교회로 몰려들기 시작했다. 국제 선교위원회(IMB, International Mission Board)는 이미 100년 전부터 루마니아 선교에 문을 두드렸고 신학교를 세워 공산주의 체제 속에서도 그 신학교의 문이 닫히지 않도록 현지인 복음 사역자를 세워갔다. 그 후 100년이 지난 지금 그 신학교를 통해 2000여 명 이상의 신학생들이 배출되었고 루마니아 선교, 교회개척 그리고 오늘날의 현지인 교회들을 세우는 데 큰 역할을 했다. 유럽 선교회 (Greater Europe Mission, Gem)는 코로나19 시기에도 인터넷을 통한 화상 제자 훈련을 통해 하나님의 말씀과 복음을 전하는데 신실한 일꾼으로 1500여 명의 신자들을 훈련시켰다. 지금도 교회개척과 난민 사역, 제자 사역, 전문인 사역, 인신매매나 성폭력 등으로 어려움을 겪고 있는 여성들을 케어하고 섬기는 일을 감당하고 있다.

대학생 선교회(Campus Crusade for Christ, CCC)는 루마니아 대학 캠퍼스를 중심으로 1992년 공식적으로 활동을 시작했고 예수님의 생애에 대한 영화를 보여주면서 예수님이 누구이시며 어떠한 일을 하셨는지에 대한 "Jesus Project"운동을 펼쳐 나갔다. 이 일들을 통해 1999년에 약 400개 이상의 교회들이 세워졌다. "참 생명을 선택하라"라는 구호아래 복음전도를 계속하고 있고 대학 캠퍼스를 중심으로 복음 사역을 이어가고 있다. 루마니아 오엠선교회 (Operation Mobilization, OM)는 현지 지역과 세계 선교를 위한 선교동원에 초점을 맞추고 있다. 교회 모임과 콘퍼런스, 단기선교 프로그램을 준비해서 활동하고 있다. 또한 집시교회의 영적부흥을 위한 집시 목회와 신자들을 훈련시키는 사역과 축구와 배구, 농구 등과 같은 스포츠를 통한 선교, 그리고 기독교 서적을 나누어 주고 공유하기 위해 이동버스 도서관을 운영하고 있다. 화려한 색상으로 디자인된 버스는 어린아이들과 십 대들에게 호기심을 일으켜 자연스러운 복음의 접촉 공간이 된다. 뿐만이 아니라 결손 가정 어린이들과 십 대들을 위한 활동 프로그램을 통해 즐겁고 유익한 시간을 제공한다.

어린이교육선교협회(Asociatia Misionara pentru educarea copiilor)는 교회에 있는 주일학교 어린이들의 교육 프로그램과 여름 성경학교를 섬기는 일들을 한다. 교사 강습회와 여름성경학교를 자체적으로 할 수 없는 교회들을 모아서 연합하여 함께 여름 성경학교 프로그램을 준비하기도 한다. 찬양과 율동, 구체적인 복음제시와 활동을 통한 프로그램이 준비되어 있다. AMEC과 관련하여 활동하는 팀원들은 약 60여 명이 있고 전국적으로 도시를 중심으로 자신들의 역할을 감당하고 있다. 그 외에 WEC국제 선교회와 UBF 대학생성경읽기 선교회가 있으며 소규모의 선교단체를 중심으로 어린이 전도 사역과 고아원과 난민 사역이 이루어지고 있다. 현재 루마니아에는 루마니아한인선교협의회 18가정이 있는데, 이들은 초교파적으로 교단이나 선교단체를 통해 파송을 받은 목사 또는 평신도 사역자들로 구성되어 있다. 사역의 특성에 따라 교회개척과 현지인 교회와의 협력 사역, 교육을 통한 집시가정교회 사역, 제자양육과 현지인 목회자에게 사역을 이양하는 단계의 일들을 하고 있다. 한류의 영향으로 한글, 태권도, 스포츠와 같은 한국 문화를 통해 교회로 그들을 전도하여 소그룹 성경 모임과 예배를 드리는 모임으로 확장시켜 사역을 하는 교회들도 있다.

현재 루마니아에는 박옥수 구원파와 신천지 등의 이단들이 막대한 자금을 동원하여 가난한 현지인 교회들에게 접근하여 기존 루마니아 교회와 집시교회들의 지도자들을 콘퍼런스 모임의 형태로 초청을 하기도 한다. 돈을 받은 현지 교회 지도자들은 쉽게 그들과 교제하며 성경공부 모임까지 내어 주기도 한다. 심지어 신천지는 평화의 대사라는 이름으로 소개되기도 한다. 한글문화 행사를 통해서 루마니아 대학생들에 접근하여 자신들의 모임으로 기존의 신자들을 유혹한다. 그 외에 여호와의 증인의 이단들이 대학 캠퍼스나 시내를 중심으로 또는 개인 가정방문을 통한 활동을 한다. 이러한 상황 속에서 그들의 잘못된 교리나 비성경적인 가르침, 가정과 교회를 무너뜨리는 반사회적인 집단들에 대한 올바른 시각을 가지도록 루마니아 한인 선교사들이 그들을 돕는 역할을 해야 한다. 더 나아가 루마니아 현지 목회자들과의 지속적인 소통과 문서 사역을 통해 루마니아 현지 교회 지도자들에 대한 교육과 안내의 역할을 해야 한다. 또한 현지 교회의 고령화와 어린이 주일학교 교육이 더 활성화되어야 하며 현지인 교사와 리더를 세우는 역할이 중요한 시점이다.

IV. KPM의 루마니아 선교역사와 사역 소개

루마니아는 1000년 이상 정교회의 나라였지만 1, 2차 세계 대전과 공산주의 사회의 길을 걸으면서 모든 종교들에 대한 자유 억압, 폭력과 경제적인 불이익을 주면서 핍박을 했고 특히 기독교인들을 사회적으로 낮은 계급의 시민으로 몰아갔다. 그렇게 루마니아 공산주의 사회는 하나님을 부정하며 무신론의 길을 걸어왔다. 북한과 같은 사회주의 길을 걷다가 한순간에 망해버린 루마니아 사람들은 독재 사회의 억압으로부터 자유를 찾았지만 현실은 꿈과 희망이 없는 사회가 되었다. 이러한 상황 속에서 서구 사회의 경제적 원조와 도움, 그리고 교회들을 통한 루마니아 사회의 재건이 이루어지기 시작했다. 이러한 선교의 필요를 따라 KPM은 루마니아 선교 사역을 위해 이성헌 김정애 선교사 가정을 1994년 8월 24일 루마니아에 파송했다.

이성헌 김정애 선교사(1994년 8월 3일 - 현재)는 초창기에는 루마니아의 갈라치(Galati)에서 복음 사역을 감당하였으며 루마니아 현지교회와 협력하여 선교 사역을 감당했다. 그 후 브라쇼브(Brasov)에서 루마니아 연합신학교 교회개척과, 어린이 주일학교 사역을 하였다. 2006년 12월 수도 부카레스트로 오게 되어 현재의 루마니아 엘림교회와 부카레스트 한인 교회 공동체를 섬기게 되었다.

김진엽 서경아 선교사 가정은 2012년 2월 22일 KPM 루마니아 선교사로 파송되어 현재 부카레스트 믿음교회에서 선교 사역을 감당하고 있다. 2012년 4월에 루마니아 부카레스트에 도착하여 이성헌 선교사와 함께 협력하여 1기 사역을 마쳤다. 2기 사역으로 클루즈 나포카 교회개척 사역(2017년 1월—2022년 12

월)을 감당하고 있다. 코로나 이후 2020년 7월에 부카레스트로 와서 루마니아 믿음 교회의 디모데 목사와 함께 루마니아 현지인들을 심방하며 긍휼 사역을 하고, 또한 집시 마을 방문을 통한 복음 전도와 현지인 설교 사역을 하고 있다.

이종전 최영미 선교사(2017년 1월 - 현재) 가정은 인도 사역 이후 루마니아로 재파송을 받고 2017년에 루마니아 부카레스트로 오게 되었다. 현재는 루마니아 부카레스트에 있는 골고다 교회와 협력하여 사역하고 있다.

IV. 효과적인 선교 전략

루마니아 선교를 위한 다양한 선교 전략과 방법들이 있겠지만 루마니아 선교 사역을 경험하면서 선교지에서 느끼고 깨닫게 되는 선교 전략에 대한 방법론을 기술해 보고자 한다

1. 선교지의 언어와 문화에 대한 올바른 이해와 빠른 적응력

선교지 정착 초기(2년)에는 현지어 학습에 집중해야 한다. 현지어로 번역된 성경과 교회에서 사용하는 기도문, 찬송 가사, 복음 소책자, 복음 전도지 등의 내용을 정확하고 올바르게 이해해야 천국복음을 직접 현지인에게 전할 수 있다. 루마니아 현지인들의 삶을 목소리를 직접 듣고 이해함으로써 그들이 느끼는 감정과 정서, 대화의 핵심의 내용들을 전달하거나 전달받을 수 있고 상호 간의 친밀감과 언어적인 소통으로 인해 복음을 전할 수 있는 기회가 일상의 삶에서 더 많아질 수 있기 때문이다. 10대부터 30대에 이르는 루마니아 학생들은 영어회화를 비교적 잘하는 편이고 현지인 루마니아 사역자들 가운데 영어에 능숙한 통역자들이 있다. 영어가 가능하다면 루마니아 현지 젊은이에게 복음을 전할 수 있고 현지인 교회의 순회 설교자로서도 사역이 가능하다.

2. 한글과 문화 사역을 통한 선교

K-Pop과 K-Drama, 영화 등 한류의 영향은 동유럽에도 찾아왔고 프랑스, 이탈리아, 헝가리, 불가리아, 몰도바뿐만이 아니라 루마니아의 십 대들과 대학 청년들, 심지어 가정주부에게까지 그 영향력이 확대되어 가고 있다. 외국인들을 위한 한국어 교원 자격증을 가지고 있으면 현지인들에게 전문인 교사로서 다가갈 수 있는 기회의 폭이 넓어진다. 선생님과 제자와의 관계가 자연스럽게 형성이 되고 1년이나 2년 후에는 자신의 개인 인생 상담이나 하나님의 존재와 종교에 대한 의문들을 질문하게 되고 성경말씀에 대한 이야기들을 나눌 수 있는 기회들이 생긴다. 함께 한국 음식을 만들어 먹고 한국영화를 보면서 서로의 마음이 열린다면 자연스럽게 복음을 전할 수 있다. 미국이나 프랑스, 영국이나 이탈리아뿐만이 아니라 동유럽에도 한국어가 제2외국어로서 대학교에 생겨나고 있다. 클루즈 나포카 바베쉬 볼야이 대학에는 한국어 전공학과가 있고 부카레스트에는 한국어 부전공 학과가 있다. 2022년 루마니아를 방문한 김진표 국회의장은 소린-미하이 큼페이누 교육부 장관에게 제2외국어 정규과목으로 한국어 도입에 대한 제안을 했고 큼페니누 장관은 2023년부터 고등학교 제2외국어에 한국어가 포함될 가능성이 높다는 긍정적인 답변을 했다.

3. 루마니아 현지인 지도자와의 협력을 통한 선교

루마니아에는 이미 침례교단, 오순절 교단, 형제교회와 개혁교회들을 통한 개신교 신자가 약 70-80만 명으로 보고 있다. 신학교들을 통하여서 신학생들이 배출되고 있고 주일학교 연합회도 있으며 그들만의 교육프로그램을 가지고 여름성경학교와 소그룹 모임 활동을 해 오고 있다. 그러나 80% 이상의 교회들이 목회를 하거나 교회개척을 하는 사역자들의 삶을 책임져 주지 못한다. 따라서 많은 목회자들이 세상의 직업을 가지고 설교자로, 복음전도자로 살아가고 있다. 그래서 선교사가 현지인들과 함께 영적인 사역과 물질적인 부분들을 함께 공유하고 나누는 섬김의 관계가 될 때 협력 사역의 시너지 효과가 더 극대화되는 것을 보게 된다. 한국교회의 후원으로 교회가 단독으로 개척되어 선교사들이 그 한 교회를 통해 하나님의 나라가 확장되어 가는 것도 뜻깊고 보람 있는 일이지만, 루마니아 선교의 흐름은 지역 교회와 전문 사역자들과의 협력을 통해 사역들이 확장될 수 있을 것이다.

4. 한인 루마니아선교사협의회를 통한 사역의 공유와 협력관계

현재 루마니아선교협의회 선교사들은 선교지에서 30년 가까운 경험들을 가진 가정이 많다. 사역을 현지인에게 이양하는 단계에 있는 분들이다. 루마니아선교협의회를 통해 주님 안에서 교제와 만남의 축복 시간을 가질 수 있다. 또한 선교지에 새로 파송받은 선교사들에게는 루마니아의 선교 사역에 대한 많은 정보와 내용들을 듣고 배울 수 있어서 불필요한 시행착오를 줄일 수 있고 실질적인 도움을 주고받을 수도 있다. 오랜 선교지의 경험을 가진 선배 선교사들과 새로운 열정을 가진 신임선교사들의 만남을 통해 선교지에서의 전략적 동반자와 협력관계를 구축해 나가면서 하나님의 나라의 복음을 확장해 나갈 수 있는 가능성이 더 높아진다

5. 루마니아 KPM 개혁주의 신학교 설립을 통한 신학생 양성

지금 당장은 어렵다 하더라도 KPM 교단 선교부가 지향하는 개혁주의 교회 건설을 목표로 개혁주의 장로 교회들이 루마니아에도 세워질 수 있기를 기도하고 소망한다. 선교 사역의 열매는 결국 복음을 듣고 깨닫고 세례를 받은 신자들이 모여 교회가 세워지는 것이다. 그리고 현지인들이 스스로 교회를 섬기고 세워 나가며 하나님의 말씀인 성경 말씀을 개혁주의 신학과 신앙의 원리를 바

탕으로 가르칠 수 있는 사역자를 세우는 일이 장기적인 KPM 교단 선교부의 중요한 전략이고 목표임을 다시 생각하게 된다. 루마니아 정교회의 폐단은 하나님의 말씀보다 그들의 전통과 신학을 너무 강조하였다. 실상 그들은 하나님의 말씀의 가르침과는 거리가 먼 생명력 없는 삶을 살아가고 있다.

V. 나가는 말

하나님께서는 루마니아의 기독교 역사 가운데 독일, 헝가리, 영국, 미국의 선교사가 전해준 복음 전도지와 성경말씀을 통해서 참된 복음과 진리를 깨닫는 거듭남의 은혜의 역사를 나타내셨다. 루마니아 가운데 하나님의 역사하심은 말씀에 깨어 있고 진리 앞에 바로 선 경건하고 용기 있는 믿음의 사람들을 통해 시작되었다. 하나님의 말씀의 가르침을 벗어난 정교회의 정통신앙은 오랜 역사와 전통을 자랑하지만 경건의 능력을 상실한 세상의 다른 종교와 같이 참된 구원의 빛과 생명이 없는 하나의 종교가 되었다.

정교회 코르넬레스쿠 신부의 회심과 그의 성경번역 사역, 그리고 성경의 보급은 루마니아 사람들에게 하나님의 말씀을 그들의 언어로 읽을 수 있게 해 주었다. 올해는 신구약이 루마니아어로 번역이 된 지 100년이 되는 해이다. 오랜 역사와 전통을 자랑하는 정교회이지만 그들은 개인 말씀 묵상과 기도로 하나님과 인격적인 교제를 나눌 때, 성령님의 역사로 믿음을 가질 수 있다는 사실을 무시하고 있다. 정교회의 가르침은 그들이 베푸는 유아세례를 받아야 구원을 받을 수 있고 그렇지 않으면 지옥에 간다고 가르친다. 또한 인간은 아담의 원죄로 부패하고 타락한 존재이며 참된 회개와 거듭남을 통해 구원받는 믿음에 대한 성경적인 가르침을 외면하고 있다. 더하여 성인들의 절기와 마리아를 하나님의 어머니로 높이고 예수님을 아기의 모습으로 축소시키고 있다. 루마니아의 개혁 교회들은 현재 루마니아의 북서 지역의 트란실바니아 지방(오라데아, 시비유, 아라드, 클르주 나포가 등)을 중심으로 세워져 있고 89% 루마니아의 정교회에 비해 4%로 복음화가 낮은 편이다. 루마니아 개신교 교회들은 공산주의 체제와 챠우세스트 독재자의 철권통치의 지하에서 고난과 역경을 믿음으로 승리한 교회들이었다. 이러한 개혁주의 신앙과 가르침을 간직한 교회들이 철권통치의 장막을 벗어나 세상 밖으로 나오게 되었고 복음을 모르고 살던 길을 잃은 루마니아 사람들에게 구원의 방주의 역할을 감당해 왔다. 선교사들이 전한 개혁주의 복음을 통해 개혁주의 교회들이 세워져 갔고 1989년 루마니아 혁명 이후에 자유 민주주의 정부가 세워짐으로써 복음을 더 자유롭게 전할 수 있게 되었다. 이러한 개혁주의 교회들이 교단으로 만들어졌으며 기독교 신학대학과 같은 교육기관들을 통해 목회자들이 양성되고 설교자와 지도자들이 세워지고 있다. 2018년 '함께하는 루마니아 선교'를 모토로 침례교회성도들과 오순절 교단 성도들이 함께 모여 예배를 드리고 한국 선교사들이 중심이 되어 콘퍼런스를 열기도 했다.

그러나 선교 30년이 지난 현재 루마니아 개혁교회들은 현지 교회의 빠른 고령화를 비롯한 코로나 이후 어린이 예배의 축소와 중고등학생 및 대학 청년 예배 모임이 사라져 가고 있다. 해외로 이주한 루마니아 성도들이 서유럽 곳곳에 큰 교회들을 세워 상대적으로 루마니아 교회들은 숫자적으로는 많아졌지만 실질적인 성도의 수는 감소했다. 80% 이상의 목회 사역자들이 교회에서 주는 사례비 없이 교회 사역을 감당해 나가고 있다. 대부분의 사역자들은 일반직장을 가지면서 목회 사역을 해 나간다 이러한 루마니아 교회의 상황 속에서 루마니아 선교 사역은 새로운 하나의 개체교회의 교회개척보다 복음의 씨앗들을 통해 이미 세워진 개혁주의 교회들과의 협력 관계를 통해 진행되어야 한다. 즉 그들의 목회 사역을 돕고 섬기며 그 지역교회를 중심으로 선교 사역의 확장이 이루어져야 한다고 생각한다.

참고 문헌

김정애. "루마니아 기독교의 역사와 기독교교육에 관한 연구." 문학석사 학위논문, 고신대학교 대학원, 2014.

Blanch DUMITRESCU-PERRET. "Cf cine sunt crstinii dupa evanghelie?." *"Paul perret" din aprilie 2003, Arhiva BCEAP, Dosar Misionari elvetieni* 3(2003): 41.

"Statutul de organizare." *Marturisirea de credinta a Cultului Crestin Baptist din Romania.* Oradea: Editura Faclia, 2008.

"Biserica Evanghelica Lutherana Din Romania" http://www.culte.gov.ro/biserica-evanghelica-lutherana (Accessed at 2022. 12.10).

"Farmers in the EU-satictics" European Commission, 2018.

코소보; 발칸반도 알바니아인

서원민[1]

I. 알바니아 민족 개관

1. 역사와 민족성

알바니아인의 조상은 바울이 복음을 편만하게 전했던 일루리곤 지역에 살던 일리리안(Illyrian)들이다. BC 2500년경에 발칸반도에 정착했었고 B.C 4세기에 고대국가를 건설한 적이 있지만 대부분 부족국가의 형태로 발칸 서쪽지역에 흩어져 살고 있었다. BC 3세기에는 헬라 문화의 영향을 받았고 그 후 로마의 영향 아래 있다가 A.D 4세기말 동로마제국에 편입되어 9세기까지 비쟌틴 제국의 영향을 받으며 기독교 문화권에 속하게 되었다.

그러나 14세기 발칸 전체가 오스만투르크 제국의 지배에 들어가면서 알바니아인들도 1912년 독립하기까지 500여 년의 오스만 제국의 지배를 받으며 이슬람화 되었다. 발칸의 다른 나라들과 달리 국가라는 큰 울타리 없이 부족단위

---

1. KPM 코소보 선교사.

로 공동체를 이루어 사는 부족국가들로 흩어져 존재했던 까닭에 알바니아민족은 다른 민족들보다 빠르게 오스만 제국에 동화되고 이슬람화 되어 갔다. 이후 오스만 제국의 쇠퇴와 멸망으로 인한 산스테파노 조약과 베를린회의(1873), 런던회의(1913)의 결과로 알바니아인들이 대부분인 코소보 지역이 세르비아의 자치주로 편입되었다. 이것이 알바니아 본토에 350만, 알바니아 땅 외에도 코소보에 200만, 마케도니아에 60만, 몬테네그로에 15-20만, 그리스에 50만의 알바니아인들이 거주하고 있는 이유 중의 하나이다.

지리적으로는 유럽에 속한 곳에 살고 있기는 하지만 알바니아 민족들은 우리와 비슷한 정이나 체면 문화와 같은 동양적인 정서를 많이 가지고 있다. 또한, 혈연 중심적인 사회 구조를 현재까지 유지하고 있다. 친척을 구분하고 부르는 호칭이 다양할 뿐 아니라 이전에 우리나라의 집성촌과 같이 한 동네가 일가친척으로 구성된 마을도 찾아볼 수 있다. 특이한 것은 이들이 거주하는 마을이나 도시에는 어김없이 이슬람 사원인 모스크가 세워져 있는 것이다. 이슬람은 신앙이라기보다는 오랜 관습이고 소수 민족으로서 지배민족과 구별되도록 자신을 지키는 정체성 및 민족성의 상징으로 여겨진다.

2. 코소보 개관

구 유고슬라비아 코소보의 알바니아인들은 고대의 일리리아인(Illyrians)들의 후손으로 알바니아와 국경선을 마주하고 있는 남부의 산악지대에 살고 있었다. 코소보 알바니아인들은 1차 세계 대전 후 정치적 구도 재형성 작용에 의하여 알바니아에 사는 형제 알바니아인들과 분리되어 살게 되었다. 이런 현상은 2차 세계 대전 후 알바니아가 공산주의로 인해 폐쇄국가가 됨에 따라 더욱 심각하게 되었다. 구 유고슬라비아의 알바니아 족속은 주로 자치 구역이었던 코소보에 전체 인구의 10% 정도로 모여 살고 있었는데, 현재는 코소보 인구의

90%를 차지하는 다수를 이루고 있다. 이외에도 마케도니아(25-40%), 몬테니그로(25-35%)에서도 알바니아인들은 유력한 소수 집단을 형성하고 있다. 이들은 1389년에 오스만투르크가 발칸반도에서 이들을 지배한 이후부터 이슬람교를 신봉하고 있다.

코소보 지역은 중요한 정치, 경제적 문제로 시달려 왔다. 세르비아가 주가되어 만들어진 유고 연방에 속해 공산주의를 경험했고 인종청소를 표방한 세르비아 대통령 밀로세비치에 의해 1998년 코소보전쟁에 휩싸이게 되었다. 왜냐하면 세르비아인들은 이 지역에 대한 지배권을 행사하고 있었으며, 지금도 정치적이고 역사적인 이유로 코소보의 자치권을 인정하려 하지 않고 있기 때문이다.

코소보 지역의 경제 상태는 구 유고슬라비아에서 최악의 상태였으며 그 영향으로 지금도 실업률이 60%를 육박하는 것으로 보고되고 있다. 그래서 직업을 가지고 있다고 해도 월 350유로 이상을 벌기 어렵기 때문에 많은 사람들이 외국에 나가있는 가족들의 수입에 의존할 수밖에 없다고 한다. 많은 사람들이 일자리를 찾아 독일, 스위스, 노르웨이 등 서구 선진국가에 흩어져 있고 이들에 의해 유입된 돈으로 코소보의 경제가 돌아가고 있다고 해도 과언이 아니다. 코소보의 경제를 힘들게 하는 또 하나의 요인은 유럽의 부유한 국가들인 유럽공동체(EU)가 쓰는 유로화를 자신들의 화폐로 사용하고 있다는 것이다. 그러나 지금의 코소보는 2008년 독립선언으로 정치적으로도 안정되어 가고 있고 EU의 도움으로 도로 등 사회 간접자본시설이 많이 확충되어 가고 있다.

선교지로서 코소보는 코소보인의 상징처럼 되어버린 이슬람과 정교회 국가인 세르비아에 대한 반감 때문에 복음의 열매를 빨리 볼 수 있는 지역은 아니다. 그러나 코소보 전쟁 이후 UN의 통치를 받으며 이제는 지배 민족이었던 세르비아인과 구별되어야 할 필요성이 없어지면서 알바니아인과 이슬람 사이에 존재하던 "알바니아인=모슬렘"이라는 굳게 닫혔던 등식의 벽이 사라져 가고 있다. 또한 코소보 전쟁 이후에 어린아이들이 많이 태어나서 미래의 세대가 자라 가고 있다. 아이들이 많아 초등학교를 오전 오후반으로 운영하고 있을 정도이다. 그러나 수업의 질은 상당히 낮은 형편이다. 하지만 학부모들은 어려운 경제적인 상황에서 벗어 날 수 있는 것은 교육이라는 생각을 가지고 있어 이 부분에 대한 선교적 접근이 필요한 상황이다.

II. 발칸반도 알바니아계 기독교

1. 코소보 기독교 현황

코소보의 복음화율은 0.03%로 코소보 전쟁 전 3-4개의 교회가 있었으나 그 규모가 작았고 전쟁 이후 구호사업을 병행하여 15여 개의 교회가 개척되기 시작하였다. 현재 코소보교회연합회(KPUK)에 등록된 교회나 공동체의 숫자는 43개이다. 그러나 실질적으로 코소보 전체에 대략 23개 정도의 교회가 매주 모임을 진행하고 있다. 코소보 선교의 선결과제는 이들의 지난 역사 속 분쟁으로 인해 가지게 된 기독교에 대한 잘못된 선입관을 바꾸도록 도와주면서 그리스도인에 대한 경계심을 풀 수 있도록 돕는 것일 것이다.

2. 알바니아 기독교 현황

인구 만 명 이상이 거주하는 도시에는 대부분 교회가 세워졌고 수도인 티라나와 근교에 2곳의 신학교가 세워져 사역자와 일군들을 양성하고 있다. 그러나 아직도 복음화율이 0.8%에 머물고 있는데 이는 알바니아의 경제적 낙후로 인해 대부분의 젊은이들이 가족의 생계를 책임지기 위해 그리스, 이탈리아, 독일 등으로 나가고 있고 교회 안에 잘 양육받고 훈련받은 젊은이들도 가족의 생계를 위해 계속적으로 외국으로 떠나고 있기 때문이다. 또한 이들은 경제적으로도 활동적인 연령층이기 때문에 재정적인 교회자립에도 영향을 미치고 있다. 실제로 이미 선교사에게서 리더십을 이어받아 자립한 교회들도 경제적으로 자립이 힘든 상태이며 특히 현지목회자들이 어려움을 많이 겪고 있다. 그러나 이런 중에도 이들이 교회를 지키고 계속적으로 전도의 사명을 다하고 있는 것은 참 감사한 일이다.

3. 마케도니아 기독교 현황

코소보 전쟁 이후에 마케도니아 사역자들의 증언에 의하면 단 한 알바니아인 가정이 예수님을 영접하여 신앙을 지키고 있었으나 친척들의 위협과 핍박을 피해 외국으로 이주하였기 때문에 한동안 마케도니아 알바니아인의 복음화율은 거의 0%에 가까웠다. 그러나 최근에 마케도니아에서 알바니아인을 대상으로 사역하는 사역자들의 증언에 따르면 10여 명의 신자가 있다고 보고되고 있다. 그러나 알바니아인들은 마케도니아에 동화되지 않고 알바니아인들만의 거주지를 형성해 살고 있기 때문에 접근하기가 쉽지 않다. 현재 대도시 속에 알바니아 지구를 형성하고 사는 비교적 접근이 용이한 오호리드나, 마케도니아 내의 알바니아인을 위한 유일한 대학이 있는 테토보 지역에 소수의 선교사들이 알바니아인에게 복음을 전하려는 시도를 하고 있다. 코소보에서도 이 대학으로 진학하는 경우가 많은데 앞으로 코소보에서 믿음 안에서 잘 양육된 학생들이 이 대학에 진학한다면 선교사들의 캠퍼스 사역에 활기를 줄 수 있을 것이라 예상이 된다.

III. 알바니아계 선교전략

1. 민족주의를 넘어선 기독교 세계관의 가르침

　발칸반도의 전쟁은 늘 종교분쟁과 연관되어 있다. 사실 발칸반도는 크게는 기독교와 회교의 대립지역이고, 그 안에서 정교회와 가톨릭교가 대립하고 있는 것으로 보인다. 그러나 이러한 외형적 분쟁에 대한 내부의 사정은 조금 다르다. 발칸지역은 스스로를 보호하고자 하는 자구책으로 민족주의와 인종주의를 표방해 왔다. 그러나 그것은 동시에 스스로를 비인격화시키는 결과를 가져왔고, 치명적인 전쟁의 상처로 회복하기 힘든 관계의 악화를 가져왔을 뿐이다. 이런 극도의 배타적 민족주의와 인종 우월주의가 바로 발칸 지역에서의 분쟁을 지금까지 이끈 원동력인 것이다. 이러한 상태를 외부로 나타낼 때 그들이 취했던 방법이 '종교'의 힘을 이용한 것이다. 이에 따른 극단의 민족주의와 인종청소에 대한 교회의 바른 입장이 필요해 보인다. 물론 이러한 국가적 사고 체계가 확립된 민족주의의 자민족 우월주의에 대한 반대의견을 내어 놓는 것 자체가 쉽지 않은 분위기임은 확실하다. 그러나 계속적으로 민족적 고립을 추구할 때 발칸 지역은 전 세계에서 고립될 수밖에 없으며 게다가 그리스도의 복음을 받아들이기도 어려운 상황이 되고 말 것이다. 이러한 측면에서 발칸 지역에 대한 선교는 그들이 가지고 있는 배타적 민족주의와 자민족 우월주의에 대한 바른 성경적 가르침이 있어야 한다. 그리스도인의 복음전파는 모든 민족과 모든 나라들에 대한 것이며, 동시에 하나님이 창조한 모든 사람들은 하나님 앞에서 평등하며 발칸반도의 어느 사람도 하나님 앞에서 더 우월하지도, 더 열등하지도 않다는 인간에 대한 기독교적 세계관을 가르쳐야 한다. 이러한 세계관에 대한 가르침을 통해 발칸 지역 내에 분쟁의 요소는 사라질 수 있으며, 교회가 이러한 일에 선구자적인 역할을 감당할 수 있을 것이다.

2. 현지교회와의 협력

발칸지역에는 이미 오래전에 바울을 통한 복음의 전파가 있었다. 비록 지금 그 숫자는 매우 적고, 또 그들이 사회에 미치는 영향력 역시 매우 미약하다. 게다가 정교회와 가톨릭교의 강세는 발칸 지역을 움켜잡고 놓지 않고 있으며, 이에 대한 민족적 종교로서의 이슬람교 역시 강한 세력을 확보해 가고 있는 실정이다. 이러한 발칸 지역에서 개신교 선교는 결코 쉽지 않다. 게다가 처음부터 시작하는 경우라면 그 효율적인 면에서의 부정적인 영향 역시 무시할 수 없다. 하지만, 각 국가들에는 미약하고 소수이지만 개신교회가 있으며, 그들을 통한 선교의 거점 확보는 발칸 지역에 대한 선교의 교두보로서의 역할을 수행할 수 있게 될 것이다. 마치 사도바울이 회당을 중심으로 선교를 이루었던 것과 그의 계속되는 선교여행은 이미 교회가 세워진 지역에서 성경과 복음을 가르치며 불안전한 시대에 사는 성도들의 신앙적 확신을 불어넣어 주었던 것처럼, 발칸 지역에도 이미 있는 기존의 교회를 중심으로 바른 신앙과 그리스도의 복음을 전하고 가르쳐야 할 것이다.

3. 캠퍼스 사역

캠퍼스 사역을 통한 청년들의 제자훈련은 발칸 지역의 미래에 대한 투자라고 할 수 있다. 젊은 대학생들은 앞으로 발칸 지역 내에서 어떤 식으로든 나라의 기초로 중요한 역할을 맡게 될 사람들이다. 따라서 이들이 모여 있는 대학을 선교 대상지로 선정함은 당연한 일이다. 대학생들에 대한 투자는 직접적인 교회의 성장이나 교회의 단기적 성장에는 큰 영향을 미치지 못할 것이다. 그들은 나라 여러 곳에서 온 사람들이며, 학업을 마치게 되면 다시 여러 곳으로 흩어지기 때문이다. 하지만 그들이 다시 흩어진 뒤에 그들이 있는 곳에서 바른 기독교 복음을 전하고, 그 복음에 걸맞은 생활을 영위하게 된다면, 그들을 통해 선교는 더욱 큰 힘을 얻게 될 것이다. 이러한 측면에서 대학생들을 제자화 시키고 그들에게 투자하는 것은 발칸 지역의 미래를 바라본다는 점에서 중요하다. 대부분의 선교지에서 그러하듯 한 민족과 나라를 책임지는 사람들을 바른 기독교 신앙으로 교육하는 것은 단지 한 사람과 그 가족에게만 전파되는 것이 아니라 전 국가와 민족에게 영향력을 끼칠 수 있는 것이란 점에서 그 중요성을 간과할 수 없다.

4. 문화사역

오스만투르크 제국이 발칸반도에 들어와 알바니아인들을 이슬람화 시켜갈 때에 알바니아인들 중에서도 그리스도인으로서 자신의 믿음을 지킨 사람들이 있었다. 종교를 이슬람으로 개종하지 않으면 더 많은 세금을 부과하는 오스만투르크 제국의 부당한 정책에 의해 그리스도인들은 가난해졌고 어떤 사람들은 믿음을 지키기 위해 그리고 이 과세 횡포를 벗어나기 위해 깊은 산으로 들어갔다. 이로 인해 그들의 자녀들은 교육의 혜택을 받지 못했고 이슬람 사회에서 그들의 입지는 줄어 갔었다. 그런 까닭에 코소보 알바니아 사람들은 아직도 기독교를 열등한 종교로 보고 있으며, 기독교인들은 가난하고 더럽다고 생각하는 편견이 있다. 따라서 이들이 기독교에 대해 가지고 있는 잘못된 선입견과 그로 인한 반감을 문화사역을 통해 바꾸어 가면서 하나님 나라를 확장하는 것이 효과적이다.

5. 어린이 사역

코소보는 현재 아이들이 많이 있다. 전쟁 후에 많은 아이들이 태어나는 일반적인 현상과 함께 이슬람 배경으로 출산율이 높다고 보인다. 많은 아이들이 태어나고 있지만, 코소보 사회가 어린이들에 대해서 관심을 가지고 이들을 위해서 투자하는 일은 거의 없는 상황이다. 일부 경제적인 여유가 있는 부모들은 자녀들의 교육을 위해서 학교뿐 아니라 사교육에도 신경을 쓰고 있지만, 대부분의 부모들은 경제적인 어려움으로 인해서 전혀 신경을 쓰지 않으며 거의 아이들을 방치하고 있다고 할 수 있다. 어린이들은 새로운 것을 배우고 받아들이는 데 있어서 능동적인 경향을 가지고 있다. 그러므로 코소보 선교는 어린이를 대상으로 복음을 전하는 것에 집중해야 한다. 즉, 전략적인 선교의 대상이 어린이가 되어야 한다. 어른들은 이미 사고가 굳어져서 복음을 받아들이고 변화하려고 하지 않고 있다. 하지만 아이들은 아직 사고가 굳어지지 않아서 새로운 것을 받아들이고 변화하려는 의지를 가지고 있다. 어린이 사역은 열매가 바로 나타나지 않는다. 하지만, 아이들에게 복음을 심고 그들이 사회의 구성원으로 자라났을 때 자연스럽게 사회의 변화를 일으킬 수 있다고 생각한다. 지금도 어린이 사역을 하다 보면 어른들은 교회에 오지 않지만 자신들의 아이들이 교회에 와서 활동하고 배우는 것에 대해서는 긍정적인 것을 볼 수 있다. 더 나아가 교회에서 자란 아이들에게 좋은 변화가 있다면 부모들과 주변 사람들에게 자연스럽게 복음을 증거하는 효과가 있다고 여겨진다. 지금 코소보 사회와 부모들이 눈앞에 보이는 경제적인 부분에만 관심을 가지고 어린이들에 대해서는 관심을 가지고 있지 않다. 이때에 우리가 어린이들에게 관심을 가지고 말씀을 가르쳐 하나님 나라 세계관으로 양육한다면 분명 좋은 변화가 있을 것이다.

6. 팀 사역

어린이 사역과 교회개척 사역을 전략적으로 접근하려고 할 때는 팀으로써 움직여야 한다. 어린이 사역은 아이들과 계속해서 접촉해야 하기 때문에 많은 시간이 필요하다. 단지 말씀을 가르치는 것이 아니라 아이들과 함께 많은 교제와 나눔을 통해서 기존에 아이들이 가지고 있던 가치관에서 기독교 세계관으로의 변화를 이끌기 위해서 지속적인 돌봄과 사역의 연속성이 필요하기 때문이다. 이러한 교육의 지속성과 연속성을 확보하기 위해서는 한 가정이 아니라 팀으로써 일을 감당해야 한다. 지금 코소보는 이슬람이 90% 이상을 차지하고 있다. 이슬람이 90% 이상인데 선교를 자유롭게 할 수 있는 특이한 지역이 코소보이다. 열린 선교지라고 할 수 있다. 하지만, 동유럽은 매년 달라지고 있기 때문에 시간이 언제나 있는 것은 아니다. 코소보 전쟁은 선교의 원년이라고 여겨질만큼 전쟁을 통해서 복음의 문이 열리기 시작했다. 하나님께서 문을 여셨고 선교의 기회를 주셨다. 지금 이 시간이 코소보 선교의 때이다. 그리고 어린이선교를 통해서 주어진 시간 안에 효과적으로 어린이들에게 말씀을 가르치고 양육해야 한다. 이로 인해 새로운 세대가 일어나고 이들이 사회에 선한 영향력을 행사하며 더 나아가 코소보에 변화를 가져오는 건강한 개혁교회를 세워서, 코소보 교회를 통해서 하나님의 선교가 계속해서 이루어질 날을 소망하며 기도한다.

불가리아

이범석

I. 들어가는 말

발칸반도에 위치한 불가리아는 한국에 잘 알려지지 않은 나라지만, 우리와 동일한 모습을 많이 발견할 수 있다. 불가리아는 한때 발칸 유럽의 패권을 다투는 거대한 왕국이었지만, 오스만 터키에 500년간 지배를 받으며 설움을 겪기도 했다. 또한 러시아의 도움으로 해방될 당시 주변 열강들의 이권 다툼으로 남과 북이 나뉘는 국가 분단의 아픔을 겪었다. 이처럼 비슷한 역사는 그 나라에 관심을 가지는데 큰 도움을 준다. 또한, 우리에게 친숙한 요구르트 음료 불가리스는 불가리아를 떠올리는데 매우 효과적인 역할을 하고 있다. 거리상 멀지만 닮은 나라 불가리아에 대해 알아보고, 이곳에서 일어나 선교역사와 앞으로의 선교전략에 대해 알아보자.

II. 일반적 고찰

1. 영토, 인구, 기후 등 일반적 국가 개관

불가리아 공화국은 지정학적으로 동유럽 발칸반도의 남동쪽에 위치한다. 불가리아의 주변 국가와 지형은 북쪽으로 다뉴브강(도나우강)을 경계로 루마니아가 있고, 동쪽으로 흑해, 남쪽으로 터키와 그리스, 서쪽으로 세르비아와 북마케도니아가 있다. 수도는 소피아이며, 대표적인 도시는 플로디프, 바르나, 루스, 부르가스, 플로벤 등이 있다. 영토의 크기는 110,879 km로 대한민국 남한보다 조금 큰 편이다. 한국이 남북으로 길다면, 불가리아는 남서로 길게 자리한다. 불가리아의 지형은 북쪽과 남동쪽에 저지대가 있으며, 주로 산지이다. 사계절이 있고, 구분이 뚜렷한 편이다. 단, 한국과 다르게 여름이 건조하고, 겨울이 우기로 습하고 눈이 많이 내린다.

불가리아의 인구는 2022년을 기준으로 약 690만 명으로 세계 107위에 속한다.[1] 이는 국내에 거주하는 인구수이며, 불가리아를 떠나 해외에 거주하는 인구는 약 400만 명으로 불가리아 내에 거주하는 인구수와 큰 차이가 없을 만큼 많은 수의 불가리아인들이 해외에 거주한다. 따라서 수도 소피아(132만)와 몇몇 큰 도시를 제외하면, 전반적으로 인구 밀도가 낮은 편이다. 2011년과 2021년에 실시된 인구센서스에 따르면 불가리아의 인종과 비율은 불가리아인 83%, 터키인 10%, 로마인(집시) 5%, 기타 2%이다.[2] 65세 이상 노인 인구가 전체의 20%를 차지하고 있으며, 여성이 남성에 비해 약 1.5배 많다. 평균연령은 43.7세로 세계 20위이며, 젊은 편에 속한다. 불가리아의 인구 증가율은 -0.67%로

---

1. "Bulgaria" https://www.cia.gov/the-world factbook/countries/bulgaria/#introduction (Accessed at 2023.04.18).
2. 이호식, 『안녕 소피아』 (서울: 선인, 2022), 16.

세계 226위이며, 출생률은 인구 1000명당 8.05명으로 매우 낮은 수치의 저출산 국가이다.

불가리아의 언어는 불가리아어를 사용하며, 문자는 키릴 문자이다. 불가리아 사람들은 언어에 대한 자부심이 높다. 그 이유는 키릴문자가 불가리아인을 위한 독자적인 문자로 만들어졌기 때문이다. 키릴 문자의 기원은 863년 키릴로스와 그의 제자 메토디우스가 기독교 선교를 위해 모라비아 공국에 파송되는 것으로 시작되었다. 선교활동을 위해 문자의 필요성을 느낀 두 사람은 키릴 문자의 초판이 되는 글라골 문자(슬라브 계통에 첫 번째 문자)를 만든다. 이후 키릴로스가 죽고 모라비아 왕국은 그의 제자들이 남아 있을 필요가 없다고 판단하여 추방하게 된다. 이때 키릴로스의 제자였던 나움과 글리멘타인도 모라비아에서 쫓겨나게 되는데, 당시 불가리아의 왕이었던 시메온 1세는 이들을 초청하여 불가리아만의 독자적인 문자를 만들어 줄 것을 요청한다. 나움과 클리멘타인은 이 제안을 받아드려 896년 불가리아를 위한 독자적인 문자가 탄생했고, 스승의 이름을 따 키릴 문자가 되었다. 오늘날 키릴문자는 불가리아와 우크라이나, 벨라루스, 세르비아, 북마케도니아, 슬로베니아, 아제르바이잔, 몽골 등에서 사용된다.[3]

2. 역사

BC 3000년경 트라키아인들은 처음으로 불가리아 지역에 왕국을 세웠다. 트라키아 왕국은 알렉산더 대왕과 로마제국의 지배를 받았고, AD 6-7세기에는 슬라브인의 지배를 받는다. 7세기 후반 볼가강 유역에 거주하던 투르크계 불가르인 아스파루흐(Asparuh)는 군대를 이끌고 발칸반도로 진출해 트라키아

---

3. "키릴문자" https://ko.wikipedia.org/wiki/%ED%82%A4%EB%A6%B4_%EB%AC%B8%EC%9E%90 (Accessed at 2023.03.24).

와 슬라브족을 모두 통합하고 681년 1차 불가리아 왕국을 세웠다. 불가리아는 비잔틴제국(동로마 제국)과 그 힘을 견줄 정도로 강성한 국가였다. 10세기 시메온 1세 때는 활발한 영토 확장을 이루어 황제의 국가가 되기도 했다. 하지만 불가리아는 1014년 국력을 회복한 비잔틴 제국에 공격을 받게 되고, 이 전쟁에 패배한 제1 불가리아 왕국은 그 막을 내리게 된다. 이후 비잔틴제국의 속국 시기를 보내던 불가리아는 다시 힘을 키우며 기회를 엿보다 비잔틴 제국이 약해진 틈을 타 1185년 벨리코 투르노브를 중심으로 제2 불가리아 제국을 세운다 (1185-1396). 제2 불가리아 제국의 전성기는 이반 아센 2세의 시기로 마케도니아와 알바니아의 일부까지 그 영토를 확장했다. 하지만 13세기 몽골의 침략과 14세기 헝가리와 세르비아의 침략으로 나라의 힘을 점점 잃어갔고, 결정적으로 1396년 영토를 확장하던 오스만 터키에 의해 정복당하면서, 약 500여 년간 터키의 지배를 받는 암흑 시기를 보내게 된다.[4]

19세기 중반부터 불기 시작한 불가리아 민족해방운동은 불가리아인들에게 독립에 대한 열망을 강하게 일으켰고, 1877년 러시아는 발칸 유럽으로의 진출이라는 목표와 불가리아의 독립이라는 명분을 이루기 위해 오스만 터키와 전쟁을 일으킨다. 1878년 두 나라의 전쟁의 결과로 러시아(구소련)가 승리하여 불가리아는 독립하게 된다. 불가리아는 완전한 독립을 꿈꿨지만, 전쟁에 참여한 열강의 압력으로 남과 북으로 갈라진 반쪽짜리 독립을 하게 된다. 이에 불가리아는 끝까지 투쟁하여 1885년 남부와 통일을 이루게 되지만, 여전히 마케도니아 지역은 오스만 터키의 땅으로 남아 있었다. 1912년 불가리아는 세르비아, 그리스, 몬테네그로와 연합해 마케도니아와 북그리스 등의 영토를 회복하자는 명목으로 제1차 발칸 전쟁을 일으킨다. 이 전쟁에서 불가리아 측 동맹군

---

4. 김철민, 『종교와 문화의 모자이크, 발칸』 (서울: HUEBOOKS, 2014), 42-43.

이 오스만 터키에게 승리하지만, 동맹군과 전리품을 나누는 과정에서 맹약이 지켜지지 않아 서로 간에 다툼이 발생하게 된다. 결과적으로 2차 발칸 전쟁이 일어나게 되고 불가리아는 세르비아, 그리스, 루마니아, 오스만 연합군과 전쟁을 한다. 이 전쟁에서 불가리아는 패배하고 많은 영토를 동맹군에게 빼앗긴다. 발칸 1,2차 전쟁 이후 불가리아는 세계 1차와 2차 대전을 겪는다. 이 전쟁에서 불가리아는 번번히 패배하는 편에 서고, 그 대가를 톡톡히 치러야 했다. 불가리아는 영토의 상당 부분을 패전 보상으로 인근 국가에게 빼앗겼다. 2차 세계 대전 후 동유럽 국가들은 러시아에 의해 공산체제를 수립했다. 불가리아도 예외는 아니었다. 1944년 9월 불가리아는 공산화되었고, 45년간 공산체제가 이어졌다. 1980년대부터 경기침체와 공산당에 대한 비판이 거세졌고, 베를린 장벽 붕괴와 동유럽 전반에 사회주의 체제의 몰락에 힘입어 1989년 11월 불가리아의 민주화를 요구하는 전국적 시위가 일어나 사회주의는 막을 내린다. 불가리아 사회주의의 대표인물인 토도르 지프코프도 36년의 긴 장기 집권에서 물러났다. 1990년 불가리아는 나라 이름을 불가리아 공화국으로 바꾼 뒤 다당제 정치체제와 자유시장경제체제를 도입한다. 체제 초반에는 불안정 상태가 이어졌지만, 2001년 이후 안정을 찾기 시작했다. 불가리아는 2004년 NATO와 2007년 EU에 가입했고, 꾸준히 성장 발전하고 있다.

3. 경제

불가리아 정부는 1990년대에 사회주의 체제에서 자유 경제 체제로 경제 개혁을 이루었다. 국유 기업의 민영화, 무역 자유화, 조세 제도의 강화 등의 변화는 초반에 경제적 어려움을 만들어 냈지만, 이후에는 불가리아 내 투자를 유치시키고 성장을 촉진하는데 도움이 되었다. 불가리아는 2000년부터 2008년까지 연평균 6%가 넘는 GDP 성장률을 유지했다. 2009년에 금융 위기로 심각한 경기 침체를 경험하지만, 이후 유럽연합 국가 내의 불가리아 제품 수요 증가와 유럽연합의 개발 자금이 불가리아 내로 유입되어 꾸준히 경제를 성장을 유지했다. 하지만 2020년 3월부터 유럽 내 확산되기 시작한 코로나로 독일, 이탈리아 등 주요 교역국과의 무역이 마비됐으며, 정부의 방역 조치에 의해 전국 휴업령이 선포되어 민간소비 및 투자가 위축된 결과 그해 불가리아는 -4.2%의 역성장을 기록했다.[5] 2022년 코로나에서 일상을 회복하는 가운데 있으며 경제 성장을 위해 힘찬 발돋움을 하고 있다. 2021년 불가리아의 1년 총 GDP는 800억 달러이다. 노동인구는 약 250만 명으로 1차 산업에 7.1%, 2차 산업에 35.2%, 3차 산업에 57.7% 비율로 종사한다. 주요 산업은 광업, 화학, 기계 성유정제, 철강 등이다. 흑해 연안을 중심으로 발달되어 있는 불가리아의 관광산업 또한 매우 유명하며, 매년 9백만 명이 넘는 해외 관광객들이 불가리아를 방문하고 있다. 특산물로는 장미와 유산균이 유명하며, 특히 장미유는 연간 약 1,500kg을 생산하여 세계에서 가장 많이 생산하는 국가 가운데 하나이다. 장미유는 향수와 화장품으로 2차 생산되어 생산량의 98%가 전 세계로 수출되고 있다.[6]

4. 교육

불가리아는 교육을 중요하게 여기는 나라로서, 국민들의 교육 수준이 상당히 높다. 국가에서 공립학교를 운영하고 있으며, 민간 학교도 다양하게 운영되고 있다. 불가리아는 유아교육 및 어린이집에 대한 지원을 제공하여 어린이들의 발달을 돕는다. 유치원 이후 정규교육은 7년간의 기본교육과정과 5년간의

---

5. KOTRA, 『KOTRA2021국가정보 불가리아』 (한국: KOTRA, 2021), 10.
6. "불가리아 경제" https://overseas.mofa.go.kr/bg-ko/brd/m_7760/view.do?seq=1339690&page=2 (Accessed at 2023.03.22).

고등교육으로 구분되어 있다.[7] 불가리아의 교육과정은 학생들이 적극적으로 참여하고 자신의 능력을 발휘할 수 있도록 설계되어 있다. 기본교육과정에서는 국어, 수학, 과학, 역사, 지리, 예술 등 다양한 교과목을 배우며, 고등교육은 일반교육과 특수목적 그리고 기술 교육 학교로 세분화되어 있어 학생들이 자신이 원하는 분야로 진학하여 전문적인 지식을 배울 수 있다. 물론 고등교육을 받기 위해서는 시험을 통과해야 한다. 12년의 정규과정을 마치면 대학에 진학할 수 있다. 불가리아에는 총 44개의 대학교가 있으며, 대표적인 학교로 Sofia University가 있다.

5. 일반 종교상황

불가리아는 길고 복잡한 종교적 역사를 가진 나라이다. 유럽과 아시아의 관문에 위치했기 때문에 역사와 문화적 다양성이 반영된 복잡한 종교적 형태를 가지고 있다. 불가리아 정교회는 불가리아에서 가장 크고 영향력이 있으며, 불가리아 사회에서 종교는 계속해서 중요한 역할을 하고 있다. 불가리아인의 반 이상이 불가리아 정교회에 속해 있으며, 2020년 불가리아 국립통계원 통계 조사에 따르면, 인구의 59.4%가 정교회 신자이다.

불가리아의 다른 종교 집단으로는 상당한 수의 이슬람교도와 로마 가톨릭교도, 개신교와 유대인 그리고 다른 종교의 추종자들로 이루어진 작은 공동체들이 있다. 이슬람교도는 인구의 약 7.8%를 차지하며 높은 비중을 차지한다. 그들 중 대다수는 터키인 또는 로마인이다. 불가리아 이슬람교도는 주로 수니파 이슬람교를 믿는다. 불가리아의 이슬람교는 국가에서 인정받고 있으며, 이슬람교도들은 자신들의 교회와 학교를 운영할 수 있고, 이슬람교 교육을 받을

---

7. "교육제도: 불가리아" http://dh.aks.ac.kr/~cefia/wiki/index.php/%EA%B5%90%EC%9C%A1%EC%A0%9C%EB%8F%84:%EB%B6%88%EA%B0%80%EB%A6%AC%EC%95%84 (Accessed at 2023.04.23).

수 있다. 불가리아 가톨릭교회는 인구의 1% 미만을 차지하는 소수 종교이다. 불가리아의 개신교도 1% 미만으로 최근 몇 년간 그 수가 증가하고 있다. 불가리아의 유대인 공동체는 유럽에서 가장 오래된 것 중 하나이며, 불가리아에는 여러 개의 유대교 회당과 유대인 문화 기관이 있다. 이는 불가리아의 문화 유산에서 중요한 역할을 한다.

전반적으로, 불가리아에서는 종교적 관용이 일반적으로 존중되며, 종교적 공존의 오랜 전통을 가지고 있다. 불가리아의 헌법에서도 종교의 자유를 보장하며, 정부는 이 권리를 존중하는 분위기다. 불가리아 정교회는 이 나라의 전통 종교로 인정받아 국가와 특별한 관계를 맺고 있다. 그러나 종교 단체들, 특히 정교회 기독교인들과 이슬람교도들 사이에는 때때로 긴장과 갈등이 있었다. 그리고 개신교에 대한 거부감이 강한 편이다.

II. 기독교 역사와 현황

1. 지역의 기독교 역사

크리스트교가 발칸 유럽의 남슬라브족들에게 전파되기 이전, 슬라브족은 원시 신앙의 형태를 가지고 있었다. 당시 농경사회였기 때문에 이와 관련된 태양, 대지, 천둥, 물 등을 숭배했다. 하지만 이후 크리스트교가 확장되면서 발칸 지역은 이 영향권 안에 들어 있었기 때문에 자연스럽게 종교적인 영향을 받게 된다. 크리스트교(콘스탄티노플 교회 정교)는 863년 비잔틴 황제의 명령에 의해 모라비아 왕국의 크리스트교 포교를 위해 열심을 다했던 키릴(Cyril, 826/827-869)과 메토디우스 형제(Methodius, 815-885)와 그들의 제자들에 의해 남슬라브족에게 전해졌다. 키릴과 메토디우스 형제는 당시에 뛰어난 학자로 슬라브 문자와 언어를 고안해 냈고, 4대 복음서(마태, 마가, 누가, 요한)를 제작해 모라비아 왕국에 크리스트교 가르침을 전파했다. 이후 907년 마자르족에 의해 왕국이 멸망하게 되며 이들의 제자인 클리멘트와 나움은 제1불가리아 제국으로 피신하게 되었고, 보리스 1세의 요청에 의해 슬라브 문자(이후 '키릴 문자'로 불리게 됨)와 언어를 보급한 후 발칸 유럽의 남슬라브인들을 대상으로 크리스트교를 전파하게 된다. 이후 불가리아의 기독교는 11세기 동서방 교회의 분열 후 동교회로 분류되었으며, 오스만 터키 500년의 지배하에 신앙의 위기를 겪기도 했지만, 위기를 잘 극복하여 지금까지 정교회 신앙을 지켜오고 있다.[8]

2. 불가리아 정교 현황

불가리아 정교회는 정교회의 9개 총대주교구 중 하나로 타 동방 정교회 교단들과 상통 관계를 유지하고 있는 독립 교회이다. 불가리아 정교회는 총회와 교구 그리고 구역으로 구성된다. 국내교구는 총 13개로 소피아, 바르나와 벨리코 프레스라프, 벨리코 타르노브, 비딘, 브라차, 도로스톨, 로브찬, 뉴로코프, 플레벤, 플로브디프, 계랴, 슬리벤, 스타로자고르스크에 있다. 국외는 2개의 교구가 있으며, 미국, 캐나다, 호주에 있는 불가리아 동방 정교회교구와 서부 및 중부 유럽의 불가리아 동방 정교회 교구가 있다. 각 교구는 구역으로 나뉘어져 있으며, 이 중 소피아 교구는 8개의 구역으로 구성되어 있다. 수도인 소피아 교구에는 대주교가 있으며, 대주교는 불가리아 총대주교의 역할을 함께 수행한다.

정교회의 직분은 총대주교와 주교와 사제, 수사, 수녀로 구성되어 있다. 불가리아 정교회는 주교 15명, 교구사제 1500여 명, 수사는 200명이며, 수녀도 거의 동일한 수로 추정된다. 수도원은 120곳 정도가 있다.[9]

---

8. 김철민, 『종교와 문화의 모자이크, 발칸』, 40-41.

9. "불가리아 정교회" https://ko.wikipedia.org/wiki/%EB%B6%88%EA%B0%80%EB%A6%AC%EC%95%84_%EC%A0%95%EA%B5%90%ED%9A%8 (Accessed at 2023.03.24).

불가리아 정교회의 최고 통치 기구인 총대주교청은 불가리아 총대주교와 4명의 교구장으로 구성된 시노드이다. 총대주교의 권한은 시노드의 결정과 함께 효력을 발생하며, 교회 평의회, 주교 평의회 및 시노드 회의를 주재 및 통제하며 결정하고 이행한다. 또한 시노드와 함께 불가리아 총대주교청의 주교를 임명하고 교회의 규율과 질서 유지를 위한 통제를 수행하고, 위반하는 일이 발생할 때 조치를 위해 시노드에 문제를 제출하여 다룰 수 있다. 현재 총대 주교는 시메온 니콜로프 디미트로프이며, 2013년 2월에 알렉산더 네프스키 성당에서 서임되었다.[10]

불가리아의 정교는 곳곳에 보이는 정교회 건물을 통해 뿌리 깊이 자리하고 있음을 체감할 수 있다. 평일에도 정교회 문이 활짝 열려 있어 많은 사람들이 교회를 찾는다. 하지만 정교회 내부로 들어가면 예상과 전혀 다른 그림이 그려진다. 정교회 내부에서는 기도를 위한 초를 판매하고 대부분 사람들은 초를 구매한다. 교회의 정면에서는 성화와 성상이 자리하고 있고, 그 그림을 보고 사람들은 기도한다. 성상숭배 문화가 뿌리 깊이 자리하고 있는 것이다. 불가리아 사람들은 몸이 아프거나 교회를 찾아보고 기도한다. 하지만 정작 주일 성수의 개념은 약한 편으로 주일에 예배를 드리는 비율은 정교회 신자 비율에 비해 현저히 낮은 편이다.

3. 현재의 개신교 상황

불가리아는 다양한 기독교 교단이 있다. 대표적으로 감리교와 침례교, 회중교회 그리고 오순절 교단이다. 불가리아 감리교는 미국의 감리교회의 미국 해외선교회의 지원을 받아 1857년에 설립되었다. 불가리아 감리교는 불가리아에

---

10. "Bulgarian Orthodox Church – Bulgarian Patriarchate" https://bg-patriarshia.bg/patriarch (Accessed at 2023.03.24).

대한 복음 전파와 함께 사회적 문제들에 대한 대처와 교육에도 많은 노력을 기울였다. 이러한 노력으로 불가리아 감리교는 현재 불가리아의 사회, 경제, 교육 등 다양한 분야에서 중요한 역할을 하고 있다. 불가리아 감리교는 성경을 근본적으로 중요시하며, 교회의 설립과 성장을 위해 예배와 기도, 교육, 복음 전파, 사회 복지 등의 활동을 전개하고 있다. 불가리아 감리교는 특히 사회적인 문제들에 대한 대처와 지원에도 많은 노력을 기울이고 있으며, 가난, 환경문제, 이민자 등 다양한 분야에서 관심을 가지고 활동하고 있다.[11]

불가리아 침례교는 불가리아에서 가장 큰 기독교 단체 중 하나로, 1900년대 초에 미국 선교사들에 의해 창립되었다. 신자의 수는 약 90,000명이 등록되어 있다. 불가리아 침례교회는 예배, 성경공부, 사회봉사, 선교활동 등 다양한 활동을 전개하고 있다. 성경공부는 매주 예배 전후에 이루어지며, 불가리아어로 번역된 성경을 사용한다. 성경공부를 통해 신앙에 대한 이해를 높이고, 신앙생활에 필요한 지식과 지혜를 얻을 수 있다. 불가리아 침례교회는 선교활동을 전개하면서 다른 나라에서도 불가리아 침례교회를 알리고 있다.[12]

불가리아 회중교회는 불가리아에 위치한 기독교 종파 중 하나이다. 이 교회는 1870년대 말에 불가리아에서 시작되었으며, 그 당시에는 불가리아 독립교회로 불리기도 했다. 이후 1945년 불가리아 공산당이 권력을 잡으면서, 교회는 국가로부터 군사적 위협, 그리고 인신 공격과 함께 정식교단으로 인정받지 못하는 위기를 겪었다. 그러나 1989년 불가리아 공산당의 몰락하고 회중교회는 다시 활동하게 되었으며, 현재 불가리아 회중교회는 불가리아의 주요 기독교 종파 중 하나로, 약 10만 명 이상의 신자가 등록되어 있다. 회중교회는 교육, 사회사업, 선교, 국제적인 기독교 단체와의 협력 등 다양한 활동을 하고 있다.

---

11. "Bulgaria" https://www.umc-cse.org/en/countries/bulgaria.html (Accessed at 2023.03.24).
12. "IBC" https://www.ibcsofia.com/ (Accessed at 2023.03.24).

불가리아의 오순절 교단(Pentecostal church of Bulgaria)은 1920년대에 불가리아에 들어와서 현재는 불가리아 선교교회(Bulgarian Missionary Church)라는 이름으로 활동하고 있다. 이 교단은 주로 전통 교회와 차별화된 예배 방식을 가지고 있으며, 예배와 말씀 중심의 전도와 선교활동을 펼치고 있다.

불가리아 개혁장로교단은 2003년에 한국 선교사에 선교로 정식 독립 교단으로 등록되었다. GSM 소속인 김호동 선교사는 1992년 불가리아에 파송된 후 개혁 장로교단을 만들어 불가리아 종교단체 UBC(United Bulgarian Chureches)에 가입을 하였고, 오랜 수고 끝에 독립 교단으로 승인 받았다. 2013년 자료를 기준으로 개혁장로교단에 등록된 교회는 60개 교회이다. 개혁장로교단은 신학교를 설립하여 교단의 목회자들에게 신학 교육을 제공하고 있다.[13]

불가리아에서 기독교의 선교 활동도 활발하게 전개되고 있지만, 이단들도 분주하게 활동하고 있다. 현지 선교사들의 증언에 의하면 여호와의 증인, 몰몬교, 동방사교, 구원파 등이 불가리아에서 활발하게 활동하고 있다고 한다.

III. 불가리아 선교

1. 영국과 미국 선교사의 선교

영국과 미국의 불가리아의 선교는 오스만 제국의 지배하에 있던 19세기에 시작되었다. 영국 성서 공회와 미국 선교사들은 19세기 초 불가리아인들에게 관심을 가졌고, 초기에는 성경 번역 사역을 중심으로 선교사역을 시작했다. 1850년 최초의 개신교 공동체가 형성되었고, 처음에는 불가리아 남부에서, 이

---

13. 김주신, "불가리아 기독교의 발전." (총신대학교신학대학원, 2013), 26.

후에는 북부와 남서부 불가리아 땅에서 개신교 공동체가 작지만 꾸준히 생겨났다. 1870년대 반스코에 최초의 불가리아 개신교회가 세워진다. 반스코에 살던 4-5,000명 주민 대부분이 개신교 성도가 되었다. 1878년 오스만 터키에서 해방된 불가리아 국가가 탄생하면서 불가리아 개신교(침례교, 감리교, 회중교)는 새로운 국면을 맞이한다. 1928년 회중교회, 감리교, 침례교와 오순절 교회는 연합복음주의교회협회를 설립했고, 정기적으로 모여 회의를 통해 선교 연합 사역을 이어갔다. 하지만 1944년 불가리아는 공산 정권 시기에 들어가게 되고 교회를 향한 괴롭힘과 압박이 시작된다. 대부분 지역 교회는 등록이 취소되었고, 개신교 목사들은 사형과 징역형을 받는 고난의 시기를 보내게 된다. 불가리아의 교회는 모두 사라질 위기에 처했지만, 외국 복음주의 교단과 관계를 유지하며 불가리아의 종교적 권리를 되찾기 위해 노력했다. 그 결과 복음주의 교회는 그 수가 증가했고, 공산주의 정권이 끝나는 1989년에는 1944년보다 훨씬 더 많아지게 되었다. 1989년 불가리아는 자유경제 체제로 바뀌며, 교회의 주일학교 사역이 재게 되었고, 기독교 간행물 발행에도 제약이 줄어들게 되었다. 현재 복음주의교회협회는 목회 사역으로 복음 전파에 힘쓰고 있으며, 성도에게 교육적인 부분과 사회약자들을 돕는 사역도 함께 감당하고 있다.[14]

불가리아에서 활동 중인 선교단체는 다음과 같다.

① CRU(Campus Crusade for Christ International)의 이전 이름은 CCC로 불가리아 대학생들을 위한 선교활동을 주로 하고 있다. 대학 캠퍼스 내에서 선교활동 및 교육, 그리고 대학생들을 대상으로 한 영성 지도 등을 제공한다.[15]

② WEC(Worldwide Evangelization for Christ)는 불가리아 내에서 교회를

---

14. "History" http://eabulgaria.org/?page=about&id=1 (Accessed at 2023.03.24).
15. "Bulgaria" https://www.cru.org/us/en/communities/locations/europe/bulgaria.html (Accessed at 2023.03.24).

설립하고, 지역사회와 함께 다양한 봉사활동을 실시하며 불가리아 청소년들과 대학생들의 영적인 성장을 돕는다.

③ YWAM(Youth With A Mission)는 불가리아의 히사르와 슬리벤에서 팀으로 사역하고 있다. 또한 디미트로그라브와 다른 몇 곳에서 청각 장애인을 섬기는 공동체가 있다. YWAM은 리더십 훈련, 가족 사역, 제자 훈련 그룹 및 자비 사역을 통해 봉사하며, 지역의 고아원을 돕는다.[16]

이와 같이 선교 단체들이 불가리아에서 현지인 복음화를 위해 섬기고 있다.

2. 한국 선교사의 선교

불가리아에 처음으로 파송된 한국인 선교사는 제임스 강 선교사이다. 제임스 강 선교사는 선교단체 OM(Operation Mobiliztion) 소속으로 불가리아가 사회주의에서 자유경제 체제로 바뀐 다음해(1990년) 국경의 문이 열리기 시작할 때 불가리아로 파송되었다. 제임스 강 선교사는 주불한국 대사관에서 대사의 통역을 담당했고, 주일에는 청년들에게 성경교육을 통해 제자 양육 사역에 집중하여 불가리아 선교에 기초를 마련했다.

1992년 김호동 선교사 가정이 불가리아에 파송된다. GMS(Global Mission Society, 예장합동 총회세계선교회) 소속인 김호동 선교사는 1990년에 불가리아 소피아의 한인들에 의해 자발적으로 세워진 소피아 한인교회에 초대 목사로 청빙 받아 담임목회 사역을 시작했다. 또한, 1994년 불가리아에 신학교 사역의 중요성을 인지하여 "개혁장로교신학교"를 설립함으로 불가리아 청년들에게 개혁주의 신학을 가르칠 기틀을 마련했다. 그리고 이듬해 UBC(United Bulgarian Churches) 교단에 개혁장로교 교단을 등록해 교단 사역을 시작했

---

16. "YWAM BULGARIA" https://ywamce.com/countries/bulgarian/ (Accessed at 2023.03.24).

고 60여 교회가 교단에 등록되어 있다. [17]

2000년대부터 불가리아에 본격적으로 선교사들이 파송되기 시작한다. 유럽 선교의 필요가 한국교회에 알려지면서 각 선교 단체들은 불가리아에 한국인 선교사들을 파송했다. 2004년에는 불가리아 한인선교사협회가 만들어졌으며, 23년 2월 기준 불가리아한인선교사회(이하 불선회)에 가입된 선교사 가정은 32가정으로 파송단체의 현황은 다음과 같다. 감리교단 2, 고신교단 1, 대신교단 3, 교회파송 5, 바울 선교회 2, 침례교단 2, 통합교단 2, 한인선계선교지원재단 1, 합신 1, CMF 1, CMI 1, FMB 1, GMP 1, GMS 4, PCK 1, UBF 1, WEC 2, YWAM 1이다. 불선회 선교사들은 불가리아 각지에서 교회개척, 신학교, 청년제자훈련, NGO, 현지교단(교회)협력, 한국어학원, 대학교수, 게스트 하우스 등으로 선교 사역을 감당하고 있다.[18]

3. KPM 선교역사와 사역 소개

KPM 소속 선교사는 아니지만, 고신교단에서는 김철호 선교사가 먼저 불가리아에서 선교사역을 감당했었다. 김철호 선교사는 대학시절 한양대 SFC를 창립하여 경기지방 SFC위원장과 평신도 간사로 섬겼다. 이후 직장생활에 전념하다 친형인 불가리아의 김호동 선교사의 요청으로 2011년 6월 불가리아 신학교에서 행정 업무로 선교사역을 시작했다. 3년간의 신학교 사역을 마친 김철호 선교사는 아내 고 박성숙 선교사와 함께 불가리아 브라차시(불가리아 북부의 중심도시)로 사역지를 옮겨 본격적인 사역을 시작했고, 2014년 6월부터 SFC 불가리아 비전트립을 시작으로 한국과 불가리아 청년들 사이에 선교적 연결고리를 만들었다. 한국문화사역(한국어, 한국무용, 한국음식 등)을 중심으로 불

---

17. 김주신, "불가리아 기독교의 발전," 26.
18. 김주연, 『평신도 선교사로서 팀사역 전략』 (대전: 대한예수교장로회총회세계선교회, 2022), 25.

가리아 현지인들이 한국 문화의 관심을 가지게 했고, 정기적으로 한국의 날 행사를 진행하여 이 관심이 이어지게 만들었다. 불가리아 현지 언론과 브라차시에서 많은 관심을 가졌고, 공로를 인정받아 주지사로부터 감사장도 받았다. 이 일을 통해 현지 교회 법인과 청소년문화센터 법인을 허락받았다. 뿐만 아니라 현지 고등학교에서 한국어 수업을 진행하며 불가리아인들과 지속적인 교제를 통해 복음을 전할 기초를 마련하고 있었다. 하지만 안타깝게도 2016년 9월 29일 갑작스럽게 하나님의 부름을 받았다. 김철호 선교사는 한국 문화 캠프와 한글 교육 사역을 통해 불가리아인들에게 좋은 영향을 미쳤고, 사역했던 브라차시의 시장과 좋은 관계를 맺어 한국인에 대한 좋은 인상을 남겼다. 현지에서 갑작스럽게 소천하기까지 열정적으로 불가리아 선교를 위해 헌신했으며, 김철호 선교사와 교제했던 불가리아인들의 증언에 따르면 생명이 위급한 상황에서 마지막까지 복음을 전했던 것으로 알려진다. 그의 장례는 브라차 시에서 주관하였으며, 그의 묘지도 브라차에 있다.[19]

고 김철호 선교사의 소천 이후 고신교단에서는 불가리아 브라차에서 선교사역을 이어갈 선교사를 찾던 중 고려신학 대학원에서 선교과정을 수학 중인 이범석, 한성정 가정이 지원하게 되었다. 이범석 선교사는 2019년 여름 처음으로 불가리아에 방문하여 사역 예정지를 돌아보고 김철호 선교사와 관계했던 현지인들을 만나 교제를 나누었다. 이후 KPM선교훈련과 파송 그리고 코로나로 출국이 늦춰졌지만, 2022년 6월 하늘길과 비자가 열려 가족이 모두 불가리아에 입국하였다. 현재 이선교사 가정은 불가리아 언어를 배우는데 집중하고 있으며, 브라차에서 이어갈 선교 사역을 계획하고 있다.

---

19. "SFC 고 김철호 선교사 하나님 품으로" http://www.kscoramdeo.com/news/articleView.html?idxno =12026 (Accessed at 2023.03.27).

V. 효과적인 선교 전략

1. 문화센터

　한류를 통해 불가리아에 한국이 알려지면서, 한국문화에 대한 관심이 날이 갈수록 높아지고 있다. 독학으로 한국어를 공부하는 사람들이 있고, 댄스 경연 대회에서 K팝이 등장하는 것도 볼 수 있다. 불가리아인 가운데 유튜브에서 김치를 만드는 방법을 찾아 스스로 만들어 먹어보았다는 친구가 있는가 하면, 주 불가리아 한국대사관에서 주최하는 김치 만들기 행사에서 불가리아인들이 많이 모이는 것도 쉽게 볼 수 있다. 선교단체와 한국인 선교사 가운데도 문화센터를 통해 불가리아인과 접촉점을 만들어가는 사역이 현재 진행되고 있다. 이처럼 한국의 문화는 불가리아인들과 접촉하고 만남을 이어가는데 좋은 도구로 사용된다. 만남은 복음을 전하는데 있어 가장 중요한 기본요소이다. 만남을 시작으로 관계가 맺어지고 자연스럽게 기독교인의 삶과 문화를 보여주는 계기로 넘어갈 수 있으며, 나아가 복음을 전할 수 있기 때문이다. 따라서 보다 자연스럽게 현지인들과 관계를 맺기 위한 방법으로 현지인이 좋아하는 것을 접촉점으로 삼는 것은 매우 효과적인 방법이다. 그리고 그 접촉점을 극대화할 수 있는 방법이 한국 문화 센터이다. 한국어 교실, 한국음식 요리하기, 한국전통놀이 등을 배우며 관계를 맺을 수 있다.

2. 성경공부

　불가리아에서 직접 복음을 제시하는 것은 허용되지만, 정교회 국가에서 개신교 선교사가 복음을 전할 때 거부를 당하거나 이상한 사람으로 취급받기 쉽다. 따라서 직접적인 복음 제시가 필요하지만, 자연스럽게 그 단계로 넘어 가기 위해서 함께 성경을 읽고 공부하는 모임을 갖는 시간이 필요하다. 불가리아는 정교회국가로 기독교 문화와 행사에 익숙하기 때문에 함께 성경을 읽고 공부하는 것에 대한 거부감이 다른 종교를 가진 국가에 비해 적은 편이다. 단, 처음 만남부터 성경공부를 하는 것이 아니라 문화센터를 통해 관계를 맺은 상태에서 성경공부를 시작하는 것이 좋을 것이다. 불가리아는 정교회 국가이지만, 성경을 읽고 배우는 사람이 매우 적은 편에 속한다. 따라서 성경을 함께 읽고 나눌 때, 그들에게 개혁주의 신앙이 자리잡을 수 있도록 도울 수 있다. 나아가 이들과 함께 개혁교회를 세워갈 수 있을 것이다. 성경공부는 함께 모여 성경을 읽는 모임으로 시작해서, 말씀에 대한 나눔으로 자연스럽게 이어간다. 처음부터 전문적인 성경지식을 나누기보다 본문에 관한 궁금증을 나누는 형식으로 진행하는 것이 바람직하다. 그 질문들을 통해 조금씩 깊은 나눔의 단계로 들어가는 것이 좋다.

3. 팀 사역

문화센터와 성경공부반을 운영하고 컨텐츠를 개발하며 교회를 세워가는 일은 선교사 한 가정이 감당하기 어려운 일이다. 한국어, 한국요리, 전통문화 교육, 성경공부, 말씀 준비 등의 사역은 많은 준비가 필요하기 때문이다. 무엇보다도 전문성이 현저히 떨어진다. 따라서 전문성을 가진 여러 선교사들이 팀을 이루어 이 사역에 협력한다면 보다 효과적인 선교사역을 감당할 수 있을 것이다.

문화센터의 경우 각 반으로 나누어 전문성을 가진 선교사를 각 반의 대표로 세워 교육을 진행한다. 반 대표의 리더십을 인정하고, 정기적으로 반의 대표가 모여 각 반의 연간, 월간, 주간의 계획을 나누고 조율하며 컨텐츠에 대한 아이디어를 나누는 시간을 가진다. 이 시간은 이 팀 사역이 공동의 목표를 가지고 갈 수 있도록 진행되어야 한다.

주의할 것은 문화센터에 집중되어 교회를 세워가는 일에 소홀히 되어서는 안 될 것이다. 초기에는 문화센터 사역의 비중이 높더라도 점차 성경공부와 교회를 세워가는 일의 비중이 높아져야 한다. 따라서 반드시 교회를 세우는 일을 전담할 사람이 필요하다. 이를 통해 개혁주의 교회를 세워 나가는 일에 대한 목표를 잃지 않고 나아갈 수 있을 것이다.

참고문헌

김주신. "불가리아 기독교의 발전." 총신대학교신학대학원, 2013.

김주연. 『평신도 선교사로서 팀사역 전략』. 대전: 대한예수교장로회총회세계선교회, 2022.

김철민. 『종교와 문화의 모자이크, 발칸』. 서울: HUEBOOKS, 2014.

이호식. 『안녕 소피아』. 서울: 선인, 2022.

KOTRA. 『KOTRA2021국가정보 불가리아』. 한국: KOTRA, 2021.

"교육제도: 불가리아" http://dh.aks.ac.kr/~cefia/wiki/index.php/%EA%B5%90%EC%9C%A1%E
C%A0%9C%EB%8F%84:%EB%B6%88%EA%B0%80%EB%A6%AC%EC%95%84
(Accessed at 2023.04.23).

"불가리아 경제" https://overseas.mofa.go.kr/bg-ko/brd/m_7760/view.do?seq=1339690&page=2
(Accessed at 2023.03.22).

"불가리아 정교회" https://ko.wikipedia.org/wiki/%EB%B6%88%EA%B0%80%EB%A6%AC%
EC%95%84_%EC%A0%95%EA%B5%90%ED%9A%8 (Accessed at 2023.03.24).

"키릴문자" https://ko.wikipedia.org/wiki/%ED%82%A4%EB%A6%B4_%EB%AC%B8%EC%9E%90
(Accessed at 2023.03.24).

"Bulgaria" https://www.cia.gov/the-world factbook/countries/bulgaria/#introduction (Accessed
at 2023.04.18).

"Bulgaria" https://www.umc-cse.org/en/countries/bulgaria.html (Accessed at 2023.03.24).

"Bulgaria" https://www.cru.org/us/en/communities/locations/europe/bulgaria.html (Accessed
at 2023.03.24).

"Bulgarian Orthodox Church – Bulgarian Patriarchate" https://bg-patriarshia.bg/patriarch (Accessed
at 2023.03.24).

"History" http://eabulgaria.org/?page=about&id=1 (Accessed at 2023.03.24).

"IBC" https://www.ibcsofia.com/ (Accessed at 2023.03.24).

"SFC 고 김철호 선교사 하나님 품으로" http://www.kscoramdeo.com/news/articleView.html?
idxno=12026 (Accessed at 2023.03.27).

"YWAM BULGARIA" https://ywamce.com/countries/bulgarian/ (Accessed at 2023.03.24).

모로코;
모로코 상황과 선교 사역 돌파구

주수은

I. 들어가는 말: 모로코 일반

1. 모로코 역사

    페니키아인들은 기원전 1100년경부터 모로코의 해안 지대로 이주하여 내륙 지방에 거주하던 베르베르족과 접촉하기 시작했다. 한편, 튀니지 일대를 지배하던 카르타고인들은 아프리카 해안선을 따라 모로코의 땅제(Tanger), 라바트(Rabat), 등지에 식민 항구도시를 건설하였다. 기원전 196년 카르타고가 로마제국에 의해 멸망한 뒤 카르타고 난민들이 이들 식민 항구도시로 들어왔다. 그리고 25년경 베르베르족이 세운 모리타니아 왕국이 출현했으나 로마 제국의 황제 칼리굴라(Caligula)에 의해 지배당했다. 기원후 5세기 중반에 반달족에게 점령당했고, 6세기에 비잔티움 제국에 의해 복구되었다. 이 지역은 서기 8세기 초에 이슬람교도들에 의해 정복되었지만, 749년 베르베르 반란 이후 우마이야 왕조로부터 분리되었다. 반세기 후, 모로코 왕국은 이드리스 왕조에 의해 세워졌다. 모로코는 알모라비드 왕조와 알모하드 왕조에 의해 마그레브와 무슬림 스페인을 지배했다. 사디 왕조는 1549년부터 1659년까지 나라를 다스렸고, 1667년부터는 모로코의 통치왕조가 되었다.[1] 20세기 초 프랑스를 비롯한 외세의 침입을 받았고, 1912년에는 프랑스와 스페인의 보호령이 되었으며, 땅제는 국제관리지대가 되었다. 1912년 프랑스령 보호가 시작된 모로코는 1956년 3월2일에 독립하였고, 국제관리지대 땅제는 1956년 6월 7일에, 서사하라를 제외한 스페인령은 8월 12일에 모로코 왕국에 반환되었다.

2. 모로코 교육

모로코는 2000년에 문맹률이 전체 인구의 51.1%를 기록하면서 문맹률을 줄이기 위한 노력으로 수 천 개의 교육센터를 지었으며 전체 예산의 약 20% 정도를 교육에 투자하고 있다. 모로코의 공립교육은 무상이며(만 7세~15세까지) 초등교육까지 의무교육으로 규정되어 있다. 과거에는 여학생들이 학교에 출석하기 힘들었으나 1956년 모로코 독립 이후 1960년에 도입된 의무교육 법안으로 입학률이 약 85%정도로 올랐다. 학제는 초등학교 6년, 중학교 3년, 고등학교 3년, 대학교과정 3년으로 되어 있다. 우리나라의 수능시험같이 고등학교 과정을 이수하는 시험 바칼로레아(Baccalauréat)가 있다. 이 제도는 프랑스의 식민지였던 모로코에서 프랑스 제도를 모방한 것으로 대학입학에 있어서 중요한 역할을 한다. 바칼로레아를 마치고 대학교로 진학하게 되는데, 대학은 공립대학과 사립대학으로 나뉘어 진다. 공립대학의 경우 등록금이 전액 무료이며 사립대학에는 상당한 등록금을 지불을 하게 된다. 특히 Al Akhawayn University은 사우디아라비아로부터 재정지원을 받아 설립된 학교로 연 학비가 17,000달

---

1. "모로코" https://ko.wikipedia.org/wiki/%EB%AA%A8%EB%A1%9C%EC%BD%94 (Accessed at 2023.1.6).

러로 미국/유럽과 유사한 수준이다.[2]

1) 모로코 교육과 코란

대부분의 이슬람국가들과 같이 유치원 학교에서부터 대학 생활에 이르기까지 코란은 국가적인 교육기관의 빼놓을 수 없는 교육 목록이다. 왜냐하면 정부는 어릴 때부터 사상과 신념을 코란화하는 것이 목표이기 때문이다. 그래서 초등학교 과정에서 코란 학점이 미달되면 그다음 학년에 오를 수 없는 학제 시스템을 구축해 놓았다. 몇 년 전의 일이다. 가정 교회의 한 성도님과 함께 모로코 수도에서 450킬로 떨어진 시골 고향 친지집에 병문안과 더불어 전도하기 위해 심방을 갔다. 그 집안에는 초등학교 4학년 정도되는 자녀가 있었다. 그 자녀와 더불어 이야기를 나누며, 예수님의 복음을 전하였다. 예수님만이 구원자이며 우리의 모든 죄를 용서하실 수 있다는 것과 예수님을 통해서 우리가 하나님의 자녀가 되고 영원한 천국에 들어가는 진리를 가르쳤다. 그런데 그 아이의 생각은 모하멧 사상으로 가득했다. 모하멧을 통해서 천국에 갈 수 있고, 선행과 모하멧을 통해서 죄를 사함 받는다는 것이다. 한 시간 넘게 대화를 했지만, 그 마음에 코란 사상으로 철저하게 무장되어 있어서 요동하지 않았다. 나는 이런 사실을 두고 우리 자녀들과 교회 교육에서 성경에 대한 교육을 철저하게 하고 있는지에 대한 생각을 다시 하게 되었다. 어린 마음에 어떤 사상을 심고 무엇을 심느냐에 따라서 평생에 그의 마음을 지배하는 것을 다시 기억한다. 이슬람 종교 교육은 어린 유치원 때부터 코란 사상을 집어넣는다.

다른 아랍국가들과 같이 모로코 정부 부처 중에 이슬람부(The Ministry of

---

2. "[지역전문가 리포트-모로코 #4] 모로코도 입시 스트레스가 있을까요 ? - 교육 편" https://m.blog.naver.com/PostView.naver?isHttpsRedirect=true&blogId=hallagroupblog&logNo=220707161779 (Accessed at 2023.1.6).

Islamic Affairs)가 존재한다. 이슬람 부처는 매주 금요일에 개최되는 금요 집회에서의 설교 내용과 모로코 내 코란학교에서 인정되는 합법적인 수니파 교리를 설파하는 지를 감독하며, 시아파, 극단주의 이슬람(알 카에다, 무슬림 형제당, 정의와 자선당 등) 수피즘(이슬람의 신비주의)들의 활동에 대해서는 제한을 가하고 있다. 모로코 사법 기관들은 금요 집회 이후의 반 정권적인 정치활동을 금하기 위해서 모스크 부근에 관련 기관을 두거나 감시 인력을 파견하고 있는 경우가 많다. 모로코 정부는 공립학교에서 이슬람 교과목을 가르칠 수 있도록 필요한 자금을 지원하고 이슬람 교육에 관해 일관된 지침을 제공한다. 공립학교의 커리큘럼 중에 이슬람 종교 관련 과목이 많이 할애된 것과, 코란 암송 등 이슬람 교육의 영향으로 인한 암기위주의 교육 방식을 가진다. 이러한 교육방식에 반대하여 많은 부유층 자녀들은 외국어, IT 등과 같이 경쟁률을 높일 수 있는 커리큘럼을 갖추고 있는 외국계 학교(프랑스, 미국)나 모로코 사립학교에서 수학을 하고 있다.[3]

2) 모로코 교육 정책의 개선 필요

모로코가 중등학생을 대상으로 시행하는 학업 수준 평가가 점수 부풀기 등 교육 전반에 만연된 부패로 인해 더 이상 의미가 없다는 지적이 제기됐다. 모로코 월드뉴스 보도에 따르면 교육의 질 향상을 위한 모로코협회(AMAQUEN)는 보고서를 통해 전국의 중등학교에 다니는 대부분 학생은 현재의 교육 시스템에서 시행되는 평가로 더 이상 발전할 수 없다고 지적했다. '2011년 헌법에 따른 모로코 교육 및 훈련의 질'이라는 제목의 보고서는 부풀려진 성적과 열악한 인적 자원 등 모로코 교육 시스템의 다양한 문제에 대해 지적했다. 협회 회장

---

3. "모로코(Morocco)" http://www.bauri.org/index.php?mid=board_VfnZ09&category=3525&page=2&document_srl=3527 (Accessed at 2023.01.6).

이자 보고서 작성자인 압덴 나세르 나지는 지역별, 학교별 차이로 인해 학생들의 점수가 부풀려지고 일관성도 없어 시험점수가 학생들의 학업 수준을 정확하게 나타내는 지표가 아니라고 주장했다. 보고서는 모로코가 보다 통합된 국가시험을 채택할 것을 권장하고 이 평가과정을 개선하기 위한 첫 번째 단계로 국제 표준에 따를 것을 권고했다. 또 국가의 인적자원 시스템과 교직원의 양성 수급에 관련한 결함을 비판했다. 압델나세르 나지는 미래의 교직원을 교육하고 모집하는 미래 계획이 부족하다고 지적했다. 모로코 교육 시스템 내의 교원 인사 우선순위는 기존 직원 관리, 재배치 및 승진과 관련한 문제에 대부분의 시간을 소비할 뿐 교직원의 양성, 선발, 배치에는 관심이 매우 적다. 특히 교육시스템 내 교직원들이 받는 지속적인 교육도 매우 부족한 실정이다. AMAQUEN 은 "모로코 전역의 교육시스템에 만연한 부패에 주의를 기울이고 모로코 교육의 질을 향상시키는 데 필요한 단계로서 이러한 문제를 퇴치할 것을 강력히 권고한다"라고 밝혔다.[4]

3. 모로코 정치

1) 정치체제

1950년대 미국 의회에서는 '상호안전보장법안(Mutual Security Act)' 개정을 둘러싸고 대외원조 규모에 대한 찬반 논쟁이 있었다. 이 논쟁은 1945년 이후 미국이 시행해 온 대외 원조를 둘러싸고 확대론과 축소론이 그 명분과 논리에서 극명하게 대립적 입장을 보여주는 것이었다.[5] 모로코는 세계에서 가

---

4. "[모로코] 중등학생 학업 평가, 교육시스템 부패로 효과 없다" https://www.edpl.co.kr/news/articleView. html?idxno=4264 (Accessed at 2023.1.6).

5. 남궁곤, 이서영, "1950년대 미국 대외원조 확대론 연구: 「상호안전보장법안(Mutual Security Act」개정 과정을 중심으로," 「국제정치논총」 51/4(2011): 61-84.

장 오래된 왕국 중의 하나이다. 788년에 최초의 통일왕조가 수립된 후 수차 왕조가 바뀌면서 왕국체제를 유지해 오고 있으며, 1660년 Alaouite 왕조가 현 Momamed 6세 국왕(1999.7.30 즉위)까지 중단 없이 계속 이어져 오고 있다. 수차에 걸친 개헌으로 제한적인 범위에서 대의 정치를 발전시키고 있으나, 국왕이 행정, 사법, 입법 등 3권에서 거의 절대적인 권력을 행사하고 있다. 국왕은 종교최고지도자(Amir Almuniin), 국가 원수, 국가 통일의 상징 및 국가의 연속성을 보장하고 이슬람과 국헌의 수호자이다.(헌법 제19조) 국왕은 국왕이 다른 왕자를 후계자로 지명하지 않는 한 장자에게 상속된다.(헌법 제20조) 또한 각료 임명권을 행사하며 특히, 각료 중 국방장관은 국왕이 겸무한다. 내무, 외무, 이슬람장관은 국왕이 지명하며 내각 주재, 법률공포, 의회 해산권을 가진다.(헌법 제25, 25, 27조) 국왕은 군 참모총장을 겸직하고, 군·민 관리 임명, 대사 임명, 조약비준권, 사면권 및 비상사태 선포권을 가진다.

1999년 7월 핫산 선왕의 서거 이후 즉위한 모하메드 6세 국왕은 선왕이 다져 놓은 왕실의 권위와 정치적 기반을 배경으로, 입헌군주제에 입각한 국가재건을 표방하면서 정치, 경제, 사회 등 제분야에서 개혁조치를 시행하고 있다. 아랍권의 보수적 가치에서 탈피하여 국가 발전에 있어서 여성인력 참여의 중요성을 인정하고, 여성의 사회활동 참여 문호 확대 및 여성 문맹퇴치를 위한 캠페인 전개, 정치적 민주화 등 사회분야에서 개혁의 추진으로 모하메드 6세 국왕은 국내외로부터 좋은 평가를 받고 있다. 그러나 약 20%에 달하는 실업률, 농촌 및 도시 주변 지역의 빈곤층 확대, 2003년 5월 카스블랑카 테러 등 이슬람 원리주의자 발호 등에 효과적으로 대처하기 위해서 국왕은 2005년 5월 18일 대국민 연설을 통해 가난과 빈곤을 퇴치하고 빈부격차 확대 심화에 따른 사회적 양자와 소외계층의 국민통합을 증가시키고자 교육, 보건의료, 직업창출, 주택개량 등을 목표로 하는 전 국민운동, 즉 인적자원 개발을 위한 국가구상

(National Initiatives for Human Deleopment)을 제창하였다.

2) 법령 체계

모로코 법제는 이슬람법을 바탕으로 프랑스와 스페인의 대륙법 계통 시민법 제도를 가미하고 있다. 법원은 1심 재판소와 1심 지방법원, 2심 항소법원, 최고법원으로 구성되며, 1심 지방법원은 전국 도시에 183개가 설치되어 있고, 우리의 고등법원과 같은 2심 항소법원은 전국 주요 도시에 21개가 설치되어 있다. 최고법원은 우리나라의 대법원과 같으며 수도인 라바트에 있다. 그밖에도 행정법원, 군사법원과 가족법, 상속, 노동분쟁 등을 다루는 민사 1심 특별법원, 지방관리나 중앙정부 공무원에 대한 재판을 담당하는 특별법원 등의 특수법원이 있다. 모로코는 중동 국가이므로 전통적으로는 이슬람법에 기초하나, 1912년부터 1956년까지 프랑스와 스페인의 보호령이 되어 프랑스법의 영향을 받았다. 이에 법률체계는 이슬람전통법과 서구 현대법, 크게 이 두 종류로 구분된다. 전통법은 이슬람법과 관습법을 말하며, 전통법은 주로 인법과 가족법을 관장한다.

3) 모로코와 대한민국의 관계

우리나라와 모로코 간의 외교관계는 1962년 7월 6일에 수립되었고, 같은 해 9월 주 모로코 한국대사관이 개설되었다. 모로코는 1988년 12월 주한자국대사관을 설치하였다. 모로코는 대외적으로 비동맹 중립정책을 표방함에도 불구하고 유엔 등 국제무대에서 한국을 지지하여 왔다. 1983년 3월 뉴델리 비동맹 정상회의에서는 회의 최종선언문에 한국 관계 부분을 삽입하려는 친북한 국가들의 기도에 반대하였다. 1983년 4월 헬싱키에서 개최된 국제의원연맹(IPU) 이사회에서도 차기 국제의원연맹총회의 서울 개최를 방해하려는 친북한 국가들의 공작에 반대하고 한국을 지지하였다. 한편, 양국 간에는 1976년 어업 협정(2월)과 무역 협정(5월)을 체결한 이래, 1977년 9월에는 문화과학협력 협정, 1990년 5월에는 체육 협정, 1993년 8월에는 사증면제 협정 등을 체결하였고, 2001 투자보장 협정, 2003년 4월에는 항공 협정, 2006년 6월에는 관광 협정을 하였다. 양국 간 경제기술협력은 어업분야에서 활발히 이루어지고 있어서 6개의 우리나라 원양어업회사가 합작투자형태로 모로코에 진출해 있고, 우리나라 선원이 모로코에 송출되었다. 또한 우리나라는 모로코 어업연수행을 받아들이고, 수산전문가 파견지도 등을 통하여 어업기술협력을 제공해 왔으며, 1979년 1월에는 양국친선협회가, 1982년 6월에는 의원친선협회가 각각 창설되었다. 제24회 서울올림픽대회에는 48명의 모로코 선수단이 참가하였으며, 2007년 현재 KOTRA를 비롯하여 대우전자, 삼성전자, LG전자 등이 모로코에 진출해 있고, 태권도 운동이 모로코 사람들에게 인기가 높았다.[6]

한국과 모로코는 2022년으로 수교 60주년을 맞았다. 1950년 6.25 전쟁에 참전한 모로코 군인 2명은 1953년 7월 4일과 1952년 7월 18일 각각 사망한 모로코계 유대인 지안 줄리앙과 페즈 추린의 모하메드 랜드리이다. 모로코는 6.25 전쟁 공식 참전국이 아니지만, 이들은 과거 프랑스 식민지 시절 프랑스군 소속으로 참전한 것으로 보인다. 우한 급성폐렴이 창궐할 때, 모로코가 자국의 국적기를 띄워서 우리 국민 200여 명이 무사히 귀국할 수 있도록 도와준 특별한 호의도 베풀었다.(한국 정부는 탑승하는 각 개인들에게 항공료를 지불하게 하여서 모여진 돈으로 모로코 국민들의 의료 용품을 위해 지원하게 했다)[7]

---

6. "모로코 정세" https://overseas.mofa.go.kr/ma-ko/brd/m_10897/view.do?seq=598924&page=62 (Accessed at 2023.1.5).

7. "6·25전쟁 70년 지나 … "모로코 참전 용사 첫 공식 확인"" https://www.munhwa.com/news/view.html?no=2021122301033339308001 (Accessed at 2023.1.5).

4. 모로코 종교

예수 그리스도께서 이 땅에서 활동하실 무렵, 로마는 주바 2세라고 부르는 베르베르족 왕을 세워 사실상 이 지역을 식민지로 지배하고 있었다. 예수 그리스도께서 이 땅에서 활동하던 당시만 하더라도 이 지역은 매우 번성하는 지역이었으며 로마는 이곳에 여러 도시들을 건설했다. 이후 이 지역은 반달, 비잔틴, 비시고트 등의 고대국가들에 의해서 점령을 당하기도 했다. 7세기 후반경 이슬람 세력이 모로코로 들어와 강건한 뿌리를 내리게 되었고, 그때 뿌리내린 이슬람은 지금도 강력하게 이 지역을 영적으로 지배하고 있다. 이슬람 최고 선지자인 마호멧을 혈통적으로 이어받은 술탄 이드리스 1세가 이 지역에 대한 이슬람의 정치적인 지배력을 공고히 하였고, 페즈라는 도시도 건설했다. 이후 페즈는 그리 긴 시간이 지나지 않아 이슬람 세계의 중요한 중심도시로 자리 잡았다.

헌법상 이슬람은 모로코의 공식종교로 규정되어 있으며, 국왕은 '신앙의 지도자(Commader of Faithful)'로 되어 있다. 세계 2차 대전 이전 모로코에 상당수의 유대인들이 거주하였으나, 이스라엘 건국 이후 대부분 이주하였으며, 현재 이스라엘 내에 50만 명에 이르는 모로코 출신의 유대인 커뮤니티가 형성되어 있다. 모로코 국민의 99%는 수니(Sunni) 무슬림(말리카파)이고, 기독교도(가톨릭, 개신교포함)는 1%, 유대교는 약 6000명으로 추산되고 있다. 모로코 전인구의 99%는 이슬람 신자라서 일반적인 이슬람 종교의 믿음과 실천사항이 모로코에서도 그대로 행하여지고 있다. 즉, 이슬람의 6가지 신앙과 5가지 실천사항이다. 그러나 이들의 삶도 상당히 세속적이어서 이슬람의 율법을 그대로 지키지는 않는다. 이들 대부분의 신앙은 원리주의 신앙은 아니다.

이들이 행하는 이슬람 의식도 정통 이슬람 의식과는 약간의 차이가 있고, 민간 토속 신앙과의 융합된 모습을 보이고 있다. 예를 들어서 종교지도자들이 일반 주민들을 대상으로 민간의술을 행하는 의사를 겸하는 것도 정통 이슬람국가와는 다른 점이다. 또한 알라신은 악귀를 극복하는 방편으로 믿는 사람들이 많다.[8] 모로코 종교의식에서 라마단 금식 기간이 있다. 그리고 라마단 이후에 에이드 크비르(Eid-al-Adha), 양을 잡는 의식이 있다. 이슬람에서 가장 큰 축제인데, 다른 말로 표현하며 '양 희생제'이다. 많은 이들이 고향을 찾아가서 희생 제물로 바칠 양을 준비한다. 이 행사의 의미는 알라가 아브라함에게 아들을 제물로 바치라 하였을 때, 순종하여 아들 이삭(이슬람인들은 이스마엘이라고 생각, 코란에도 이스마엘로 기록)을 드리려는 믿음의 행위를 보고 그것을 멈추게 하고, 아들 대신 준비한 양을 바치라고 한 그 믿음의 모습을 함께 하는 날이다. 집마다 한 마리씩 양을 잡는데, 형편에 따라 염소를 잡기도 하고, 집안 식구가 많으면 소를 잡기도 한다. 양의 피를 받아 부모가 자녀들의 이마에 바르는데, 이는 악귀들이나 나쁜 것이 자녀에게 미치지 못하게 하는 민간 신앙이다.

II. 모로코 기독교

1. 모로코 기독교 역사

모로코는 1,100년이 넘게 이슬람에 예속되어 있지만, 원주민 베르베르(Berbers)족은 원래 무슬림이 아니었다. 모로코를 비롯한 북아프리카는 초기 기독교의 부흥의 시대를 깊이 경험한 곳이다. 기원전 27년에 로마 공화국이 로마제국으로 변모하면서, 북아프리카 식민지에서 로마인들의 생활은 도시를 중심으로 이루어졌다. 2세기가 끝날 무렵 북아프리카 지역의 인구는 6백만이 넘는 거대 도시가 되었다. 이는 북아프리카 기독교 발전의 핵심 요소가 되었다.

기독교가 북아프리카에 들어오기 전에 북아프리카는 이미 '새턴'(Saturn)과

---

8. "모로코의 역사와 종교" http://www.missionmagazine.com/main/php/search_view.php?idx=943 (Accessed at 2023.1.5).

'샐레스티스'(Caelestis)를 숭배하는 토착 종교가 널리 퍼져 있었다. 북아프리카인들은 새턴을 영원한 신이며 정복당하지 않는 거룩한 존재로 믿었다. 4세기 말 문법 교사였던 마다우로스의 막시무스(Mazimuz of Madauros)는 '새턴'을 '시작도 없고, 자손도 없으신 최고의 존재'라고 하였다. 그는 산 자와 죽은 자 모두의 신이었고, 이생의 삶뿐만 아니라 내세의 구원까지 보장하였다. 기독교의 신관과 비슷하였다. 240년과 275년 사이 불과 30년도 안되어 '새턴' 숭배가 기독교로 완전히 대체되었다. 당시 '새턴' 숭배자들은 로마 식민지에서 로마 권력과 손을 잡고 로마화를 시도하였다. 그러나 반로마 정서가 강했던 북아프리카인들은 권력과 손잡고 권력에 편승하여 잘 살아보려는 자들을 배척하였다.

참된 진리를 추구하는 기독교는 처음부터 로마 황제숭배를 거부하였다. 기독교인들은 순교를 두려워하지 않고 자기 신앙을 지켰다. A.D 180년 7월 17일 12명의 카르타고 인근의 스킬리(Scili) 작은 마을 출신 기독교인들이 황제숭배를 거부하는 이유로 체포, 투옥되었다. 회유와 협박, 설득과 폭력에 굴하지 않고 이들은 모두 순교하였다. 기독교의 이러한 모습은 토착민들에게 큰 영향을 미쳤다. 북아프리카의 위대한 신학자이자 교부인 터툴리안도 기독교인들이 죽음을 두려워하지 않고 순교하는 모습에 감동하여 기독교로 개종하였다. 성경 속에 담긴 메시지는 절망과 억압 속에 있던 북아프리카 토착민들에게 단비와 같은 메시지였다. 북아프리카 기독교는 단순히 가난한 토착민들에게만 퍼진 것이 아니라 기독교의 영성, 도덕성, 사회성뿐만 아니라 절서정연한 논리와 신학으로 도시 지식인들에게 영향을 미쳤다. 그렇게 해서 로마 시대 북아프리카 기독교는 부흥하게 되었다. 히포의 성 아우렐리우스 아우구스티누스(Sanctus Aurelius Augustinus Hupponensis, 354년 11월 13일-430년 8월 28일)는 4세기 391년 북아프리카의 도시 히포 레기우스에서 발레리우스 주교에 의해 사제로 서품 받았다. 395년 발레리우스 주교가 노쇠하자 히포 교구 주교가 되어 평생 동안 히포 교구와 북아프리카 교회를 위해 사목하였다.

북아프리카의 기독교 부흥시대 이후에 북아프리카 교회는 서서히 양분되었다. 해안가 로마 식민도시로 중심하여 로마화 된 기독교(로마 가톨릭)와 고원지대의 기독교인을 중심한 기독교(도나투스파)로 양분되었다. 이 같은 기독교의 양분화와 세속화로 신앙의 기초가 흔들리기 시작한 8세기부터 이슬람이 침략해 왔다. 침략 이후에 이 지역에서 이슬람의 종교정책은 타종교를 무력으로 말살하는 것은 아니었다. 그러나 기독교인들에게 가중한 세금을 부과하는 등의 정책으로 인해 기독교는 힘을 잃게 되었다. 이곳에서는 아직도 십자가 문양과 물고기 문양들을 종종 보게 되는데 이는 기독교의 흔적들이다.

2. 현재 기독교 상황

모로코는 예언자 무함마드(Muhammad)의 직계 후손으로 알려진 국왕이 다스린다. 그는 이슬람 원칙을 바탕으로 국가를 통치하기 원한다. 오늘날 가톨릭을 포함한 모로코 인구의 단지 1% 미만(8,000명)이 기독교인이다. 모로코에는 교회 건물이 없다. 선교사가 국내에 들어와 활동하거나 성경을 배포하는 것을 허락하지 않기 때문이다. 기독교인들이 서로를 신뢰하여 다른 기독교인들과 연결되기까지는 시간이 꽤 걸린다. 그래서 교제를 나누기가 어렵다. 지하교회가 조직되는 데에도 수년이 걸린다. 지하교회가 많아진 것은 불과 10년 전부터이다. 인터넷 기술과 SNS가 발달하면서 기독교인이 점점 더 늘어나고 있다.[9] 그러나 대부분의 기독교인이 하나님의 말씀을 읽거나 제자 양육을 받는 기회를 갖지 못한다. 다른 무슬림을 개종시키려 했다는 혐의나, 이슬람을 배신했다는 혐의로 기소된 기독교인도 많다. 모로코에서 성경을 구하기가 어렵지만 기

---

9. "모로코 소개" https://vomkorea.com/country-profile/morocco/ (Accessed at 2023.01.5).

독교인들은 성경이 내장된 SD 카드 같은 독창적인 수단을 활용하여 성경 말씀에 접근한다. 그들은 SD 카드를 휴대전화나 태블릿 PC에 끼워 성경을 읽는다.[10]

2010년에 개신교 선교사 수백 명이 강제 추방되었다. 이슬람교에서 개종한 기독교인들에 대한 탄압이 갈수록 심각해지고 있다. 모로코는 이슬람교와 유대교만 공식 종교로 인정하고 있다. 모로코 자국에 거주하는 외국인들에 한해 신앙에 따른 자유로운 예배를 허락하지만, 자국민에게는 허용하지 않는다.[11]

현재 모로코에서 사역하고 있는 기독교단체는 KPM, 바울선교회, GMS 등이 있고, 국제팀으로는 YWAM, World Horison, OM, WEC, 예수전도단 등이 있다. 사역자들은 영어 학원, NGO 단체, 개인 사업을 하면서 개인적으로 복음사역의 길을 열어간다.[12] 또한 안전한 사역을 위해 여러 선교사들이 하나님께서 주시는 지혜를 가지고 여행업을 통해서, 가난한 시골 출신 학생들에게 기숙사를 마련해 주며, 하나님의 따뜻한 사랑을 전하기도 한다. 한국 문화 사역을 통해서 한글과 한국의 문화를 소개하는 일을 통해서 그리고 육체의 질병을 치료하는 건강을 회복시키는 일을 통해서 사역하기도 한다.

3. KPM의 모로코 선교 역사

주수은 선교사 가정이 1999년 2월 24일 모로코 선교사로 파송을 받고, 프랑스에서 2년 동안 언어 훈련과정을 가졌다. 2001년 8월 모로코에 입국하여 교회

---

10. "모로코 소개" https://vomkorea.com/country-profile/morocco/ (Accessed at 2023.01.5).

11. "모로코, 이슬람·기독교 개종자 탄압 극심… 1주일에 3번씩 체포" https://www.christiantoday.co.kr/news/333267 (Accessed at 2023.1.5).

12. "[이슬람과 한국교회] 모로코의 기독교 상황" https://jangro.kr/2022/07/26/%ec%9d%b4%ec%8a%ac%eb%9e%8c%ea%b3%bc-%ed%95%9c%ea%b5%ad%ea%b5%90%ed%9a%8c-%eb%aa%a8%eb%a1%9c%ec%bd%94%ec%9d%98-%ea%b8%b0%eb%8f%85%ea%b5%90-%ec%83%81%ed%99%a9/ (Accessed at 2023.1.5)

개척 사역을 시작했다. 2010부터 모로코에서 선교사들이 대거 추방되면서 주수은 선교사도 2011년 2월에 스페인으로 거주지를 옮겼다. 그 이후 주 선교사 가정은 스페인에 거주하는 북아프리카 출신의 많은 이주자들을 위해 사역하고 있다. 또한 정기적으로 모로코를 방문하며 복음 사역하고 있다.

정충호 선교사 가정은 2008년 6월 모로코로 파송되었다. 2018년 2월까지 문화 사역, 한글교수 사역, 제자양육 사역, 교회개척 사역을 감당했다. 그 이후 복음 사역을 위해 포르투갈로 사역지를 옮기게 되었다. 포로투갈로 옮긴 이후에도 모로코를 방문하며 현지인들에게 복음의 진리를 확인시키며 양육하는 일도 행하였다.

박덕형 선교사 가정은 2011년 1월부터 사역을 시작해서 헤르와 페스에서 한모친선교류협회를 만들어서 비자를 획득하였다. 한글학교와 문화행사 그리고 태권도, 탁구 등 스포츠를 통한 사역으로 맺어진 현지인과 제자훈련을 하면서 가정교회(4곳, 세례인 9인)를 개척하며 사역하였다. 이스라엘 팔레스타인 사역의 비전으로 2021년 10월에 이스라엘로 재배치되었으나 모로코계 유대인과 아랍인 사역의 공통 분모를 통해 모로코와 계속 연계하며 사역의 협력을 하고 있다.

서안나 선교사는 2013년 1월에 파송받아 2년 동안 요르단에서 아랍어를 공부한 이후에 모로코에 입국했다. 피아노 교사로 현지인 학교에서 일하면서 개인전도를 하고 있다. WEC선교단체와 듀얼 멤버쉽을 맺게 되어 세종학당을 통한 한글교육, 문화센터 사역을 통해서 더 효과적으로 사역을 전개하고 있다.

조지현 선교사 가정은 2023년2월에 KPM파송예배를 드린 후에 모로코 사역 현장에 들어오게 된다.

III. 모로코 선교 전략

1. 복음 사역의 주체는 하나님이심을 믿는 믿음의 중요성

복음 사역의 일은 어떤 나라이든, 어떠한 상황이든 하나님께서 주도하시고 인도하신다. 사람의 눈에 복음 사역이 어렵다고 여겨지는 나라이든, 쉽다고 생각되는 나라이든 동일한 것은 영적인 치열한 싸움이 어디에나 있다는 것이다. 어렵고 힘든 지역에서는 사탄이 두려움으로 사역자들의 마음을 억압한다. 또한 쉽고 자유로운 지역에서는 사역자들에게 안일한 마음으로 복음을 위한 긴장감이 완화되게 한다. 이것이 사탄의 전략이다. 두려움이 변하여 내 기도가 되고, 절망의 한숨이 변하여 내 노래가 되는 찬양을 끊임없이 하나님께 아뢸 때에 복음의 승리에 동참하는 영광을 누리게 된다.

2. SNS 사역의 중요성 증대

하나님께서는 이슬람의 거짓된 종교를 정치적인 힘으로 봉쇄하여 복음을 인위적으로 막고 있는 나라에서도, 사람의 힘으로 막지 못하는 미디어를 통해서 일하신다. 10년 동안 모로코에서 사역을 하면서도 전도를 통해서 예수께서 그리스도가 되심과 십자가의 죽으심과 부활의 소식을 접하게 된 사람들이 많았다. 하나님께서 영혼에게 밝은 구원의 빛을 비추시기 위해서 하나님의 사람들을 유럽에 배치시켜서 사역하며 일하고 있다. 북아프리카 지역을 향하여 기독교 라디오 방송 사역을 하고 있는 Trans World Radio(TWR) 방송사의 존 섬머빌(John Summerville)은 방송 전파를 송출하는 지역을 프랑스 남부에서 다른 지역으로 변경하는 방송 송출 방식 변경 프로젝트를 진행 중이라고 밝혔다. 이로써 TWR방송이 송출되고 있는 모로코, 알제리, 튀니지를 넘어 청취 지역을 더욱 확장하려 하고 있으며, 특히 이전에 복음을 듣지 못했던 지역까지 이르게 될 것이다.

중동 및 북아프리카의 25개국에서 아랍어, 페르시아어 및 튀르키예어로 유럽의 약 50개국과 함께 기독교 위성텔레비전 네트워크 방송 사역을 하는 SAT-7는 점점 다양한 연령대를 대상으로, 음악, 교육, 및 드라마 등 다양한 내용을 통해 복음을 전하고 있다. CGN TV와 SAT7 TURK7는 앞으로 무슬림 선교를 위한 심포지엄을 공동 개최하고 현지 상황에 맞는 공동제작 시스템을 구축해 나가는 등 보다 긴밀하게 협력하고 있다. 이번 3개 방송사의 제휴로 이슬람권에서의 복음 전달 방식이 다양화되는 한편 서구교회 중심의 방송선교 판도가 변화될 가능성이 커졌다. SAT-7은 북아프리카와 중동 아랍 25개국, 약 500만 명의 시청자에게 365일 복음을 전하고 있는 초고파 기독교 위성 방송 사역단체다. 하나님의 섭리의 역사로 이슬람권이 변화될 엄청난 조짐을 보이고 있다. 데이비드 미들턴 TRUK7 대표는 '철옹성과 같았던 이슬람의 선교 장벽이 서서히 무너지고 있음을 보여주는 획기적인 사건'이라고 평가했다. 김경훈 CGN TV본부장은 '방송 선교를 통해 기독교가 세계적인 종교 공동체임을 모든 이슬람권 사람에게 각인시켜 주고 있다'며 '현지 기독교인들이 더욱 성숙된 신앙인이 되도록, 무슬림들이 방송을 통해 그리스도를 개인의 구주로 고백할 수 있도록 한국교회가 이들 방송국과 더욱 협력해야 한다.'고 강조했다. 방송과 인터넷 그리고 라디오 방송 같은 공중파를 통해서 생명의 복음이 이슬람 땅에 메아리치게 하신다.

3. 관계를 통한 복음 전도가 중요하다.

예수님께서 베드로, 안드레, 그리고 야고보, 요한을 그의 제자로 부르실 때에 서로 혈육의 형제들로 부르셨다. 형제관계, 가족관계는 하나님께서 맺어 주신 귀한 혈연관계이다. 이웃과 친구들, 고향 친구들의 관계로 하나님께서 각자의 삶의 영역에서 맺게 하신 것이다. 이 모든 관계 형성은 복음과 관련하여 매우 중요하다. '주 예수를 믿으라 그리하면 너와 네 집'이라는 관계를 통한 복음 전파를 사도행전 16장 31절은 말씀하고 있다. 소망은 오직 복음뿐이다. 사탄은 복음 외의 것들에 사람의 생각과 마음을 뺏는다. 이를 이겨 나가는 것은 오직 말씀에 붙들리고 우리 주 예수 그리스도의 나라, 의와 평화와 기쁨의 나라를 추구하고 사모하며 복음 안에서 누리며 증거하는 것이다. 여기에서 우리의 삶은 육신의 얽매인 삶이 아니라, 하늘의 영광에 참여하며 하나님 나라의 자녀로서 살아가는 영향력을 가지게 된다.

IV. 나가는 말

여호와 하나님께서는 이 지구와 우주의 주인이시며 자신의 형상을 따라 지은 모든 사람들의 주인이시다. 범죄함으로 인해서 하나님의 형상이 파괴된 영혼들을 우리 주 예수 그리스도의 복음으로 회복하는 일을 위해 지금도 일하시는 하나님을 찬양한다. 어떤 상황이나, 어떤 형편에 처해 있는 나라이든 하나님께서 그 나라의 주인이시며, 또한 그는 구원의 복음이 모든 민족에게 전파되기를 원하신다. 이를 방해하는 악한 영, 사탄의 세력도 하나님의 계획을 방해하거나 무너뜨릴 수 없다. 모로코를 비롯한 북아프리카 지역에 복음이 편만했던 때가 있었다. 초대 교회 부흥의 땅 마그렙 지역은 초대교회의 부흥과 함께 복음이 전파되어, 터툴리안, 키프리안, 어거스틴, 아우구스티누스 등의 영적 거장을 낳으며 로마의 압제와 핍박 속에서도 순교로 신앙을 지키고 부흥했던 초대교회 부흥의 땅이다. AD 313년 기독교 공인 이후에는 완전히 복음화되어 마그렙 지역의 사람들 대부분이 예수님을 믿었을 정도로 교회가 부흥했던 지역이다. 하지만, 마그렙의 교회는 형식적인 신앙과 오랜 교리적 신학 논쟁, 기독교 공인 이후 기독교인 영주들과 귀족들의 대농장과 노예제를 통한 착취와 압박

등으로 생명력을 잃어갔다.

우리는 어떻게 무너진 땅을 다시 복음으로 회복할 수 있을까? 이 일은 우리 주 성령의 인도하심에 철저히 순종할 때 가능한 것이다. 우리의 심령이 복음으로 오로지 불타고 우리의 행사를 전적으로 주님께 맡김으로 이 일을 진행될 수 있으리라 확신한다. 하나님께서 주신 축복의 영역들을 하나님의 마음을 가지고 지켜 나가는 마음 자세가 중요하다. 눈앞의 현실이 어렵다고 하나님의 일이 불가능한 것이 아니다. 사탄은 복음의 길을 인위적인 방법으로 가로막고 위협하지만, 하나님께서는 구원 얻을 자를 위해 길을 여시며 하나님의 사람들을 보내어서 영혼을 구원하신다. 이 일을 과거의 역사 속에서 행하셨고, 앞날도 행하시며 우리 구주 예수님께서 다시 오실 그때까지 가감없이 지속하실 것을 확신한다.

참고문헌

남궁곤, 이서영. "1950년대 미국 대외원조 확대론 연구:「상호안전보장법안(Mutual Security Act」개정 과정을 중심으로."「국제정치논총」51/4(2011): 61-84.

"6·25전쟁 70년 지나 … "모로코 참전 용사 첫 공식 확인"" https://www.munhwa.com/news/view.html?no=2021122301033339308001 (Accessed at 2023.1.5).

"모로코" https://ko.wikipedia.org/wiki/%EB%AA%A8%EB%A1%9C%EC%BD%94 (Accessed at 2023.1.6).

"모로코(Morocco)" http://www.bauri.org/index.php?mid=board_VfnZ09&category=3525&page=2&document_srl=3527 (Accessed at 2023.01.6).

"모로코 소개" https://vomkorea.com/country-profile/morocco/ (Accessed at 2023.01.5).

"모로코, 이슬람·기독교 개종자 탄압 극심… 1주일에 3번씩 체포" https://www.christiantoday.co.kr/news/333267 (Accessed at 2023.1.5).

"모로코의 역사와 종교" http://www.missionmagazine.com/main/php/search_view.php?idx=943 (Accessed at 2023.1.5).

"모로코정세" https://overseas.mofa.go.kr/ma-ko/brd/m_10897/view.do?seq=598924&page=62 (Accessed at 2023.1.5).

"[모로코] 중등학생 학업 평가, 교육시스템 부패로 효과 없다" https://www.edpl.co.kr/news/articleView.html?idxno=4264 (Accessed at 2023.1.6).

"[이슬람과 한국교회] 모로코의 기독교 상황" https://jangro.kr/2022/07/26/%ec%9d%b4%ec%8a%ac%eb%9e%8c%ea%b3%bc-%ed%95%9c%ea%b5%ad%ea%b5%90%ed%9a%8c-%eb%aa%a8%eb%a1%9c%ec%bd%94%ec%9d%98-%ea%b8%b0%eb%8f%85%e-a%b5%90-%ec%83%81%ed%99%a9/ (Accessed at 2023.1.5).

"[지역전문가 리포트-모로코 #4] 모로코도 입시 스트레스가 있을까요 ? - 교육 편" https://m.blog.naver.com/PostView.naver?isHttpsRedirect=true&blogId=hallagroupblog&logNo=220707161779 (Accessed at 2023.1.6).

갈릴리에서 서바나까지

모리타니아

김주오[1]

I. 들어가는 말

'모리타니아'라는 나라 이름은 일반적으로 한국 사람에게 아주 생소하다. 그도 그럴 것이 한국은 아시아 대륙의 동쪽 끝에 위치해 있는데 반해, 모리타니아는 아프리카 대륙의 서쪽 끝, 대서양에 면해 있기 때문이다. 거리상으로나 지리적으로, 또는 언어와 문화, 종교, 역사적인 관련성을 살펴볼 때 모리타니아와 한국은 참으로 '땅 끝 차이'가 날 것이다. 모리타니아라는 국명을 난생처음 들어 본 많은 한국 성도들이 그 이름을 기억하도록 돕기 위해, 어떤 선교사는 모리타니아를 '머리 탔냐?' 국(國)으로 소개하기도 했다. 아프리카 사하라 사막의 작렬하는 태양 열기에 머리가 타 들어가는 나라라는 뜻의, 익살스럽지만 확실한 연상 기억법이다.

사하라 사막의 뜨거운 모래 바람, 낙타와 염소, 국교인 이슬람, 사막의 유목민, 대서양 바다의 싱싱한 생선, 북아프리카의 아랍-베르베르계 종족, 유럽인,

---

1. KPM M국 선교사.

블랙 아프리칸 종족들 등, 모리타니아에는 아프리카와 아랍과 유럽의 다양한 요소들이 뒤섞여 있다. 겉으로 보기에는 중동-북아프리카권의 아랍 국가인 것 같지만, 좀 더 들여다보면 중동의 아랍 전통과는 상당히 이질적인 아프리카의 토착 문화적 요소도 많다. 그래서 모리타니아는 북아프리카와 서부아프리카의 경계선에 있는, 그 양쪽에 다 걸쳐 있는 나라라 할 수 있다.

하늘과 땅에 있는 각 족속에게 이름을 주신 하나님(엡 3:14, 15), 땅의 열국에게 기업을 주시고 인종을 분정(分定) 하시고 민족들의 경계를 정하신 하나님(신 32:8)께서 이 마지막 때에 이르기까지, 모리타니아라는 생소한 이름의 나라와 그 땅에 살고 있는 미전도종족들을 보존하셨다. 그리고 이제 우리 한국교회에도 알리시며 선교적 유업의 땅으로 허락하셨다고 믿는다. 땅 끝까지 이르러 내 증인이 되리라(행 1:8), 땅의 모든 끝이 여호와를 기억하고 돌아오리라(시 22:27) 약속하신 하나님께서, 문자적으로나 의미적으로 정말 '땅 끝'의 나라인 모리타니아와 그 땅의 무슬림을 당신께로 돌이키시는 일에, 우리가 동참할 수 있는 특권을 주심에 감사하자!

II. 일반적 고찰

1. 국가 개관

1) 위치 및 기후: 북아프리카의 서쪽 끝, 대서양에 면해 있으며(북위 15-27도 사이에 위치), 북쪽으로는 폴리사리오령 서부 사하라와 알제리, 동쪽으로는 말리, 남쪽으로는 세네갈과 접경해 있다.

기후는 대체로 고온 건조한 사하라 사막 기후이며, 종종 모래열풍이 분다. 5월~10월이 덥고, 11월~4월이 상대적으로 조금 덜 더운 시기이다. 수도 누악쇼트 주변은 7~8월이 우기(雨期)이고, 북쪽 사막 지역은 강우량이 희박한데 반해,

남쪽 세네갈강 유역은 연 강수량이 600mm 정도로 비가 제법 내린다.

2) 면적: 1,030,700 km2로 남한의 약 10 배이다. 그러나 80% 이상이 사하라 사막이며, 농경지는 주로 남부 세네갈강 유역과 오아시스 주변 소규모 농업 지역으로, 전체 국토의 약 1%밖에 되지 않는다.

3) 인구: 약 416만(2022년, CIA World factbook). 넓은 국토에 비해 인구는 상대적으로 적은 편이다.

4) 인종과 사회: 백인 무어(아랍-베르베르계, 30%), 흑인 무어(역사적으로 백인 무어들이 블랙 아프리칸 종족들을 노예로 삼았던 사람들의 후손, 40%), 아프리카계 흑인(풀라, 월로프, 소닝케 등의 부족, 30%). 백인 무어들이 주도적 지배계층을 형성하고 있으며, 흑인 무어들은 원래는 아프리카계 흑인이었으나 백인 무어의 노예로 살아오면서 언어(하싸니아어 사용), 종교(이슬람), 문화적으로 백인 무어에 동화되었다.

모리타니아는 세계에서 가장 늦게 노예 제도가 공식 폐지(1981년)된 나라로, 법적으로는 노예제가 폐지되고 또 노예를 부릴 경우에 처벌받는 법안이 만들어졌지만, 사회의 실제적인 영역에서 차별은 상당히 존재한다. 또한 무어족의 오랜 부족주의 전통 안에 있는 카스트(신분) 제도의 영향도 강하다.

5) 언어: 아랍어(공식, 국어), 불어(공용어), 아프리카 부족어(풀라, 소닝케, 월로프)

아랍어가 공식적 국어이지만, 일상생활에서는 아랍어의 이 지역 방언인 하싸니아어가 널리 사용된다. 하싸니아어에는 베르베르어, 불어, 월로프어 어원의 어휘들이 많이 들어와 있다. 역사적으로 프랑스의 식민통치를 받았던 영향으로 일상에서 불어도 폭넓게 사용되는데, 특히 프랑스를 통해 받아들인 근대적 제도나 교육, 문화, 기술, 문물 등의 영역에서 사용된다. 예컨대 관공서나 은행 등에 가서 작성하는 행정 문서는 아랍어, 또는 불어로 작성할 수 있게 되어 있다.

북아프리카 지역에서 역사적으로 프랑스의 식민통치를 받았던 튀니지, 알제리, 모로코, 모리타니아 등의 국가들을 언어권으로는 아랍-불어권(Arabofrancophonie)이라 부를 수 있는데, 각각 역사와 전통을 자랑하는 국제어인 아랍어와 불어가 일상의 공용어로서 함께 사용되는 이중언어적 환경이다. 게다가 아랍어가 일상의 지역방언과 표준어로 현저하게 구분되는 양층어(Diglossia)이기에, 모리타니아의 언어 환경은 복잡하다 하겠다.

6) 치안과 테러 위험 관련: 2008~2011년에는 알카에다 테러리스트들이 외국(이스라엘) 대사관 또는 군부대를 습격하거나, 프랑스 여행객, 미국인 기독교 NGO 사역자를 살해하는 등, 테러와 관련한 치안이 극도로 불안하였다. 그러나 이후 모리타니아 정부가 프랑스, 미국 등 서방 국가들과 협력하여 벌인 대테러 작전들이 효과를 보이면서, 2010년대 중반 이후로 현재(2022년 말)까지는 외국인을 대상으로 한 테러가 일어나지 않고 있다. 수도 누악쇼트의 경우, 어느 도시에나 있을 수 있는 좀도둑 또는 인적이 뜸한 곳에서의 사건 등을 제외하면, 외국인으로서 느끼는 전반적인 치안 상황은 양호한 편이다.

2. 역사

모리타니아라는 국명은 현재의 모로코와 알제리 북부, 아틀라스 산맥 북쪽 지역에 B.C 3세기부터 A.D. 1세기 중반까지 존재했던 고대 베르베르 왕국인 '마우레타니아'에서 따왔다. 역사적으로 중세 유럽인들은 북아프리카와 이베리아 반도에 살던 아랍-베르베르계 무슬림을 모로 또는 무어(Moor)라고 불렀는데, 로마 시대에 이 지역을 마우레타니아, 주민들을 마우리라 부른 것과 연관이 있다.

로마시대 마우레타니아 왕국은 처음에는 로마의 동맹국, 후에는 속주가 되었다. 이후 서로마 제국의 쇠퇴기와 반달족의 침략, 동로마 제국 벨리사리우스 장군의 반달 왕국 정복 등의 과정을 겪다가 서기 7세기 무렵, 아랍 무슬림들의 침입과 함께 이슬람화 되었다. 기원후 11세기경에는 지금의 모리타니아 중부 사막 지역에서 베르베르족에 의해 시작된 정복운동으로, 지금의 모리타니아와 서부 사하라, 모로코, 알제리 일부, 이베리아 반도까지 아우르는 큰 영토의 알모라비드 왕조가 세워졌다. 그러나 알모라비드 왕조는 이후 빠르게 쇠퇴하여 또 다른 베르베르계 알모하드 왕조가 뒤를 이었다. 이처럼 북쪽 모로코의 역사는 아랍계 또는 베르베르계 왕조가 번갈아 들어서면서 현재 모로코 왕국의 알라위트 왕조까지 이어지고 있다.[2] 반면에, 모리타니아 지역은 사하라 사막이기 때문에 북쪽 왕국들이 흥망 하는 과정과 연관을 맺으면서도, 주로 유목과 대상 무역을 하는 부족들이 부족 단위로 서로 연맹, 경쟁, 전쟁하는 그런 유목민 부족들의 땅으로 남아 있었다.

기원후 15세기 말엽에는 중동 지역에서 이주해 온 아랍 베두인계 부족인 베니 하싼(Beni Hassan) 족이 지금의 모로코 남동부, 서부 사하라, 모리타니아 지역에 걸쳐 광범위한 정복 활동을 벌이면서 정착하게 된다. 또한 그들이 쓰던 아랍어 방언(하싸니아어)은 점차 이 지역에서 원래 사용되던 베르베르계 언어들을 밀어내면서 결과적으로 완전히 대체하게 되었다. 하싸니아 아랍어는 큰 틀에서 마그레브 아랍어의 서부 방언으로 분류되지만, 모로코나 알제리, 튀니지 등지의 아랍어 방언(데리자)과는 비교적 큰 차이가 있다.

근대에 와서 지금의 모리타니아 지역은 프랑스령 서아프리카의 일부로서 식민통치를 받다가, 다른 많은 아프리카 국가들과 함께 1960년[3] 11월 28일에 신

---

2. 이러한 모로코와 모리타니아 지역의 역사적 연관성은, 모로코가 프랑스로부터 독립할 무렵 대(大)모로코주의를 주장할 때 현재의 서부 사하라, 모리타니아 지역까지 그들의 영토라고 주장했던 근거가 되었다.

3. 1960년은 차드, 니제르, 말리연방(나중에 말리와 세네갈로 분리), 나이지리아, 카메룬 등 많은 아프리카 신생국가들이 독립한 해로서, '아프리카의 해'라고도 불린다.

생국으로서 독립하였다. 이후 여러 차례 쿠데타로 대통령이 교체되어 왔으나 집권 세력은 항상 기득권을 가지고 군대를 장악하고 있는 백인무어 상위 부족 그룹에서 나왔다.

2007년, 모리타니아 역사상 가장 민주적으로 치러졌다고 평가받는 대선을 통해 시디 월드 세이크 압달라히 대통령이 당선되었으나, 당시 대통령 경호실 장이던 무함마드 월드 압델아지즈 장군이 쿠데타를 일으켰다. 그리고 2009년 에 다시 치러진 대통령 선거를 통해 압델아지즈는 대통령에 당선되고, 2014년 연임에 성공하면서 2019년까지 집권하였다. 2019년에는 압델아지즈 대통령의 최측근이며 역시 군부 출신인 무함마드 월드 가주아니가 대통령으로 당선되 어 현재까지 집권하고 있다. 투표와 개표 과정이 얼마나 공정하게 진행되었는 지는 차치하더라도, 2019년 가주아니의 집권은 모리타니아 역사상 최초의 평 화적 정권교체라는 점에서 의의가 있을 것이다. 가주아니 정권의 노선은 전임 압델아지즈 대통령 때와 크게 다르지 않은데, 프랑스와 미국 등 서방 국가들과 친아랍 이슬람 진영 사이에서 균형을 잡고자 하는 면에서 중도적, 다소의 친서 방적 성향을 띠고 있다.

3. 경제

명목 GDP는 82.28억 달러, 명목 1인당 GDP는 1,723 달러(2021, 세계은행) 이다. 광업, 수산업, 농업, 목축업 등 1차 산업에 크게 의존하는 소규모 경제이 기에 외부 충격에 취약하며, 외국인 투자와 선진국의 원조도 비중이 크다. 철 광석, 금, 구리 등 광물 수출이 전체 수출의 상당 부분을 차지한다. 모리타니아 대서양 연안은 세계에서 어족자원이 가장 풍부한 수역 중 하나로, 수산업 또 한 모리타니아의 중요한 산업이다. 모리타니아산 문어는 크고 육질이 좋아 일본과 유럽, 그리고 한국에도 수출이 되고 있다.[4] 상당수 후진국들이 그러하듯이 빈부 격차가 크다.

4. 일반 종교 상황

모리타니아의 정식 국명 '모리타니아 이슬람 공화국[5]'(불어: République Islamique de Mauritanie, 영어: Islamic Republic of Mauritania)이 표방하는 것처럼, 모리타니아는 이슬람이 국교이며 공식 자료상 국민의 99.9%가 무슬림이다. 즉 타 종교를 가진 소수 외국인을 제외하고, 모리타니아 국민이라면 '공식적으로는' 모두가 무슬림이며, 무슬림이어야 한다는 의미이다. 샤리아법에 따라 선교나 모리타니아 국민의 다른 종교로의 개종은 금지되어 있다.

유네스코가 지정한 모리타니아 4대 고대도시 중 하나인 싱게티[6]는 역사적으로, 북아프리카의 이슬람이 사하라 지역과 그 이남으로 전파되는데 아주 중요한 중심지였다. 경제적 지표나 국가의 발전 정도로 보면 모리타니아는 아프리카 국가들 중에서도 중하위권에 속하고, 중동의 발전한 아랍국가들에 비하면 한참 뒤떨어진 아랍세계의 변방 국가가 되겠으나, 이슬람의 종교적 영역에서는 모리타니아의 위상이 상대적으로 높다. 사하라 서부 지역에서 이슬람을

---

4. 한국의 대형마트 등지에서 파는 포장 냉동문어를 들어서 뒤집어보면 원산지가 표기되어 있는데, '모리타니아産' 문어를 종종 발견할 수 있을 것이다. 극동 아시아의 한국과 극서 아프리카 모리타니아를 문어가 이어주고 있는 셈인데, 이 문어를 통해서라도 모리타니아의 존재와 선교적 필요가 한국에 더 알려지길 기대한다.

5. 참고로 모리타니아는 이란, 파키스탄, 아프카니스탄과 더불어, 세계에서 정식 국명으로 이슬람 공화국을 표방하는 4개국 중 하나이며, 아프리카 국가들 중에서는 유일한 이슬람공화국이다. 아프카니스탄의 경우 2021년 탈레반이 재집권한 이후로는 '아프카니스탄 이슬람 토후국'으로 국명이 바뀌었다.

6. 모리타니아라는 신생 독립국이 탄생하기 이전, 역사적으로 모리타니아 지역은 '싱게티의 나라'로 불리기도 하였다. 오늘날에도 싱게티는 이슬람의 7대 성지 중 하나로 꼽히기도 하는데, 단지 모리타니아의 역사만 아니라 이슬람이 아프리카에서 확산되는 과정에서 싱게티가 갖는 역사적, 종교적 중요성이 큼을 알 수 있다.

가장 먼저 수용하고 또 그 이남과 주변 지역으로 전파하는 역할을 했던 사실을 모리타니아 무슬림들, 특히 지배계층인 백인 무어들은 자랑스럽게 생각한다. 모로코 등지의 이웃 국가에서도, 그들보다 훨씬 낙후된 나라인 모리타니아지 만 코란을 공부하기 위해 유학을 오는 학생들도 있다.

한편 모리타니아는 공식적으로는 수니파 이슬람 국가이지만, 신비주의 수피 즘이나 민속 이슬람의 영향력도 상당히 강하다. 태어날 때부터 몸에 붙이고 있 는 부적(주주)이나, 각종 주술이나 점술, 미신이 많고, '즈와이야'라 불리는 베 르베르 혈통 마라부의 영향력도 크다. 중동의 아랍에서 전해진 이슬람에 베르 베르와 블랙 아프리칸의 종교 전통이 섞인 것이라 볼 수 있다.

III. 선교적 고찰

1. 지역의 기독교 역사

사하라 사막의 서쪽 지역이 이슬람을 받아들인 이후로, 대략 천 년이 넘는 기간 동안 이슬람은 이 지역의 지배적 종교로서 별다른 도전을 받지 않았다. 19세기 초부터 이 지역에 진출하기 시작한 프랑스가 1920년부터 정식 식민통 치를 시작했지만, 프랑스의 RK톨릭 전통은 이 지역에 의미 있는 종교적 영향 을 미치지 못했다.

2. 현재의 기독교 상황

년도	박해지수 순위
2010년	8위
2011년	13위
2012년	14위
2013년	23위
2014년	36위
2015년	48위
2016년	50위권 밖
2017년	47위
2018년	47위
2019년	25위
2020년	24위
2021년	20위
2022년	23위

　　모리타니아는 다민족 국가로서 아랍-베르베르계 유목민 부족 그룹과, 블랙 아프리칸 종족 그룹들이 함께, 그러나 서로 구분되어 살고 있다. 따라서 현재의 기독교 상황을 살펴볼 때도 각 종족별로 파악하는 것이 좋을 것이다. 모리타니아의 MBB(Muslim-Background Believers, 이하 MBB) 숫자는 전체 인구에 비해서 아직까지는 매우 소수이다. 400만이 넘는 무슬림 인구 중에, MBB 숫자는 대략 수 백 명 정도로 추산한다.[7] 세네갈강 유역 남쪽 지역의 풀라족 안에

---

7. 풀라족 약 250여 명, 소닝케족 약 30-40여 명, 무어족 약 50-100여 명으로 추산(무어족을 대상으로 사역하는 현지프론티어즈 팀의 한국인 리더에게 구두로 문의함. 프론티어즈는 위의 각 종족 그룹을 대상으로 상당 기간 사역해온 팀들의 역사가 있다)된다. 만약 모리타니아 MBB가 대략 400여 명 된다고 가정한다면, 모리타니아 현지 기독교인은 전체 인구의 약 0.0001%인 셈이다.

서 기독교 복음에 반응하는 사람들이 고무적으로 나왔고, 현지인 중심의 교회 그룹들이 존재한다. 소닝케족에도 수십 명의 MBB들이 있고, 주 종족인 무어족에도 대략 몇 십 명에서 백여 명 내외의 MBB가 있다고 본다. 모리타니아 종족 그룹 중에서는 풀라족이 복음에 가장 반응이 좋다고 할 수 있고, 인구의 70%를 차지하는 주 종족인 무어족(백인 무어 30%, 블랙 무어 40%)은 상대적으로 더 견고하고, 선교적 돌파가 쉽지 않다고 본다. 역사적으로 백인 무어들이 이 지역의 정치, 종교의 핵심 기득권 세력이었기 때문에, 이슬람 종교 전통에 대한 충성도도 더 강하다고 해석할 수 있다.

한편, 오픈도어즈(Opendoors) 선교회에서 매년 발표하는 기독교 박해국가 순위(World Watch List)에서, 모리타니아는 최근 2022년에는 23위에 자리매김되었다.[8] 2008~2011년은 알카에다의 침투와 각종 테러 행위로 외국인 기독교인 및 소수 현지 MBB들의 신변이 상당히 위협을 받는 상황이었다. 그러나 테러집단의 활동이 정부에 의해 효과적으로 진압되고, 정부가 중도적 친서방 성향을 계속 이어감에 따라 점차 박해지수가 호전되다가 2019년부터 다시 상승하여 최근까지는 20위권에 머물러 있음을 볼 수 있다.

최근에 세네갈에서 현지어 성경을 여러 차례 모리타니아로 반입하다가 당국에 체포되어, 결국 법정의 재판자리에 서게 된 모리타니아인 풀라족 MBB의 사례가 있었다. 법정에서 판사가, '당신은 무슬림인가?'라고 물었을 때, 그 형제는 담대하게도 '아닙니다. 저는 기독교인입니다!'라고 대답하였고, 그의 대답에 법정에 있던 무슬림들은 경악과 분노로 소리치며 한바탕 난리가 났었다고 한다. 이슬람국가인 모리타니아의 샤리아법에 따르면 사형까지 언도될 수 있는 사건이었지만, 결과적으로 그 형제는 불기소 처분을 받고 풀려났다. 모리타니아의

---

8. 참고로 인접국인 모로코는 27위, 알제리는 22위, 말리는 24위, 세네갈은 50위권 밖으로 평가되었다 (2022년).

개신교 역사에서 상당히 고무적인 사건이 아닐 수 없다. 그러나 만약 그가 풀라 족이 아닌 백인 무어였다면, 상황이 더 어려웠을 것이라 조심스레 추측해 본다.

3. 선교역사

1960년 모리타니아가 독립한 이후, 70~80년대에 반복되는 가뭄과 메뚜기 떼 등의 재해로 많은 국민들이 기아 위기에 직면하면서, 서양의 여러 NGO들이 모리타니아에 들어와 활동하게 되었다. 그리고 NGO사역과 함께 '보이지 않는' 개신교 선교의 역사도 시작되었다. 지난 2019년에는 수도 누악쇼트의 개신교 사역자들이 모리타니아 선교 50주년(희년)을 기념하여, 1년 동안 각 종족 그룹과 현지 MBB들, 사역 현장과 사역자 가정들을 위해서 매일 기도하는 운동을 벌였다. 역산하면 첫 개신교 장기 사역자가 모리타니아에 입국한 때가 1969~1970년인 것인데,[9] 모리타니아의 개신교 선교역사는 길지 않은 편이다.

대다수 개신교 사역자들은 수도 누악쇼트에 거주하고 있는데, 수십 유닛(unit) 정도 된다. 인구 규모로 제2의 도시이자 경제도시인 누아디부에는 한인 여성 권경숙 선교사[10]와 그가 설립한 교회가 있고, 다른 지방 도시에는 소수의 사역자가 정착하여 사역 중이다. 사역자 출신별로는 영미권 및 유럽, 중남미 스페인어권, 다른 아프리카 나라 및 한국과 홍콩에서 온 아시아권 출신, 이집트 등 중동 출신 사역자 등으로 다양하다. 이 보잘것없어 보이는 사막의 나라에, 하나님께서 어떻게 전 세계 곳곳에서 이렇게 다양한 출신의 사역자들을 부르셔서

---

9. 필자도 아직 모리타니아에 공식적으로, 처음으로 입국한 개신교 장기 사역자가 누구였는지, 어느 단체 소속인지, 얼마나 사역했는지 정확한 정보를 갖고 있지 못하다. 추측으로는 영미권 서양 사역자일 가능성이 높다.

10. 권경숙 선교사는 1990년대 초반, 한인으로서는 모리타니아에 최초로 파송 받아 선교와 교회 사역을 시작한 1세대 선교사로서, 그의 헌신적인 선교적 삶과 사역의 이야기는 『내 이름은 모리타니 마마』 (서울: 코리아닷컴, 2013)라는 책 출판을 통해 한국 교회에 소개되었다.

함께 일하게 하시는지, 모리타니아를 향한 하나님의 주권적 섭리와 열정을 생각해 보면 그저 놀라울 뿐이다.

한인 사역자들의 선교 역사 또한 길지 않다. 전술한 누아디부 권경숙 선교사의 독보적인 사역은 90년대 초부터 현재까지 30년 넘게 지속되고 있고, 2007~2009년 무렵에는 한인 사역자들의 선교 정탐여행 및 방문과 수도 누악쇼트 초기 정착이 시작되었다. 2010년대에 계속해서 부르심 받은 한인 사역자들이 누악쇼트로 들어왔다. 모리타니아 한인 사역자들의 특징이라 한다면, 각각 다양한 사역단체에서 파송을 받아서 왔는데 각자의 단체에서는 다들 개척자로서 온 것이라, 대부분 독자적으로 사역하고 있다는 점이다. 또한 아랍어와 불어가 함께 사용되는 이슬람권 전방개척 선교지의 특수성과 사막의 거친 환경 때문에, 한국에서 파송 받은 초임 선교사가 바로 모리타니아로 입국한 경우는 드물고, 대부분 중동이나 북아프리카와 같은, 다른 지역에서 이미 사역을 경험한 경력 사역자이거나, 불어권이나 아랍어권의 다른 나라에서 불어 또는 아랍어를 어느 정도 익히고 입국한 경우가 많다는 점이다.

최근 2022년에도 한인 사역자 4 유닛이 이곳에 새롭게 정착하여, 현재 모리타니아에 있는 한인 사역자는 대략 15 유닛이 된다.[11] 이슬람권의 보안적인 요소, 사역자 각각의 소속 단체가 달라서 사역 방향이나 전략이 다를 수 있는 점 등의 요인으로, 모리타니아 한인사역자협의회가 공식적으로 조직되어 있지는 않다. 그러나 누악쇼트 한인회 행사를 중심으로 1년에 몇 차례 씩, 모두가 다 같이 모여 인사하고 교류하는 기회가 있으며, 몇몇 사역자 가정들이 자발적으로 일주일에 한 번씩 정기적으로 모여 수년 동안 함께 기도해 온 기도모임도 있다. 모리타니아라는 나라 자체가 지금까지는 한인 사역자의 숫자가 얼마 안 되

---

11. 흥미로운 것은 전술한 바와 같이, 그 15 유닛의 소속 단체가 다 다르다는 점이다. 모리타니아 현지에서도 많은 물의를 일으켰던 인터쿱(Intercoop) 사역자들은 셈에서 제외시켰다.

었고, 분명한 부르심을 받지 않았다면 오기 힘든 곳이었다. 또한 생존을 위해서도 서로가 돌아보고 도와야 하는 환경이기에, 한인 사역자들은 각자 소속 단체는 다르지만, 어려운 일이나 큰일이 있을 때 서로 돕고 지원하는 상호 간 협력이 잘 이뤄지는 편이다.

4. KPM 선교역사와 사역 소개

모리타니아는 기존에 KPM에서 파송한 사역자가 없었다. 그러다가, 한국컴미션 소속으로 모리타니아에서 사역하던 김주오/이나임 가정이, 2022년에 경력 사역자로서 KPM 소속으로 재파송받아 귀임함으로써, KPM의 모리타니아 선교역사가 시작되었다 할 수 있다.

김주오/이나임 가정은 2009년에 파송을 받아 한국을 떠나서, 프랑스 북부 지역에서 약 1년 반 동안 불어 학습과 팀 사역 훈련을 마쳤다. 2011년 3월에 모로코령 서부 사하라의 수도 라윤에 정착하여 약 2년 반 동안 물리치료센터를 중심으로 팀 사역을 한 후에, 팀의 해산과 함께 2014년 말에 모리타니아 수도 누악쇼트로 이주하여 정착하였다. 미전도종족으로서 모리타니아의 주 종족인 백인 무어 그룹과, 같은 민족이지만 역사와 정치적으로 다른 경험을 갖고 있는 사하라위족을 타깃하고 있으며, 사역언어가 될 하싸니아어 학습에 노력하고 있다. 현재까지의 주요 사역은 동역하는 미국 기독교 NGO 단체의 우산 아래 감옥이나 보건소 등지에서 했던 도수치료 봉사, 현지어와 문화 습득, 무어족 이웃 및 친구들과 관계 맺기, 내륙지방 정탐과 리서치, 동료 사역자들의 필요와 요청에 따라 부분적으로 협력하는 사역 등이다.

2019년 말에는 주님의 인도하심을 따라, 수도 누악쇼트를 떠나 북동쪽 내륙으로 730km 떨어진 도시 주에라트에 온 가족이 정착하였다. 주에라트는 모리타니아 북동부 지역의 중심 도시로서, 서쪽으로 누아디부와 북쪽으로 알제리 틴두프 근처 사하라위 난민캠프를 잇는 인적, 물적 교류의 요충지이며, 사하라위 선교에 있어 중요한 관문 도시이다. 모리타니아의 국영 철광석 공사 스님(SNIM)이 이곳에서 철광석을 채굴하여, 사막을 통과하는 704km의 철도를 이용해 항구도시 누아디부까지 철광석을 실어 나른다. 한때 세계에서 가장 긴 기차였던 SNIM의 철광석 운송 기차는 그 길이만 3km가 넘었다. 철광석 채굴을 위해 생겨난 산업도시 주에라트는 인구가 4-5만 정도 되는데, 도시 면적은 크지 않으나 도로와 주거지구가 바둑판처럼 조밀하게 조성되어 있다.

서부사하라[12] 분쟁(1975~1991)으로, 서부 사하라와 모리타니아 북부 지역을 연결하던 원래의 교통로는 모로코가 세운 모래방벽과 지뢰밭으로 단절되었는데, 이산가족이 된 사하라위들은 모로코령 서부 사하라에서 알제리 틴두프 근처 난민캠프의 가족들을 만나러 갈 때, 모리타니아의 주에라트를 꼭 거쳐 가게 된다. 주에라트에 정착한 개신교 장기 사역자는 김주오/이나임 가정이 처음이며, 현재 이 도시에 사는 알려진 MBB는 없다.[13]

믿는 자가 아무도 없는 곳이지만, 사역자의 가정이 하나님의 인도하심을 따라 그곳에 정착하여 가정에서 예배하고 기도하기 시작할 때, 그 땅에서 이미 교회는 시작되는 것이다. 주님은 두 세 사람이 주님의 이름으로 모인 곳에는 그들 중에 함께 있다(마 18:20)고 약속하셨다. 현재 김주오/이나임 가정의 사역 방향은, 주에라트에 정착하여 그 곳에서 예배와 기도를 드리며, 현지어 진보를 위

---

12. 서부 사하라는 북아프리카에서 가장 선교역사가 짧은 지역일 것이다. 모리타니아와 알제리가 개입된 모로코와 폴리사리오(사하라위 독립 운동) 사이의 전쟁과 분쟁 때문에, 2003년까지는 외국인의 입국이 금지되어 있었다. 이후 외국인 입국이 가능해지면서 개신교 사역자들이 서부 사하라에도 들어가기 시작하였다. 모리타니아 개신교 선교 역사가 50여 년이라면, 서부 사하라는 이제 20년 정도 되는 셈이다. 1991년 휴전 이후 현재까지 모로코가 서쪽 2/3를, 폴리사리오 망명정부가 동쪽 1/3을 실질 통치하고 있지만, 모로코의 영유권 주장은 아직 국제적으로 인정받지 못하였다.
13. 필자가 아는 바로는 없다. 그러나 알려지지 않게 믿는 현지인 가정이 존재할 가능성도 있을 것이다.

한 학습과 주변 지역의 선교적 정탐과 리서치 및 NGO 사역을 병행하는 가운데, 주님께서 허락하시는 때에 첫 회심자를 얻고, 첫 제자를 세우는 것이다. 이 슬람권 전방개척 선교지에서 30여 년의 필드 사역 기간을 보낸 후에, 만약 주님으로 말미암아 신실한 현지인 제자 2~3명을 세워 놓고 떠날 수 있다면, 하나님은 그 2~3명을 통해 미전도종족 그룹 안에서 수많은 신자들을 일으키시고, 그리스도의 몸 된 교회를 친히 세우실 것을 기대한다.

5. 효과적인 선교 전략

1) 사역 대상 종족 그룹에 맞는 언어적 준비와 전략적 언어 학습 순서 결정

전술하였듯이 모리타니아는 아랍어-불어권으로서 언어적으로 복잡한 지역이고, 아랍-베르베르계와 블랙 아프리칸 종족 그룹이 섞여 사는 다민족 국가이다. 따라서 사역자가 어떤 종족 그룹을 대상으로, 또는 어떤 형태의 사역을 하고자 하는지에 따라서 익혀야 하는 언어가 달라진다. 만약 하고자 하는 사역과 학습하는 언어의 종류와 순서가 서로 맞지 않으면, 사역뿐 아니라 생활에서도 많은 스트레스와 어려움을 겪으면서 헤맬 수 있다. 그래서 사역자의 사역 초점과 방향에 따라 언어 학습 계획을 신중하게 세울 필요가 있다.

예컨대 무어족을 대상으로 사역한다고 했을 때도, 언어 학습 계획에서 여러 가능성이 있을 수 있다. 프랑스 등지에서 불어를 먼저 배우고, 아랍권에서 표준 아랍어를 배운 다음에, 모리타니아에 입국하여서 하싸니아 방언을 배울 것인가? 불어만 배우고 모리타니아에 와서 하싸니아 방언을 배운 다음, 점차 아랍어 표준어도 배울 것인가? 표준 아랍어만 배우고 모리타니아에 와서 하싸니아 방언을 배우면서, 틈틈이 불어를 배울 것인가? 참고로 현재 모리타니아에서 사역하고 있는 한인 사역자들도 각각 밟아온 언어 학습 순서가 다르다.

만약 모리타니아의 풀라족이나 소닝케족 같은 블랙 아프리칸 종족 그룹을 대상으로 사역한다면, 이야기는 또 달라진다. 풀라어와 소닝케어 같은 종족어를 주 사역어로 사용해야 하기 때문에, 상대적으로 아랍어의 필요성은 덜 느끼게 될 것이다. 이런 경우에는 불어를 공용어로서 먼저 배운 다음, 종족어 학습으로 바로 들어가는 것이 좋을 수 있다. 표준 아랍어는 거의 필요가 없고, 하싸니아 방언은 필요하다면 어느 정도 익혀도 되고, 건너뛰어도 큰 문제가 없을 것이다.

어떤 특정 종족 그룹을 대상으로 집중적으로 사역하느냐, 아니면 특정 종족을 염두에 두지 않고 두루두루 폭넓게 사역하길 원하는지의 여부도 학습 언어를 선택할 때 중요한 기준이 된다. 예를 들어 모리타니아의 지식인층, 대학생 등 특정 계층을 대상으로 사역을 한다거나, NGO 사역만 하려 한다면 불어만 잘 익혀도 가능할 것이다. 물론 모리타니아는 교육 수준이 높지 않고, 문맹률도 높은 편이어서 불어나 표준 아랍어 등 공용어만 구사할 수 있고, 하싸니아어나 다른 구어체 종족어를 전혀 할 수 없다면, 아무래도 대화할 수 대상이 어느 정도는 제한될 것이다.

영어, 불어, 표준 아랍어, 하싸니아 방언 등 여러 언어를 다 잘할 수 있으면 좋겠지만, 현실적으로 쉽지는 않다. 모리타니아 언어 환경의 복잡성은 특히나 단일 언어권에서 자라난 한국 사역자들에게는 큰 도전이 아닐 수 없다. 구어인 하싸니아 방언이나, 풀라어, 소닝케어 등은 학교에서 체계적으로 배울 수 있는 과정이 마련되어 있거나 학습 자료가 많은 것이 아니므로, GPA 방법이나 사역자 각자가 주도적으로 방법을 찾아 습득해야 한다. 모리타니아에서 효과적인 장기 사역을 위해서는, 언어 준비와 학습에 수년간의 시간을 선행적으로 투자하는 것이 장기적, 전략적인 측면에서 더 지혜로운 선택이 될 것이다.

2) 이슬람권 창의적 접근지역 특성에 맞는 직업적 준비

창의적 접근지역 특성상, 사역자가 모리타니아에 살면서 일하려 한다면 외적으로 직업적인 정체성(Identity)을 가지고 있어야 한다. 현지인들을 만나 인사하면, 어느 나라 사람인지 물은 다음에 거의 항상 따라 나오는 질문이 '직업이 무엇인가?', '이 나라에서 무슨 일을 하고 있는가?'이다. 일상적인 이런 질문에 자신 있고 분명하게 대답하지 못하게 되면, 사역자 본인도 스트레스를 받고 위축될 뿐 아니라, 현지인과 자연스러운 관계 맺기가 쉽지 않을 수 있다.

현재 모리타니아 한인 사역자들의 직업적인 정체성은 NGO 단체와 연관하거나 NGO 활동을 통해 거주 비자를 받는 경우, 태권도 도장, 언어학원, 문화원 등의 소규모 사업체(또는 개인 자영업)를 등록하여 운영하는 경우, 의사 또는 의료인으로서 NGO에 의해 설립된 병원 등지에서 일하는 경우 등이 있다.

거의 모든 외국인은 1년에 한 차례 거주 비자를 갱신하게 되어 있는데, 다행히도 서류상으로 큰 문제가 없으면 현재 거주권 갱신이 그렇게 어렵지는 않다. 다만 행정시스템 부실요소와 담당 공무원 부정부패 등의 문제와 부딪히면, 갱신 과정에서 수개월씩 일이 잘 진행되지 않고 여러 차례 담당 관공서를 오가야 하는 등의 절차적인 어려움을 종종 겪곤 한다.

모리타니아는 한국에 비하면 상당히 후진국이고, 외국 NGO들의 도움이 여러 영역에서 여전히 필요한 나라이다. 따라서 교육이나 의료, 또는 기술의 영역에서 아주 전문적이지는 않더라도, 어느 정도 배워 놓은 기술이나 자격이 있다면, 사역자로서 현지에서 직업적 정체성을 갖는데 도움이 될 것이다.

3) 자녀 교육과 진학 방향 설정

어떤 선교지든지, 사역자 가정에 있어 자녀 교육은 늘 도전이 되는 문제이다. 그런데 모리타니아는 분명 그 도전이 큰 지역 중 하나일 것이다. 부부가 성숙하고 사역을 잘해 온 가정이라 할지라도, 자녀들이 현지에 적응하지 못하거나 교육에 어려움이 커서 결국 현지를 떠나게 되는 경우가 종종 있다. 모리타니아의 공립학교들은 너무 수준이 낮고, 또 이슬람 교육을 시키기 때문에 사역자의 자녀가 다니기엔 일반적으로 적합하지 않다. 누악쇼트 도심의 불어 사립학교들은 중학교 과정 정도까지는 자녀들을 보낼 만하지만, 고등학교부터는 마땅하지가 않다. 만약 자녀가 불어로 고등학교 과정까지 현지에서 마치면 이후에는 프랑스 등지에 대학 진학을 해야 하는데, 철저하게 인본적, 세속적, 그리고 짜여진 프랑스 교육 시스템 아래서 한인 사역자 자녀들이 학업을 하는 것이 쉽지 않고, 학생의 생활비 부담도 크다.

그래서 유치원, 초등학교, 중학교까지는 사립 불어학교를 다니면서도 홈스쿨링 등으로 영어 학습을 병행한 후에, 고등학교 과정부터는 영어로 전환하여, 영미권 대학이나 한국 대학으로 자녀들이 진학하는 경우가 있었다. 수도 누악쇼트에 선교사 자녀학교나 수준 있는 국제학교가 있는 것이 아니기에,[14] 고등학교 과정부터는 자녀들이 사역자 부모를 떠나 타국의 기숙사 학교들[15]로 가곤 한다.

사역자 가정이 지방 도시에 정착하여 사역하는 경우, 교육 환경은 상대적으로 더 좋지 않다. 홈스쿨링 등의 장기적인 계획과 준비가 필요하다. 대다수의 사역자 가정들이 수도에 거주하게 되는 이유도, '자녀 교육의 어려움'이라는 도

---

14. 누악쇼트에 미국 대사관이 운영하는 영어학교가 있으나, 비싼 학비에 비해 수준은 좋지 않다는 평을 듣는다. TLC International School이라는, 미국 여성이 설립한 미국 시스템의 사립영어학교가 있으나 학생 대부분이 모리타니아 현지인들이고, 외국인 교사들 중에도 무슬림이 많아서 우리가 흔히 생각하는 '국제학교'와는 좀 다른 느낌이다. 그래도 모리타니아의 최상류층 자녀들이 다니는, 학비가 비싼 학교인데, 중학교 과정까지는 자녀들을 보낼 볼만하지만 고등학교 과정부터는 역시 비싼 학비에 비해 교육의 질이 높지 않다는 평이다.
15. 인접국 세네갈의 다카르 아카데미(Dakar Academy), 독일의 블랙 포레스트(Black Forest Academy) 등.

전과 무관하지 않을 것이다. 지방 도시에 정착했다가 자녀들이 힘들어하여 다시 수도로 돌아오는 외국인 사역자 가정의 사례들도 있었다. 모리타니아는 자연이나 사람이나 거친 사막과 같은 환경인데, 이런 환경은 사역자 자녀들에게도 분명 도전이다. 잘 알려진 아프리카 속담에 "빨리 가려면 혼자 가고, 멀리 가려면 함께 가라"는 말이 있는데, 다른 선교지도 마찬가지이지만 특히 모리타니아 같은 환경에서 Long-Run하기 위해서는, 자녀들의 적응과 교육에 더 세심한 주의와 관심이 필요하다.

4) 기도와 연합

이슬람 공화국인 모리타니아에서, 드러나게 교회활동이나 선교 사역을 하기는 힘들다. 그래서 사역자들 또한 예배나 기도회를 위해서는 주로 가정에서 모인다. 수도 누악쇼트와 제2의 도시 누아디부에는 프랑스 식민지 유산인 가톨릭 교회당과, 주로 서부 아프리카 이남의 기독교권에서 올라온 블랙 아프리칸 기독교인들로 구성된 개신교회가 있기는 하다.

사역자들이 사역을 하기 이전에, 하나님과의 개인적인 관계와 기본적인 신앙을 유지하고, 수많은 영적인 공격과 매일의 치열한 싸움 가운데서 주님의 분명한 인도하심을 받도록 깨어 있기 위해서라도, 함께 모여서 예배하고 기도하는 것은 참으로 중요한 전략이다. 특히나 모리타니아 같은 이슬람권 전방개척 선교지에서는 더욱더 중요하다.

필자도 모리타니아에 입국한 2015년 이래로 최근까지, 한인 사역자 3~4 가정이 매주 한 차례 정기적으로 모여서 2시간 정도 함께 기도하는 기도모임에 동참해 왔다. 일주일간의 치열한 영적 싸움에서 때로는 지치고, 넘어지고, 낙심하기도 하지만, 동료들과 함께 모여 마음을 나누며 기도할 때에, 그때마다 새롭게 회복되고 영적으로 재각성하기가 한두 번이 아니었다. 수년간 함께 기도해 온 동료 사역자 가정들은 비록 소속 단체는 다 다르지만, 나중에는 같은 단체 또는 같은 팀원들 이상으로 서로 지지하고, 협력하고 헌신하게 되었다. 우리의 기도모임은 처음부터 사역을 위한 모임이 아니었다. 각 가정들이 그냥 모여서 함께 기도하면서, 주님의 얼굴과 뜻을 구하고자 했다. 처음 1년 정도는 서로 기도하는 스타일이 다르고, 기도회를 통해 추구하는 강조점도 조금씩 달라서 때로는 좀 불편하기도 하고, 서로 맞춰가는 시간도 있었다. 그러나 그런 시간들이 지나자, 기도 가운데 마음이 점점 더 모아지는 영적 시너지가 생겨나기 시작했고, 서로의 필요를 채워주고 돕고, 사역적인 부분에 있어서도 자연스럽게 연합하게 되었다. 모든 진정한 사역은 주님 뜻을 구하며 기도하는 가운데 탄생되어야 한다고 믿는다.

사역자들이 기도 가운데 연합하면, 현지에서의 생존율이 높아진다. 안식년이 되어 현지를 떠날 때에도, 남은 동료들이 현지를 지켜주고 있기에 든든하다. 안식년을 마치고 다시 현지로 귀임하는 재(再) 긴장의 순간에도, 돌아가면 반갑게 맞아주고 또 함께 기도할 수 있는 동료들이 있다는 사실에 마음이 한결 가볍다. 1차적으로는 주님만 바라보지만, 또한 신실한 동료들이 옆에서 서로를 지지해 주고 있어서 더 든든하다. 물론 사람은 다 연약하여 결점과 단점들이 있다. 하지만 기도 가운데 동료 사역자들의 중심에 주님이 일하고 계심을 확인하기 때문에, 동료들을 붙잡고 계시는 주님을 신뢰할 수 있다.

수도 누악쇼트에서는 매년 봄과 가을, 1년에 두 차례씩, 이틀 정도 사역자들이 함께 모여 기도하고 교제하는 기도 콘퍼런스(Prayer Conference)가 열린다. 모리타니아 선교를 먼저 시작했던 서양 사역자들이, 초기부터 모여서 함께 기도하고 교제했던 좋은 전통이 지금까지 이어지고 있는 것이다. 이 모임에서, 새로 입국한 사역자들을 만나기도 하고, 각 가정이나 단체나 팀들의 상황과 기도제목을 공유하며 함께 기도하기도 한다. 국적, 인종, 언어, 문화가 다양하지만, 모리타니아 선교의 주인 되시는 주님의 부르심을 받아 이 땅에 와서 함께 일하는 형제, 자매들이라는 공통점이 있다.

우리 한인 사역자들보다 몇 십 년 먼저 사역을 시작했던 서양 사역자들, 그들 중 상당수가 NGO를 통한 사역적 기회로 모리타니아에 들어왔고, 수면 위의 NGO 일과 수면 아래의 선교 사역을 병행하면서 초기 MBB들을 전도하고 양육해 왔다. 그분들의 경험, 열매, 때로는 1세대 MBB들의 실패 사례들을 직간접으로 듣게 되는데, 그런 선배 서양 사역자들의 고백 또한 '기도가 얼마나 중요한가!'였다.'

5) 정탐여행과 리서치

통계상으로 모리타니아 인구의 1/3은 수도 누악쇼트에, 나머지 2/3는 수도 이외의 지방에 거주하고 있다. 제2의 도시 누아디부(인구 약 15만 추정)를 제외하면, 지방의 큰 도시라 할지라도 인구는 3만에서 5만 사이이다. 대부분의 사역자들은 수도 누악쇼트에 거주하고 있는 반면, 지방의 중심 도시들에 사역자가 없는 곳이 아직도 많다. 내륙 지역에는 아마 지금껏 그리스도인이 한 번도 발을 디뎌본 적이 없는 마을들도 많을 것이다.

사역자들이 지방 도시들과 내륙 지역을 여행할 때, 가는 곳마다 예배 드리고 기도하면서, 그곳에 어떤 종족 그룹이 살고 있는지, 주민들의 필요가 무엇인지, 만약 사역자가 이곳으로 온다면 어떤 모습으로 어떻게 정착할 수 있을지 등을 파악하고 리서치하는 사역도 중요하다. 이전에는 테러 위험 때문에 외국인이 지방이나 내륙을 여행할 수 있는 기회가 아주 제한되었지만, 현재는 가능하다. 하지만 지금의 안정적인 상황이 언제까지 유지될지는 모르는 일이다. 기회가 주어졌을 때, 개척 정신을 가진 사역자들이 지방과 내륙으로 선교적 정탐 및 리서치 여행을 다닐 필요가 있다. 리서치가 있어야 전략이 나오고, 전략이 세워져야 성공적으로 실천에 옮길 수 있다. 기도하고, 여행하고, 조사하고, 방문하는 과정이 계속되면 언젠가는 부르심 받은 누군가가 직접 가서 정착하게 된다. 이후 그 정착 거점을 중심으로, 주변의 내륙 지역까지 선교적 발걸음이 닿을 수 있을 것이다.

모리타니아의 주 종족인 무어족은 원래 사막에서 유목하던 전통이 강하기에, 수도에 살아도 지방과 시골 연고지에 자신들의 또 다른 집과 터전이 있다. 계절에 따라서, 몇 달은 수도에서 다른 몇 달은 시골에서 지내기도 하는데, 자신의 가족 및 친족 그룹의 네트워크를 따라서 이동이 잦다. 이런 종족을 대상으로 장기적으로 사역하기 위해서는, 이들의 이동 경로를 따라서 거점 도시들마다 사역자들이 포진하여 네트워크를 형성할 수 있다면 더 효과적일 것이다.

IV. 나가는 말

지난 2020년에 동료 사역자들과 함께, 모리타니아의 서쪽 끝인 수도에서 출발하여 동쪽 끝 국경 도시 네마까지 대략 1,200 km를 횡단 여행한 적이 있었다. 이후 중부 내륙의 고대도시인 티치트를 갔다가 북쪽 아타르로 돌아서 수도로 돌아오는, 약 2주간의 긴 정탐여행이었다. 여행 첫날 아침에, 도로변 사막의 한 곳에 차를 세우고 아침을 먹은 후, 여행의 첫 예배를 드리며 함께 찬양할 때였다. 사막의 신선한 아침 공기 속에서 찬란한 햇살을 받으며, 주님의 높고 위대하심을 찬양할 때 눈물이 날 만큼 마음에 큰 감동이 밀려왔다. 주님이 마음속에 물으시는 것 같았다. "이 광대한 사막의 서쪽 끝에서 동쪽 끝까지, 내가 찬양받는 것이 합당하지 아니하냐?"

모리타니아라는 선교의 불모지 같은 광야에 주님은 길을 내시고, 당신의 종들을 땅 끝에서 불러 모으시고, 그 땅을 서에서 동으로 또 종과 횡으로 다니게 하시고, 심고 계신다. 각 종족 그룹 안에서 그의 거룩한 신부들을 불러 세우시고, 마침내 생명수 강물이 흘러넘쳐서 믿는 모든 자들로 마시게 하실 것이다. 비록 바로 눈에 보이지 않는다 해도, 주님의 놀라운 구원의 역사는 지금 이곳에서 계속하여 일어나고 있으니, 주님은 모리타니아의 모든 구원받는 자들의 감사와 찬양을 받으시기에 무한히 합당하시다!

참고문헌

권경숙. 『내 이름은 모리타니 마마』. 서울: 코리아닷컴, 2013.

튀니지

김열방 노아굴라[1]

I. 들어가는 말

불과 20년 전만 해도 튀니지는 한국교회에 알려지지 않은 생소한 선교지 중 하나였다. 특히 튀니지는 아랍권에 속하면서 이슬람이 국교이고 아랍어를 사용하지만 프랑스 식민 통치 영향으로 불어도 널리 통용되고 있는 나라이기에 서구 선교권에서도 접근하기 쉽지 않은 선교의 사각지대로 알려져 있었다. 주후 7세기경 아랍의 침략 이후로 1400년간 튀니지는 공식적인 현지 기독교회가 전무했고, 기독교 선교역사에서 잊혀진 땅으로 남아 있었다. 불과 90년대 초반부터 서구 선교단체의 선교가 본격화되기 시작했고, 그다음 주자로서 KPM도 한국 다른 교단보다는 훨씬 앞서 튀니지 선교 사역을 시작했다. 지난 약 30년의 선교 사역을 평가해볼 때 KPM이 현지 선교 발전에 기여한 바가 크다고 본다. KPM 튀니지 선교사들은 개척자로서 수고와 희생이 많았지만 수많은 시험과 어려움을 뛰어넘게 하시는 하나님의 은혜와 기적의 역사도 많았기 때문에

---

1. KPM T국 선교사.

오직 하나님께 모든 영광을 돌려 드린다.

　튀니지는 지정학적 특성상 아주 다양하고 복잡한 인종적, 문화적 정체성을 가지고 있기 때문에 다양한 관점에서 보다 심층적인 지역연구와 전략적 접근이 필요하다. 역사적으로 4개의 제국이 건설되고 파괴되었던 지역인 만큼 튀니지인의 정체성을 하나로 정의 내리기도 어렵다. 종교적으로도 다양한 종교가 존재했고, 특히 이슬람화 된 이후, 그 이전 기독교 역사가 철저히 부인되어 왔고, 기독교 유적도 철저히 파괴되었으며 역사적 자료가 많이 남아 있지 않은 상황이다. 더욱이 현지 아랍어 습득과 전도 사역에 집중해야 하는 현장 선교사로서 라틴어, 아랍어, 불어로 되어 있는 과거의 기독교 자료를 찾기도 어렵지만 자료를 구하더라도 연구하기에는 언어적 장벽이 너무 높으며 현재로는 그런 자료에 접근하는 것조차 쉽지 않은 실정이다. 사실 튀니지를 포함한 마그렙이라고 불려지는 북아프리카 5개국은 여전히 선교 사역을 위한 지역연구가 제대로 되지 못한 미개척지 상태에 놓여있다. 따라서 필자는 현재까지의 경험과 제한된 자료를 바탕으로 이 땅에 대한 일반적, 그리고 선교적 고찰을 제시함으로써 본 소고가 후원 교회에게 튀니지에 대한 기본적인 정보를 제공하고 이 땅을 위해 보다 전략적인 기도를 도모하며 선교 협력을 이끌어 내는데 일조하기를 바란다.

II. 일반적 고찰

1. 영토와 위치

　튀니지는 북아프리카 최북단에 위치하며 해가 지는 서쪽 땅이라는 의미를 지닌 마그렙 동맹 5개국(리비아, 튀니지, 알제리, 모로코, 모로타니아)에 속한 나라이다. 튀니지는 알제리, 리비아와 국경을 접하고 있고 북부와 서부는 지중해로 둘FJ 쌓여 있다. 국토 면적은 163,610 평방km이고, 국토의 40%는 사하라 사막이 횡단하고 있으며 나머지는 지중해의 해안선 1,300km와 그 인근에 경작 가능한 땅이 분포되어 있다.

2. 기후

사하라 사막이 남부 지역을 횡단하고, 지중해가 북부와 서부를 둘러쌓고 있다는 지리적 특징 때문에 남부와 북서부의 기후 차이가 상당히 크다. 일반적으로는 지중해성 기후를 띄고 있어서 11월 말부터 4월까지 쌀쌀한 우기이고 5월부터 10월까지는 건기이며 6월부터 9월 말까지 낮 평균 기온이 섭씨 35-40도이고, 남부 사막 지역은 수온주가 섭씨 50도까지 올라간다. 한때 아프리카 대륙의 최고 온도는 섭씨 55도까지 오르며 기록 경신을 세우기도 했다. 겨울 우기에는 온도가 영하까지 떨어지고 알제리와 국경을 접하는 북동부 지역에는 눈이 내리는 곳도 있다. 폭염이 기승을 부리는 하계를 제외하고는 지중해성 기후라서 연중 내내 온화한 편이다.

3. 인구

2022년 미국 CIA 통계[2]에 따르면, 튀니지 전체 인구는 11,896,972명이다. 인구의 98%는 아랍족이고 2%는 베르베르족[3](원주민)이다. 일반적으로 튀니지인들은 99% 이상이 이슬람을 신봉하고 아랍어를 사용하고 있어서 아랍인이라는 정체성이 강하다. 초대 대통령 하빕 보르기바가 부족주의를 인한 국론 분열

---

2. "Tunisia Country Summary" https://www.cia.gov/the-world-factbook/countries/tunisia/summaries (Accessed at 2022.11.15).
3. 베르베르 종족은 아마지그(자유인)으로 알려져 있고, 기원전 8세기 이전부터 서부 아프리카 말리에서부터 이집트에 이르기까지 넓게 분포된 민족으로서 약 3천만 명 정도가 아마지그 언어를 사용하고 있다.

을 근절하고 국민 통합을 목적으로 '하나의 튀니지'를 통치이념으로 주창하고, 범아랍국가주의를 지향하면서 아랍인으로서 정체성은 더욱 강화되었다, 그러나 실제 National Gegraphy의 DNA 조사[4]에 따르면, 순수 아랍 혈통은 4%에 불과하고 원주민 베르베르족이 88%를 차지한다. 튀니지인은 역사적으로 오랜 세월 동안 유럽, 아랍, 튀르키예, 프랑스의 침략을 받아왔기에 혈통적으로는 다양하고 복잡한 면모가 있음을 짐작할 수 있다. 2011년 1월 14일 '아랍의 봄'으로 알려진 아랍 최초의 민주화 혁명 이후 소수의 튀니지인들 중에 베르베르 종족으로서 정체성을 회복하려는 운동을 본격적으로 시작하였다. 독재시대에는 소수민족 독립운동에 대한 두려움 때문에 정부차원에서 억압을 많이 받아왔지만, 민주화와 더불어 소수 민족의 정체성과 목소리를 되찾으려는 시도가 일어나게 된 것이다. 그 일환으로서 민간주도의 시민단체들도 결성되어 마그렙 소속 다른 나라의 아마지그 단체들과도 연계하여 아마지그 언어와 문화 복원 프로젝트를 실행해가고 있다. 아마지그 정체성 회복 운동이 더욱 활발하게 전개된다면 그들의 조상이 기독교인들이었다는 역사적 사실에 직면하게 될 것이다. 이와 더불어 이 운동은 필연적으로 기독교 신앙 회복운동도 함께 일어날 수 있다는 긍정적인 측면도 내포하고 있다.

4. 언어

공식언어는 아랍어이고, 80 년 동안 프랑스 식민 통치 영향으로 여전히 불어가 널리 통용되고 있다. 특히 교육, 무역, 관공서에서 불어가 많이 사용되고 있다. 고등교육을 받은 사람들과 중산계층 사람들과는 불어로 의사소통이 가능하다. 요즘은 인터넷 사용자 수가 늘어나고 미국의 영향력이 커지면서 영어 사용

---

4. "DNA analysis: Only 4 % Tunisians are Arabs" https://amazighworldnews.com/dna-analysis-only-4-of-tunisians-are-arabs/ (Accessed at 2022.11.15).

자 수도 증가하는 추세이다. 아랍어는 문어체 성격이 강한 고전 아랍어, 그리고 구어체로 통용되는 현지 방언 아랍어(데리좌)가 있다. 일상생활에서 불어가 널리 통용되고 있어서 현지인들과 원활한 의사소통을 위해서는 기초 수준의 불어를 습득하면 현지 생활에 유익하다. 공무적인 서류 작업이나 비즈니스를 위해서도 중급 불어 수준이 필요하다. 일반 서민들과 의사소통을 위해서는 현지 방언 아랍어가 필요하다. 효과적인 선교 사역을 위해서는 고전 아랍어와 현지 방언 아랍어 습득이 필요하다. 아마지그 종족을 대상으로 선교 사역을 하려면 비록 그들이 현지 아랍어와 아마지그를 둘 다 구사하고 있지만 아마지그 언어를 습득해야 보다 효과적인 사역이 가능하다. 현재 현지 방언 아랍어로 성경이 번역되어 있지만 현지 교회와의 이해 상충, 현지 방언 아랍어에 대한 편견 때문에 책으로 출판되지 못하고 있다. 아마지그 언어로도 상당 부분 번역 작업이 오래전부터 이뤄졌지만 여러 정치적 이유로 출판되지 못하고 있다.

5. 역사

1) 선사시대

튀니지의 가프사족(Gafa)은 BC 1.5만 ~1만 년 사이에 북아프리카에 거주한 가장 오래된 종족으로 알려져 있다. 튀니지 중부 내륙에는 가프사족이 남긴 것으로 추정되는 BC 7000~5000년 이전의 석기시대 유적이 발견되었다. 이 종족은 신석기시대 북아프리카에 유입된 베르베르족에게 흡수되었다. 베르베르족은 선사시대 유럽 인구의 대이동 당시 몰타를 경유하여 북아프리카로 건너온 것으로 추정되고 있다. 인류학자들은 BC 4000~3000년 신석기 및 청동기 시대를 거치면서 이집트 나일강 유역의 인구 팽창에 따라 북서쪽으로 유입되어온 이집트인과 혼혈을 거쳐 마그렙(북아프리카) 지역에 베르베르족으로 정착한 것으로 보고 있다. 이들은 페니키아인들의 도래 이후 로마의 지배에 동화되지 않고 산간 내륙 지역을 거점으로 부족사회로 명맥을 유지하다가 AD 7세기경 아랍화가 되면서 아랍에 동화되었다.

2) 고대국가

BC 9세기 초(813년)에 페니키아인들이 두로 왕국의 정변을 피해 카르타고 해안에 정착하여 북아프리카에 제국을 형성했고 지중해 패권을 장악하였다. BC 4세기경 로마가 신흥 강국으로 부상하면서 시칠리아 지배권을 쟁취하기 위해 카르타고와 3차례 걸쳐 포에니 전쟁이 일어났고, 3차 전쟁에서 카르타고가 로마에 패망하면서 로마의 식민지가 되었다. 카르타고의 멸망은 로마가 세계 제패의 길을 열어주었고, 카르타고에게 획득한 부에 기반하여 로마제국이 되었다. BC 146부터 로마의 식민통치를 받았고, AD 430년까지 반달의 침임을 받기 전까지 카르타고는 로마의 지배하에 있었다. 로마시대에 카르타고는 로마의 주요 식량 공급처가 되었다. 그리고 로마제국이 패망할 무렵, 429년에 반달족의 침략을 받으면서 카르타고는 한 세기 동안 반달족의 지배를 받았다. 그 후 533년에 동로마제국이 카르타고를 침략하여 반달족을 몰아내고 한 세기 동안 지배하였다.

3) 아랍시대(669~1574)

669년부터 아랍 무슬림 군대가 침입하기 시작하였고, 카이로완에 아랍 군대 기지를 건설하면서 마그렙 지역이 정복되기 시작했다(카르타고 693년, 모로코 710년). 이때 침략한 아랍 무슬림 군인들이 토착민의 후예 베르베르족(아마지그)과 혼인을 통해 통합되면서 튀니지 전역이 아랍화와 이슬람화 되었다. 그리고 아랍 침략을 받은 지 100년 만에 자치국가인 아그라브 왕조가 건설되었다. 그리고 909년경에 시아파 왕조인 파티마 왕조가 세워졌고, 수도를 이집트로 옮겨 가면서 베르베르족 대리인이 대신 통치하였다. 11-12세기는 하프시드 왕조가 건설되었고, 이때부터 튀니지는 아랍화된 이슬람 국가로서의 정체성을 확립하여 아랍 세계의 일원으로 등장하였고, 스페인 무슬림(안달루시아)과 인근 유럽 문화까지 수용하면서 튀니지 문화의의 특징을 수립하게 되었다.

4) 오스만 터키 시대(1574~1956)

오스만 터키가 하프시드 왕조를 멸망시키고, 마그렙 지역의 튀니지, 알제리, 모로코의 경계를 공식적으로 확정하였다. 터키가 튀니지를 터키의 주로 편입시킴으로써 알제리의 베이 레르 베이 관할 하에 들어갔다. 1702년에 튀니지에 정변이 일어나 아랍계 귀족이 왕조를 회복하였다. 이 시기에 경제적 환란이 극심하여 해적 행위를 통해 국가 수입을 충당하기도 했다. 해적 행위가 외세의 침입 구실을 제공한다는 사실을 인식하고 왕실은 서구제국과 통상조약을 체결하므로 근대 국가로 변신을 모색하게 되었다.

5) 프랑스 식민통치 시대(1881~1956)

19세기 서양 열강들의 각축에서 프랑스가 오스만 터키의 종주권을 부인하고 자국의 보호 아래 두려워했고 영국은 오스만 제국의 튀니지 지배를 지지하였다. 이로 인해 튀니지에는 터키의 간섭에서 벗어나기 위해 프랑스를 지지하는 베이 왕실의 터키 출신 관료와 터키에 기대어 독립을 유지하려는 구 아랍계 귀족들 사이에 상호 대립하는 양상이 나타났다. 마침내 튀니지는 1881년 프랑스의 보호령에 들어가게 되었고 왕실은 권력을 상실한 채 명목상의 권한만 유지하였다.

6) 독립 이후 역사

튀니지는 알제리의 치열했던 독립운동과 달리 1954년 프랑스와 독립 협상을 통해 1956년 독립을 순조롭게 이루었다. 1957년 왕정을 종식하고 제1공화국이 설립되었으며 하빕 보르기바가 초대 대통령으로 취임했다. 1957년 샤리아법원이 폐지되고 중혼제도 폐지되어 여성해방과 여성 사회참여를 실현시켰으며 이슬람 국가로서 유일하게 중혼제가 폐지되어 개방과 서구식 발전을 이끌게 되었다. 그후 보르기바 대통령의 건강 악화 사유로 1987년 벤알리 총리가 무혈 쿠테타를 성공하여 대통령직을 계승하였다. 벤알리는 국내 개혁정책 및 친서방 외교 노선을 계승하고 친아랍 정서에 부응하면서 온건 외교 노선을 표방하여 정권을 안정시키고 꾸준한 경제발전을 이루었다. 그러나 보르기바처럼 독재정치와 인권탄압을 통해 장기집권을 하였다. 그러나 2010년 12월 17일 한 노점 청년의 분신자살을 계기로 장기독재, 부패, 고실업 등의 불만으로 전국적인 반정부시위가 일어났고, 결국 23년의 장기집권이 종식되었다. 쟈스민 혁명의 성공으로 독재정권이 무너지고 권력의 공백을 이슬람당이 장악하면서 한때 이슬람 정부가 설립될 위험에 처했지만, 2014년 1월 제헌의회에서 신헌법이 채택되었고, 그해 12월 대통령선거에서 세속당이 승리하면서 민주정부설립에 박차를 가하게 되었다.

6. 정치

2011년 1월 14일 아랍 최초의 민주화 혁명이 성공하면서 독재체제가 무너졌다. 이 혁명의 여파는 아랍의 봄이라는 현상을 일으키기까지 큰 영향을 끼쳤지만 튀니지를 제외하는 대부분의 아랍 국가는 민주화를 이루지 못하고 실패했다. 민주화 혁명의 최대 수혜자로서 튀니지는 지난 10년간 이슬람 원리주의로의 회귀 위협이 있었음에도 불구하고 민주정부 설립 이후 민주주의 체제가 발전해 왔다. 2019년 까이스 사이드(헌법 학자, 법학 교수)가 70% 이상의 국민적 지지로 당선되면서 그동안 지연된 정치와 경제 개혁에 큰 진전이 있을 것을 기대했다. 그러나 계속적인 경제적 쇠퇴와 정치적 부패를 개혁한다는 목적으로 현직 대통령이 국회를 해산시키고 사법부 독립기구도 해산시켜 버렸다. 그리고 대통령의 권력을 강화하기 위해 7월 25일 새 헌법 개정안을 통과시켰다. 헌법 개정안은 삼권분립에 근거한 민주주의 체제를 상당히 훼손했고, 독재로 회귀되는 길을 열어주었다. 새 헌법은 대통령의 임기를 5년으로 정하고 1회 연임이 가능하도록 규정했다. 본래 헌법 제5조에 튀니지는 세속 시민정부인데, 개정안에는 이슬람 움마(무슬림 공동체)에 속한다고 규정하고 있다.[5] 비록 개정안에는 직접적으로 이슬람을 국교로 명시하고 있지 않지만 이슬람 움마를 지향한다는 인상을 강하게 심어주고 있다는 측면에서 2014년 헌법에 비교해서 기독교의 입지가 훨씬 축소되었음을 암시하고 있다. 따라서 현지 기독교 신자들은 법적인 문제가 발생할 시에 기독교인으로서 권리를 호소할 법적 근거가 배제되어 있기에 상당히 우려하고 있다.

7. 경제

민주화 혁명의 원인 중에 하나는 심각한 수준의 청년 실업률, 물가 상승, 경제 위기였다. 혁명 이후 10년의 시간이 지나가고 있지만 오히려 경제 상황은 독재 시대 이전보다 더 악화되었다. 특히 22년 2월 러시아의 우크라이나 침공 이후 공급 부족으로 경제상황은 더 악화되었고 더 나아질 전망이 보이지 않는다. 현 정부는 경제난과 국가 위기를 대통령 권한 강화의 명분으로만 삼고 있고 물가 안정화를 위한 노력을 보이지 않고 있다. 인구 절반인 600만 명이 빈곤선 아

---

5. "New Tunisian Constitution concerns Christians" https://www.persecution.org/2022/08/31/new-tunisian-constitution-concerns-christians (Accessed at 2022.11.15).

래에 놓여있고 기본 실업률도 18.4%에 이르고 있다. 현 정부는 IMF구제 금융을 원조받기 위해 협의하는 중이다. 주요 산업은 농업, 인산염, 올리브기름, 관광산업이다. 튀니지의 수입은 관광산업에 의존도(13%)가 상당히 높은 편이다. 2013년 이후 빈번한 테러사태로 관광업이 심각하게 타격을 받았는데 그 이후 조금씩 회복세를 타다가 코로나 사태와 우크라이나 사태로 다시 주춤하고 있다. 게다가 밀과 보리 수입의 60%을 우크라이나와 러시아에 의존하고 있는데 전쟁에 따른 식량 수입 차질과 가격 인상으로 큰 위기를 맞고 있다.

8. 교육

교육제도는 프랑스 시스템을 도입하여 시행하고 있다. 만 3세부터 유치원에 등록이 가능하고 초등부터 고등학교까지 12년 학제로 되어 있으며 무상교육을 실시하고 있다. 대학교는 3년제이고 대학 입시(바칼로리아)에 합격하면 공립대학에서 무상으로 교육을 받을 수 있다. 요즘 공교육의 수준이 점점 하락되고 있어서 사립교육을 선호하는 경향을 보이고 있다. 세계화에 발맞추어 양질의 교육을 받도록 자녀들을 사립 영어 학교와 불어 학교에 보내는 가정들이 점점 늘어나고 있다.

9. 일반 종교 상황

주후 7세기경부터 튀니지의 주 종교는 순니 이슬람이다. 현재 이슬람이 99.4%이고, 로만 가톨릭과 정교회를 포함한 기독교가 0.2%인데 복음주의 개신교는 0%에 가깝다.[6] 유대인들의 디아스포라 공동체가 주전 586년경부터 형성되어 왔었고, 1948년 이후 이스라엘 독립과 함께 많은 수가 본국으로 귀환하

---

6. "Pray for: Tunisia" https://operationworld.org/locations/tunisia (Accessed at 2022.11.15).

였고, 2011년 쟈스민 혁명 이후에도 상당수가 귀환하였으며 현재 3천 명 미만의 유대인들이 남아서 유대신앙을 지켜가고 있다.

III. 선교적 고찰

1. 지역의 기독교 역사

전승에 따르면, AD 42년 빌립이 소아시아로 가기 전에 카로타고를 방문하면서 기독교가 소개되었다고 본다. 북아프리카 교회는 3명의 초대교부, 터툴리안(160-220), 키프리안(200~258), 어거스틴(354~430)을 배출했고, 모두가 카르타고 출신들이다. 그리고 카르타고는 189~198 동안 14대 교황으로 재위한 최초의 비로마인 Vitor 1세를 배출했다. 203년에는 황제숭배와 유일신 종교 금지 칙령이 내린 상황에 귀족 출신으로서 기독교인이 된 퍼페투아와 그녀의 몸종 펠리스타누스는 기독교 신앙 때문에 카르타고 원형경기장에서 순교를 당했다. 7세기말 아랍의 침략을 받은 이후 이슬람화가 되면서 기독교회는 쇠퇴하기 시작했고, 11세기 이후에는 완전히 사라져 버렸다.

2. 현재의 기독교 상황

1999년 이전까지는 30명 미만의 현지 신자들이 수도와 지방에서 가정 교회 형태로 모임을 가질 정도로 현지 교회는 너무 미미했다. 1999년 세계 교회가 튀니지를 위한 기도의 날을 정해 놓고 특별기도한 결과로 그 해 한 해 동안 약 300여 명이 예수님을 영접하는 놀라운 부흥이 일어났다. 당시 독재 시대는 기독교에 대한 핍박과 인권탄압 때문에 가정교회 형태로 모일 수밖에 없었다. 그러나. 2002년 이후로 젊은 교회 지도자들이 수도에 위치한 외국인 교회당을 빌려서 예배를 드리기 시작했고, 현지인 교회 3개가 설립되었으며, 가정교회 형태로 소규모 그룹도 생겨났다. 현지 내무부 발표에 따르면, 현재 5만여 명의 기독교 신자가 있다고 추정하지만, 실제 정기적으로 예배 모임에 참석하는 숫자는 약 500~600여 명 정도 된다. 2002년부터 수도 튀니스의 프랑스 개혁교회를 빌려서 예배를 드려왔던 샤르 드골 교회가 2020년 이후로 교회 리더십의 내부 갈등과 불화로 안타깝게 분열되었다. 그동안 10여 년 동안 비공식적이만 튀니지 내무부의 묵인하에 튀니지 교회의 구심적 역할을 해왔는데 내부 분열 때문에 프랑스 개혁교회로부터 쫓겨나게 되었다. 이 사태 이후로 각자가 지지하는 지도자를 따라서 여러 소모임으로 흩어져서 예배에 참석하는 신자들도 있지만 교회 모임에 나가지 않는 가나안 신자들도 꽤 있다.

3. 선교역사

튀니지가 이슬람화 된 이후로 최초의 선교는 13-14세기경 레이몬드럴에 의해 시작되었다. 1291년에 그는 처음 튀니지를 방문하여 복음을 전하였다. 그의 복음을 듣고 개종하는 사람들도 있었지만 그는 감옥에 투옥되었다가 추방당하였다. 그 이후에도 두 차례 알제리 베지야 지역에 방문하여 복음을 전하였고, 1315년에 시장에서 공개적으로 복음을 전하다가 돌에 맞아 순교를 당하였다. 그는 복음전도는 십자가 전쟁과 같은 무력이 아니라 사랑, 기도, 눈물로 가능함을 강조했다. 그 이후 19세기말 프랑스 식민통치하에 선교가 재개되었고, 1884년에 로마 가톨릭은 대주교를 세울 만큼 교구가 크게 성장했다. 그리고 1829년에 영국 성공회, 1881년 북아프리카 선교회(North African Mission), 1905년 제7일 안식교, 1908년 미국 감리교, 1911년 오순절(하나님의 성회) 등이 시작한 선교는 아주 미약했다. 그 후 1970년대에 들어와 외국인 선교사들이 개인적으로 현지에 거주하면서 선교 사역을 시작하였고, 1990년대 초부터 오엠 국제 선교회, 미국 남침례교, 프론티어, AWM(아랍세계선교) 등의 국제 선교단체들이 합류하면서 각 단체가 팀을 이루어 전도와 교회개척 사역을 본격적으로 시작했다. 특히 오엠 국제 선교회는 2년 단기 선교 사역을 활발하게 진행하였고, 북아프리카 전도 여행팀을 구성하여 각 나라마다 순회하면서 쪽복음, 예수 영화 비디오, 성경 배포 사역을 통해 복음 확산에 총력을 기울였다. 1999년에는 전 세계 교회가 그해를 튀니지를 위한 기도의 해로 정하고 집중적으로 기도 하면서 30여 명의 소수 튀니지 교회가 300여 명으로 성장하는 부흥을 경험하였다. 그리고 2011년 쟈스민 혁명을 거치면서 종교의 자유가 더 신장되었다. 특히 인터넷의 자유화로 1400년간 이슬람이라는 감옥에 갇혀 있던 무슬림 영혼들이 가족이나 사회 공동체, 국가의 통제와 시선을 벗어나서 자유롭게 복음에 접촉될 수 있는 기회가 열렸다. 기존의 유선 기독교 TV, 인터넷 기독교 사이트, 페이스북을 통해 기독교에 관심을 가지는 젊은이들이 증가하면서 구도자 양육 사역이라는 복음전도의 새로운 기회의 문이 열리게 되었다. 게다가 2020년 코로나 사태로 락다운이 일어나고 비대면 사회로 진입하면서 페이스북 온라인 전도 사역은 더욱 활발하게 진행되었다. 코로나의 확산이 심각할 때는 바깥출입 금지와 지역 간 봉쇄까지 일어났지만 오히려 페이스북 사용자는 더욱 급증하였고, 복음 관심자도 엄청나게 증가하였으며 온라인 사역으로 결신자들이 많이 생겼다.

4. KPM 선교역사와 사역 소개

1) 김열방, 박소망

1997년에 파송되어 주로 개인전도, 제자훈련, 교회개척 사역을 해왔다. 특히 2011년 이후 인터넷을 통한 구도자 전도 및 양육, 교회개척 사역을 해왔다. 2016년부터 현지인 신자들에게 중보기도를 훈련시켜 중보자로 세우며 현지 교회 연합 기도회를 인도해 왔고, 2018년 11월부터 기도와 상담 센터를 설립하여 현지인들을 기도와 상담을 통해 영적 성장과 전인적 회복을 경험케 해서 건강한 제자로 세우고 가정교회개척 비전에 동참하도록 지도자 훈련 사역을 하고 있다. 특히 개인 경건의 훈련(묵상과 개인기도)을 강화하여 균형 잡힌 개인 영성을 세우고 초대교회와 같은 성령충만한 신앙공동체 세우는 사역에 집중하고 있다. 2020년부터 기존에 타 단체에서 운영하던 페이스북 전도팀과 협력하여 직접 대면하여 전도를 해오던 사역은 새 신자 제자훈련과 교회개척의 방식과 관점의 차이 때문에 중단을 하였다. 코로나 시대를 기점으로 안식년 이후에 2021년 11월부터 독립적으로 페이스북 온라인 전도 사역을 시작해오고 있다.

2) 노아굴라, 김브리스가

2010년부터 평신도 전문인 선교사로 파송되어 수도에서 3시간 정도 떨어진 지방도시에서 친환경 양계 사업을 통해 어린이 사역, 전도, 교회개척 사역을 해오고 있다. 시골 지역에 거주하면서 비자와 신병확보를 위해 전문인 사역에 많은 에너지와 시간이 요구되고 있다. 한 유닛으로 양계 사업을 하기도 역부족인데 선교 사역을 함께 병행해야 하기에 많은 어려움이 있다. 감사하게도 최근에 현지인 동역자가 세워져서 양계사업에 큰 보탬이 되고 있다. 앞으로 양계 사업과 선교 사역을 보다 효과적으로 감당하고 은퇴 이후 이 사역의 지속성을 위해 팀 사역을 할 수 있는 선교사 가정들의 합류가 요청되고 있다.

5. 효과적인 선교 전략

외국인 주도의 선교 입장에서도 별다른 복음의 진전이 두드러지게 나타나지 못한 것이 안타깝다. 아랍 이슬람권 선교 사역에 있어서 아직까지 보편적으로 적용할 만큼 효과적인 전략이나 성공적인 사역의 사례도 부족하다. 이 지역은 창의적 접근지역으로서 복음전파가 자유롭지 못하고 복음에 대한 적대성 때문에 전도의 열매가 아주 적다. 그리고 추방의 위험이 높기 때문에 전도 접촉을 마련하기 위해서는 조심스럽고 지혜로운 방식으로 접근할 필요가 있다. 그동안 일반적인 전도방식은 개인적인 관계전도에 많이 의존하고 있었고, 직접적인 전도방식보다는 보다 거부감이 낮은 NGO를 통한 의료, 교육, 지역 개발 사역이나, 비즈니스를 통해서 전도의 접촉점을 마련해보려는 시도가 많았다. 비자획득을 위해서 텐트메이커를 병행하는 방법은 사역에 전념하기 어려운 단점을 안고 있다. 일단 복음전도와 교회개척을 효과적으로 하기 위해서 어떻게 무슬림 개인과 그의 공동체에 접근할 것인지는 아직도 많은 노력과 연구가 필요하다.

2011년 이후로 학생비자와 비즈니스를 통한 비자 획득의 기회는 점점 좁아지고 있지만, 오히려 3개월 여행비자가 자유롭게 되어 비자에 대한 부담이 줄어들었다. 민주화 혁명의 성공으로 사회 분위기가 좀 더 개방적으로 되었고, 종교적 대화도 자연스럽게 되고 있다. 일반 대중들은 기독교를 소수 종교로 인정하는 편이고 기독교에 대한 거부감도 감소했다. 이런 점에서 튀니지는 우정전도, 인터넷 사이트를 통한 구도자 전도 사역, 교회개척을 위한 긍정적 변화가 조성되고 있다고 볼 수 있다. 비록 기독교 핍박지수는 높은 편이지만 문화(한국어 및 문화 클럽), 비즈니스를 통해 창의적으로 접근하면 사역의 기회는 더 많이 열리게 될 것이다. 튀니지는 아직 미복음화 된 지역으로서 씨 뿌리는 전도 사역이 우선적으로 필요하고 제자양육 사역을 통한 가정교회개척 단계로 나아가야 할 것이다.

1) 한국 문화 센터를 통한 선교

90년대 중반부터 중동 북아프리카에 불어왔던 한류의 열풍은 멈추지 않고 시간이 갈수록 K-pop까지 가세하면서 더욱 강하게 불어오고 있다. 한류의 영향력으로 한국어와 한국 문화를 배우려는 사람들이 증가하고 있다. 이미 세계 여러 나라에서 세종학원이 설립되어 한국어와 한국 문화를 가르치는 곳들이 점점 늘어나고 있다. 한국 사람으로서 한국어와 한국 문화를 가르치는 것이 너무나 자연스럽고 현지에서도 인기가 많다. 한국 정부 차원에서 세종학원 설립을 위해 재정과 교사 수급을 지원을 확장하고 있다. 한국어 교사 2급 정도만 취득해도 얼마든지 한국 문화센터를 설립하고 운영할 수 있다. 문화센터 내에 세종학원을 운영하는 것도 좋은 방안이다. 이 센터에서 자연스럽게 현지인들을 접촉하는 기회가 많아지고 개인적으로 우정전도의 기회도 생길 수 있으며, 전도를 통해 신자들이 생겨나면 센터 내에서 제자훈련과 예배모임을 위한 공간도 마련될 수 있다. 또한 전도된 현지인들을 센터에 고용하여 선교사들을 대상으로 현지어를 가르치게 하거나 센터의 행정적 도움을 주게 할 수 있다. 아랍권에 한류가 여전히 강하게 불고 있고, 한국 선교사로 가장 손쉽게 할 수 있는 것이 한국어를 가르치는 일일 것이다. 세종학원은 한국정부도 적극 지원하는 프로젝트이니 전도를 위해 현지인 접촉의 기회를 자연스럽게 만들어 준다. 궁극적으로는 교회개척을 비롯한 선교 사역의 좋은 교두보가 되는 한국어 문화센터를 통한 선교 전략을 위해 선교 후보생들을 준비시키는 것이 필요하다고 생각한다.

2) 비즈니스 선교(BAM)

현재 외국인으로서 비자를 획득하여 장기 선교를 할 수 있는 유일한 길은 비즈니스이다. 현지 국가 입장에서 가장 선호하고 장려하는 비즈니스는 튀니지 내에 있는 원재료와 원자재를 해외로 수출하는 회사를 설립하거나 원자재 가공공장을 세워 현지인들을 고용하는 것이다. 사실, 튀니지에서 한국으로 수출할 만한 상품은 아주 제한되어 있다. 가장 대표적인 수출품은 올리브유이다. 튀니지는 세계 3대 올리브유 생산국이다. 올리브 원유를 한국에서 책임지고 수입해주는 회사가 있다면 회사경영이 수월해지고 자비량에 도움이 많이 될 것이다. 그런데 한국까지 워낙 장거리라서 운송경비가 많이 들기 때문에 경쟁력이 떨어지는 한계가 있다. 따라서 올리브 수출은 그렇게 장려할 만한 사업이 아니다. 그런데 요즘 한류의 영향력이 점점 커지고 있어서 K-드라마를 보는 현지인들이 상당히 많은데 이와 더불어 K-food의 인기도 날로 상승하고 있다. 현재 튀니스 수도 내에만 한국 식당이 3개가 있는데 고객이 점점 늘어나고 있다. 한국 식당이나 한국식 카페를 운영한다면 성공할 가능성이 상당히 높고, 수입이 늘어나면 그 재정으로 현지인 신자들을 고용하므로 직장에서 신앙생활과 생계를 함께 도울 수 있는 공동체를 형성할 수 있다. 비자를 해결하고 선교 사역도 함께 연계할 수 있는 좋은 모델이 될 수 있을 것이다. 특히 현지 청년 실업률이 상당히 높은데 현지인들이 생계에 매여 살기에 제자훈련을 위한 시간을 할애하기가 어렵다. 실직자의 경우에는 외국인에게 재정적 의존을 보이는 성향이 많다. 재정적인 문제가 신앙성장에 방해 요소가 되고 있다. 이런 문제를 해결하려면 정당하게 노동을 하여 그에 상응하는 월급을 받고 직장 내에서 제자훈련도 받으며 전도를 함께 한다면 일석이조의 효과를 얻을 수 있을 것이다.

또 하나의 성공가능한 비즈니스 아이템은 여행사를 운영하는 것이다. 한때 관광업이 테러 사태와 코로나 사태로 주춤했지만 지금은 상당히 많이 회복되는 추세이다. 한국에서 튀니지 현지로 여행이나 출장을 오는 손님들이 늘어나고 있고, 여행상품을 개발하여 연결해주기를 요청하는 한국 여행사들이 있다. 필자는 건강문제와 사역 때문에 여행사 업무를 대행할 수 없지만 신임 선교사들 가운데 여행을 좋아하고 전국 투어를 하면서 중보기도 여행팀을 인솔하는 은사가 있는 자라면 여행 가이드 업무도 추천할 만한 비즈니스 영역이다. 중요한 것은 장기 비자를 확보하고 현지인을 고용할 수 있는 비즈니스를 운영할 수 있다면 장기 선교 사역에 큰 도움이 될 것이다. 앞으로 선교 사역에는 전도와 교회개척을 위한 영성과 비즈니스 전문성도 함께 겸비한 전문인 선교사가 더욱 필요할 것이라 생각한다. 비즈니스 전문성은 하루아침에 생길 수 없기에 선교훈련을 받기 이전 그리고 파송 전에 미리 BAM 훈련을 받고 실제로 비즈니스 경험도 가져야만 현지에서 효과적인 비즈니스 선교가 가능할 것이다.

3) 페이스북 온라인 전도 사역

2011년 1월 14일 튀니지에 아랍의 봄이라는 민주화 혁명이 성공을 거두면서 정치적, 사회적, 종교적 변화를 경험하였다. 특히 혁명 이후로 유튜브가 허용되면서 인터넷을 통한 의사소통이 활발히 일어나 복음전도의 문이 더욱 활짝 열리게 되었다. 그리고 IS출현과 함께 이슬람의 정체성이 적나라하게 드러나면서 아랍 이슬람권이 영적으로 엄청난 충격을 경험하였고, 많은 무슬림들이 이슬람 신앙에 회의를 갖게 하여 철옹성 같은 이슬람 신앙에 큰 균열이 일어나기 시작했다. 특히 MBB출신의 복음전도자인 라쉬드 형제의 유튜브 강의(용감한 질문)와 무신론자로서 이슬람의 모순을 폭로하는 하미드 박사의 강의(이슬람의 상자)는 무슬림들 사이에 기독교로의 개종과 무신론자 양산에 큰 영향을 미치고 있다. 이런 시점에 맞물려 인터넷 기독교 사이트를 통한 복음전도가 활발하게 일어났고, 튀니지에서만 페이스북 조회수가 연중 수십만으로 증가되었다. 또한 기독교에 관심을 표명하고, 성경을 읽고 싶거나 직접 만나서 복음을 듣고 싶다는 사람들이 수천 명이 넘는다. 이러한 구도자들을 관리하고 양육하기 위해서 체계적인 데이터 베이스 방식이 구축되고 있고 이에 근거해서 구도자 양육 사역이 더욱 활발히 진행되어오고 있다.

특히 2020년 코로나 바이러스 확산으로 전 세계적인 팬데믹 현상 때문에 한때 전 세계가 비대면사회로 진입하는 경험을 하면서 인터넷 온라인 소통이 급증하고 있다. 아직도 아랍권은 페이스북 사용자가 많고 온라인 전도 사역의 기회의 문은 여전히 많이 열려 있다. 조금만 관심을 가지고 기초적인 인터넷 활용 기술만 익혀도 얼마든지 전도의 도구로 활용 가능하다. 비록 코로나 시대는 이제 막을 내리고 있지만 앞으로 어떤 더 강력한 바이러스가 침투해올지 아무도 예측할 수 없다. 중요한 것은 이제는 대면 사역과 비대면 사역을 하이브리드 방식으로 활용하는 능력을 갖추어야 한다는 것이다. 페이스북 온라인 전도 사역은 가장 손쉽게, 가장 경제성 있게 가장 효과적으로 많은 사람들에게 복음 콘텐츠를 전달할 수 있는 전도 전략이다. 그리고 한번 연결되면 상대방이 거부하지 않는 한, 복음적 대화 메시지를 지속할 수 있다는 장점이 있다. 과거에 전화 통화를 하고 직접적인 대면 접촉을 시도할 때보다 훨씬 장기적인 효과가 있음을 통계적으로 확인되었다. 한 예로 1년 전에 접속되어 지속적으로 복음 메시지를 보내어도 반응이 없던 사람이 1년 뒤에 다시 메시지 대화에 참여하고 결신하는 사례도 종종 생겨나고 있다.

다만 기본적인 신학적 지식과 성경지식, 성실함과 전도의 열정을 가진 현지인 동역자를 세우는 것이 쉽지 않다. 외국인 사역자가 현지 아랍어를 자유롭게 구사하는 것이 어렵고 첫 접촉을 위해 전화 통화하는 것도 쉽지 않기 때문에 가능하면 현지인 동역자를 세워 동역하는 것이 가장 효과적이다. 페이스북 사역을 시작하기 전에 현지 동역자 월 사례비와 광고료를 충당하기 위한 재정확보가 우선적으로 필요하다. 처음에는 한 명의 현지 동역자로 시작하고 필요에 따라 서너 명씩 늘려가면 된다. 그다음 단계는 온라인 전도를 통해 결신자가 생겨날 때 어떻게 제자훈련을 시키고 교회를 세워갈 것인지 미리 기도하고 준비해 가야 한다. 양육 시스템을 갖추고 교회개척에 대한 방안도 마련해야 한다. 대부분 개인적으로 결신하기 때문에 한 사람이 다른 사람을 전도하여 교회가 세워지는데 많은 시간이 걸린다. 처음 단계에서는 개인의 성향에 따라 결신한

각 개인들을 만나서 제자훈련을 하다가 어느 정도 신뢰가 쌓이면 모임으로 초대하거나 처음부터 공동체 교제의 열망을 가진 자들은 교회로 초대할 수 있다.

4) 통합 영성 사역을 통한 전인적 제자훈련

그동안 번영신학에 근거한 값싼 복음전도와 4영리와 같은 일방적이고 기계적인 복음전도 제시가 주를 이루는 경향이었던 것 같다. 복음 메시지에 문제가 있으니 건강하고 성숙한 제자 재생산에 어려움이 많았다. 따라서 복음 전도할 때부터 진정한 회심을 목표로 삼아야 하고 회심을 위한 죄의 문제를 철저히 다루어야 한다. 회심의 여러 요소[7], 즉 지적 요소(믿음), 참회의 요소(회개), 의지의 요소(충성과 헌신), 정서적 요소(신뢰와 용서의 확신), 성례적 요소, 공동체적 요소, 은사적 요소 등을 충분히 포함한 통합적 제자훈련 방법을 실시할 필요가 있다. 이 회심의 요소는 한 사람의 신자로서 균형을 갖춘 성숙한 신앙의 요소가 되기도 한다. 어느 특정 부분만 강조하면 다른 부분을 간과하기 때문에 신앙 여정에 있어서 영적 장애를 안고 살아가는 기이한 현상이 나타나게 된다. 특히 제자훈련에 있어서 정서적으로 건강한 영적 성숙을 위한 통합적 접근이 필요한데 그동안의 제자훈련은 성경공부와 같은 지적인 요소와 영적인 부분만 지나치게 강조되었음을 부인할 수 없다.

제자양육에 있어서 신앙의 성숙함은 단순히 정기적으로 예배에 참여하고 성경공부를 열심히 한다고 일어나지 않음을 발견했다. 그 원인 중 하나는 말씀을 배우고 자신의 삶의 변화가 필요하다는 인식은 하지만 말씀대로 순종할 능력이 없고, 죄를 끊어버릴 능력도 없다는 점이다. 이것을 해결할 수 있는 방법은 말씀 묵상훈련과 기도 훈련을 철저히 시키는 것이다. 이를 위해서는 먼저 사역

---

7. Gordon T. Smith, *Beginning well*, 임종원 역, 『온전한 회심』 (서울: 도서출판 CUP, 2010), 253-95.

자 자신이 기도의 삶의 모델을 보여주어야 하고, 가능한 자주 만나서 함께 기도해야 한다. 무슬림 배경 개종자들은 본래 혼자서 개인 경건 시간을 가져본 적이 없고, 아랍 문화 자체가 혼자 있는 것이 생소하다. 그래서 개인 경건이 몸에 익숙해지려면 많은 시간과 뼈를 깎는 훈련이 필요하고, 다른 신자들과 함께 그룹 큐티와 그룹 기도를 계속하면서 기도의 영성을 쌓아가게 해야 한다. 이런 점에서 신앙공동체 형성이 신앙 성숙에 너무 필요하고 중요하다. 그룹 경건 생활이 익숙해지면서 그룹 성경통독과 그룹 기도회 참여를 격려하고, 점차 개인 경건의 필요성을 깨닫게 되면 생활화된다. 여기서 핵심은 소그룹 신앙 공동체 내에서 기도훈련을 꾸준히 실시하고 기도 가운데 성령충만과 능력을 체험하여 죄의 습관을 끊어 버리게 하는 것이다. 이런 점에서 이슬람권에서는 개인기도보다는 그룹 기도회가 삶의 변화와 신앙성장에 훨씬 강력하고 효과적인 것 같다. 더 나아가 한국교회의 새벽기도 영성을 현장 가운데 잘 접목시킬 수 있다면 개인 영성과 공동체 영성의 균형을 형성시켜 줄 수 있을 것이다. 사실, 무슬림들이 하루에 5번 기도하는 시간이 있는데 그중에 경건한 무슬림들은 새벽시간에 모스크에 가서 기도를 한다. 이런 종교적 배경을 상황화해서 기도훈련을 시킬수 있을 것이다. 그리고 중보기도의 훈련, 24시간 기도체인을 통하여 기도에 헌신하는 제자들이 세워지면 개인 영성을 넘어 더 넓은 차원에서 교회 부흥과 민족 복음화에 큰 영향력을 미치게 될 것이다.

그리고 사도행전에 나타난 초대 교회의 원형이 회복하는 것이 신앙 성숙에 결정적인 영향을 준다는 점이다. 신앙공동체 안에서 또한 성도의 교제 경험 속에서 균형 잡힌 신앙을 유지할 수 있게 된다. 그리고 서로 유무상통하는 분위기가 형성될 때 한 가족이라는 소속감과 진한 사랑을 경험하게 된다. 무슬림이 기독교로 개종하게 되면 움마 공동체를 상실하게 되고 배척과 거절을 경험하게 된다. 그래서 그것을 대처할 뿐 아니라 그보다 더 강력한 진정한 사랑의 공동체를 형성시켜 주어야 재개종이 일어나지 않는다. 많은 새 신자가 가운데 기존 교회 모임에 나가더라도 그 안에 진정한 성도의 교제와 사랑의 나눔을 경험하지 못하기 때문에 교회를 떠나 이슬람으로 돌아가거나 무신론에 빠지는 사례가 많이 늘어나는 것이 안타깝다. 가능한 같은 오이코스 안에 신앙 공동체가 형성되는 것이 가장 이상적이지만, 마냥 그런 상황을 기다릴 수는 없을 것이다. 이럴 때는 기존에 성도의 교제가 잘 일어나는 공동체 안으로 인도하여 그 교제를 경험하게 하여 신앙이 뿌리내리게 하는 것도 차선책이 될 수 있다고 본다.

개인 영성의 성장과 성숙으로 나아가는데 방해가 되는 한 가지는 바로 과거에 받았던 내적인 상처와 용서치 못하는 마음이라는 것을 발견했다. 내적인 문제가 해결되지 않고 신앙생활을 하다 보니 신자 간에도 서로 상처를 주고받는 일이 너무 흔하고 관계의 문제로 신앙성장이 일어나지 않는 것을 보았다. 이런 사실은 한국 교회 내에서도 많이 발견되는 부분이지만, 무슬림들은 가정에서부터 이미 너무 많은 학대와 상처를 받고 자라왔고, 애정결핍이 심각한 수준이라서 이 상처를 제대로 다루어 주고 내적 치료를 해주지 않으면 평생 영적 절름발이로 살아가게 될 것이다. 실제로 많은 현지 신자들 가운데 우울증이나 분노장애를 앓고 있는 사람들이 꽤 많다. 예수님을 믿고 구원받았는데 왜 내적 상처가 해결되지 않고 여전히 고통을 받고 있는지 의문이 생길 만하다. 신앙은 좋은데 왜 성품이 성숙해지지 않는 것인가? 이런 질문은 아주 기본적이고 중요하다고 생각된다. 이런 점에서 사역자는 인간 심리와 상담에 대한 기본적 이해와 훈련이 필요하다. 현재까지 내적 아픔을 호소하고 우울증을 앓고 있는 현지 신자를 한 명씩 정기적으로 만나서 개인상담을 해주었을 때 우울증의 문제가 해소되어 자살충동을 극복하며 신앙이 성장하는 사례가 늘어나고 있다. 상담은 성경적 상담을 전제로 하는 목회상담에 가깝다. 상담방식은 첫 번째 만남에서 먼저 그들의 내적 어려움의 호소를 듣고, 문제를 발견하게 도와주며, 그 문제를 어떻게 해결할 것인지 스스로 실천방안을 선택하게 하고, 그 문제에 적합한 말씀을 나누고 함께 기도한다. 이런 과정을 꾸준히 지나가면서 내적 문제가 해결되고 신앙이 성장한다. 앞으로 필요하다면 집단상담을 통해 상호 배움과 치유를 경험하고 신앙도 성장하는 기회를 마련하고자 준비하고 있다. 우울증과 중독은 사회 전반에 만연하고 있는 문제이기에 더 많은 연구와 훈련이 필요하다. 한국과 미주의 전문가들과 협력하여 이 문제에 대한 기독교적 해결책을 마련하는 것이 절실히 필요한 상황인 것 같다. 또한 예비결혼 상담을 통해서 결혼의 목적, 남녀의 차이, 부부의 역할, 내적 상처치유, 효과적 의사소통 방법 등의 주제를 다루면서 결혼을 준비하게 하여 이혼을 방지하고 건강한 결혼생활을 돕도록 해야 한다. 아버지학교, 어머니학교, 자녀학교 등의 수련회를 통해 다양한 주제로 건강한 가정을 세우기 위해 전문 사역팀과의 협력 사역을 이끌어 내는 시도가 필요한 것 같다.

기독교에 불리한 조항으로 이루어진 현지 정부의 새 헌법 때문에 앞으로도 공식적인 교회 등록과 교회 건물 소유도 어렵다. 그러나 외적인 핍박보다 내적 분열의 문제가 더 심각하다. 그동안 신자 부부가 가정을 열어 가정교회를 시작해도 부부간에 갈등과 불화로 이혼을 하는 사례가 적지 않았다. 결정적인 원인 중 하나는 교회가 든든히 서지 못하게 하는 사단의 치열한 방해와 공격을 들 수 있다. 특히 부부간, 신자 간에 충분히 다루지 못하고 치유되지 않은 내적 상처는 반드시 드러나서 더 깊은 갈등과 상처를 초래하는 경향이 많다. 따라서 외국인 선교사가 현지 교회뿐 아니라 본인이 개척한 가정교회에 기여할 수 있는 부분은 통합적인 제자훈련을 실시하고 모델을 보여주는 것이다. 이러한 통합적 제자훈련을 위해 비공식이지만 건물을 임대하여 훈련센터를 시작하며 기존 교회와의 협력하에 정서적, 영적 문제를 안고 있는 현지 신자들의 치유와 회복을 도와주는 것이 절실히 필요하다. 사실 북아프리카는 정통 수니파 이슬람이 지배적이지만 수피즘 같은 민간 신앙이 만연되어 있다. 저주를 위한 주술행위, 악한 영에 사로잡힌 자를 위한 수피 지도자의 축귀 행위, 코란구절을 부적처럼 사용하는 행위 등의 샤머니즘 영향력이 많이 많다. 그래서 악한 영들과의 영적 전쟁에 맞닥뜨리는 경우도 종종 일어나고 있다. 따라서 정서적, 영적 성숙을 위해 온전한 회심 사역, 내적 치유를 위한 상담 사역, 축사 사역 등 통합적 제자훈련 프로그램 개발과 시스템 구축하는 것이 시급한 과제이다.

IV. 나가는 말

튀니지는 여전히 선교가 불법으로 규정되어 있음에도 불구하고 다른 나라들에 비해 선교활동이 비교적 자유로운 편이고 좋은 언어학교와 자녀교육 시스템이 구축되어 있어서 이슬람권 선교훈련과 준비에 아주 적합한 나라이다. 또한 전도와 제자훈련, 교회개척을 실험해볼 수 있는 좋은 장소가 될 수 있다고 본다. 그러나 전반적인 사회 분위기는 세속화를 추구하기 때문에 종교에 관심을 많이 보이지 않고, 개종이 일어나더라도 이슬람으로 재개종이 빈번히 일어나며 제자양육을 통한 진정한 회심과 신앙성숙 단계에 이르기까지는 상당한 인내와 훈련과정이 필요하다. 선교사로서 현지에서 비자 취득의 난제가 남아 있지만 현재까지는 여행비자가 허용되고 있는 상황이다. 비록 비자 취득의 가능성은 낮아도 복음전도 사역을 위한 접촉점을 마련하기에는 여전히 한류의 순풍이 아직 불고 있기 때문에 한국문화센터 활용하는 것이 좋을 것이다. 특히 KPM 선교가 현지 선교에 기여할 수 있는 부분은 그리 많지는 않지만, 일단 페이스북 온라인 전도 사역을 좀 더 전략적으로 활용하면서 폭넓은 전도를 꾸준하게 실시하는 것도 좋은 전략이 될 것이다. 더 나아가 개혁주의 신학에 근거해서 참된 회심의 목표를 달성하기 위한 제한훈련 방안도 계속 개발할 필요가 있고, 정서적으로 건강한 영성을 목표로 하는 통합적 제자훈련 사역을 위한 훈련프로그램 개발과 시스템 구축 또한 당면해 있는 과제이다. 또한 선교 사역 발전을 위해서 언어적, 신학적, 인류문화적 접근이 가능한 인재를 양성하여 보다 심층적인 지역연구를 통해 자료를 남기는 과제도 남아 있다. 앞으로 KPM 선교 사역이 지속되어 현지 교회를 건강하게 만들고 더하여 건강하고 성숙한 제자들과 지도자들을 세워가는 사명을 감당하므로 개혁주의 신학과 신앙에 근거한 교회들을 세우는데 기여할 수 있길 간절히 열망한다.

참고문헌

Gordon T. Smith. *Beginning well*. 임종원 역. 『온전한 회심』. 서울: 도서출판 CUP, 2010.

"DNA analysis: Only 4 % Tunisians are Arabs" https://amazighworldnews.com/dna-analysis-only-4-of-tunisians-are-arabs/ (Accessed at 2022.11.15).

"New Tunisian Constitution concerns Christians" https://www.persecution.org/2022/08/31/new-tunisian-constitution-concerns-christians (Accessed at 2022.11.15).

"Pray for: Tunisia" https://operationworld.org/locations/tunisia (Accessed at 2022.11.15).

"Tunisia Country Summary" https://www.cia.gov/the-world-factbook/countries/tunisia/summaries (Accessed at 2022.11.15).

레바논

이바나바[1]

I. 들어가는 말

"레바논, 화산의 입구에… 국가, 코마 상태" 2023년 1월 16일자 레바논 일간지의 뉴스 제목이다. 이 기사대로 레바논은 현재 중환자 상태를 지나 코마 상태이다. 그나마 군대가 자리를 지키고 있어 폭동이 일어나지 않을 뿐이지, 국가의 공공 기능은 상실한 것이나 다름없다. 즉, 국민들을 위한 공공 서비스가 거의 없다는 말이다. 연일 환율은 끝이 없이 오르고 있다. 원래 외환보유고가 바닥이고, 4년 전 1달러에 1,500리라였던 고정환율이 지금은 80,000리라를 넘었다. 4년 전에 비하면 무려 5,400%가 인상되었다. 환율이 폭등하니 수입재는 모두 천정부지로 치솟는다. 공공서비스도 거의 제로 상태이다. 전기는 공급되지 않거나, 하루 1시간 정도 사용할 수 있으며 상수도 물도 일주일에 한 번 정도 제공된다. 가로등이나 터널의 전기가 사라진 것은 오래되었다. 국가가 무엇을 위해 존재하는지 모를 정도이다. 이에 따라 국민의 70-80%는 빈곤한 상황에 처해있다.

---

1. KPM L국 선교사.

살려 달라는 아우성도 사라져버린 그야말로 코마 상태이다.

레바논은 전통적으로 기독교 국가로 여겨질 정도로 기독교인 비율이 높은 아랍 국가였다. 20세기 중반 이집트와 더불어 중동 나라들 가운데 가장 앞서가는 나라였다. 면적은 작지만(남한의 1/10) 푸른 나무가 울창한 산지가 대부분이고, 잘 교육받은 고급 인력들이 많은 소(小)강국이었다. 또한 근대 이후 서구와 아랍 세계와의 중계무역이 활발하여 베이루트는 무역과 금융의 중심지였다. 사우디아라비아, 시리아, 쿠웨이트는 물론 저 멀리 오만까지 레바논의 중계무역에 의존했다. 페니키아인들의 후예로서 서구식 교육을 일찍 받아들여 언어와 수학 등에 능했고, 이런 교육을 받은 국민들은 중동 지역에서 비즈니스를 주도했다. 아랍의 부유층들은 베이루트의 은행을 이용했고, 자식을 유학 보냈으며, 여름이면 레바논의 산악지대에서 휴가를 보냈다. 비즈니스가 이곳에서 이루어지다 보니 중동 교통의 중심지이기도 했다. 오늘날의 두바이처럼 중동 사람들이 유럽을 가려면 레바논을 경유해야 했기에 사람들은 레바논을 중동의 스위스라 불렀다. 이렇게 중동 모든 나라들의 로망이었던 나라가 지금은 중동에서 가장 가난하고 보잘것없는 나라로 변모하고 있다. 역사적 아이러니가 아닐 수 없다. 본 고에서는 어떻게 이런 엄청난 일이 일어났는지 그 원인을 분석해보고, 그런 가운데서도 레바논의 가치와 중요성을 생각해 보며, 끝으로 어려운 환경 가운데서 레바논 선교를 어떻게 할지에 대해 모색해 보고자 한다.

II. 레바논 몰락의 원인

레바논의 몰락은 여러 가지 이유가 복합적으로 작용한 결과이다. 그 가운데 가장 중요하다고 볼 수 있는 종파 간의 극한 패권주의, 내전과 베이루트 항구 폭발 사건 등의 국가적 재난, 정치인들의 부패, 유사부족주의에 대해 살펴보고자 한다.

1. 종파 간의 패권주의

레바논은 머리가 세 개인 동물과 같다. 레바논 대통령은 마론파 기독교에서 선출되고, 국무총리는 수니파에서 선출되며, 국회의장은 시아파에서 선출된다. 대통령이 가장 높은 지위이기에 레바논이 기독교 중심으로 운영된다고 보면 오산이다. 오늘날 상황을 보면 국무총리나 국회의장이 더 실권이 있는 면도 많다. 단적인 예로 대통령은 6년에 한 번씩 교체되지만 현 시아파 국회의장은 30년째 국회의장을 하고 있다. 시아파의 헤즈볼라는 자체 군사력을 가지고 있어 국가 안의 국가가 되었고, 정부 구성과 결정 등에서 비토권을 가지고 있다. 국가의 실권은 오히려 시아파, 특히 헤즈볼라가 소유하고 있다고 많은 사람들이 말한다. 국가 공식 행사를 할 때 단상 맨 앞 동일선상에 서는 사람은 바로 대통령과 국무총리 그리고 국회의장이다. 이 세 사람이 속해 있는 세 종파가 양보 없는 극한 대립을 하고 있다.

레바논의 종파는 18개이며, 1943년 독립 때부터 이어져 왔다. 시아파, 수니파, 알라위파, 마론파 기독교, 그리스 정교, 아르메니안 정교, 시리아 정교, 드루즈 등이다. 개신교도 이 18개 중의 한 종파이다. 레바논은 독립 시에 마론파 기독교인들이 중심이 되어 세워진 나라이다. 사이커스 피코 협정에서 마론파 기독교 지도자들이 현재의 레바논 영토를 주장한 것이 받아들여져서 세워졌다. 베카 계곡과 레바논 남부 등에 살고 있는 수니파와 시아파 무슬림은 기독교인들이 나라를 주도하기에 부담이 없는 존재로 여겨졌다. 1932년 인구센서스에서도 기독교인 비중이 50%였기에 그것이 가능한 것처럼 보였다. 그래서 1943년 건국 당시 기독교인 대통령과 수니파 총리라는 체재로써 시작하였다. 그러나 국가 설립 이후 중동 전쟁이 일어나고 팔레스타인 난민이 대거 레바논으로 들어오게 되었다. 그 뒤 요르단에서 반이스라엘 투쟁을 하던 PLO 의장 아라파트가 요르단에서 추방되어 베이루트로 거주지를 옮긴 뒤 레바논은 PLO가 주도하는 대이스라엘 투쟁의 전장(戰場)이 된다. 아랍과 레바논의 수니파 무슬림들의 지지를 등에 업은 PLO는 레바논의 기독교 세력과 대립하여 무력 전쟁을 시작하였다. 이것이 1975년 내전의 원인이다. 외부에서 굴러온 돌로 인해 레바논은 국가적 어려움에 봉착하게 된 것이다.

레바논 내전은 수니파 PLO 세력과 기독교 세력의 충돌로 시작되었지만, 그로 인해 레바논 내부와 외부 세력들의 이합집산이 첨예화되었다. PLO는 팔레스타인을 이스라엘로부터 해방하기 위한 전쟁을 레바논에서 한 셈이다. 이로 인해 이스라엘과 미국이 레바논 내부에 개입하게 되었고 이는 레바논 내부의 이슬람 세력들이 반이스라엘과 반기독교 투쟁을 가속화하는 계기가 된다. 내전을 거치면서 시리아가 더욱 깊숙이 개입하였으며 헤즈볼라는 확고한 자체 세력을 확보하게 된다. 레바논 내부에서 헤즈볼라의 세력 확장은 역내 수니파 국가인 사우디와 걸프만의 나라들의 반발을 가져왔다. 2016년 사우디와 걸프만 나라들은 헤즈볼라를 테러 단체로 규정하고 레바논 정부에 헤즈볼라를 통제할 것을 요구했다. 그러나 요구대로 되지 않자 자신들 나라들의 대사들을 철수시켰고, 레바논으로부터의 수입품을 금수하기도 했다. 이로 인해 레바논 경제는 큰 타격을 입었다. 이렇듯 레바논은 기독교와 이슬람의 패권다툼, 아랍과 이스라엘의 패권다툼, 수니파와 시아파의 패권 다툼, 시리아-러시아 동맹과 이스라엘-미국 동맹의 패권다툼의 경연장이 되었다. 기독교인들이 주도하여 세워진 기독교인 중심의 나라가 이러한 패권주의의 전쟁터가 되었다.

2. 암살과 내전, 베이루트 항구 폭발 사건 등의 국가적 재난

레바논 수도 베이루트 곳곳에는 전쟁과 테러의 상흔이 그대로 남아있다. 레바논 정부는 그러한 흔적을 그대로 전시하여 국민들에게 교훈을 주려는 것처럼 보인다. 빌딩과 호텔 외부 등에 총탄과 파괴의 흔적을 그대로 방치하는 곳이 아주 많다.

레바논의 현대사는 끊임없는 테러와 전쟁의 역사이다. 기독교와 이슬람의 세력다툼에 PLO와 헤즈볼라 등의 극단주의 이슬람이 패권확장을 추구하면서 끊임없는 테러가 일어났다. 1975년부터 시작된 내전도 마론파 기독교 지도자 피에르 제마엘에 대한 암살시도가 직접적인 요인이라고 한다. 피에르 제마엘의 아들 바쉬르 제마엘은 대통령으로 당선된 뒤 취임하기 직전인 1982년 9월에 폭탄 테러로 사망한다. 레바논 내전은 1975년부터 1990년까지 15만에서 23만 명의 사망자가 발생한 전쟁이다. 인구의 1/4인 백만 명의 부상자가 발생했고, 35만 명이 난민이 되었다고 한다.[2] 크게 보아 기독교 세력과 이슬람 세력의 주도권 싸움에서 일어난 전쟁이라 할 수 있지만 순니파 PLO와 시아파 시리아, 그리고 이스라엘의 내전 개입, 미국 레이건 행정부의 해병대 파견 등이 복잡하게 얽힌 전쟁이다. 내전 이후 시리아군이 2006년까지 레바논에 진주하며 영향력을 행사했다. 헤즈볼라는 내전종식 이후 무기를 국가에 반납하지 않고 자체적인 무력을 키움으로 레바논 화합을 위협하는 가장 도발적인 세력이 되었다. 2005년 수니파 국무총리 라피크 하리리가 암살당했다. 내전 이후의 황폐해진 국가 재건 사업을 진행 중이었는데 이슬람주의 단체의 차량 폭탄 테러로 사망했다. 미국과 이스라엘은 암살의 배후로 시리아 정보기관을 주목하기도 하였다.

베이루트 항구 폭발 사건은 2020년 8월 4일 항구에 적재되어 있던 질산 암모늄이 폭발한 사건이다. 히로시마 폭탄 투하 이후 가장 큰 폭발이라고도 한다. 그 사고로 218명이 사망하고 7천 명이 부상을 입었고, 30만 명이 홈리스(homeless)가 되었으며, 150억 달러의 재산상 손해를 입었다고 한다.[3] 이 참사가 일어나기 전 레바논은 국가의 경제정책 실패로 인해 거국적 시민혁명의 소

---

2. "레바논 내전" https://ko.wikipedia.org/wiki/레바논_내전 (Accessed at 2023.4.4).
3. "2022 Beirut explosion" https://en.wikipedia.org/wiki/2020_Beirut_explosion (Accessed at 2023.4.4).

용돌이 가운데 있었다. 대규모 군중이 모이는 시위가 전국적으로 일어나 은행과 관공서와 학교들이 문을 닫는 등 몸살을 앓고 있는 상황이었다. 그 사이 엎친 데 덮친 격으로 큰 재난이 오게 되니 재기할 힘을 잃어버리고 주저앉게 되었다. 국가 재건의 중요한 출발은 사고의 원인규명과 책임자 처벌이다. 전문가들은 폭발 사고의 배후에 헤즈볼라와 시리아가 연관되어 있다고 보고 있다. 레바논 사법부가 이 사고에 대한 재판을 시작하려 하자 헤즈볼라가 그 재판부를 불신임했다. 그러자 이 재판을 진행하여 책임자를 처벌할 것을 요청하는 시위대와 헤즈볼라를 지지하는 시위대가 충돌하였다. 양쪽이 총을 쏘며 충돌하자 내전으로 간다는 말까지 나왔다. 그 뒤 재판은 중단되었으며 지금까지 책임자 처벌에 대한 시도는 엄두도 내지 못하고 있다.

3. 정치인들의 부패와 무능력

코마 상태의 레바논이 살아나는 유일한 방법은 도덕성 있고 유능한 정치 지도자의 등장이다. 나라를 살리는 일도 부강하게 하는 일도 정치 지도자의 의지와 헌신이 중요하다. 그런데 이 나라 정치인들은 개점휴업이다. 2022년 11월 말 전임 대통령이 퇴임한 이후 대통령 자리가 공석이 된 지 2개월이 지났지만 언제 선출할지 모른다. 대통령 선출을 위한 간접선거가 국회에서 10번 이상 열렸음에도 대통령 선출을 하지 못하고 있다. 6년 전 전임 대통령 선거에서 대통령을 2년 반 동안 뽑지 못했고, 65번이나 본회의를 한 뒤 겨우 뽑았다고 한다. 그렇기에 10번의 본회의는 이제 시작이라고 본다. 서방 국가들이 레바논에 원조를 주려고 해도 협상할 지도자가 없어서 못 받고 있는 상황이라고 한다.

레바논 경제의 몰락 원인은 2000년대 중반부터 발생한 레바논 금융권의 금융거품에 기인한다고 한다. 시중은행들이 일반 예금 금리를 15-20%까지 올리며 해외자금 유치를 시작했었다.[4] 따라서 해외거주 레바논인들이 고생하며 모은 돈을 레바논 은행에 유치했다. 높은 이자를 받아서 은퇴 이후의 생활을 안정적으로 살겠다는 신기루였다. 그런데 이렇게 유입된 자금이 효율적으로 투자되지 않았고, 관광업 등의 소비적 산업에만 투자되었다. 정부의 재정적자는 계속 늘어났고, 외화는 부족하게 되었다. 급기야 2019년 10월 레바논 정부는 재원마련을 위해 SNS 중의 하나인 WhatsApp 무료통화 서비스 사용자들에게 세금을 부과하게 되는데 이것이 전국적 소요사태의 도화선이 되었다. 거국적인 시위가 일어나자 관공서와 은행이 두 주 동안 문을 닫게 된다. 그런데 끔찍한 일은 이 기간 동안 국립 은행장과 주요 정치 지도자들이 60억 불을 해외로 도피시켜 전체 1천억 불의 은행예금이 사라지게 되었다는 것이다. 그 뒤 달러가 부족하게 되자 은행들은 예금인출을 불허하게 되고, 그러는 사이 환율은 급속도로 절하되어 레바논 리라 가치가 급전직하하게 된다. 국가의 경제를 책임져야 할 정치 지도자들이 위기를 틈타 국민들의 재산을 해외로 빼돌려 자신들의 배를 불렸다. 이러한 행태를 아는 국민들은 레바논 정치인들을 마피아에 비유하고 있다. 기독교 정치인이건 무슬림 정치인이건 모두가 마피아라고 입을 모은다.

4. 유사부족주의

레바논의 대통령 선거는 128명의 국회의원들이 국회에서 투표로 뽑는 방식이다. 국민들이 직접 투표하는 것이 아니라 대의원들 통한 간접선거이기에 국민의 뜻이 반영되지 못한다. 명색이 대통령 선거이지만 공개된 출마자도 없고 선거운동과 정견발표도 없다. 국가 발전의 청사진과 건설적 사상으로 치열하게 겨루는 선거가 아니라 오로지 자신이 속한 정치집단의 보스의 명령을 따른

---

4. 신우식, 『먼 산위의 눈이 녹아 계곡을 이루고 바다에서 합쳐지기까지』, 2021.

다는 생각뿐이다. 무슬림은 무슬림대로 기독교인은 기독교인대로 국가가 아닌 자신의 부족 지도자만 생각하는 부족주의 세계관에 갇혀서 헤어 나오지 못하고 있다. 레바논의 여러 종파와 여러 정당에 속한 사람들이 자신의 보스를 위해서는 충성하지만 국가 전체를 위한 헌신에는 관심이 부족하다는 것이다.

토머스 프리드먼은 중동정치의 문제점을 유사 부족정치에서 찾았다. 부족주의란 통치의 방식이 부족그룹 혹은 유사부족그룹을 중심으로 이루어지는 것을 말한다. 부족이나 일족, 같은 종교 분파의 구성원, 같은 지역 사람, 같은 군부대 사람 등이 그룹을 통치한다.[5] 거기에는 이념이나 가치관 중심의 통치가 이루어지지 않는다. 부족 지도자 혹은 그룹 지도자 중심으로 통치되고, 그룹원들은 그 지도자가 죽을 때까지 그에게 복종해야 한다. 레바논의 무슬림 마을이나 기독교인 마을에 가보면 그들의 정치 지도자 초상화를 길거리에 크게 부착하고 있다. 마을 구성원의 일치감의 표시이기도 하지만 그 지도자에게 충성을 맹세한다는 표시이기도 하다. 레바논의 기독교, 시아파, 순니파, 드루즈 종파들 모두가 그렇다. 아랍 속담 가운데 "나와 나의 형제는 우리의 사촌과 대립하고, 나와 나의 사촌은 이방인과 대립한다." 그들은 가족으로부터 시작해서 피아의 구분을 끊임없이 해 나간다. 항상 우리 편 중심으로 사고하며, 상대방은 때로는 협상하지만 많은 경우 대립과 투쟁의 대상이다. 우리 편일 경우 어떤 잘못도 눈감아 주고, 적의 편일 경우 포용과 연합이 힘들다. 레바논 정치의 가장 근본적인 문제를 이러한 부족정치에서 찾을 수 있다. 또한 이것은 중동 이슬람 국가들의 공통된 특징이다.

---

5. Thomas L. Fridman, *From Beirut to Jerusalem*, 장병옥 역, 『베이루트에서 예루살렘까지』 (서울: 창해, 2003), 78.

Ⅲ. 희망을 노래하는 이유

선교사는 미래의 희망을 보고 오늘 사과나무를 심는 사람이다. 설령 화산 속에 들어가서 완전히 불탄다 하더라도 그 가운데서도 영혼 구원의 작은 손을 내밀어 사람들을 건져내고 살려야 한다. 레바논은 화산의 입구에 있기에 선교사의 사역이 더 필요하다. 상황이 어려울수록 선교사의 사역은 더 있게 되고 열매도 풍성할 것이다. 그래서 절망 가운데서도 레바논의 가치와 중요성을 생각해 본다.

1. 성경의 젖과 꿀이 흐르는 땅

흔히 젖과 꿀이 흐르는 땅이라면 가나안을 말한다. 하나님께서 이스라엘 백성에게 허락하신 약속의 땅이다.(출 3:8, 17) 오늘날 이스라엘이 바로 그 땅이다. 그런데 이스라엘만 젖과 꿀이 흐르는 땅일까? 이스라엘 이외에 그 땅이 또 있다. 어디일까? 바로 레바논이다. 레바논은 적어도 다음 세 가지 면에서 젖과 꿀이 흐르는 가나안 땅이다.

첫 번째, 레바논은 이스라엘 12지파가 분배받았던 가나안 땅의 일부이다. 가나안 12지파 가운데 아셀 지파와 납달리 지파가 분배받은 땅의 일부가 레바논이다. 성경에서 레바논 골짜기로 기록된(수 11:17, 12:7) 곳과 하맛 어귀(민 34)라고 기록한 곳이 바로 오늘날 레바논의 베카 평원을 말한다. 지중해의 해변 도시 두로와 시돈 그리고 이스라엘과 접경하고 있는 헐몬산도 레바논이다.

두 번째는 레바논이란 이름의 뜻이다. 레바논의 의미는 셈족어 하얗다에서 왔다. 레바논의 높은 산에 눈이 하얗게 덮인 모습을 보고 하얗다라는 의미인 레바논으로 불렀다고 한다. 또한 레바논과 같은 어근이라 할 수 있는 라반은 아랍어로 요구르트 혹은 우유를 뜻한다. 즉 레바논은 하얀 우유의 땅이란 말이다. 그렇다면 레바논은 젖과 꿀이 흐르는 땅이란 표현과 일치한다.

세 번째 레바논은 과일과 곡물이 풍성한 땅이다. 온화한 지중해성 기후에 푸른 나무와 숲이 우거진 아름다운 땅이다. 중동 나라들이 대부분 황무지 사막 땅인 반면 이곳은 산과 들이 온통 초록색이다. 토양이 기름진 베카 평원에서 나오는 밀은 로마 시대 때부터 로마인들의 빵바구니라고 불렸던 곡창지대였다. 오늘날도 철마다 생산되는 당도 높은 각종 과일과 채소, 곡물이 풍부하다. 어쩌면 이스라엘의 정탐꾼들이 가나안 땅 정탐 이후 들고 간 포도송이가 오늘날 레바논 지경에서 들고 간 것이 아닐까 생각할 정도이다.

이처럼 레바논은 성경과 밀접한 관련이 있는 땅이다. 성경에서 하나님은 교만한 레바논을 꺾어 부수시기도 하시고(시 29:5), 순종하는 레바논을 들송아지같이 뛰게도 하신다.(사 29:6) 레바논은 향기(아 4:11)와, 영광(사 35:2)에 비유되고 있다. 레바논의 백향목은 뛰어나고 아름다운 나무(겔 31:16)와 뿌리가 깊은 나무(호 14:6)로서 의인의 성장과 번성에 비유하고 있다.(시 92:12) 이런 레바논을 향하여 이사야는 "오래지 아니하여 레바논이 기름진 밭으로 변하지 아니하겠으며 기름진 밭이 숲으로 여겨지지 아니하겠느냐?"(사 29:17)라고 예언하고 있다. 구약 시대의 예언이지만 그 예언이 미래에 성취되는 것을 믿음으로 바라보는 것이다.

2. 자유와 다양성

레바논에는 정치적 자유, 비평의 자유, 개종의 자유가 있다. 완벽하지는 않지만 다른 아랍 나라들에 비해 두드러진다. 주지하는 대로 아랍 나라들은 이슬람 국가로서 정치적 자유가 없고 학문적 비평의 자유도 없는 경우가 대부분이며 개종의 자유는 말할 것도 없다. 이슬람으로의 개종은 무한대의 자유가 있지만 다른 종교로 개종하는 것은 금지해 놓고 있다. 이슬람 샤리아 법상으로 개종은 곧 참수형이다. 22개 아랍 나라 가운데 그런 부분에서 예외가 있는 나라가 있는

데 그것이 바로 레바논이다. 레바논은 정치적 자유가 있으며, 90여 개의 정당이 존재한다. 그러나 문제는 이 정당들의 무분별한 난립과 정국을 주도하는 건전한 다수당이 없다는 것이다. 레바논은 중동 나라들 가운데 언론의 활동이 가장 활발한 나라이다. 1960년대에는 200개가 넘은 신문사가 존재했던 나라이다. 레바논 경제난 이후 신문사와 방송국이 문을 닫았지만 현재도 사우디나 이집트와 크게 차이나지 않는다. 레바논에 여러 야당 언론들이 있고 그 언론들에서 정치적 풍자와 비평을 하고 있다. 이러한 정치적 자유가 있기에 다른 중동 나라의 언론인들이 레바논에서 방송을 녹화하기도 한다.

레바논은 아랍 문화의 선구자였고 개척자였다. 19세기 중반기 중동에서 서구 문명이 가장 먼저 들어온 곳이 베이루트이다. 서양 선교사들이 가장 먼저 들어와서 아랍어를 배워 성경을 번역하고, 교육과 의료 선교를 하던 곳이 레바논이다. 그들의 문화적 자산을 이어받아 19세기 아랍 문예부흥이 일어났는데, 그 중심지가 베이루트였다. 현대 표준 아랍어 문법과 아랍어 문학과 예술이 이곳을 중심으로 발전하고 꽃을 피웠다. 이러한 영향으로 레바논은 근대 이후의 아랍 문화를 선도하는 국가였고, 교육과 문화의 강국이었다. 지금은 경제난으로 쪼그라들었지만 아직까지도 레바논은 아랍권에서 가장 좋은 책을 출판하는 곳으로 알려져 있다.

또한 레바논은 개종의 자유가 있다. 필자가 레바논 교회에서 만난 목사님의 이름이 무함마드이고 아는 믿음의 형제의 이름은 알리이다. 그들은 무슬림 집안에서 태어났지만 나중에 예수를 만나 개종한 사람들이다. 주지하는 대로 다른 아랍 나라들은 개종이 허락되지 않는다. 회심을 한 경우라도 법적인 개종은 불가능하다. 그래서 신분증과 호적의 종교란을 바꿀 수 없다. 개종자 부부가 결혼하여 아이를 낳아 기독교 가정교육을 시켰어도 호적상 그들의 종교는 무슬림이다. 제도적 박해의 구체적인 증거이다. 그러나 레바논은 이러한 박해가 없다. 호적의 종교란을 기독교로 바꿀 수 있기에 이름은 분명 무슬림인데, 기독교인으로 사회생활을 하고 있다. 그 정도로 사회적 경직성이 덜한 나라이다.

3. 기독교 유산이 강한 나라

레바논의 기독교는 유구한 역사를 가졌다. 예수님이 두로를 방문하여 수로보니게 여인의 딸을 고치셨고(막 7:24) 바울은 두로에서 머물며 초기 그리스도인들에게 설교하였다(행 21:3). 레바논은 이처럼 예수님의 방문지요, 초대 사도들의 전도여행지였다. 오늘날 레바논 기독교의 절대다수를 이루는 마론파 기독교의 역사는 AD 5세기로 거슬러 올라간다. 동방 정교회 출신인 성 마론(Saint Maron)이 시리아 홈스 근처의 Orontes 강 유역에서 금욕적인 은둔 생활을 시작하여 수도사 공동체를 설립하고, 주변 지역에서 복음을 전파하였다고 하는데 이것이 마론파 기독교의 시초이다.[6]

7세기 말엽에 지중해 동부 연안 지역에 이슬람이 전파되자 레바논의 마론파 기독교인들은 이를 피해 레바논 산맥 안으로 숨어들었다.[7] 이슬람 세력의 공격을 막아낸 마론파 기독교인들은 AD 685년에 비잔틴 교회에서 분리해 나와 독자적인 교회를 세웠다. 12세기에 들어 십자군 전쟁이 시작되자 마론파 기독교는 이슬람 제국에 맞서 십자군 측에 합류하며 로마 교회와의 관계를 회복했다. 로마 교회는 마론파 교회가 십자군 전쟁에 기여한 공로로 그 정통성을 인정해주어 마론파 교회는 가톨릭 교회의 일원이 되었다. 제1차 십자군 원정 이후로도 마론파는 맘루크 왕조 등으로부터 지속적인 탄압을 받았으나, 로마 교회 및 유럽 국가들의 지원과의 관계를 계속 유지했으며, 동지중해 연안에서 가톨릭

---

6. "Saint Maron" https://maronitefoundation.org/MaroniteFoundation/en/MaronitesHistory/56 (Accessed at 2023.04.04).

7. "마론파" https://ko.wikipedia.org/wiki/%EB%A7%88%EB%A1%A0%ED%8C%8C (Accessed at 2023.04.04).

세력을 상징하는 역할을 했다.

1585년 예수회는 중동 지역의 가톨릭화를 위해 로마에 마론파 대학을 설립했다, 이 대학은 이후 350년간 유럽 마론파 신자들의 구심점이 되었다. 이후 중동에서 무슬림들에 의한 기독교 박해가 증가하자 1638년, 프랑스는 마론파를 포함하여 오스만투르크 제국 내의 기독교 집단을 보호하겠다고 선언했다. 그후 마론파는 프랑스와 오늘날까지 밀접한 관계를 유지하게 되었다. 프랑스와의 이러한 밀접한 관계는 1차 대전 이후 프랑스 위임통치를 거쳐 1943년 마론파를 주류로 하는 레바논 독립 국가 설립으로 이어졌다. 대통령도 건국 당시 인구 비율이 가장 높았던 마론파가 대통령으로 선출되었고, 그것이 불문헌법이 되어 오늘날까지 이르고 있다.

마론파 기독교 이외에도 말리키 가톨릭교회, 그리스 정교회, 아르메니아 교회 등이 있다. 현재 레바논의 기독교인 비율은 34% 정도인데, 개신교는 전체 인구의 0.35% 밖에 되지 않는다. 개신교 교단 수는 22개이며, 교단의 성도수는 1만 5천 명밖에 되지 않는다.[8] 레바논은 아랍 나라들 가운데 유일하게 이슬람이 국교가 아닌 나라이다. 레바논 이외의 21개 아랍 나라들은 모두 이슬람이 국교인 나라들이다. 다른 아랍 나라들 가운데 대통령이 기독교인이거나, 기독교인이 인구의 1/3이 되는 나라는 없다. 그러나 레바논은 전국 방방곡곡에 교회와 십자가가 즐비하다. 레바논의 많은 도시들과 마을들은 푸른 자연과 기독교적 문화가 어우러져서 서양의 여느 도시와 비슷하다는 느낌을 준다.

---

8. Mandryk Jason, *Operation World*, 『세계기도정보』 (서울: 죠이선교회, 2011).

IV. 레바논 선교의 방향과 전략; 아랍권 이슬람 선교의 전초기지로

이제 레바논에서의 선교를 고민해보고자 한다. 구체적인 전략과 방법까지 기술하는 것은 한계가 있기에 기회와 방향성 중심으로 기술하려고 한다.

1. 가난을 영적인 회복의 기회로

레바논인은 아랍인들 가운데 용모와 지력이 뛰어나다고 평가받는다. 오늘날 레바논인들은 자신들이 페니키아의 후예라는 자부심이 강하다. 페니키아인들은 고대 지중해 무역을 제패했던 상술과 항해술이 뛰어났던 사람들이다. 그들의 피를 물려받아서 그런지 예전부터 교육열과 경제적 생활력이 뛰어나다. 1943년 개국 이후 줄곧 아랍 나라들의 머리 역할을 하며 고급 인재들을 배출하였다. 의사, 교수, 비즈니스맨, 사업가를 비롯한 여러 영역 가운데 중동 지역과 아프리카 등에서 빼어난 실력을 발휘하였다. 이러한 우수함이 민족적 우월감으로 나타난 것도 사실이다. 성경에서 때로는 레바논의 백향목의 교만을 책망하는데, 실제로 레바논 사람들 가운데 그런 전통이 있다. 초창기 한국의 레바논 선교는 그들의 우월의식으로 인해 어려움이 있었는데, 예를 들어 한국인 부인 선교사들을 필리핀 가정부로 생각하는 것이었다. 가난과 실패는 자신들의 과거를 돌아보게 한다. 속절없이 추락하는 경제상황을 바라보며 그렇게 자존심 강했던 레바논 사람들이 한없이 겸손해졌다는 말을 듣는다. 경제사태 이후 수많은 레바논 현지인들이 교회를 찾아 도움을 청하기도 하였다. 국민의 3/4이 빈곤과 싸워야 하는 상황이다. 물질적 가난함을 호소하는 빈민들에게 빵을 공급하는 사역이 필요하다. 대부분의 한국 사역자들이 시리아 난민 사역에 집중하고 있는데 레바논 빈민들을 대상으로 하는 사역도 절대적으로 필요한 시점이다.

가난하고 어려울 때 믿는 이들 가운데 회개와 회복의 운동이 일어나야 한다. 레바논인들 스스로에 의해 자신들의 교만과 불성실과 불신앙적인 모습에 대해 자복하고 회개하는 운동이 일어나길 소망하며 기도한다. 기독교 국가를 기치로 출발한 레바논은 기독교 내부의 분파싸움과 기독교인들 간의 전쟁을 벌인 것을 회개하여야 한다. 19세기 중반에 개신교 복음이 들어왔고, 성경 번역, 교육 사역, 병원 사역 등 수많은 복음 사역들이 꽃을 피우고 사회에 영향을 미쳤지만 개신교 교회는 전체 인구의 0.35%밖에 되지 않는 것에 대해서도 문제의식을 가져야 한다.

영적인 회복운동과 함께 보수신학의 회복 운동도 중요하다. 개신교 성도들 숫자가 적은 이유 중의 하나도 개신교 신학의 자유주의화에서 원인을 찾을 수 있다고 본다. 베이루트의 장로교 신학교인 NEST는 서양의 여느 장로교단 신학교와 마찬가지로 자유주의 신학을 표방하는 것으로 잘 알려져 있다. 이 장로교단에 속한 교회들은 전도와 복음선포에 대해 가르치지 않고, 영혼구원을 위한 노력을 하지 않는다고 한다. 대신 고아원과 양로원, 병원, 교육 사역 등의 사회구원을 위한 사역에 집중하고 있다고 한다. 장로교단 교회 예배에 참석해 보면 노인들 몇 사람만 앉아서 전통적이고 경직된 예배를 드리고 있는 것을 발견한다. 전도와 영혼구원과 선교에 관심이 없는 레바논 장로교회는 어쩌면 살았다는 이름은 가졌으나 죽은 교회일 수 있다. 레바논 개신교회는 회개와 영적회복을 위해 다시 한번 힘을 내야 한다. 부흥을 위해 온 힘을 쏟아야 한다. 젊은이들 가운데 헌신된 사람들을 뜨거운 열정과 건강한 신학을 소유한 이상적인 사역자로 키워내는 일들을 해 나가야 할 것이다.

2. 난민 사역을 무슬림 선교의 기회로

2023년 UN 레바논 인구 추정치는 530만 명이다.[9] UNHCR의 레바논 시리

---

9. "Lebanon Population 2023" https://worldpopulationreview.com/countries/lebanon-population (Accessed at 2023.04.04).

아 난민 추정치는 150만 명 정도이다. 더하여 이라크, 예멘 등의 다른 중동 나라들에서 온 난민들도 13,715명 있다고 한다.[10] 레바논은 전 세계에서 1인당 난민 수용비율이 가장 높은 나라이다. 전체 인구의 약 30%가 난민이니 그럴 만도 하다. 이곳의 난민들은 주변국의 전쟁과 사회적 동요로 발생했으며 극심한 가난과 극한적 환경에서 생활하고 있다. 1947년 중동 전쟁 이후 팔레스타인 난민이 쏟아져 들어왔고, 그 뒤 PLO의 아라파트가 요르단에서 쫓겨와 레바논 내전의 결정적 계기가 되었다. 2011년 아랍의 봄 이후에 일어난 시리아 내전으로 인해 680만 명의 난민이 발생했고[11], 그 중 1백 50만 명이 레바논으로 들어온 것이다.

레바논의 대규모 시리아 난민 발생은 한국 교회의 긍휼 사역을 통한 선교에 큰 기회를 주었다. 지난 10여 년 동안 레바논의 시리아 난민 집단 거주지인 베카 지역을 중심으로 한인 선교사들의 난민 사역이 활발하게 진행되었다. 현재 레바논에는 100여 명의 한인 선교사가 적어도 10개 이상의 난민 센터를 운영하며 난민 사역을 하고 있는 것으로 파악된다. 센터에는 유치원 교육, 초등학교 교육, 청소년 교육 등의 교육 프로그램과 의료와 복지, 스포츠와 문화, 직업교육 등의 다양한 프로그램을 가지고 난민들을 돕고 있다. 또한 도움을 얻기 위해 찾아오는 난민들의 필요를 도우면서 복음을 가르쳐 하나님의 사람으로 세우는 일을 하고 있다. 레바논에서의 난민 사역이 주목을 받는 것은 이곳이 중동의 무슬림들에게 복음을 전할 수 있는 곳이란 것이다. 도움이 절실한 무슬림이기에 열린 마음으로 복음을 받아들이는 경우가 많다. 다른 아랍 나라들은 개종의 자유가 없고 전도도 불가능하지만, 레바논은 개종의 자유가 있는 나라이기에 선교사들이 복음을 제시할 수 있고, 그들 가운데 복음에 반응하는 사람들이 있다.

---

10. "Lebanon" https://www.unhcr.org/lebanon.html (Accessed at 2023.04.04).

11. "Syria Refugee Crisis Explained" https://www.unrefugees.org/news/syria-refugee-crisis-explained (Accessed at 2023.04.04).

이러한 레바논의 특징은 아랍권 복음 사역자들이 무슬림 전도와 변증, 회심과 양육에 대한 사역적 경험을 할 수 있는 좋은 기회를 제공한다.

그러나 레바논 난민 사역도 전환기를 맞는다. 시리아 내전 발발 이후 12년이 지났기에 이제는 내전으로 인한 새로운 난민 유입은 거의 없다. 들어와 있던 난민들 가운데 많은 수는 제3국으로 이주하였다. 뿐만 아니라 2019년 이후 레바논에 경제위기가 오자 레바논 정부는 시리아 난민에 대한 태도를 달리하고 있다. 들어와 있는 난민들을 자발적으로 돌려보내려고 하며 시리아 정부와도 조율하고 있다. 따라서 레바논에서 살고 있는 난민 숫자도 줄어들 것이 확실하다. 이러한 상황을 고려한다면 레바논 난민 사역을 새롭게 시작하는 일은 권장할 만한 일이 아니라고 생각한다.

그러나 이곳의 난민 사역자들은 대체로 레바논의 시리아 난민들 상황이 이전과 같지 않지만 그들이 완전히 없어지지는 않을 것이라 본다. 난민들 가운데 많은 숫자들은 시리아로 돌아가기보다 이곳에 남아있는 것을 원한다고 한다. 돌아가면 군대에 가야 하고 또한 박해를 받을 수 있기 때문이라고 한다. 또한 이곳에서 UN의 경제적 지원을 받고 있고, 레바논에 농업 등의 일자리를 가지고 있기 때문에 그것을 포기하고 돌아가는 것은 쉽지 않다고 보고 있다. 이러한 이유들로 당장 난민 사역의 계보가 끊어지지 않을 것이라 예상한다. 단지 앞으로는 난민들을 위해 난민 센터나 대형 프로젝트를 시작하는 일은 효과적이지 않다고 말하고 있다. 난민 사역을 해야 한다면, 기존에 사역하고 있는 팀들과 협력해서 그들이 하지 못하거나 필요로 하는 부분에서 동역하는 사역이 필요하다고 본다. 또한 시리아 난민 사역에 집중되어 있는 인력과 재정을 레바논 현지인 사역으로 어느 정도 방향 전환하는 것도 필요하다고 본다. 레바논의 경제적 몰락이 극심한 상황에서 레바논 사람들을 향한 긍휼 사역도 함께 해 나가야 할 것이다.

3. 탈이슬람 현상과 이슬람 비평을 활용하는 선교

21세기 이후 아랍 세계는 한번도 경험하지 못한 일을 경험하고 있다. 아랍 나라들 전체에서 수백만 명이 기존의 이슬람 신앙에 회의하거나 이슬람을 떠나는 일이 일어났다. 아랍 언론이 '무신론 현상'이라 보도할 정도로 중요하고 충격적인 것이었다.[12] 아랍 언론이 말하는 '무신론 현상'에는 무신론자뿐만 아니라 이슬람을 떠난 '개종자'들도 포함되어 있기에 이는 '탈이슬람 현상'이라 할 수 있다.[13] 이 현상의 주된 원인으로는 인터넷 혁명으로 인한 이슬람의 내부적 모순의 발견과, IS의 무자비한 폭력행사를 본 무슬림들의 이슬람 본질 발견이 주된 원인이라 할 수 있다. 이러한 현상은 아랍 나라들 전체의 일반적인 현상이다. 카타르와 사우디 등의 걸프만 나라들로부터 알제리와 모로코까지 전체 아랍 나라들에서 나타나는 현상이다. 레바논은 언론과 개종의 자유가 있는 나라이고, 비평적인 사고를 할 수 있는 지식인들이 다른 나라들에 비해 많은 나라로 여겨진다. 또한 이런 이슬람 비평 관련 자료들과 콘텐츠에 대한 접근이 가장 용이한 아랍 나라이다. 따라서 이러한 탈이슬람 현상을 활용하여 선교를 할 수 있는 여건이 되어 있다.

아랍권의 탈이슬람 현상의 선교적 함의는 엄청나다. 필자는 그것을 네 가지로 정리한다. 첫 번째는, 탈이슬람 현상을 통해 우리는 이슬람의 본질에 고칠 수 없는 딜레마가 있다는 것을 확인할 수 있다. 예를 들어, 무슬림(이슬람을 떠

---

12. 예를 들어 2018년 1월 8일 이집트의 욤일 새비아 신문은, 관련 기관들의 말을 인용하여, 이집트에 최소 5백만 이상의 무신론자가 있다고 보도했다. 아랍권의 무신론 현상 혹은 탈이슬람 현상에 대한 좋은 자료는 이나빌이 쓴 『그들은 왜 이슬람을 떠나는가?』(서울: CLC, 2022)가 있다.

13. 이러한 무신론 현상과 탈이슬람 현상은 몇 가지 면에서 특징이 있다. 먼저는 그것이 1400년 이슬람 역사 가운데 한번도 경험하지 못한 최초의 사건이자 최대의 변화라는 것이고, 두 번째로는 그것이 자군인에 의한 내부의 지각 변동 변동이라는 것이며, 세 번째로는 그것이 이슬람 자체의 본질적 문제로 인한 것이고, 네 번째는 그것이 앞으로 계속되고 확대될 것이란 것이다.

나간 무슬림 배경의 사람들)은 이슬람의 본질에서 발견되는 폭력과 비인간성과 불합리한 면 등의 고칠 수 없는 결함으로 인해 이슬람을 떠나간다. 이슬람에 결정적인 문제와 딜레마가 있다는 것이다. 거기에 비해 기독교의 복음은 본질을 찾아가면 갈수록 기독교의 가치가 드러나고 부흥을 경험한다. 산상수훈과 복음서의 가르침을 통해 그 어떤 종교에서도 발견할 수 없는 사랑과 용서와 부흥의 메시지를 경험한다.

두 번째는, 이슬람 나라들에서의 선교적 돌파의 가능성을 볼 수 있다. 지난 세기까지 복음에 완전히 닫혀 있던 아랍 국가들의 무슬림이 탈이슬람 현상으로 인해 그들 스스로 이슬람을 떠나고 있고, 그 가운데 많은 사람들이 예수의 복음에 반응하고 있다. 앞으로 이슬람 세계에서 복음의 놀라운 부흥이 일어난다면 그것은 탈이슬람 현상에서 오는 이슬람 본질 발견 현상에 따른 것이라고 볼 수 있다.

세 번째는 온라인 시대를 위한 온라인 선교에 열심을 내야 한다는 것이다. 아랍권의 탈이슬람 현상은 인터넷 혁명의 영향이 절대적이다. 중세 종교개혁이 쿠텐베르크 활자술로 인한 것이었다면 오늘날 아랍 세계의 탈이슬람 현상은 인터넷으로 인한 결과라고 해도 과언이 아니다. 코로나 팬데믹 이후에 온라인 사역의 필요성을 모두가 절감하였다. 앞으로도 온라인 선교는 아랍 세계를 향한 선교에 가장 중요한 도구가 될 것이다. 따라서 아랍 세계를 향한 페이스북과 유튜브 등의 SNS를 통한 사역에 힘을 내야 한다.

네 번째는 객관적인 이슬람 비평학을 발전시키는 것이 중요하다. 이슬람 종교에는 비평이 존재하지 않는다. 그러나 인터넷과 SNS는 그 금기의 벽을 깨 버렸다. 지금 아랍권에서는 이슬람의 본질적인 문제들에 대한 수많은 비평들이 진행되고 있다. 향기가 한 방 가득 퍼지듯이 아랍 세계에는 이슬람 비평으로 가득하다. 대다수의 무슬림들이 눈과 귀를 가리고 있어 깨닫지 못하고 있지만 지각이 있는 사람이 느끼는 것은 시간문제이다. 선교사들은 이슬람 비평을 공부해야 한다. 아는 것이 힘이다. 우리는 이슬람의 해로운 이데올로기로부터 우리 사회를 지키기 위해서 이슬람을 알아야 하고, 또한 거짓에 세뇌되어 있는 무슬림을 구원해 내기 위해서도 이슬람을 배워야 한다. 선교사들 가운데 자질과 관심이 있는 사람들이 이슬람 비평을 깊이 있게 공부할 수 있도록 지원하는 것도 필요하다. 이러한 탈이슬람 현상의 함의들을 기억하고 이슬람 비평의 파도를 타는 것은 미래의 효과적인 이슬람 선교를 위해 중요한 과제라 할 수 있다.

V. 레바논 선교 역사와 단체들

레바논에서의 개신교 선교활동은 19세기 초로 올라간다. 중동 땅에 선교사를 가장 먼저 보낸 단체는 당시 미국의 개혁주의 교단을 대표한 미국해외선교위원회(ABCFM)이다. 1823년 이 단체에서 파송된 몇 명의 선교사들이 베이루트에 도착하였고, 그 이후 유럽의 개혁주의 선교사들이 들어와 사역하게 된다.[14] 당시 레바논과 시리아는 오스만 터키 제국의 오스만 시리아(Ottoman Syria) 지역에 포함되어 있었다. 이 지역은 오늘날 레바논과 시리아 팔레스타인을 포함하는 넓은 지역이었다. 따라서 베이루트는 이 넓은 지역을 대상으로 사역하려는 선교사들의 입항 루트였다.

19세기 초반 이후 아랍권의 개신교 선교는 레바논(오스만 시리아)에서 가장 먼저 시작되었다.[15] 1884년 베이루트 항구에서 가까운 곳에 국립 복음주의 교회

---

14. Habib Badr, "The Protestant Evangelical Community in the Middle East," 「International review of mission」 (1950): 60.
15. 이집트는 1836년 미국의 성서공회에서 선교사를 보낸 것이 이집트에서의 최초의 개신교 선교사 사역이었다. 그 뒤 1853년 시리아 지역에서 사역하던 몇몇 미국 선교사들이 이집트로 들어가 사역을 하였다고 한다. 1855년 현지인을 대상으로 한 최초의 예배모임이 생겼다고 한다. "تاريخ-الكنيسة-الإنجيلية-المشيخية" https://epcear.com/2022/06/تاريخ-الكنيسة-الإنجيلية-المشيخية/ (Accessed at 2023.04.04).

(The National Evangelical Church)가 생기는데, 이것이 중동에서 최초의 개신교회이다. 이 교회는 지금도 베이루트 도심 중심지에 위치하고 있다.

베이루트가 아랍 선교의 개항지였기에 레바논은 줄곧 아랍 선교를 위한 가장 중요한 역할을 하였다. 초창기부터 베이루트는 문서선교와 교육선교, 복지선교, 신학교 사역 등의 중심지였다. 레바논에서 중동 지역 선교를 위해 이루어진 대표적인 일들 가운데 아랍어 공인 성경인 밴다이크(Van Dyck) 성경의 번역이 있다. 밴 다이크(Van Dyck) 성경은 미국 해외 선교 위원회 소속 선교사인 엘리 스미스(Eli Smith, 1801~1857)와 코르넬리우스 밴 다이크(Cornelius Van Alen Van Dyck, 1818~1895)가 주도하여 1864년에 번역을 완성한 것이다. 이 성경은 아랍 지역의 여러 기독교 종파들 가운데 가톨릭 교회를 제외한 모든 종파(콥트 기독교, 시리아 정교, 그리스 정교, 개신교, 가톨릭 일부)들이 강단용과 예배용으로 함께 사용하고 있다. 레바논에서 이루어진 성경 번역이 160여 년 지난 오늘까지 전 아랍 세계의 선교에 영향을 주고 있다.

19세기부터 시작된 개신교 선교사들의 교육, 문서, 의료, 복지 등의 사역으로 인해 기독교 문화가 레바논과 아랍 나라들에 큰 영향을 끼쳤다. 특히 19세기 아랍권의 민족주의와 함께 일어난 아랍 문예 부흥운동은 선교사들의 사역으로 인한 영향을 부인하기 힘들다. 한 예로서 밴다이크 성경 번역의 현지인 동역자인 부트로스 알부스타니(Butrus al-Bustani)는 아랍어 문학과 아랍어 문법 발전 등에 큰 영향을 미쳐 이후의 신문과 출판사 창간, 대학 설립, 연극 등의 예술의 발전에 관한 여러 가지 계몽 운동의 중심적 역할을 감당했다.

20세기 중순에 와서는 라디오 방송과 텔레비전 방송 선교 전파도 레바논에서 먼저 이루어졌다. 오늘날도 베이루트에는 중동 전체에서 대표적인 신학교라고 할 수 있는 NEST(Near East a School of Theology)와 ABTS(Arab Baptist Theological Seminary) 신학교가 있고, 기독교 위성방송인 SAT7의 주 스튜디

오가 베이루트에 있다. 외국인 선교단체들도 WEC, YWAM, OM 등이 활동하고 있다.

고신교단의 선교 역사는 이제 시작이다. 이집트에서 24년 사역했던 이바나바 선교사 가정이 2022년 7월 1일 레바논으로 재배치되어 사역을 시작하였다. 이집트와 언어 및 종교적 배경이 같은 나라이기에 그동안 해 왔던 문서 사역과 아랍 찬양 사역 그리고 이슬람 연구 등을 더욱 잘 발전시켜 나갈 수 있길 기대한다.

VI. 나가는 말

레바논은 건국 이래 최대의 위기를 맞고 있다. 경제는 코마상태이고, 정치 또한 실종상태이며 대통령은 공석이다. 절체절명 위기의 상황이지만 위기는 곧 하나님의 기회이다. 이런 레바논을 향한 성경 말씀을 기억한다. "오래지 아니하여 레바논이 기름진 밭으로 변하지 아니하겠으며 기름진 밭이 숲으로 여겨지지 아니하겠느냐?"(사 29:17)라는 이사야의 예언을 붙들고 기도한다. 이 약속이 성취되기 위해서 가장 우선적이고 중요한 것은 이 나라 교회가 복음의 본질을 새롭게 회복하는 일이다. 정치적이고 종파적이며 타협적인 기존의 레바논 기독교의 모습이 아니라 복음에 의해 개혁되고 새로워진 교회이어야 한다. 믿는 신자들이 사회의 빛과 소금으로 사회를 변화시켜 나가야 한다. 변화된 기독교 지도자들이 분열과 싸움이 아니라 지도력을 발휘하여 갈등을 조절하고 문제의 근원을 수술해 나가야 한다. 이러한 참된 부흥이 레바논에 일어나길 간절히 소원하며 기도한다. 레바논 백향목의 영광 회복을 위하여!

참고문헌

신우식. 『먼 산 위의 눈이 녹아 계곡을 이루고 바다에서 합쳐지기까지』. 2021.

이나빌. 『그들은 왜 이슬람을 떠나는가?』. 서울: CLC, 2022.

Habib Badr. "The Protestant Evangelical Community in the Middle East." 「International review of mission」 (1950): 60.

Mandryk Jason. *Operation World*. 『세계기도정보』. 서울: 죠이선교회, 2011.

Thomas L. Fridman. *From Beirut to Jerusalem*. 장병옥 역. 『베이루트에서 예루살렘까지』. 서울: 창해, 2003.

"2022 Beirut explosion" https://en.wikipedia.org/wiki/2020_Beirut_explosion (Accessed at 2023.4.4).

"마론파" https://ko.wikipedia.org/wiki/%EB%A7%88%EB%A1%A0%ED%8C%8C (Accessed at 2023.04.04).

"레바논 내전" https://ko.wikipedia.org/wiki/레바논_내전 (Accessed at 2023.4.4).

"Lebanon" https://www.unhcr.org/lebanon.html (Accessed at 2023.04.04).

"Lebanon Population 2023" https://worldpopulationreview.com/countries/lebanon-population (Accessed at 2023.04.04).

"Saint Maron" https://maronitefoundation.org/MaroniteFoundation/en/MaronitesHistory/56 (Accessed at 2023.04.04).

"Syria Refugee Crisis Explained" https://www.unrefugees.org/news/syria-refugee-crisis-explained (Accessed at 2023.04.04).

"تاريخ-الكنيسة-الإنجيلية-المشيخية" https://epcear.com/2022/06/تاريخ-الكنيسة-الإنجيلية-المشيخية/ (Accessed at 2023.04.04).

갈릴리에서 서바나까지

요르단

스데반[1]

I. 일반적 고찰

1. 국가 개관

요르단의 정식 국가 명칭은 요르단 하쉼 왕국(The Hashemite Kingdom of Jordan)이다. 중동에 위치한 입헌 군주국이다. 행정 수도는 암만이며,[2] 주요 행정 구역은 12개 구역으로 나뉜다. 특히 아카바는 성경의 에시온게벨(Ezion-Geber)로 추정되는데 요르단의 유일한 항구다. 요르단은 약 50년 전에는 바다가 없는 국가였다. 1965년에 요르단 정부는 사우디아라비아에 국토 일부를 떼어주는 대신 아카바(Aqaba)만의 해안선 12㎞를 얻으면서 내륙국에서 해안선을 얻었다.[3]

---

1. KPM Y국 선교사.
2. "요르단" https://ko.wikipedia.org/wiki/요르단 (accessed at 2023.02.13).
3. "요르단 해운의 등대 아카바" http://www.shippersjournal.com/news/article.html?no=1873 (accessed at 2023.02.13).

요르단은 1918년까지 오스만 제국(Ottoman Empire)의 일부였다. 1946년이 되어서야 영국에서 독립을 하였는데, 여전히 영국식의 문화가 남아 있다. 현재 국왕은 이슬람의 창시자 무함마드의 직계 후손이지만, 영국과 미국에서 교육을 받았다. 그의 어머니는 영국인이자 기독교인이다. 국왕은 요르단인이지만, 그의 왕비는 팔레스타인 출신이다. 요르단의 인구는 약 천만에 가깝다. 아랍족이 대부분이지만 한 민족이 아니라 요르단인, 팔레스타인, 이라크인, 시리아인 등 다양한 민족이 있다. 나라 이름은 요르단인데 구성원은 팔레스타인이 더 많다. 오래전 팔레스타인들이 요르단 정부를 전복시키려는 시도를 하다 실패한 적이 있다. 그 후로 요르단인들의 팔레스타인을 경계하는 일이 심해졌다. 팔레스타인은 정부 요직에 앉을 수 없고, 군이나 경찰의 높은 직책에 올라갈 수 없다.

1960년대 중동 전쟁 때 팔레스타인이 대거 넘어와 시민권을 받아 전체 인구의 3분의 2를 차지한다. 1948년과 1967년 중동전쟁으로 경제가 붕괴되었고 대규모 난민 발생으로 서민들의 삶이 어려워졌다. 땅의 크기는 남한 면적과 비슷하다. 하지만 90%가 넘는 땅이 광야 즉 자갈과 모래로 구성된 불모지이다. 지리적으로는 이스라엘, 시리아, 이라크, 사우디아라비아, 이집트와 국경을 마주하고 있다. 개방적이고 온건한 이슬람 국가이다. 유럽과 가까이 있지만 국민들의 90% 이상은 유럽을 갈 수 없다. 유럽을 가기 위해서는 쉥겐(Schengen: 유럽비자)이 필요한데 부유층 외에는 받을 수 없다. 국가 경제의 동력이 없다 보니 젊은이들이 일할 곳이 없어 좋은 대학을 나와도 취업하기가 힘들다. 그러다 보니 젊은이들이 영어나 독일어를 열심히 해서 미국이나 유럽으로 취업하려고 많은 시도들을 한다. 하지만 미국이나 유럽의 비자 장벽이 높아서 해외 취업이 쉽지 않다.

2. 역사

"요르단의 국토는, 약 50만 년 전의 구석기시대부터 인류가 정착하였다고 알려져 있으며, 약 1만 년 전(기원전 8천 년경)에는 인류 최고(最古)의 농업이 행해졌다. 서아시아 문명이 발달하자 교역의 중심지로서 번영하였고, 기원전 13세기경부터는 이집트인이 정착하여 암만에는 구약성서에 등장하는 암몬(Ammon)인의 나라가 있었다. 기원전 1세기경에는 남부 페트라(Petra) 유적을 남긴 나바테아(Nabataea) 왕국이 발전하였으나, 1세기 ~ 2세기에 로마 제국에 합병되었다. 나바테아(Nabataea) 왕국이 남긴 페트라(Petra)는 세계 7대 불가사의에 들어가서 문화유산으로 인정받았다. 7세기에는 이슬람 제국의 지배하에 들어가 아라비아와 이슬람교가 전파되어 이슬람화 되었다. 그러나 다마스커스(Damascus)에 자리 잡은 우마이야 왕조(Umayyad Caliphate)가 멸망하여 이슬람 세계의 중심이 시리아 지방으로부터 멀리 떨어지게 되어, 그 변경으로서 도시 문명도 차츰 쇠퇴하였다.

19세기에 들어서, 당시 이 지방을 지배하였던 오스만 제국이 러시아 제국으로부터 도망하여 온 체르케스(Cherkess)인을 시리아의 인구가 희박한 지역에 살게 하여 점차 활기를 띠기 시작했다. 제1차 세계 대전 이후인 1919년에는 영국의 위임 통치하에 놓였다. 1921년 하심(Hashim)가 출신인 압둘라 1세를 영입하여 트란스요르단(Transjordan)을 세웠고, 제2차 세계 대전 이후인 1946년 영국으로부터 독립하였다. 후세인 1세가 즉위한 이후에 지금의 국명으로 개칭되었다. 1950년에는 동예루살렘을 포함한 요르단 강 서안 지구를 영토에 추가하였으나, 1967년 제3차 중동 전쟁에서 이스라엘에 빼앗겼다. 중동 전쟁으로 인하여 이스라엘이 점령한 지역으로부터 팔레스타인이 대거 유입되었다."[4] 팔

---

4. "요르단."

레스타인이 대거 유입되었을 때 암만에는 이미 요르단인이 살고 있어서 암만 외곽(동쪽) 자르까(Zarqa)라는 지역에 정착하였다. 요르단의 제2의 도시는 북쪽의 이르비드(Irbid)지만 인구로는 암만 동쪽의 자르까(Zarqa)가 더 많다. 초기에는 아주 열악한 환경이었으나 지금은 도시를 이루고 살고 있다.

3. 경제

요르단 경제는 서비스업이 중심이다. 중동이라고 하지만 천연자원이 부족하고 땅이 척박하다 보니 농업은 4% 정도밖에 되지 않는다. 밀은 미국과 협약 때문에 농사할 수 없다. 미국에서 헐값으로 밀을 제공한다. 또한 제조업을 할 만한 공장이 들어오기에 부적합하다. 셰일가스(Shale gas), 우라늄(Uranium) 등 자원을 개발하려 노력하고 있으나 아직은 시작 단계이다. 요르단강 지류에 댐을 건설하여 부족한 물 사정을 개선하려 하고 있지만 쉽지 않다. 경제규모가 영세하여 미국, 사우디아라비아 등의 원조에 의존하고 있는 편이다.[5] 산업 기반이 취약해서 무역수지는 흑자가 되기 어렵다. 해외에 거주하는 요르단인들이 가족들에게 송금해 주는 달러, 관광 수입, 그리고 미국이나 유럽의 무상 원조로 나라 살림을 이끌어 가고 있다. 나라가 발전하기 위해서는 일자리가 늘어나야 하는데 투자 유치가 쉽지 않다. 2014년에 투자법을 개선하여 투자 유치를 위해 노력하지만 이 역시 쉽지 않은 현실이다. 최근 코로나 이후 경제상황이 최악으로 치닫고 있다.

4. 교육

요르단은 교육열이 높다. 학교는 공립학교, 왕립학교, 그리고 사립학교 등으

---

5. "요르단."

로 나뉜다. 공립학교의 학비는 면제가 된다. 대다수의 요르단인이 공립학교를 다닌다. 공립의 수업은 이슬람 종교교육이 필수이고 클래식 아랍어를 가르치는데 주력한다. 영어는 많이 가르치지 않는다. 부유층들은 영어공부를 위해 사립을 다닌다. 영어를 잘해야 미국이나 영국으로 취업할 수 있는 길이 열리기 때문이다. 학제는 12년제이며, 9월 신학기이다. 영국의 영향을 받아서 영국의 학제와 비슷하다. 12학년에 '타우지히(College Scholastic Ability Test, CSAT)라는 대입시험이 있다. 대학은 4년제와 2년제로 나뉜다.

5. 일반 종교상황

요르단은 인구의 97%가 이슬람이고, 2.2%가 기독교이며, 0.8%가 기타 종교이다. 국교는 이슬람(순니파)이다. 이슬람의 율법과 이슬람력을 따라 생활한다. 라마단을 철저하게 지킨다. 집집마다 예쁜 작은 전구로 트리를 만들어 놓은 것을 볼 수 있는데 그것은 하지, 즉 메카와 메디나를 갔다 왔다는 표시이다. 사람이 모여 사는 곳에는 모스크가 있다. 하루 다섯 번 기도하라고 아잔(Adzan)이 울리는데 주기적으로 기도하러 가는 사람은 10%가 되지 않는다. 요르단은 금요일이 공식적인 휴일로 모두 모스크(Mosque)에 가야 하는데 열심히 모스크(Mosque)를 찾는 사람은 인구의 30% 정도이다. 그럼에도 불구하고, 이들은 이슬람을 학교와 삶 속에서 배우기 때문에 모스크(Mosque)에 항상 가지 않아도 모든 국민들은 자연스럽게 무슬림이 된다. 모스크(Mosque)에 출입하는 여성들은 극소수다. 아이들도 거의 없다.

요르단은 기독교를 인정한다. 오래전부터 내려오는 정교회(orthodox church)와 가톨릭(Roman Catholic Church)은 이미 자리를 잡아 성당이나 예배당을 크게 지어 놓았다. 요르단은 이슬람의 종교법을 따라 금주한다. 개혁주의 노선에 있는 개신교 교인들은 다르지만, 정교회, 가톨릭은 음주 문화가 있다. 그렇기 때문에 나이트클럽의 소유주가 기독교인이다. 술을 파는 곳도 정해져 있는데 주인은 기독교인이다. 그렇기 때문에 무슬림(Muslim)들은 술을 마시고 돼지고기를 먹는 기독교인들을 멸시한다. 요르단의 헌법은 각자의 종교를 간섭하지 않고, 존중하는 선에서 종교의 자유를 보장한다. 그렇기 때문에 기독교에서 무슬림(Muslim)을 전도하는 일은 상당히 민감하다. 그리고 법적으로도 이슬람에서 기독교로 문서상의 변경은 불법이다. 그렇기 때문에 해가 바뀌어도 이슬람의 인구는 바뀌지 않는다. 오히려 여러 가지 이유로 요르단을 떠나는 요르단인 기독교인들이 많기 때문에 기독교는 자꾸 줄어드는 것처럼 보인다. 무슬림 중에도 복음을 받아들인 이들이 있지만 신분증에 기록된 이슬람 종교는 바꿀 수 없다.

II. 요르단 기독교

1. 기독교 역사

요르단은 1세기부터 6세기까지 기독교 문화권에 속하였다. 로마 당시 암만의 지명은 필라델피아였는데, 암만에는 아직 필라델피아 대학이 있다. 또한 게라사(Gerasa)는 지금의 제라시(Jerash), 가다라(Gadarenes)는 움 카이스(Umm Qais) 등 성경의 지명이 남아 있다.[6] 비잔틴 시대에(A.D 324~632) 콘스탄틴의 영향으로 기독교가 중동에 급속히 퍼졌다. A.D 527~565 저스틴 황제 때 팔레스타인과 시리아의 여러 마을들에 교회들이 세워졌다(현, 요르단 마다바(Madaba) 지역 모자이크 교회 유적 현존).[7] 636년 이후 비잔틴 제국이 약해

---

6. "요르단 Hashemite Kingdom of Jordan." http://www.bauri.org/board_VfnZ09/53721 (accessed at 2023.02.13).
7. "요르단 Hashemite Kingdom of Jordan."

지고 야르묵(Yarmouk) 전투에서 비잔틴 군대에 이슬람이 승리함으로 중동은 기독교 지배에서 이슬람의 지배로 바뀌게 되었다. 사라센 제국에 편입되었다가 11세기의 100년간은 십자군의 지배로 다시 기독교 문화권으로 들어왔다.[8] 그 이후 이집트 마멜룩(Mameluk) 왕조에 들어서면서 이슬람의 영향을 받는다. 이후 오스만 술탄(A.D. 1516~1918)의 지배 아래 400년간 있었다. 오스만의 지배가 끝난 후 요르단은 영국의 통치하에 놓인다.

요르단에는 오래된 기독교 공동체가 있다. 예수님이 공생애 사역을 이곳에서 하셨기 때문에 기독교 역사의 시작이 된 곳이다. 오늘날 그 숫자는 절대적으로 감소하였지만 아직까지 명맥은 유지하고 있다. 이슬람의 오랜 통치 때문에 기독교인들은 많지 않다. 요르단 기독교인의 대다수는 동방 정교회 성도들이다. 약 30만 명으로 추산되고, 가톨릭은 약 10만 명, 개신교는 만 명이 안 되는 것으로 추산한다. 그러나 무슬림이 기독교 신앙을 받아들이고 비밀리에 신앙생활 하는 경우가 종종 있다. 하지만 이들은 기독교인이지만 법적으로는 무슬림이다. 요르단 기독교인의 통계에는 기독교로 개종한 무슬림은 포함하지 않는다. 2015년 연구에 따르면 무슬림 배경의 그리스도 신자가 약 6,500명 정도 있다.

2. 현재의 기독교 상황

기독교는 정교회, 로마가톨릭, 성공회, 루터교, 개신교 등으로 구분된다. 위에서 언급한 공식적인 통계가 있지만, 통계를 온전히 신뢰할 수 없다. 현장에 가보면 이슬람도 허수가 많고, 기독교 인구도 정확하다고 말할 수는 없다. 개신교는 100여 교회 미만이며, 등록 교인은 1만 명 이하이다. 개신교 내의 교단은

---

8. "요르단" http://encykorea.aks.ac.kr/Contents/Item/E0039320 (accessed at 2023.02.13).

침례교, 자유복음주의, 나사렛, 하나님의 성회, C&MA 등이 있으며 교단총연합회가 구성되어 있다. 각 교단의 활동은 JETS(Jordan Evangelical Theological Seminary)라는 복음주의 연합신학교와 각 교단의 신학교가 존재하며, 신학연장프로그램, 성서공회, 학교, 출판사, 서점, 병원, 약국, 수양관, 찬양팀, 자선단체, 성경캠프, 교도소 사역팀 등 다양하다.

3곳의 한인교회는 교단 산하의 한국인 공동체로 등록되어 있다. 하지만 최근 열방한인교회의 담임 목사 사임으로 교세가 많이 약해졌으나, 요르단 한인교회는 지속적으로 성장하고 있다. 국제한인교회는 성도 숫자가 10명 미만으로 약하다. 요르단은 400여 곳의 기독교 성지가 있고, 이중 가톨릭에서 공인한 성지가 5곳이 있다(느보산, 세례터, 마케루스-세례 요한의 처형터, 엘리야 고향-디셉, 안자라교회-성모 마리아상이 눈물을 흘렸다는 곳). 세계 각국에서 선교사들이 들어와 복음 사역을 시도하고 있다. 하지만 겉으로 드러난 사역을 하는 것이 한계가 있기 때문에 구체적인 사역의 내용은 케이스마다 다르다.

III. 요르단 선교

1. 선교역사와 현황

개신교회의 활동은 1821년 오스만 통치기에 개신교 선교사들이 팔레스타인과 요르단에 오면서 시작되었다. 1823년에는 영국 성공회 교회와 미국 개혁(Reformed) 교회가 정비되어 있었다. 이후 개혁교회는 레바논과 시리아로 사역을 옮겼다. 성공회는 1860년 이전에 쌀트(Salt)와 아즐룬(Ajloun), 케락(Karak)에서 사역을 넓힌 후, 사역을 계속했고 성장했다. 그리고 1838년에는 요르단 정부의 인가를 받았다. 1958년에는 첫 번째 요르단인 주교를 임명했다. 현재 11개의 교회가 있다. 또한 여러 기구를 갖추고 있는데 장애인, 정신지체자,

노인을 위한 학교와 센터들이 있다. 또한 고아를 섬기는 테오도르 쉬넬러 학교가 있다. 이 학교에서는 많은 직업인을 배출한다.

기독교 얼라이언스(C&M.A, 한국교회의 예수교 성결교회와 자매결연) 선교부는 1차 대전 이후 요르단에 들어왔으며 케락(Karak)과 마다바(Madaba)를 중심으로 거주했고, 요르단 내에 오스만 시대로 거슬러 올라가는 부동산 소유가 있다. 이 교단 소속의 교회는 6개가 있다. 여러 가지 활동으로 사회를 섬기고 있다. 기독교 얼라이언스 선교부는 1927년 법무부에 등록하였다. 그 후 내부 조직을 재정비하고 이티하드 개신교 교회(Etihad Protestant Church)로 등록하였다. 1926년 쌀트(Salt)의 파쿠리 가문이 사제와의 불화 때문에 분리되었다. 성공회에서는 이 마을에 또 다른 사역을 시작할 의향이 없었다. 그래서 분리된 사람들은 예루살렘에 있는 Bible Evangelical Mission(BMD)에 자기들 마을에 선교부를 열어줄 것을 요청하였다. 선교부에서는 어쩔 수 없이 그 교회 소속이 아닌 22세 청년 선교사를 보내주었다. 그가 로이 프레드릭 위트만(Roy Frederick Whitman)이다. 그는 부족 갈등이 있다는 것을 모른 채 살트(Salt)에 왔다. 이것이 요르단의 자마아트 알라 교회(Assembly of God Church)의 시초가 되었다. 1929년에 부흥이 일어나 많은 사람이 회개하고 자신들의 죄를 자복했다. 그 후 사역은 잠잠해졌다가 60년대에 선교사들이 들어오면서 두 번째로 이 교회의 활동이 새로워졌다. 현재는 지역교회 9개와 통신신학교육센터가 있다. 이 센터는 1957년에 법무부에 종교단체로 등록되었다. 로이 위트만은 1927년 다른 나라에서 사역을 하고 싶어서 자신이 소속되어 있던 WEC (Worldwide Evangelistic Crusade)을 떠났다. 이 때는 그가 이 지역(중동 또는 쌀트)에 온 지 2년이 지난 후였다. 그리고 쌀트에서 교회에 소속되지 않은 채 협력자로 계속 일했다. 그리고 암만의 여러 집에서 사역을 시작했다. 그 후 1930년에는 완전히 암만으로 옮긴 후 집을 얻어서 가정 사역을 계속하면서 1층은 모임(예배)

에 사용했다. 그의 사역에는 영혼들의 많은 변화가 있었다. 1933년에는 기적적인 일이 일어나 많은 사람들이 회개하고 모임 장소에 사람들이 가득 찼다. 1939년부터 그는 팔레스타인 북쪽에 있는 "무르히빈 형제회"(Open Brethren)에 영향을 받은 집단과 매우 강한 관계로 발전하기 시작했다. 그리고 1941년에는 첫 공식 지역교회를 세웠다. 그 후 교회부지에 대한 필요가 커지자 1955년 3월 12일자로 자유복음교회라는 이름으로 법무부에 종교단체로 등록했다. 자유복음교회는 11개가 있으며 산하에 사회개발부에 등록된 자선단체가 있다. 또한 중요한 아랍어 구어체를 가르치는 "켈씨(Kelsey) 아랍어 교육 프로그램"이 있는데, 이는 외국인을 위한 아랍어 교육 프로그램이다. 구어체 아랍어를 영어로 가르치는 곳으로 유명하다. 교회 교구에는 신학교육연장 프로그램(PTEE)을 행하고 있다. 로이 위트만의 요르단에서의 사역은 1992년 12월 25일 암만에서 별세할 때까지 계속되었다.

미국 남침례교회 선교사들의 사역은 아즐룬(Ajloun) 지역(암만 외곽)에 침례교병원(이만 병원)을 설립함으로 시작되었다. 많은 신자들이 가정에서 모이고 있었으므로 병원에서 예배를 드렸다. 1953년에는 요르단의 첫 침례교회가 세워졌다. 50년대에는 침례교 선교부가 힘 있게 활동하기 시작했고, 교회지도자가 되기 위해 훈련받는 많은 활동적인 멤버들을 모았다. 그리고 암만 내에 기독교서적을 판매하는 서점을 열었다. 이는 암만의 첫 침례교회의 구심점이 되었다. 그리고 베이루트의 신학교를 중동지역 내 교회 성장을 위한 전략적인 축으로 만드는 데 성공했다. 침례교회는 1957년 5월 8일자 내각 결정에 의거하여 아즐룬(Ajloun)의 요르단 침례교단으로 1957년 법무부에 등록했다. 그리고 법무부에 이름을 요르단 침례교회 교단(Baptist Church Denomination)으로 정정했다. 침례교는 16개의 교회들과 4개의 센터들이 있다. 또한 침례교 수련회센터, 침례교 서점이 있다. 사역으로는 아랍여성 사역, 청각장애인 문화센터,

주일학교 교사훈련 사역, 요르단 한인열방교회, 사랑의 생활 사역이 있고, 암만과 아즐룬에 학교(2개)가 있다.

나사렛 교회의 첫 선교사는 1921년 10월 7일 예루살렘으로 왔다. 암만(Amman)에서는 1948년 목회사역을 시작했고, 암만 접경 지역인 자르까(Zarqa)에서는 1949년도에 시작했다. 1954년에는 자르까(Zarqa)에 첫 교회와 학교가 세워졌고, 1955년에는 암만에 교회가 세워졌다. 나사렛 개신교회는 종교단체와 외국인 회사에 대한 법 규정에 의해 법무부에 1951년 10월 10일자로 나사렛교회 이름으로 등록되었다. 나사렛파는 12개의 교회들과 2개의 센터가 있다. 또한 2개의 학교와 나사렛 라디오 사역과 나사렛 사랑 사역과 기타 활동 등이 있다.

현재 요르단에는 개신교회 지역교회 수는 57개에 이르며, 센터는 14개이다. 개신교회는 규모가 작다. 개신 교회에 소속된 사람 수는 약 8,000명 가까이 된다. 개신교회에는 일반적으로 어린이, 청소년, 여성 예배와 여름 모임이 있다. 역동적이고 깨어 있는 청년들을 배출하고 있으며, 예배에 생기를 불어넣어 주는 찬양팀이 있다. 파리끄 싸마(Sky Team), 마즈무아 앗샤르끼야(Mazmuah Alsharqiyah: 샤르끼야공동체) 등이다.

또한 개신교회와 함께 사역하는 선교사들이 있고, 요르단에서 활동하는 기독교 단체들이 있다. 개신교회 단체들과 개신교회에 속한 개인들은 교회를 통해 활동하거나, 또는 문화부에 개신교 문화단체로 등록된 기독교 협회들이나, 2008년 협회에 관한 법률 51호에 따라 사회발전부에 등록된 협회를 통해 여러 가지 활동을 한다. 문화부에 등록된 요르단 성서공회를 빼놓을 수 없다. 성서공회는 개신교회를 포함한 요르단 내 모든 교회의 연합활동이라 할 수 있다.

개신교회들은 요르단 개신교회 최고회의라는 이름의 연합체를 구성했다. 이 최고회의는 이티하드(Etihad)교회: 카니싸둘(Church) 이티하드((Etihad)

알마시히(Messiah) 알인질리이(Gospel), 후르라(Freedom)교회: 알카니싸둘(Church) 인질리야(Gospel) 알후르라(Freedom)), 자마아트 알라(Assemblies of God)교회, 요르단 침례교단(따이파툴 카니싸틸 마으마다니야 알우르두니야: Jordan Baptist Church), 나사렛교회(카니사툴 나시리 인질리야: nazareth Gospel Church)를 포함한다. 이 최고회의는 1998년 교회들이 필요성을 제기하고 동의한 조직에 따라 구성되었다. 최고회의의 목표 중에는 교회들의 노력을 모으고 실천하며 교회들 간의 협력의 정신과 그 권리를 지키고, 교회의 존재를 고무시키는 것이 있다. 또한 최고회의의 동산과 부동산은 최고회의의 행정에 속하며, 최고회의가 그 설립을 지켜보거나 최고회의에 귀속되는 자선단체의 행정도 최고회의에 속한다. 또 다른 목표에는 1심 교회법원, 또는 그 이상을 세우는 것과 항소법원, 또는 그 이상을 1심 법원에서 항소하는 항소자의 필요에 따라 세우는 것이 있다. 또 다른 측면에서는 요르단 왕국 내외에서 교회를 대표하고, 요르단 하쉼(Jordadn Hashim) 왕국 정부에 관련 권리에 대해 교회를 대표하고 신앙을 확증하고 교회와 관련된 권리를 드러내는 것이다. 또한 최고회의의 체제와 최고회의가 설립하거나 동의한 다른 기구들의 체제의 수정과 보완에 대한 주체이기도 하다. 개신교회들은 최고회의의 역할 수행과 목표와 기타 관련 의무 수행에 대해 최고회의를 종교종파회의법에 따라 종교법정으로 등록할 것을 동의하기로 결정했다. 그리고 최고회의를 구성하는 5 교회(교단)마다 대표 세 명을 최고회의 총회에 임명했다. 2002년 12월 2일에는 최고회의 장과 실행위원과 기타 직분을 선출했다. 그리고 최고회의 활동은 2003년 초에 시작한다고 알렸다. 최고회의에는 2004년부터 WEA가 포함되었다.

2. KPM 선교역사와 사역 소개

KPM 선교사로 요르단에 처음으로 나간 사역자는 조중동 전심 선교사 가정

(은구, 민하)이다. 2010년 2월에 파송을 받아 2010년 4월 16일에 요르단에 도착하였다. 도착 후 아랍어를 공부하기 위해 매진하였다. 그러다 얼마 지나지 않아 시리아 내전이 발생하여 많은 시리아 난민이 요르단으로 들어왔다. 시리아인들은 2주 정도 지나면 다 끝날 것으로 생각하였다. 하지만 내전은 길어졌고 이방인의 차별받는 삶이 길어졌다. 조중동 선교사의 사역 시작은 시리아 국경과 가까운 마프락 난민캠프에서 태권도 사역(기아대책 사역 협력)이었다. 2022년에 튀르키예로 재배치되었다.

2016년 4월 4일 강하동 윤하영 선교사 가정(찬희, 주희, 다희)이 요르단에 입국했고, 암만에 정착했다. 강하동 선교사 가정의 주사역은 난민(과부, 여성 중심)들 방문 사역과 난민 어린이 영어교육 사역, 위트만 학교 축구 코치 봉사, 매주 남성 현지인을 만나 교제, MK지원 사역 등이다.

IV. 효과적인 선교 전략

요르단은 개신교 선교가 시작된 이후로 급격한 변화는 없었다. 90년대에 많은 자들의 회심이 있다고 하지만 그 회심이 무슬림들의 회심인지 아니면 정교회나 가톨릭 신자들의 회심인지는 확인해 보아야 할 필요가 있다. 타종교는 이슬람으로 법적인 개종이 가능하지만 무슬림들은 법적으로 개종이 불가능하다. 그렇기 때문에 무슬림이 개종하여 예수님을 구주로 영접한다 하더라도 통계는 변하지 않는다. 그럼에도 불구하고 요르단에서는 효과적인 선교의 전략들이 있다.

1. 현지인 전도

요르단에서 요르단인이 그리스도인으로 사는 것은 아무런 어려움이 없다. 하지만 시간이 지날수록 교회가 약해지고 있다. 그 이유는 그리스도인들이 세속화되거나 해외로 이민을 가기 때문이다. 요르단에서는 전도가 가능하다. 그리스도인들은 전도하는데 힘쓰기는 하지만 미약하다. 요르단 교회가 부흥하고 요르단의 그리스도인들이 더욱더 활발하게 움직일 수 있도록 해외에서 들어온 사역자들이 함께 일해야 한다. 열심 있는 사역자들이 혼자서 다 하려고 하는데 그것은 한계도 있고, 연속성도 없다는 것을 알아야 한다. 또한 교회와 연합하여 전도해야 보이지 않는 선을 지킬 수 있다. 현지 교인들은 요르단의 문화와 역사에 대해 익히 알기 때문에 전도 시에 넘지 말아야 할 선을 잘 알고 있다. 기독교 공동체가 작기 때문에 지속적인 연합활동이 효과적인 선교를 하는데 필요하다.

2. 난민 사역

요르단에는 대량의 팔레스타인 난민과 이라크 난민, 시리아 난민이 유입되었다. 난민을 대상으로 하는 기독교 사역은 언제나 열려 있다. 난민들은 외롭고, 먹을 것이 부족하고, 외국인들에 대해 호기심이 많다. 또한 여성사역자들은 난민 여성들에게 접근이 쉽다. 자신의 나라와 가정과 재산을 잃은 난민들은 마음이 열려 있는 상태이며 이슬람에 대해 혐오하는 이들도 종종 있다. 이들을 향해 창의적이고 구체적인 사역이 펼쳐져야 한다. 여기서 가장 중요한 것은 사역자가 스스로 지치지 않는 것이 중요하다. 방문할 곳은 많이 있고, 도움의 손길을 기다리는 사람은 넘쳐난다. 하지만 사역자가 지치면 사역이 멈춰진다. 사역자 스스로 자기 역량을 점검해 보고 조절하며 사역하는 것이 필요하다.

3. 베두인 사역

베두인들은 대부분 밖에서 양을 친다. 이동하며 가축을 돌보다 보니 도시로 나올 수 없다. 의료 혜택을 받는 것도 어렵고, 복음을 접하기는 더욱 어렵다. 그렇기 때문에 찾아가서 자동차를 고쳐주거나 의료 사역으로 그들을 섬길 수 있다.

4. 문화 사역

문화 사역은 팀으로 사역해야 한다. 정기적으로 방문하고 돌보아야 할 대상
이 많기 때문이다. 또한 문화 사역은 시작하는 시점과 마치는 시점을 정해 놓
고 사역을 할 필요가 있다. 한 텀(Term)이 마치면 다시 정비하고 팀원끼리 서
로 소통하며 회의하여 더욱더 발전적인 것들을 준비해야 한다. 또한 한 곳만
지속적으로 가는 것보다 새로운 곳을 개척하는 것도 중요하다. 같은 단체일 필
요는 없다. 현지에서 언어를 배우며 지내다 보면 서로의 필요에 따라 얼마든지
연합할 수 있다.

5. 내부자 운동

선교학자 랄프 윈터(Ralph. D. Winter)와 존 트라비스(John Travis), 케빈 히
긴스(Kevin Higgins) 등에 의해 주장되어온 내부자운동은 전방개척선교 전략
의 한 방법으로 거론되어 한국에 영향을 미쳤다. 내부자운동이 무슬림 선교에
효과적인 맞춤 전략이라고 주장되어왔다. 내부자운동은 말 그대로 기독교로 개
종한 무슬림이 자신의 무슬림 공동체 문화 안에서 살아가도록 하는 것이다. 이
과정에서 개종한 사실을 겉으로 드러내지 않고, 무슬림의 문화나 종교의 정체
성을 그대로 가지고 마음속으로 예수를 따르는 운동이다. 내부자 운동은 무슬
림의 복음화를 외부 선교사가 담당하는 것이 아니라, 개종한 무슬림들이 자신
들이 속해 있는 무슬림 공동체에서 사역하는 것이다.

내부자운동은 이슬람권 선교 전략으로 각광받았다. 하지만 내부자운동을 시
작한 랄프 윈터(Ralph. D. Winter)도 우려했듯이 순수한 복음의 정체성이 상
황화로 둔갑돼 종교적 혼합주의를 양산시킬 수도 있다. 필자가 요르단 현장에

서 본 내부자 운동의 한계는 외국인 선교사가 내부자를 만났을 때 그들은 정확하게 예수님을 그리스도로 고백하고 삼위 하나님을 구주로 고백하지 않는다. 그저 믿는 자라고 애매하게 말하여 기독교인인지 아닌지 정확하게 말해 주지 않는다. 또한 주일 예배에 참석하지 않기 때문에 장기적으로 예배 공동체를 벗어나 있어서 혼자 고립될 수도 있다는 점이다. 인도네시아 등에서는 내부자 운동에 대한 좋은 사례가 발표되고 있지만 중동은 아직까지 좋은 보고를 듣지 못했다. 그렇기 때문에 이슬람의 모든 나라에 내부자 운동이 효과가 있다고 말하기는 어렵다.

6. 정교회, 가톨릭 신도 사역

어떤 이들은 가톨릭 신도들을 대상으로 사역을 하기도 한다. 그들도 예수님을 믿고 또한 기독교 전통도 비슷하기 때문에 말이 잘 통한다. 하지만 이미 오랫동안 정착한 가톨릭 사역자들의 시선이 곱지 않음을 알아야 한다. 따라서 열매 또한 기대하기가 어렵다.

7. 센터 사역

한국 K-문화가 알려지면서 한국어를 배우려는 이들도 생겨났다. 춤과 노래, 음식에 관심 있는 자들이 많아졌다. 그래서 장소를 빌려 한국어나 문화를 교류하려는 시도들이 있다. 피아노를 가르치기도 하고, 기타를 가르치기도 한다. 하지만 요르단에서 센터로 비자를 받는 곳은 극소수이다. 또한 센터에서 복음적인 내용을 가르치는 것은 불법이다. 복음적인 활동은 센터 밖에서 해야 한다.

V. 나가는 말

아랍의 정세가 변하고 있다. 변화의 바람이 불기 시작하고 때가 되면 요르단에서도 할 수 있는 일들이 많을 것이다. 이 일을 위해서는 충분한 언어 준비와 문화적응이 필요하다. 아랍어는 장벽이 높다. 그렇기 때문에 젊을 때 현장으로 가야 효과적인 일들을 도모할 수 있다. 또한 결혼하지 않고 홀로 오는 독신 사역자들은 이슬람 특유의 강한 공동체 문화 속에서 오래 버티기가 쉽지 않다. 결혼을 알라(신)의 복으로 생각하는 문화권에서 독신으로 사역하는 것은 현지인들에게 많은 궁금점을 일으킨다. 또한 이슬람의 문화적 특성상 그리스도인들은 현장에서 쉽게 지치고 무기력해진다. 그렇기 때문에 영적인 무장이 각별히 필요하다. 6년의 시간을 중동에서 보내면서 본 것은 사역자들이 자주 바뀐다는 것이다. 꾸준히 한 지역에서 사역하는 분들도 있지만 많은 사역자들이 사역지를 바꿔보고 싶어한다. 그 이유는 활발하게 사역을 할 수 없고, 또 눈에 보일만한 사역이 일어나지 않기 때문이다. 또한 직업을 퇴하시고 사역을 위해 오시는 분들이 계신데 그분들은 대부분 아랍어의 높은 벽 때문에 말이 좀 쉬운 영어권으로 이동하는 경우가 많다. 정착하여 장기간 있기가 쉽지 않은 지역인 만큼 인내와 영적인 성숙함이 필요하다.

참고문헌

"요르단" https://ko.wikipedia.org/wiki/요르단 (accessed at 2023.02.13).

"요르단" http://encykorea.aks.ac.kr/Contents/Item/E0039320 (accessed at 2023.02.13).

"요르단 해운의 등대 아카바" http://www.shippersjournal.com/news/article.html?no=1873 (accessed at 2023.02.13).

"요르단 Hashemite Kingdom of Jordan" http://www.bauri.org/board_VfnZ09/53721 (accessed at 2023.02.13).

이스라엘; 이스라엘과 팔레스타인

박덕형[1] 정규채[2]

I. 들어가는 말

본고의 목적은 현대 이스라엘과 팔레스타인의 종교, 특히 기독교 현황과 전망을 살펴본 후, 선교 과제를 제안하는 것이다. 1948년 5월 14일에 독립한 현대 이스라엘은[3](UN의 회원국으로) 다종교, 다인종 국가이다. 2020년 현재, 종교적으로 무신론자들이 다수를 차지하는 가운데, 세계 3대 유일신교, 즉 기독교, 유대교, 이슬람교가 공존하고 있다. 인종적으로는 유대인이 대다수를 차지하지만,[4] 상당수의 아랍인, 소수의 드루즈인(Druze)과 사마리아인(Samaritan)

1. KPM 이스라엘 선교사.

2. KRIM 이스라엘/팔레스타인 현장연구위원.

3. 현대 이스라엘 국가(The State of Israel)의 수립은 근대 정치적 시온주의 아버지이자 유대 국가의 정신적 아버지인 헤르츨(Theodor Herzl)이 『유대인 국가』를 출판한 1896년으로부터 51년이 지난 1947년 11월 29일 UN에 의해 승인된 팔레스타인 분할 계획을 유대인 대표들이 수락함으로써 가능했다. 아랍 대표들은 이 분할 계획을 거절하고, 1948년 5월 15일 이스라엘과 전쟁을 시작했으나 패했다.

4. 2018년 초의 전 세계의 유대인은 111 나라에 14,606,000명으로 추산되었고, 이중 6,558,100명(44.9%)이 이스라엘 시민이었다. "Jewish Population by country" https://en.wikipedia.org/wiki/Jewish_population_by_country (Accessed at 2023.05.03); "World Jewish Population 2018" https://www.

등이 있다. 정치적으로는 중동 유일의 의회 중심의 세속적, 다당제 자유 민주주의 국가이다. 현대 팔레스타인은[5] (UN의 비회원 옵서버 국가로) 종교적으로는 소수의 기독교인을 제외하고 모두 무슬림으로 구성되어 있고, 인종적으로는 거의 전적으로 아랍인으로 구성되어 있다. 정치적으로는 대통령 중심의 세속적, 다당제 자유 민주주의 국가로서, 현재는 서안 지구와 가자 지구로 나눠져 각기 다른 정당에 의해 통치되고 있다.

II. 이스라엘의 일반적 현황

1. 인종별 인구 현황

이스라엘의 인구는 2020년 9월 말 현재, 이스라엘 중앙 통계청의 월별 보고에 따르면, 총 9,254,000명이며, 이를 주요 인종별로 구분하면, 유대인 6,845,700명(약 74%), 아랍인 1,948,100명(약 21%), 기타 460,200명(약 5%)이다. 이 인구에는 (국제법적으로 이스라엘의 영토로 인정받지 못하고 있는)동 예루살렘에 거주하는 약 25만 명의 아랍인들(이스라엘 시민권 보유자), 서안 지구와 골란 고원에 거주하는 유대인 정착자들은 포함되어 있으나, 팔레스타인의 영토로 인정된 서안 지구와 가자 지구에 거주하는 아랍인들은 포함되어 있지 않다.[6] 1948년 독립 이후 이스라엘의 인구는 처음 통계가 작성된 1950년의

---

jewishdatabank.org/content/upload/bjdb/2018-World_Jewish_Population_(AJYB,_DellaPergola)_DB_Final.pdf (Accessed at 2023.05.03).

5. 현대 팔레스타인 국가(The State of Palestine)의 모태는 1964년 설립된 팔레스타인 해방기구(The Palestine Liberation Organization: PLO)로서, PLO 의장은 1988년에 국가 수립을 선포하였고, 1993년 (노르웨이) 오슬로 협정 등으로 팔레스타인 당국(The Palestine National Authority: PNA)을 구성하였으나 (이스라엘과의 협상의 부진 등으로), 군대와 자체 화폐의 미보유 등 주권 국가로서 기능은 아직 구비하지 못하고 있다.

6. 1947년 UN의 분할 계획에 따른 영토 분배는 기본적으로 팔레스타인을 위임 통치하고 있던 영국이 당

1,370,100 명에서 매년 꾸준히 증가하고 있으며, 그 증가율은 년 평균 2.0%로, OECD 국가들의 평균인 약 0.6%의 세 배 이상이다.

현대 이스라엘의 종교별 인구 현황은 다음과 같다. 이스라엘은 세계에서 유일하게 유대교인들이 인구의 대다수를 차지하는 국가다. 1948년 독립 이래로 계속해서 인구의 70% 이상을 유대교인들이 차지해 왔다. 그다음으로는 (수니파)무슬림, 기독교인, 드루즈교인이 차지한다. 이스라엘 국민의 절대다수는 이스라엘 정부가 공식적으로 구분하는 다음의 14개의 종교 그룹에 자동적으로 속한다: 1) 유대교[7](정통 유대교[8]와 카라이트 유대교[9]) 2) 이슬람 3) 천주교(로마, 아르메니아, 마로나이트, 그리스, 시리아, 갈대아) 4) 정교회(그리스, 시리아, 아르메니아 사도) 5) 성공회 6) 바하이교[10] 이 구분에서 볼 수 있듯, 개신교 중 성공회만 이스라엘 정부의 공식적 종교 그룹에 속하고, 루터교, 개신교(장로교, 감리교 등)는 속하지 않는다.

시에 그곳의 유대인과 아랍인들의 거주지와 숫자 등을 근거로 작성했던 계획에 기초한 것으로서, 당초부터 언제든지 분쟁의 가능성을 내포하고 있었고, 독립 전쟁과 1967년의 6일 전쟁에서의 이스라엘의 승리와 팔레스타인에 분배된 영토에 대한 군사적 점령 등으로 양국의 영토와 국경은 미해결 상태이다.

7. 유대교는 구분 기준에 따라 다양하게 구분할 수 있다.

8. 정통 유대교(Orthodox Judaism)는 성문 율법과 아울러 구전 율법도 인정하며, 할례와 안식일, 음식법, 정결법 등을 준수하는 유대교의 최대 종교 집단이다. 한편, 정통 유대교는 크게 다음 두 개의 하부 집단으로 나뉜다. 1) 초정통(ultra-Orthodox, Haredi) 유대교 2) 현대 정통(Modern Orthodox) 유대교 "Orthodox Judaism" https://en.wikipedia.org/wiki/Orthodox_Judaism (Accessed at 2023.05.03).

9. 카라이트 유대교(Karaite Judaism)는 구전 율법도 인정하는 정통/주류 유대교와는 달리, 성문 율법만 인정하며, 신자의 수는 그리 많지 않다. "Karaite Judaism" https://en.wikipedia.org/wiki/Karaite_Judaism (Accessed at 2023.05.03).

10. 바하이교(Baha'i Faith)는 바하 울라(Bahá'u'lláh) (1817-1892)에 의해 창시된 신흥종교로서 현재 약 5백만 명의 추종자가 있고, 이스라엘 북부 해안 도시 하이파에 소재한 보편적 정의의 집(the Universal House of Justice)에 본부를 두고 있다. "Bahá'í Faith" https://en.wikipedia.org/wiki/Baha'i_Faith (Accessed at 2023.05.03).

III. 이스라엘의 기독교

1. 현대 이스라엘의 기독교 현황

현대 이스라엘의 기독교인은 자신을 기독교인(Christian)이 아닌 메시아닉 유대인(messianic Jew)라고 칭하고, 후자의 명칭을 선호한다.[11] 그 주된 이유는 "기독교인"이라는 단어가 일반 유대인들에게 역사적으로 기독교인에 의한 장기간의 가혹한 박해를 떠올리게 하여 아주 부정적인 인상을 주기에 동족 전도에 있어 부적합하기 때문이다. 이스라엘의 중부 해안 도시 네타야에 소재한 이스라엘성경대학(ICB)의 에레즈 쪼레프 총장은 현대 메시아닉 유대인의 규모에 대해 다음과 같이 진술했다:[12]

"1948년, 전 세계에 약 1,000만의 유대인들이 홀로코스트 이후 살아남았다. 그중 60만 명이 이스라엘에 살고 있었다. 그 중에서 단지 23 명의 유대인들이 이스라엘 땅에서 예수아[13]를 그들의 메시아로 믿었다. 교단이나 선교사들에 의한 몇 교회가 있었으나, 메시아닉 교회는 전혀 없었다.[14] … 1989년 이스라엘의 유대인 인구는 350만 명으로 증가했으며, 이 시점에 신자 수는 1,200 명에 이르렀고, 당시 30 개의 교회가 있었다. … 1999년까지 이스라엘에 480

---

11. "메시아닉 유대인"이라는 용어는 "Hebrew Christian Alliance"가 1975년에 "Messianic Jewish Alliance"로 공식적으로 명칭을 변경하면서 널리 사용되게 되었으며, 그전에는 "히브리 기독교인 (Hebrew Christian)"이 사용되었다. 정연호, "메시아닉 유대인의 정체성과 신학," (2019년 미출판 논문, 1-2).

12. Erez Soref, "예언 성취로서의 이스라엘 건국과 메시아닉 유대인 교회의 부흥," 『이스라엘 회복의 예언과 성취』 (서울: 이스라엘신학포럼위원회, 2018), 106.

13. "예수아"(ישוע)는 메시아닉 유대인이 "예수"(영어 Jesus, 헬라어 *Iesous*)를 표기하거나 부를 때 사용한다.

14. 메시아닉 유대인들은 "교회"라는 용어도(일반 유대인들의 부정적인 이미지를 고려해) 기피하고, 대신 "회중"(congregation 또는 assembly)이라는 용어를 사용한다.

만 명의 유대인들이 살고 있었고, 81개의 메시아닉 교회와 약 5천 명의 신자가 있었다. … 2017년에는 300개 교회가 계수되었다. 이스라엘 내 유대인 신자의 수를 정확하게 계수하기는 어렵다. 그러나 보수적으로 추정할 때 약 3만 명이다."

한편, 이스라엘 내 81개 메시아닉 교회[15]의 지도자들과 인터뷰를 통한 조사에 따르면,[16] 그중 20%만이 현지 이스라엘인에 의해 인도되었으며, 80%는 이스라엘 외부에서 왔다고 한다.[17] 다른 한편, 전 세계에는 2천 년대 초반 500개 이상의 메시아닉 회당이 있었으며, 북미에서는 메시아닉 회당의 대다수는 the Union of Messianic Jewish Congregations(UMJC)와 the International Alliance of Messianic Congregations and Synagogues(IAMCS)에 소속되어 있다.[18]

2. 현대 이스라엘의 기독교 전망

이스라엘 내 메시아닉 유대인과 교회의 1948년, 특히 1967년 이후 2019년까지의 통계를 근거로 추정할 때, 그동안의 증가 추세는 최소한 당분간은 계속되리라 전망된다. 만약 메시아닉 유대인들이 정당을 결성하여 일정 수 이상의

---

15. 81개 교회는 69개의 회중과 12개의 가정 그룹(house group)으로 나눌 수 있다. Kai Kjaer-Hansen and Bodil F. Skjoett, *Facts & Myths About the Messianic Congregations in Israel 1998-1999* (Jerusalem: Caspari Center, 1999), 17.
16. 이스라엘 기독교연합평의회(the United Christian Council in Israel)가 예루살렘 소재 카스파리 센터(the Caspari Center for Biblical and Jewish Studies)와 협력해, 이 센터의 두 명의 덴마크 학자에 의해 인터뷰로 조사되어 1999년 책으로 출판되었다. 카스파리 센터의 책임자는 저자와의 2020년 12월 21일 통화에서 이 책의 개정판이 2021년 1월에 출판될 예정이라고 말했다.
17. Erez Soref, "예언 성취로서의 이스라엘 건국과 메시아닉 유대인 교회의 부흥," 105.
18. David Rudolph & Joel Willitts, *Introduction to Messianic Judaism: Its Ecclesial Context and Biblical Foundations* (Grand Rapids: Zondervan, 2013), 11.

유권자를 확보함으로써 이스라엘 의회[19]에 진출할 수 있다면, 이는 이스라엘 정부의 기독교에 대한 적대적인 입법과 정책을 방지, 수정 및 완화하는데 상당한 도움을 줄 것이다.

참고로, 이스라엘 내 아랍 무슬림들은 정당을 결성해 이스라엘 의회에서 상당한 숫자의 의원을 확보하고 있으며, 이들은 입법과 정책 형성에 큰 영향력을 행사하고 있다. 참고로, 현대 이스라엘의 기독교에는 부정적 요소와 긍정적 요소가 공존한다. 우선 부정적 요소들을 살펴보면 다음과 같다. 1) 랍비들에 의한 계속적인 기독교 적대와 기독교인 박해 2) 이스라엘 정부에 의한 기독교, 특히 개신교에 적대적인, 법령, 판결, 정책 등 3) 현지 교회들의 대체적인 소규모와 자립의 어려움. 반면, 긍정적 요소들은 다음과 같다. 1) 스마트폰과 사회적 네트워크 서비스(SNS)를 활발하게 사용하는 일반인들을 대상으로 한 전도의 활성화 2) 일부 교회의 전도 열정 3) 이스라엘과 인근 아랍국들과의 2020년부터 체결된 외교 관계와 이 현상의 확대 예상.

3. 이스라엘 선교의 과제

한국 교회의 이스라엘 선교 과제는 크게 이스라엘 내 유대인과 디아스포라 유대인에 대한 것으로 나눌 수 있다. 후자는 전자에 비해 엄격한 유대교 전통에 덜 얽매이며, 복음에 대한 개방성이 상대적으로 높기에 후자에 대한 선교 과제를 먼저 살펴본다.

1) 디아스포라 유대인에 대한 선교 과제

2018년 초 전 세계의 유대인은 111 개 국에 14,606,000 명으로 추산되었다.

---

19. 이스라엘 의회의 의원의 총수는 120명으로 (지역구 의원은 한 명도 없고) 모두 정당의 득표수와 득표율에 따라 배분되는 정당의 대표자들로 구성된다.

이중 6,558,100 명(45%)이 이스라엘 시민이었다. 이스라엘 외에 유대인이 많은 국가들은 미국 570만, 프랑스 약 50만, 캐나다 약 40만, 영국 약 30만, 아르헨티나 약 25만, 러시아 약 20만, 독일 약 15만 등이다. 그리고 이들은 주로 도시에 살고 있는데, 유대인이 많이 사는 미국 도시들은 뉴욕, 마이애미, 로스앤젤레스, 샌프란시스코, 시카고, 보스턴 등이다. 2012년 기준, 전 세계 유대 기독교인은 총 약 35만 명으로 이 중 약 20만 명이 미국에, 약 15,000 명(2019년에는 약 3~5만 명)이 이스라엘에 있는 것으로 추산되었다.[20]

예수 그리스도의 몸인 교회는 서로 원수가 되었던 유대인과 이방인이 그리스도 안에서 한 새 사람으로 구성된다(엡 2:14-15). 그리고 하나님께서 "유대인의 충만한 수"가 채워지도록 준비하신 이방 교회 중 하나는 한국 교회로 생각된다(롬 11:11-12). 특별히 1960년대부터 증가하기 시작한 미국 내 유대인 신자들의 증가를 가속화하는 일에 가장 잘 쓰임을 받을 수 있는 교회 중 하나는 유대인들과 같은 도시에 있는 한인 교회일 수 있다. 그 이유는 양국 간에는 역사적/지리적/문화적 유사성, 상호 간의 호의적 태도, 유대 청년들의 높은 한류 수용성, 한국 기독 청년들의 유대인과 이스라엘에 대한 호기심과 사랑이 있고, 워킹홀리데이 비자 협정과 자유무역 협정이 체결되었기 때문이다. 참고로, 한국 외교부의 자료에 의하면 한국의 재외동포는 193 개국에 7,493,587명(2018년 말 기준)으로, 외국국적 동포 4,806,473명, 재외국민 2,687,114명으로 구성되고, 그중 규모 순위로 보면 미국 2,546,982, 중국 2,461,386, 일본 824,977, 캐나다 241,750, 우즈베키스탄 177,270, 베트남 172,684, 러시아 169,933, 호주 167,331, 카자흐스탄 109,923 등이다.[21]

---

20. "Jews" https://en.wikipedia.org/wiki/Jews#Diaspora_(outside_Israel) (Accessed at 2023.05.03); "World Jewish Population, 2018."

21. "재외동포 정의 및 현황" http://www.mofa.go.kr/www/wpge/m_21507/contents.do (Accessed at

2) 이스라엘 내 유대인에 대한 선교 과제

1948년 5월 14일 독립한 이스라엘은 2020년 9월 현재, 총인구 9,254,000 명 중 유대인이 6,845,700 명으로 74%를 차지하지만, 이들 대부분은 유대교에 관심이 없거나 적다. 한편, 유대 기독교인은 3만 내지 5만 명으로 추산되는데, 총인구의 0.1%도 되지 못한 데다, 정부로부터 공식 인정을 받지 못하며, 일반 유대인들로부터 박해를 받거나 무시를 당하고 있다. 많은 사람들은 이스라엘이 선교가 필요 없는 국가라고 생각하는데, 이것은 잘못된 생각이다. 특히 이방인의 때가 끝나가고, 이스라엘인의 때가 재개된 이후는 더더욱 그러하다.[22] 그리고, 다른 국가에서 사역하는 선교사들과는 달리 이스라엘에서 사역하는 선교사들은 사실, 먼저 이스라엘 선교에 대한 올바른 관점을 갖기 위해 성경적 교회론(ecclesiology)과 이스라엘론(Israelology)을 가질 필요가 있다.[23] 왜냐하면 이스라엘은 다른 국가들과는 달리 여러 면에서 독특하기 때문이다.[24] 그중 몇 개의 예를 들면 다음과 같다. 1) 종교적 유대인들의 그릇된 선민의식과 이방인에 대한 배타적 태도 2) 일반 유대인들의 기독교와 예수 그리스도에 대한 오래된 적개심과 강한 피해 의식 3) 유대교 지도자들, 즉 랍비들의 잘못된 구약 성경

2023.05.03).

22. 이스라엘인의 때가 재개된 시기에 관하여는 여러 견해가 있고, 그 시기를 정확히 알 수는 없다고 본다. 하지만, 1967년 소위 6일 전쟁 이후, 이스라엘과 전 세계에서 믿는 유대인들이 지속적으로 증가하는 현상을 볼 때, 늦어도 그 시기부터 이스라엘인의 때가 재개된 것은 틀림없는 것 같다.

23. "이스라엘론"(論)이라는 용어를 처음 만든 학자는 Arnold Fruchtenbaum으로, 그는 전통적인 조직 신학이 교회론을 별도로 다루면서, "교회"보다 성경에 훨씬 많이 등장하고 "교회"에 못지않게 중요한 주제인 "이스라엘"을 별도로 다루지 않는 것이 부당하다고 주장하면서, 이스라엘론을 종합적으로 진술했다. Arnold G. Fruchtenbaum, *Israelology: The Missing Link in Systematic Theology* (San Antonio, Texas: Ariel Ministries, 1989), 2.

24. 물론, 현지 언어와 문화의 최우선적 습득과 문화에의 적응, 현지 사역자들과의 협력 등 사역 국가에 상관없이 선교사가 구비해야 하는 공통 요소들도 있다.

이해, 특히 잘못된 메시아 이해 4) 미쉬나[25]와 탈무드 등에 대한 이해 필요이다.

　하지만 이런 독특성과 그로 인한 장애물은 하나님의 때에 성령의 인도를 따라 그리스도의 사랑으로 접근한다면 시간은 다소 걸리겠지만 이해와 극복이 가능하다고 본다. 특히 현지 사역자들과 독립적으로 사역하기보다는, 겸손한 자세로 현지 사역자에게 배우면서, 협력 및 지원하고, 함께 사역한다면 시간을 단축시킬 수 있을 것이다. 구체적으로는 한국 선교사들이 사역 연합체를 구성하고[26] 또한 아직은 대체로 미약한 상태의 현지 교회 지도자들 및 현지 신학교[27] 지도자들과 네트워크를 구성해서 동역한다면, 아직 교회가 없는 이스라엘 내 인구 만 명 이상의 도시에 최소한 한 개의 교회를 개척하는 목표를 효과적으로 달성할 수 있을 것이다.

IV. 팔레스타인의 일반적 현황

1. 현대 팔레스타인의 인구 현황

　현대 팔레스타인의 인구는 미국 CIA와 이스라엘 중앙통계청에 따르면 2017년 현재 3,950,926 명이며, 이 중 2,155,743명은 서안 지구에, 1,795,183명은 가

---

25. 3세기 초에 랍비 유다 하나시(Judah ha-Nasi)에 의해 수집/편집된 최초의 유대 문헌으로 제2 성전 시대(BC 586-AD 70)의 바리새파의 구전 율법을 성문화한 것이다. 총 여섯 개의 주제로, 각 주제는 7-12 개의 소주제(총 63 개의 소주제)로 나누어져 있으며, 대부분 히브리어(일부는 아람어)로 기록되었다. "Mishnah" https://en.wikipedia.org/wiki/Mishnah (Accessed at 2023.05.03).
26. 2020년 하반기부터 재이스라엘 한인선교사 중 일부가 이스라엘 내 인구 만 명 이상의 도시마다 최소한 한 개의 교회를 개척한다는 목표를 갖고, 이 목표의 효율적인 성취를 위한 사역 연합체를 만들어 가고 있다.
27. 이스라엘 내 복음주의 신학교로는 앞서 언급한 ICB 외에 NEC(Nazareth Evangelical College)가 북부 도시 나사렛에 있고, 팔레스타인 서안 지구의 베들레헴에는 BBC(Bethlehem Bible College)가 있는데, 일부 한인 선교사들은 이들과 이미 상당한 교류가 있다.

자 지구에 거주한다.[28] 한편 UN과 팔레스타인 통계에 따르면 팔레스타인의 인구는 2017년 현재 서안 지구 301만 명, 가자 지구 194만 명으로 약 495만 명이었다. 따라서, 통계 작성 주체에 따라 약 100만 명의 차이가 있음을 알 수 있다. 한편, 팔레스타인 중앙통계청에 따르면 2009년 팔레스타인의 인구는 3,935,249명이었다.[29] 한편, 다민족 국가인 이스라엘과 달리, 팔레스타인은 거의 전적으로 아랍인으로만 구성된 단일 민족 국가라 할 수 있다.

2. 현대 팔레스타인의 종교별 인구 현황

팔레스타인의 2014년 현재 총인구는 4,550,368명이고, 이들은 무슬림 약 97%(약 441만 명, 절대 다수는 수니파), 기독교인 1~2.5%(약 45,000~114,000명), 기타 소수의 타 종교인으로 구성된다.[30] 영국 위임 통치 기간인 1922년의 팔레스타인의 기독교인은 전체 인구의 9.5%(아랍 인구의 10.8%), 1946년에는 7.9%이었다.

V. 팔레스타인의 기독교

1. 현대 팔레스타인의 기독교 현황

2009년 현재, 팔레스타인의 기독교인은 약 5만 명으로 추산되었다. 이 중 3천 명이 가자 지구 거주자이며, 이 숫자에 이스라엘 내 아랍 기독교인들은 포함

---

28. 팔레스타인은 총 16개의 도(governorate)로 구성되어 있는 바, 서안 지구에 11개, 가자 지구에 5개의 도가 있으며, 도는 시(city)와 읍(village)으로 구성되어 있다.
29. "Demographics of the State of Palestine" https://en.wikipedia.org/wiki/Demographics_of_the_Palestinian_territories (Accessed at 2023.05.03).
30. "Demographics of the State of Palestine" https://en.wikipedia.org/wiki/Demographics_of_the_Palestinian_territories#Palestinian_Central_Bureau (Accessed at 2023.05.03).

되지 않는다.[31] 팔레스타인 기독교인들의 약 50%는 동방 정교회의 15 개 교회 중의 하나인 예루살렘 희랍 정교회에 속하는데, 이 교회는 아랍 정통 기독교인 (the Arab Orthodox Christians)으로도 알려져 왔다. 영국 위임 통치 기간 중인 1922년의 팔레스타인 인구 조사 때에는 73,000 명의 기독교인(이중 46%가 정교인, 40%가 천주교인)과 200 개 이상의 교회가 있었다.

한편, 예루살렘을 포함해 서안 지구와 가자 지구의 교회는 법적인 면에서 다음 세 가지 일반 범주하에 운영된다. 1) 오스만 제국 통치 기간 중인 19세기 말에 체결된 현상 유지 협정들(the status quo agreements)에 의해 승인된 교회로 이 그룹에는 희랍 정교회, 로마 가톨릭, 아르메니아 정교회, 앗시리안 교회, 시리아 정교회, 희랍 가톨릭, 콥틱, 에티오피아 정교회, 성공회, 루터 교회가 포함된다. 이들 교회의 법정의 판결은 개인적 지위와 일부 재산 문제에 대한 법적 구속력을 갖는다. 2) 팔레스타인 당국의 공식 승인을 받지 못한 채 운영되고 있는 19세기 말부터 1967년 사이에 설립된 교회들로 이 그룹에는 개신교, 하나님의 성회, 나사렛 교회, 일부 침례교회가 포함된다. 3) 여호와의 증인과 일부 복음주의 기독교회는 당국의 승인을 받는데 어려움을 겪고 있으며, 개종을 반대하는 무슬림들과 현상 파괴를 두려워하는 기독교인들의 반대를 받고 있다.[32] 이스라엘 독립 전쟁(1948년 5월 15일부터 1949년 3월 10일) 기간 동안 많은 아랍 기독교인들은 도피하거나 추방됨으로 숫자가 많이 줄었으며(이스라엘 내 아랍 인구의 21%에서 그 후 9%로 감소), 1967년의 6일 전쟁(6월 5일-10일)의 승리로 이스라엘이 요단강 서안 지구를 군사적으로 점령함으로써 이런

---

31. "Palestine Christians" https://en.wikipedia.org/wiki/Palestinian_Christians (Accessed at 2023.05.03). 2009년 이스라엘 내 총 기독교인 154,000 명 중 약 80%가 아랍인이었다.

32. "Freedom of religion in the State of Palestine" https://en.wikipedia.org/wiki/Freedom_of_religion_in_the_State_of_Palestine (Accessed at 2023.05.03).

추세는 가속화되었다.

2. 현대 팔레스타인의 기독교 전망

현대 팔레스타인의 기독교에는 부정적 요소와 긍정적 요소들이 비슷하게 공존하기에 정확한 전망이 어렵다. 우선 부정적 요소들을 살펴보면 다음과 같다. 1) 팔레스타인 정부의 무슬림 우대 정책[33] 2) 인근 이슬람 국가들의 모스크 건설 지원 3) 상대적으로 자녀 수가 적고 교육 정도가 높은 기독교인들의 해외 이민 4) 무슬림들에 의한 기독교인 토지 편취나 강취(특히 베들레헴) 5) 적대적 환경에서 오래된 현지 교회들의 역동성 상실과 생존 자체에 만족하거나 급급한 상황. 반면에 긍정적 요소들은 다음과 같다. 1) 라말라(행정 수도)와 베들레헴, 나블루스(성경의 세겜), 동예루살렘(아랍인 지역) 등에 다수 교회의 존재 2) 21개 도시의 시장을 기독교인으로 임명하게 되어 있는 법률 3) 외국의 기독교 단체의 관심과 지원 4) 베들레헴성경신학교(BBC)와 천주교 재단의 베들레헴대학교(Bethlehem University)의 존재 5) 인구 구성에 있어 스마트폰과 사회적 네트워크 서비스(SNS)에 익숙한 청년층의 높은 비율 6) 동예루살렘/베들레헴/여리고 등에의 기독교인들의 성지 순례이다.

VI. 선교를 위한 과제

1. 한국 교회의 팔레스타인 선교 과제

1) 팔레스타인 국민들은 북한의 김일성이 사망한 이후에는 한국을 좋아하는 편이다. 특히 최근에는 청년과 어린이 중 상당수가 한국을 동경하고 한글과 K

---

33. 팔레스타인이 UN의 정회원 국가가 될 경우, UN 인권 헌장의 준수 등으로 기독교인 차별 정책은 완화될 수 있을 것으로 기대된다.

팝 등 한류에 대한 관심이 높다. 반면에, 한국 교회는 이스라엘에 대한 관심은 일부가 가져도 팔레스타인에 대한 관심은 아직 없거나 일차적 관심을 갖기보다는 이스라엘에 관심을 가진 후에 이차적으로 관심을 갖는 경우가 간혹 있는 것으로 보인다. 따라서, 팔레스타인 선교에 일차적 관심을 갖는 한인 사역자들을 우선 다수 발굴하고 파송해야 하는 과제가 있다.

2) 팔레스타인은 이스라엘의 군사적 통치하에 있기에 아직 완전한 주권 국가로 기능하지 못하고 기독교인을 비롯한 국민 대부분은 이스라엘에 대한 적개심을 가지고 있는 있다. 또한 교회 지도자들과 베들레헴성경대학교도 성경적으로 문제가 있는 대체 신학(replacement theology)[34]과 피해자 신학(victim theology)을 가르치고 있음으로 성경적 신학, 특히 그리스도 안에서 유대인과 화해하고 한 새 사람을 이루어 가야 함을 가르쳐야 하는 과제가 있다. 한편, 팔레스타인은 인구의 절대다수가 무슬림인 데다, 법령과 제도, 정책이 무슬림을 우대하기에 무슬림이 대다수인 다른 나라들과 선교 과제가 유사하다고 할 수 있다. 다만, 기독교인들이 초대 교회 시절부터 계속 존재해 왔다는 특수성이 있음으로, 이들에 대한 지원과 훈련을 강화하는 것을 1차적 과제로 삼는 것이 바람직하다고 생각된다.

3) 메시아닉 유대인과 아랍 기독교인의 연합이 필요하다. 팔레스타인에 있는 유대인과 아랍 신자의 관계에서 조용한 혁명이 일어나고 있다. Netanya에 있는 Israel College of the Bible에는 유대인과 아랍인이 신학을 배우면서 연합을 하는 일들이 일어나고 있다. 또한 최근 이스라엘에서 형성된 복음주의교

---

34. 예수 그리스도를 통한 새 언약이 유대인들과 독점적으로 체결된 옛 언약을 대체한다고 주장하는 기독교 교리로서 대체주의(supersessionism)이라고도 한다. 기독교에서는 유대인 및 유대교와 관련한 교회의 현재 상태에 대한 신학적 견해 중 하나로서, 교회가 하나님의 백성으로서 이스라엘 사람들을 계승했다고 주장한다. "Supersessionism" https://en.wikipedia.org/wiki/Supersessionism (Accessed at 2023.05.03).

회협의회와 팔레스타인 당국에 있는 동등한 기구는 중요한 발판의 역할을 할 것으로 기대된다. 유대인과 아랍 신자는 전국복음주의위원회를 통해 협력 사역을 펼치고 있다. 무슬림 지역에 복음을 전하려는 공동의 노력이 잘 받아들여지고 있다.

2. 이스라엘, 팔레스타인에서의 한국사역자들의 선교 형태

이스라엘 내의 유대 현지인들의 사역과 한인 사역자들의 선교사역 중심으로 살펴보고자 한다. 먼저 한인 사역자들은 현지 공동체인 메시아닉 유대인이나 한인 교회에서 예배를 드리고 있다. 주로 선교사의 90% 이상은 학생비자 신분을 유지하며 사역을 해야 하기에 사역의 집중도가 떨어지는 면이 있으며, 고비용의 생활비가 요구되기에 대체적으로 경제적 어려움을 겪고 있다.

첫째, 교회개척과 협력 사역이다. 사실 유대인, 아랍인과 드루즈인을 대상으로 교회를 세워서 공동체를 이루는 일은 쉽지 않다. 그럼에도 불구하고 소수 한인의 전방개척 선교를 통한 열매가 맺혀 가고 있으며 메시아닉 쥬[35] 공동체와 현지 사역 안에서 협력 사역을 이루고 있다. 현지인들의 사역 필요가 무엇인지를 파악하여 서로 돕는 역할을 하고 있다.

둘째, 중보기도 사역이다. 한인 사역자들 가운데 중보기도 사역을 하는 기도의 그룹이 도심 속에서 이루어지고 있다. 이 그룹은 이스라엘 백성들이 하나님께로 돌아오도록 기도하고 있다.

셋째, 전도 및 캠퍼스 사역이다. 주로 캠퍼스와 J도시를 비롯하여 비교적 복

---

35. A Brief Summary of the Israeli Messianic Movement, 2020 통계 (1999년 통계).
    a. 확인된 교제권 숫자: 280개(1999년에 비해 3.5 배 증가)
    b. 확인된 유대인 전체 신자 수: 15,323명(1999년에 비해 3.1 배 증가)
    c. 확인된 어른 신자 수: 8,125명(1999년에 비해 3.7배 증가)
    1) 히브리어 사용: 6,466명(42%) 2) 기타 언어 사용: 8,857명(58%).

음에 대해 거부감이 약한 국제도시인 T 도시 및 여러 지역의 도시들을 다니면서 복음의 씨앗을 뿌리고 있다. 전도의 형태는 주로 1:1 전도, 신약성경 나눠 주기, 축호 전도, 용서의 편지 나누기, 플래카드 전도 등으로 다양하다.

넷째, 한류를 매개체로 복음을 전하는 문화 사역이다. 이스라엘 내의 유대인과 아랍인 가운데 한류의 열풍으로 한글을 배우는 이들이 점점 증가하고 있다. 예루살렘 등에서 문화원 형태의 기관에서는 다양한 주제들(예, 태권도, 침술 등)을 가지고 한국 문화를 나누고 있으며, 특별히 한글 사역을 통해 빛을 보고 있다.

다섯째, 베두인들과 에티오피아계 유대인들을 향한 사역이다. 베두인들은 유목 생활을 하며 씨족 중심의 문화를 가지고 있다. 대부분이 가난에 시달리며 이스라엘의 빈곤층으로 살아가고 있다. 에디오피아계 유대인들도 사회적으로 약자에 속하며 주로 이스라엘 내의 3D업종에 종사하고 있다. 이들의 자녀들에게 공부를 통해 접근해 복음을 나누고 있다.

여섯째, 봉사를 통한 섬김 사역이다. 현지 사회복지 병원의 어르신들을 돌보는 봉사자들을 통하여 그리스도의 사랑이 전해지고 있다.

일곱째, 이스라엘과 팔레스타인 내의 아랍인들과 협력하여 사역을 감당하고 있다. 베들레헴에서는 한국 문화원 사역을 하며 다음 세대인 아랍 어린이들을 대상으로 유치원 사역을 이루고 있다. 팔레스타인의 행정 수도인 라말라에서는 침례교안에서 협력사역과 이스라엘 내의 도시 지역의 아랍 교회 내에서 출석하며 협력을 하고 있다. 메시아닉 쥬 지도자들은 유대인과 이방인의 한 새 사람 공동체(엡 2:11-18)를 이루는 데 많은 초점을 맞추고 있다. 이에 따른 노력으로 이스라엘 내 신학교(ICB)는 유대인과 아랍인이 함께 공부를 하고 있으며, 함께 찬양을 공유하며 유대인과 아랍인 지도자들 간 교류하고 있다. 지중해변 중심으로는 알코올 중독과 마약 중독으로 소외된 계층을 대상으로 가정교회가 활발히 확대되고 있으며, 이를 위해 유대인과 이방인이 함께 협력하는 것을 볼 수 있다.

VII. 나가는 말

이상에서 현대 이스라엘과 팔레스타인의 종교 현황과 전망을 기독교 중심으로 살펴본 후, 한국 교회의 선교 과제를 제안했다. 이스라엘은 신실하신 하나님이 이스라엘의 조상들에게 약속하신 고토에 다시 국가를 수립한 때부터 다시 세계의 이목을 끄는 국가가 되었다. 특히 1967년 6일 전쟁의 대승리 후에는 많은 기독교인들이 구약 이스라엘의 종말론적 회복 관련 예언들의 성취 여부에 관심을 갖고 이스라엘과 주변 국가들에서 일어나는 일들을 지켜보고 있다. 1988년 서울 올림픽을 계기로 세계 선교에 나름대로 기여하고 있는 한국교회는 얼마 전까지는 이스라엘과 팔레스타인 선교에 별로 기여하지 못했으나, 이제는 크게 기여할 때가 된 것처럼 보인다. 왜냐하면 이스라엘, 팔레스타인 사람들의 한국에 대한 좋은 인식과 동경, 세계 속의 한국의 위상 제고 등으로 한국 교회는 이스라엘을 위로하고(사 40:1), 시기나게 하는 일에(롬 11:11, 14) 쓰임 받도록 하나님께서 준비하신 교회로 생각되기 때문이다. 마지막으로 이스라엘 선교와 관련해 유의할 사항이 있다. 우리가 복음의 히브리적, 유대적 뿌리를 회복하되, 그것이 우리로 하여금 사도 바울이 그토록 경계했던 유대주의자(Judaizer)가 되게 해서는 안 된다는 것이다.

참고문헌

정연호. "메시아닉 유대인의 정체성과 신학. 2019년 (미출판 논문).

A Brief Summary of the Israeli Messianic Movement, 2020 통계

David Serner, Alexander Goldberg. *Jesus-Believing Israelis: Exploring Messianic Fellowships*. Jerusalem: Caspari Center for Biblical and Jewish Studies, 2021.

Fruchtenbaum, Arnold G. *Israelology: The Missing Link in Systematic Theology*. San Antonio, Texas: Ariel Ministries, 1989.

Kjaer-Hansen Kai, Bodil F. Skjoett. *Facts & Myths About the Messianic Congregations in Israel 1998-1999*. Jerusalem: Caspari Center, 1999.

Rudolph David, Joel Willitts. *Introduction to Messianic Judaism: Its Ecclesial Context and Biblical Foundations*. Grand Rapids: Zondervan, 2013.

Soref, Erez. "예언 성취로서의 이스라엘 건국과 메시아닉 유대인 교회의 부흥." 『이스라엘 회복의 예언과 성취』. 서울: 이스라엘신학포럼위원회, 2018.

"재외동포 정의 및 현황" http://www.mofa.go.kr/www/wpge/m_21507/contents.do (Accessed at 2023.05.03).

"Bahá'í Faith" https://en.wikipedia.org/wiki/Baha'i_Faith (Accessed at 2023.05.03).

"Demographics of the State of Palestine" https://en.wikipedia.org/wiki/Demographics_of_the_Palestinian_territories (Accessed at 2023.05.03).

"Demographics of the State of Palestine" https://en.wikipedia.org/wiki/Demographics_of_the_Palestinian_territories#Palestinian_Central_Bureau (Accessed at 2023.05.03).

"Freedom of religion in the State of Palestine" https://en.wikipedia.org/wiki/Freedom_of_religion_in_the_State_of_Palestine (Accessed at 2023.05.03).

"Jewish population by country" https://en.wikipedia.org/wiki/Jewish_population_by_country (Accessed at 2023.05.03).

"Jews" https://en.wikipedia.org/wiki/Jews#Diaspora_(outside_Israel) (Accessed at 2023.05.03).

"Karaite Judaism" https://en.wikipedia.org/wiki/Karaite_Judaism (Accessed at 2023.05.03).

"Mishnah" https://en.wikipedia.org/wiki/Mishnah (Accessed at 2023.05.03).

"Orthodox Judaism" https://en.wikipedia.org/wiki/Orthodox_Judaism (Accessed at 2023.05.03).

"Palestinian Christians" https://en.wikipedia.org/wiki/Palestinian_Christians (Accessed at 2023.05.03).

"Supersessionism" https://en.wikipedia.org/wiki/Supersessionism (Accessed at 2023.05.03).

"World Jewish Population, 2018" https://www.jewishdatabank.org/content/upload/bjdb/2018-World_Jewish_Population_(AJYB,_DellaPergola)_DB_Final.pdf (Accessed at 2023.05.03).

갈릴리에서 서바나까지

이집트

유목민[1]

I. 들어가는 말

2007년 이집트에 처음 왔을 때가 기억난다. 그때 한 한국인 사역자가 이런 얘기를 했다. "과연 이곳에서 우리가 무엇을 할 수 있다고 생각하십니까?" 2천 년이나 되는 장구한 기독교 역사를 가진 이 나라에 이제 기껏 100여 년 좀 넘은 기독교 역사를 가진 한국 기독교가 무슨 선교를 할 수 있냐는 말이었다. 이집 트 교회는 사도 마가의 순교의 피 위에 세워지고 한때는 기독교의 신학을 발전 시킨 오리겐(Origen)이나 삼위일체 교리를 확립한 아타나시우스(Athanasius) 같은 위대한 교부들이 거닐던 땅이다. 또한 이슬람이 들어와서 이슬람 국가가 되었음에도 아직도 인구의 10% 정도는 콥틱 정교회로 기독교 신앙을 고수하 고 있다.

콥틱 교회는 교회사적으로 네스토리우스(Nestorius)와 시릴(Cyril of Alexandria) 의 기독론 논쟁에서 시릴의 주장을 따랐던 파이다. 451년 칼케돈 회의(Council

---

1. KPM E국 선교사.

of Chalcedon)에서 기독론 논쟁이 있었다. 우리가 지금 고백하는 예수 그리스도는 완전한 신이고 완전한 인간임을 천명한 회의였다. 칼케돈 회의는 그리스도의 인성과 신성을 주장하면서 그리스도의 인성을 강조한 네스토리우스파와 신성을 강조한 콥틱을 단성론자로 정죄함으로 동서교회의 본격적인 분열이 시작되었다. 이때 콥틱은 서방교회와 결별한다. 그럼에도 수도원 운동의 효시인 안토니와 바울과 같은 분들이 활동했던 곳이다. 사막의 영성이란 이 수도사들의 삶과 신앙을 배우는 것이다. 이슬람이 대다수인 가운데 소수인 콥틱 기독교, 가톨릭, 그리고 개신교인들은 이집트 땅에서 이등, 삼등 시민으로 살아가고 있는 것이 사실이다. 한국 사역자의 한 사람으로서 이집트 땅의 90%가 넘는 무슬림들과 현지 교회를 살펴보며 복음 전파를 위한 대안들을 고민하고자 한다.

II. 일반적 고찰[2]

1. 일반적 국가 개관

국명은 이집트 아랍 공화국(Arab Republic of Egypt)이다. 1952년 7월 23일이 이집트 공화국 선포일이다. 영토는 1,001,450 로 한반도의 약 5배이며 전 국토의 95%가 사막이다. 기후는 사막 기후로 고온 건조한 여름과 따뜻한 겨울이 특징이다. 인구는 107,770,524(2022년 추산)이고, 인종은 이집트인 99.7%, 다른 인종 0.3% (2006년 추산)이다. 종교는 수니파 이슬람(90%)과 기독교(10%, 대부분이 콥틱 정교회, 그 외에 아르메니안 정교회, 천주교, 마론파, 정교회, 성공회와 개신교 등)이다. 언어는 아랍어(국가 공용어)이며, 지식인들은 프랑스

2. 이집트에 대한 일반적 고찰은 CIA 홈페이지와 주 이집트 대한민국 대사관 홈페이를 참조했다. "Egypt" https://www.cia.gov/the-world-factbook/countries/egypt (Accessed at 2023.04.04); "이집트 개관" https://overseas.mofa.go.kr/eg-ko/wpge/m_11514/contents.do (Accessed at 2023.04.04).

와 영어를 사용한다. 정치는 대통령 중심제로 4년 중임이 가능하고 양원제 의회로 구성되어 있다. 현재 대통령은 압둘 파타 앗시시(Abdel Fattah El-Sisi)로 2014년 6월부터 현재까지 재임하고 있다. 수상은 무스타파 마드불리(Mustafa Madbouly)로 2018년 7월부터 정부의 수장을 담당하고 있다. 상원은 300석이고 하원은 596석이며, 의원 임기는 5년이다.

이집트는 매년 나일강의 범람으로 인한 비옥함과 나일강을 가운데 두고 동쪽과 서쪽이 사막인 반 고립적인 환경으로 세계에서 가장 위대한 고대 문명 중 하나를 발전시켰다. 그리스 역사가 헤로도토스(Herodotus)는 이집트인들이 별을 관찰해서 달력을 만들어 계절에 따라 12달, 360일에 5일의 윤일을 넣어서 365일로 하는 태양력을 처음으로 사용하고, 12신의 호칭을 처음으로 정한 민족이라고 기록하고 있다.[3] 또한 이집트 땅을 나일강의 선물이고, 광막하고 평탄하고 물이 풍부하며 진흙이 많다고 했다.[4] 헤로도토스는 나일강이 하지를 기준으로 100일 동안에 걸쳐 물이 불어나 범람하고, 이 일수가 차면 수위가 내려가 다시 하지가 찾아올 때까지 겨울 동안에 감수 된 채 그대로 있었다고 말한다.[5] 이집트 최초의 파라오 민(Min) 왕[6]은 제방을 쌓아서 수도 멤피스를 안정시켰고, 매년 나일강의 범람을 예상하고 나일강의 수위를 계산해야 했기에 수학과 천문학이 발달하여 나일강은 문명을 이루는데 기여를 했다. 헤로도토스는 자신의 책『헤로도토스 역사』제2권에서 고대 이집트의 역사와 풍습, 자연에 대한 많은 기록을 남겼다. 지금도 이집트인들 대부분은 나일강 유역과 카이로부터 지중해까지 나일강 하류의 삼각형 모양의 땅인 델타지역에 산다. 시내 반도와 홍해가와 오아시스 지역에도 거주하지만 그 수는 아주 적다.

---

3. Herodotus, *Herodotus Historiae*, 박현태 역, 『헤로도토스 역사』 (서울: 동서문화사, 1977), 131.
4. 헤로도토스, 『헤로도토스 역사』, 132.
5. 헤로도토스, 『헤로도토스 역사』, 139.
6. 메네스 왕으로 불리기도 함.

2. 역사

이집트는 나일강을 중심으로 동서로 사막이 펼쳐진 지형이다. 북쪽으로는 지중해가, 동쪽으로는 홍해가 있다. 서쪽은 리비아 사막으로, 남쪽으로는 수단과 맞닿아 있다. 해마다 홍수로 나일강 하류가 3개월씩 물에 잠김으로 인해 생긴 비옥한 토양과 나일강 치수의 영향으로 세계 4대 문명 발상지 중 하나가 되었다. 이집트의 간략한 역사를 개관해 보면 다음과 같다.

초기 이집트인들은 BC 5000년경 나일강에서 농경을 시작했고, BC 3150년 경에는 통일왕국을 건설했다. BC 332년 알렉산더 대왕이 이집트를 정복했다. BC 220년 톨레미 왕조 시기에 세계 최대 규모의 알렉산드리아 도서관을 건립하는 등 헬라문화의 꽃을 피웠다. BC 30년에 이집트는 로마의 속주로 전락했다. 641년 아무르 이븐 알 아스(Amr ibn al-As) 이슬람군 장군에 의해 이집트는 이슬람 국가로 전락한다. 969년 시아파 파티마 왕조가 이집트를 정복했고, 1171년 살라딘이 십자군을 물리친 후 아이유브 왕조(Ayyubid dynasty)를 창시했다. 1250년경 터키계 노예 출신의 맘룩 왕조가 등장했고, 1517년 오스만 투르크의 살렘 2세가 맘룩 왕조를 멸망시키고 이집트를 정복했다. 1798년에는 나폴레옹이 이집트를 원정하고, 이때 룩소르의 카르낙 신전과 로제타석을 발견해서, 상폴레옹이 로제타석을 통해 고대 이집트 상형문자를 해독해서 파라오의 역사를 세상에 알렸다. 1805년에는 무함마드 알리가 오스만 투르크 총독으로 임명되어 이집트를 통치했다. 무함마드 알리는 이집트 근대화의 아버지로 근대적 개혁조치를 시행했다. 1882년에는 영국군이 이집트 알렉산드리아에 상륙해서 카이로를 점령했고, 1914년에는 영국이 보호령을 선포했다. 1922년 영국은 이집트 독립 선언을 인정했다. 1948년 이집트는 1차 중동전쟁에 참전했으나 이스라엘에게 패배했다. 1952년 7월 22일 가말 압델 나세르(Gamal Abdel Nasser, 1954-1970)가 쿠테타를 일으켜 공화국을 선포한다. 공화국 수립 이후 아랍의 맹주로서 역내 중재자 역할을 감당하고자 했다. 안와르 사다트(Anwar Sadat, 1971-1981) 대통령 시기에는 범아랍주의를 표방하며 아랍의 대의명분을 주도하려고 했고, 이스라엘과 평화 협정을 맺음으로 서방에서는 아랍 평화의 선구자로 인정받았지만, 아랍진영에서는 배신자로 낙인찍혔다. 나세르 이후 공군 참모 총장 출신의 호스니 무바라크(Hosni Mubarak, 1981-2011) 대통령이 30년 동안 나라를 다스렸다.

튀니지가 근원이 된 "아랍의 봄" 영향은 이집트도 예외는 아니었다. 혁명의 이유는 새로운 사회적 변화와 경제발전의 불균형으로 인한 빈부격차에 대한 사회, 경제적 정의의 요구였다. 2011년 1월 25일, 시민 혁명을 통해 무바라크 대통령이 권좌에서 축출됨으로써 "아랍의 봄"은 성공한 듯 보였다. 시민 혁명으로 인해 무슬림 형제단(Muslim Brotherhood) 출신의 무함마드 모르시(Mohamed Morsi)가 새 대통령으로 당선되었다. 그가 대통령이 되고 나서 펼친 정책은 이슬람화였다. 초기 이슬람 시대로 돌아가는 것이 그의 목표였다. 헌법을 이슬람 율법인 샤리아(Sharia)에 기초해서 개정하려고 했다. 이로 인하여 살라피들(Salafists)[7]이 판치기 시작했다. 이들은 무함마드 시대를 최고의 이상으로 여기고 삶의 모습까지 그 시대로 돌아가야 한다고 믿는 이슬람 근본주의자들이다. 이들은 국회에서 모든 여자들이 쫓아냈다. 지금 탈레반이 아프가니스탄에서 여성들을 정부, 학교, 그리고 매스컴 등에서 쫓아낸 것과 비슷한 일이 이집트에서도 일어났다. 모르시 정부는 미국과 단절을 선포하고, 이란 등의 이슬람 국가들과 문호를 개방했다. 이런 일련의 정치. 종교. 경제 정책들로 인해 환율이 내려가고 미국의 원조가 끊겼으며, 붕괴된 경찰조직으로 인해 사회 안

---

7. 살라피즘(Salafism)은 사우디 아라비아의 근본주의 이슬람 운동인 와하비즘이 이집트에 상륙하여 나타난 주의로 시민 혁명 이후 누르당을 만들어 합법적으로 활동했다. 장상률은 IS의 폭력성의 기저에는 살라피스트 지하디즘의 이념이 있다고 말했다.

전망이 붕괴되었다. 이로 인해 많은 외국회사들이 주변의 안정된 나라로 이주를 하게 되었다. 모르시 정권은 수십 년 군부 독재와 사회, 경제적 부정 가운데 새로운 비전과 대안을 제시하지 못했다. 결국 이집트의 "아랍의 봄"은 민주화를 빌미로 한 이슬람화였고, 이로 인하여 국민들은 결국 1년 후에 군부를 다시 새로운 정권으로 받아들였다.

모르시 정권의 실정을 통해 이집트 사회의 주요 특징들을 요약하면 다음과 같다.[8] 이집트 내에 무슬림 형제단이 얼마나 깊이 있게 뿌리내리고 있었는지를 알게 되었고, 수십 년의 군부 통치하에 기득권을 유지해 온 정치, 경제, 매스컴의 네트워크가 얼마나 강했는지 또한 보여주었다. 그러나 확실한 것은 국민들이 이슬람 원리주의를 원하지 않았고, 오랜 군부 통치에 익숙한 국민들에게 아직 민주주의는 익숙하지 않았다는 것이다. 오랜 군부독재와 무너진 경제, 교육, 인권 등의 문제로 지금도 많은 어려움 가운데 새로운 대안이었던 모르시의 무능과 무정책과 무비전으로 국민들은 '구관이 명관'이라는 말처럼 다시 군부 출신의 앗시시를 대통령으로 받아들였고, 지금까지 그가 나라를 다스리고 있다.

앗시시 정부의 당면과제는 사회적 안정과 경제적 성장이다. 2022년 연말에도 샴엘 세이크(Sharm El Sheikh) 경제 포럼에서 앗시시 대통령과 정부 관계자들은 '이집트 2030(Egypt 2030)'을 외치며, 세계 30위권의 경제 도약을 다짐했다. 앗시시 대통령과 현정부의 경제발전 계획이 계획대로 되는 것에 대해 많은 의문이 제기되는 것은 사실이다. 경제를 잡아야만 사회적 안정도 보장할 수 있기에 이집트 정부가 경제발전에 매진하는 것은 이해가 되지만, 이것 또한 민주화만큼 요원해 보인다. 왜냐하면 지난 70년 가까이 정부요직을 군부가 장악해서 지금까지 나라를 다스리고 있기에 군부에서 배출된 인물들 가운데 새

---

8. 황원주, "이집트 시민혁명 이후 사회적 종교적 상황과 기독교 선교," *Muslim-Christian Encounter* 8/2(2015): 58-63.

로운 생각과 비전을 제시할 인물들이 나오기가 쉽지 않고, 지금 펼쳐지는 정책들에 대해 객관적인 판단과 평가가 어렵기 때문이다.

3. 경제

국가 GDP는 2,371억 달러이고, 1인당 GDP는 2,505달러 수준이다(2017년 말 기준으로 IMF 자료). 경제 성장률은 5.3%이고 물가 상승률은 29%(2017년 평균)이다. 재정 적자는 187억 달러이고, 총 외채는 810억 달러다. 이집트는 아프리카에서 두 번째로 큰 시장을 가진 나라다. 수출 401억 달러에, 수입은 724억 8000만 달러다(2020년 추정). 주요 산업은 농업이다. 사탕수수, 사탕무, 밀, 옥수수, 토마토, 쌀, 감자, 오렌지, 양파, 우유 등을 생산한다. 그 외의 산업은 관광, 섬유, 식품 가공, 건설, 시멘트, 경공업 등이다. 수요 수출품은 원유, 천연가스, 금, 비료 등이고, 수입품은 정제유, 밀, 자동차, 의약품 등이며, 최대 수입국은 중국(15%)으로 보고 있다.

2016년 심각한 외환 부족으로 국제 통화 기금(IMF)을 통해 120억 달러의 외화를 3년간 받기로 했다. 그동안은 정부의 고정 환율로 안정된 환율정책을 가졌지만, IMF의 지원을 받게 되면서 IMF는 고정 환율에서 시장 경제에 의한 변동환율 적용을 요구했다. 이로 인해 이집트 환율은 급속히 하락하게 되어, 2016년 11월에 1달러에 17.6 이집션 파운드(EGP)가 되었고, 2023년 1월 현재 1달러당 29.5 이집션 파운드이다. 현재 이집트 파운드화의 하락과 세금 상승, 보조금 삭감과 물가 상승 등으로 인한 경제적 위기를 직면하고 있다.

2016년 2월 압둘 파타 앗시시 대통령(Abdel Fattah El-Sisi)은 "이집트 2030(Egypt 2030)"이란 국가 발전 계획을 선포했다. 이를 위해 신 행정 수도 건설을 시작했다. 행정수도는 공식적으로 카이로 동쪽 60km의 아인 쇼크나(Ain Sokhna) 길에 있다. 또 하나는 알렉산드리아(Alexandria) 서쪽인 뉴 알라

메인(New El Alamein)에 위치한다. 카이로 동쪽에 먼저 건설을 시작하면서 공식적으로 이곳을 뉴 행정 수도라고 지칭했고 뉴 알라메인은 후에 개발되기 시작했으며 이곳 역시 뉴 행정수도의 하나로 여겨지고 있다. 문제는 신 행정 수도 건설로 중국으로부터 막대한 차관을 들여온 것이다. 이런 차관을 제때 갚지 못할 경우에 중국의 경제 식민지로 전락할 위험이 있다. 2022년 IMF 구제금융을 추가로 받음으로 인해 달러 환율이 폭등했다.

4. 우리가 경험한 이슬람 문화

1) IBM

이집트에 처음 도착했을 때, IBM을 알면 된다는 말을 들었다. 이집트인들이 가장 많이 사용하는 말이다. I(In shaalla, 알라의 뜻), B(Bukra, 내일), 그리고 M(Malish, 문제없다, 괜찮다)라는 말이다.

(1) 인 샤알라

'알라의 뜻'이라는 이 말은 매일 어디를 가든 듣는 말 중 하나이다. 모든 약속에 이 말을 쓴다. 심지어 집 계약서에 이 말이 쓰여있기도 한다. 시간이 지나면서 이 말처럼 의미 없는 말도 없음을 알게 되었다. 약속을 할 때, '알라의 뜻'이라고 말하면 당연히 지킬 것이라고 생각했다. 그러나 이것은 우리가 알고 있는 코람데오(하나님 앞에서, 신전의식)하고는 전혀 다른 의미이다. 알라의 뜻은 어제 다르고, 오늘 다를 수 있다는 것을 아는 데는 그리 많은 시간이 걸리지 않았다. 바로 알라의 이런 모습이 이슬람에 구원의 확신이 없는 이유이다. 알라에게 오늘 선한 것이 내일은 악한 것이 될 수 있기 때문이다. 우리가 믿는 하나님은 자신이 한 약속은 결코 영원히 변개하지 않으시는 분이시다. 그러나 이슬람의 알라는 그렇지 않다. 이런 신관을 가지고 있기에 이집트인들은 약속을 하고 시간을 제대로 지키는 사람은 그리 많지 않다. 결혼식조차 원래 시간보다 2-3시간 후에 시작하는 것이 일반적이다. 이런 가운데 약속 시간에 안 오는 것은 고사하고 한두 시간 후에 오는 것도 다행이란 생각이 들 정도였다. 이것은 무슬림뿐만이 아니라 이집트에 사는 기독교인도 마찬가지였다.

이집트에서 한국 대학에 유학온 온 자매들을 만난 적이 있다. 먼저 그들이 유학하고 있는 대학의 교수를 만났다. 교수님은 제자들의 힘든 유학생활을 아셨기 때문에 주변에 일자리를 알아봐 주시고 소개해 주신 고마운 분이시다. 그런데 얼마 후에 들려오는 소문이 좋지 않은 경우가 많았다고 한다. 그 이유는 이집트에서 온 제자들이 약속 시간에 가지 않거나, 일을 하다가도 말없이 오지 않아서 자신이 아르바이트를 부탁한 분들에게 너무 미안한 적이 많았다고 한다. 그러고 나서 이 자매들을 만났다. 오히려 유학 온 자매들은 한국 사람들이 이해가 되지 않는 부분이 있는데 그것은 한국 사람들은 너무 화를 잘 낸다는 것이었다. 본인들은 분명히 교수님께나 아르바이트하는 주인께도 '인샬라'하고 말했는데 아르바이트 시간에 오지 않았다고 화를 내고 교수님은 약속을 지키지 않았다고 화를 내, 이해가 안 간다며 흥분을 했다. 그리고 한국에서 '인샬라'란 말이 무엇이냐고 가르쳐 달라고 했다. 인샬라 문화는 이만큼 어려운 점이 있다. 인샬라로 인해 어려움을 겪고 낙담하고 있을 때, 국제팀의 리더 중 한 선교사가 아랍문화에 대해서 쓴 글을 주었다. 그는 오랫동안 아랍권에서 일을 했고, 떠나면서 후배들의 시행착오를 줄여주기 위해 자신의 경험담을 글로 남겨 놓았다. 그중 하나가 나에게 인상깊이 남았다. 그는 아랍문화는 '인 샬라'를 통해서 거짓말을 정당화하는 문화이니 그런 문화 속에서 사역자들이 이를 알고 현명하게 대처해야 한다고 조언하고 있었다.

(2) 부크라

'내일'이란 이 말도 습관처럼 현지인들이 자주 쓰는 말이다. "내일 2시에 보자"라고 약속을 잡는다. 다음날 시간이 지나도 사람이 오지 않고 연락도 되지 않는 때가 많다. 기다리다 못해 화가나서 연락을 하면 웃으며 다시 '부크라'라고 말한다. 이것이 정확한 내일이 아니라는 걸 시간이 지나고 알았다. '다음에'라는 말의 대용인 것이다. 그렇기 때문에 누군가 당신에게 '부크라'라고 말한다면 마음을 편안하게 가져라. 아니면 약속 시간 전에 여러 번 확인 전화를 하고, 반드시 그 일이 이루어지게 정성을 들여야 할 것이다. 그리고 2-3시간의 여유를 가지고 이들을 기다리면 된다. 우리처럼 이들의 삶은 분주하거나 정형화되어 있지 않다. 어떤 경우에는 약속시간에도 여전히 집에 있거나 올 생각이 없는 경우도 많다. 그래서 아랍에서 내일은 '오늘 이후의 영원한 내일'이란 말이 있다. 그렇기에 이들에게는 '내일이 없다'는 의미가 될 수도 있다. 내일이 없기에 오늘 최선을 다해서 살아야 한다. 내일 뭘 하겠다고 생각하면 안 된다. 할 수 있는 한 오늘, 그리고 얼굴을 맞대고 있는 순간에 일을 처리해야 한다. 오늘 살 물건을 내일로 미루어서는 안 된다. 내일 그 물건을 산다는 보장이 없기 때문이다.

(3) 말리쉬

'괜찮아', '문제없어' 이 말 또한 일상에서 자주 듣는 말이다. 한 번은 교차로에서 한 여자 운전자가 내 차를 뒤에서 박았다. 그래서 내려서 차 상태를 보고 있는데, 그때 내 차를 박은 여자가 한 말이 아직도 기억난다. 그 여자는 운전석에 앉아서 오히려 뻔뻔하게 내게 '문제 있습니까?'라고 물었다. 이 말은 내가 네 차를 박았지만 차가 움직이는데 문제가 있냐는 말이었다. 미안하다 할 줄 알았는데 오히려 당당하게 나오니 이게 뭐지 하는 생각이 들었다. 그런데 "말리쉬"하고 가버리는 게 아닌가! 보아하니 네 차가 움직이는 데는 문제없는 것 같으니 "나 먼저 갈게"하며 사라져 버렸다. 주위 사람들도 "말리쉬"라며 너도 어서 가라고 재촉을 하는 바람에 문제가 문제없이 해결되는 어이없는 상황에 나만 바보가 되었던 경험이 있다. 그리고 이런 상황에 웃으며 주위 사람들에게 "말리쉬"라고 '쿨'하게 웃으며 자기 길을 가는 게 현지에 적응하는 현명한 삶이다.

미니 버스(한국의 봉고버스로 보통 15인승이다)를 타고 아랍어 학원을 다닐 때였다. 승용차가 미니 버스를 옆에서 박았다. 버스는 출렁거렸고 안에 있던 사람들은 한쪽으로 밀려서 부딪혔다. 나는 그곳에 타고 있었다. 당연히 미니버스 옆이 찌그러졌고, 승용차는 비틀거리며 달리다 잠시 후에 멈췄다. 미니버스 운전사와 승용차 운전사가 내렸다. 싸움이 일어날 줄 알았다. 그런데 두 사람은 각자의 차를 확인하고 상대방의 차를 보며 "말리쉬"했다. 그게 다였다. 왜냐하면 현지의 복잡한 도로에서 교통사고는 비일비재하고, 자동차 수리는 차에 치명적이지 않는 한 할 필요가 없다. 그 이유는 오늘 고치면 내일 또 어떤 접촉사고가 일어날지 모르고, 차를 펴거나 흠집을 고치는 데는 그리 많은 돈이 들지 않기도 한다. 경찰도 사람이 죽거나 도로가 막히는 대형 사고가 아닌 이상은 잘 나타나지 않는다.

2) 명예 수치 문화

이집트인들이 잘 쓰지 않는 말이 '미안하다'는 말이다. 이 말은 내가 잘못했다는 말이기에 책임을 질 수 있기 때문이다. 또한 '모른다'는 말을 잘 쓰지 않는다. 그렇기 때문에 길을 물으면 너무 친절하게 잘못 가르쳐주어서 1시간 이상을 헤맨 적도 있었다. 모르면 모른다고 하면 되는데 그것은 나그네에 대한 예의가 아니라고 생각한다. 비록 몰라도 최선을 다해서 엉뚱하고 틀린 길이라 할지라도 가르쳐준다. 그래서 생긴 버릇이 있다. 길을 모를 때면 적어도 5명에게 묻는 것이다. 그리고 많은 사람이 말한 곳을 가는 것이다.

현지인들에게 '죄'보다 더 중요한 것이 있는데 그것은 바로 '명예'다. 우리가 알다시피 '명예살인'이란 말이 있다. 가문을 부끄럽게 한 딸이나 여인들을 남편이나 오빠, 그리고 친척이 살해하는 것이다. 그렇기 때문에 잘잘못을 따지는 것보다는 당신의 행동이 부끄럽지 않냐고 말하면 더욱 힘을 발휘한다. 이것은 아담과 하와가 선악과를 따먹고 나서 처음 느꼈던 감정이 죄에 대한 것보다 자신들이 벌거벗은 줄 알고 부끄럽게 여겼다는 데에서도 볼 수 있다. 그렇기에 '명예와 수치'를 적절하게 사용하면 예상외의 좋은 결과를 얻기도 한다. 선교란 것이 바로 예수님이 성육신해서 이 땅에 오셨듯이 선교지 문화를 이해하고 그 땅에 맞게 복음을 전하는 것이기에 이집트 사람들의 삶의 방식을 이해하면 그들에게 좀 더 쉽게 다가갈 수 있을 것이다.

III. 이집트 기독교

1. 기독교 역사

성경에서 "함의 아들은 구스와 미스라임과 붓과 가나안"(창 10:6)이라고 나온다. 함은 노아의 두번째 아들로 구스와 미스라임과 붓과 가나안을 낳았다. 함의 둘째 아들 미스라임이 오늘날 이집트인의 조상이다. 오늘날 이집트의 아랍어 공식 명칭은 "미스르(Misr)"이다. 바로 미스라임(מִצְרַיִם)에서 나온 말이다. 히브리어 'מצר(미스라)'는 땅, 또는 나라라는 뜻이다. '임'이란 접미어가 붙음으로 인해 쌍수(dual)가 된다. 즉 미스라임은 두 개의 땅이라는 뜻이 된다. 모세가 모세 오경을 기록할 때, 모세는 이집트가 두 개의 땅을 가진 나라임을 명확히 알았다. 왜냐하면 이집트는 고대로부터 상이집트(Upper Egypt)와 하이집트(Lower Egypt) 두 개의 나라, 두 개의 땅이었다. 상이집트는 나일강 상류로 고지대(Upper land)를 말한다. 하이집트는 나일강 하류로 저지대(Lower land)를 의미한다. 상이집트의 수도는 테베로 지금은 룩소르이고, 하이집트의 수도는 멤피스로 지금은 카이로이다. 제1 왕조의 왕이 두 개의 이집트를 통일하고 정치적인 수도는 멤피스로, 종교적인 수도는 테베로 해서 약 삼천여 년의 파라오 시대가 시작되었다.

우리가 잘 알다시피 모세와 요셉이 거닐던 땅이 이집트다. 모세가 십계명을 받은 시내산도 이집트에 속한다. 또한 예레미야 선지자가 끌려와서 죽었던 곳이 이집트이다. 전설에 의하면 예레미야 선지자는 바흐리야 사막(Al-Baharia Desert)에서 돌에 맞아 죽었다고 전해진다. 또한 예수님이 헤롯의 핍박을 피해서 어린 시절 피난생활을 했던 곳도 이집트이다. 그래서 이집트의 곳곳에는 예수님이 어린 시절 지나갔을 것이라고 예상되는 지역에 교회가 세워졌다. 이런 이유로 해마다 많은 성지 순례객이 이집트를 찾았지만, "아랍의 봄" 이후 치안 문제와 코로나 등으로 관광객의 수가 현저히 줄었다.

더욱이 마가복음을 쓴 마가는 알렉산드리아에 와서 복음을 전하다 순교했다. 마가는 어느 날 아니아누스(Anianus)란 구두 수선공을 만났다. 마가는 신발이 해어져서 아니아누스에게 수선을 맡겼는데 그만 그가 바늘에 찔렸고 "하나님은 한분"이라고 외쳤다고 한다. 이때 아니아누스의 피가 멈추지 않았다고 한다. 마가는 그를 위해 기도해 주었고 그러자 피가 바로 멈추었다. 마가는 그에게 복음을 전했고 아니아누스는 신자가 되었고, 그의 집은 이집트 첫 번째 교회가 되었다. 지금도 이집트 콥틱교회는 제1대 이집트 교회의 교황을 마가로, 또한 제2대 교황을 아니아누스로 기록하고 있다. 그리고 마가는 복음을 전하다가 68년경 세라피스[9] 축제일에 붙잡혀 말에 묶여 알렉산드리아 거리를 끌려다니다가 온몸이 찢어져서 죽었다고 한다. 그럼에도 새들이 와서 그 시체를 뜯어 먹지 않았다고 한다. 그 시체를 가져다가 묻고 그 위에 교회를 세웠다. 그것이 지금 알렉산드리아에 있는 "성 마가교회"이다.

콥틱이란 말은 파라오 시대 이집트의 수도 멤피스의 이름에서 유래되었다고

---

9. 세라피스는 톨레미 왕조가 이집트를 다스리면서 이집트의 죽은 자의 신인 오시리스와 나일강 범람의 신인 하피 신을 혼합해서 만든 신이다. 세라피스는 그리스화된 이집트 신을 의미하고 세라피스 신전을 세라피움이라고 불렀다.

한다. 멤피스 지방의 신(local god)인 프타(Ptah)는 이집트 신화의 대표적인 신 중 하나인 오시리스(Osiris, 죽음과 부활과 생육의 신)보다 오래된 신이다. 프타는 그의 생각과 말로 세상을 창조했다고 여겨진다. 멤피스(Memphis)는 "프타의 영혼의 사원"(Hut-Ka-Ptah, Temple of the soul(Ka) of Ptah)이란 말로 콥틱(Coptic)의 p 와 t 가 바로 "Ptah"에서 나온 음이고, 이집트(Egypt)의 'pt' 역시 여기에서 왔다고 본다.[10] 따라서 콥틱이란 말은 고대 파라오 시대 수도인 멤피스를 말하는 것이고, 멤피스 사람들이란 말이 콥틱인 또는 이집트인으로 고대사회에서 불렸다. 헬라시대에는 이집트를 '코프투스(Coptus)'라고 불렀고, 고대 이집트인들이 쓴 언어를 콥틱어라 불렀다. 콥틱어로 성경도 번역되었다. 콥틱어 문자는 고대 이집트어를 분석할 수 있는 근거가 된 로제타석(Rosetta stone)에 있는 민중문자(Demonic)와 헬라문자를 사용했다. 그러나 현재 콥틱어는 콥틱교회의 예배와 예전(litergy)에만 그 흔적이 남아 있다.

알렉산드리아의 마가교회에는 여전히 많은 정교회 순례객들이 동유럽과 에디오피아나 지브티 등 아프리카의 정교회에서 방문하는 곳이다. 그 무덤 입구에는 초대 이집트의 위대한 교부들의 이름들이 새겨진 판이 있다. 그중에는 우리가 잘 아는 삼위일체 교리와 신약 27권을 정경화 한 알렉산드리아의 교부인 아타나시우스(Athanasius, 295-373 AD)란 이름이 있다. 그는 20대 콥틱 교황이 되었다. 현재 콥틱의 교황은 타와드로스 2세(Tawadros II)로 118대 교황이다. 이집트 콥틱 교황의 선출은 성경적 근거에 기인한다. 교황은 종신제로 교황이 죽은 후에 새로운 교황을 수도사 중에서 선출한다. 교황 후보자는 반드시 독신이어야 하고, 40세 이상으로 수도원에서 15년 이상 수도 중인 수도사여야 한다. 이집트 전역에는 약 25개의 수도원이 있는데, 콥틱교회의 각계각층에서 모

---

10. Leo, Depuydt,. "Coptic and Coptic literature," *A companion to Ancient Egypt* 1(2010): 733.

인 교황 선출 위원회가 전국의 수도원에서 3명의 수도사를 추천한다. 콥틱 위원회에서는 이집트 전역에서 12명의 소년을 뽑아 교황 선출식에 참여하게 한다. 선출식날 12명의 소년 중 최종적으로 1명을 뽑아 그 소년이 항아리에 있는 세 명의 수도사의 이름 중에 하나를 제비 뽑아 교황을 선출하는 방식이다. 세 명의 수도사를 고르는 것은 사람의 몫이라면, 결국 한 명의 수도사를 제비 뽑아 교황으로 세우는 것은 전적인 하나님의 개입이다.

639년경에 아무르 이븐 알 아스(Amr ibn al-As) 장군이 4,000명의 이슬람 군대를 이끌고 이집트로 쳐들어왔다. 이집트를 점령한 이슬람 군대는 멤피스란 이름 대신 카이로(아랍어로 '정복')란 이름으로 도시를 명명했고, 지금에 이르고 있다. 이슬람 군대가 오면서 교회는 많은 박해를 받았다. 초기 콥틱교회는 당시에 동로마제국의 콘스탄티노플의 지배를 받고 있었다. 이때 안타까운 사실은 이집트 교회는 이슬람 군대가 올 때 오히려 환영했다고 한다. 왜냐하면 동로마제국의 지배하에 많은 세금으로 인해 이집트 백성들은 고통을 받았기 때문이다. 이런 가운데 이슬람 군대는 손쉽게 이집트를 점령하게 되었다고 한다. 이것은 이슬람 쪽에서 기록한 내용이다. 그러나 콥틱의 역사가에 의하면 이슬람군은 수많은 콥틱 기독교인들을 학살했다고 전한다. 이슬람 군대는 이집트를 발판으로 리비아, 튀니지, 알제리를 넘어 스페인까지 점령하면서 이슬람 제국을 건설하게 된다. 이슬람 정복 후 이집트 교회 성도들은 선택의 기로에 놓이게 되었다. 성도들은 '성경의 사람'(Ahl al-Kitab)이라고 불리고 또한 딤미(협약민)라고 불렸다. 이슬람 지배자들은 죽음을 면한 대가로 사람마다 세금을 매겨 지즈야라고 불리는 '인두세'와 카라즈라고 불리는 '토지세'를 징수했다. 이것은 무슬림이 아닌 아닌 백성에게만 적용된 세금이었다. 딤미로 직업적으로 차별당하고 세금을 강요받고 이로 인해 생계가 막막했던 사람들은 서서히 무슬화되어 갔다.

2. 개신교 선교 역사

이집트의 개신교 선교 역사는 모라비안 형제단(Moravian Brethren)에 의해 시작되었다. 프리드리히 빌헬름 후커(Friedrich Wilhelm Hocker, 1713-1782)가 1750년대에 카이로에서 아랍어를 배우면서 선교를 시작했고[11], 1768년에 요한 하인리히 당케(Johann Heinrich Danke)가 선교사로 파송되었다.[12] 그러나 여러 가지 어려움으로 인해 1782년 모라비안 선교 사역은 막을 내린다.

영국의 성공회 배경의 '교회 선교회(Church Missionary Society, CMS)'가 1799년에 태동했다. CMS는 1825년에 이집트 사역을 시작했으나 1862년에 이집트 사역을 내려놓았다. 그러나 1882년에 프레드릭 어거스투스 클레인(Frederick Augustus Klein)이 이집트 사역을 다시 시작했다. 프랭크 하퍼(Frank Harpur) 박사는 카이로 구시가지(Old Cairo)와 메노프(Menouf)에 병원을 세우고, 이집트 전역에 CMS 병원과 진료소를 세웠다. 또한 알렉산드리아에 성 마가 교회(St Mark's in Alexandria)와 카이로에 성모교회(St. Mary's Church)와 학교들을 세웠다. 그러나 이들의 주요 사역은 이집트에 있는 영국인들을 위한 교회를 세우는데 중점을 두었고, CMS 선교사들은 1921년까지 토착 성공회 공동체를 세우기보다는 콥틱교회를 부흥시키는 일에 초점을 두었다.[13]

미국 개신교의 중동 선교는 1820년에 플리니 피스크(Pliny Fisk)와 레비 파

---

11. Christian Mauder, "'Teaching the Way of the Truth to Coptic Firstlings': The Arabic Correspondence between Moravians and Copts in Ottoman Egypt as an Example of Intercultural Communication," *Journal of Eastern Christian Studies* 65/1,2(2013): 49-66.

12. Paul Peucker, "The role and development of brass music in the Moravian Church," *The Music of the Moravian Church in America* 49(2008): 169.

13. Duane Alexander Miller Botero, "Anglican Mission in the Middle East up to 1910," in *The Oxford History of Anglicanism, volume III: Parisan Anglicanism and its Global Expansion 1829-c.1914*, ed Rowan Strong (Oxford: Oxford University press, 2017).

슨스(Levi Parsons)를 중동에 보냄으로 시작되었다.[14] 1850년대에 미국 해군과 상업적인 기업들이 이집트에 들어왔고, 미국 선교(the American Mission)는 1854년에 연합 개혁 장로교회(the Associate Reformed Presbyterian Church)가 발을 내디디며 시작되었다. 미 장로교회는 1854년에 토마스 맥케이그(Thomas McCague)[15]와 제임스 바넷(James Barnett)을 파송했다. 대략 이 무렵 이집트 인구는 800만 명 정도였고 카이로에는 25만-30만 명 정도 살았다고 보고된다. 이들이 도착할 무렵 이집트는 압바스 파샤(Abbas Pasha, 1848-54)에서 사이드 파샤(Said Pasha, 1854-63)로의 권력이양기였다. 이후 사이드 파샤의 후계자 케디브 이스마일(Khedive Ismail, 1863-79)의 통치 때에는 서구에 대한 관용정책이 펼쳐졌다. 케디브 이스마일은 서구의 새로운 기술과 문물에 관심이 많았다. 이때 수웨즈 운하(Suez Canal)가 뚫려서 아시아와 유럽을 연결했다. 또한 카이로 오페라 하우스에서 오페라 아이다(Aida)가 처음으로 공연되었다. 이런 가운데 서구 선교사들에 대해서 우호적인 정책과 서구 문물에 대한 호의적인 태도로 개신교 선교는 큰 제약 없이 발전할 수 있었다. 1900년대에 콥틱 612,000명 중에 12,500명의 개신교인들이 있었다고 보고될 정도로 개신교 선교는 성공적이었다.[16]

1860년대는 개신교 선교에 중요한 시기이다. 휘틀리(Miss Whately)와 맥케이그(McCague)는 소년 소녀를 위한 학교를 시작했다. 이집트에서 여성을

---

14. S. H. Skreslet and S. H. Skrestlet, "The American Presbyterian Mission in Egypt: Significant Factors in Its Establishment," *American Presbyterians* 6/2(1986): 83-95.

15. 맥케이그 선교사에 대한 자세한 내용은 다음의 논문을 보라. Jeffrey C. Burke, "The Establishment of The American Presbyterian Mission in Egypt, 1854-1940," (Doctor of Philosophy, McGill University, 2000).

16. Robert B. Betts, *Christians in the Arab East* (Atlanta: John knox press, 1975), 245; Skreslet and S. H. Skrestlet, "The American Presbyterian Mission in Egypt: Significant Factors in Its Establishment," *American Presbyterians* 64/2(1986): 83.

위한 첫 번째 교육이 이때 시작된 것이다. 1865년에 후그(Hogg) 부부가 아시우트(Assiut)에 교회를 세우고 청소년을 위한 학교를 설립했다. 미국 선교사들의 노력으로 1865년에서 1878년 사이에 36개의 학교가 설립되었다. 개신교 의료 선교는 1868년에 존스톤(D.R. Johnston) 목사가 알렉산드리아(Alexandria)에 도착했고, 아시우트(Assiut)로 가서 의료활동을 함으로 시작되었다. 1896년에는 아시우트와 탄타(Tanta)에 병원이 설립되었다. 장로교 선교사들은 1863년에 하우스보트 이비스(the Houseboat Ibis)란 배에 선상 신학교를 세웠다. 이 배는 아스완(Aswan)과 북쪽 카이로(Cairo)를 오고 가는 배인데 선교사들이 배로 이동하면서 이곳에서 현지인들을 위한 신학교육과 실제적인 훈련을 했다. 이것이 카이로 복음주의 신학교(the Evangelical Theological Seminary in Cairo, ETSC)의 시작이다.[17] ETSC는 개신교 신학교로 가장 오래된 곳으로 이집트 개신교의 중심이 되었다. 후에 오순절, 감리교 등에서 신학교를 설립해서 현재에 이르고 있다. 미국 장로교 선교사들은 학교를 세우고, 이집트 사회를 개선하는 일에 주력했다. 콜레라나 말라리아 같은 전염병을 퇴치하기 위해 진료소와 병원 등을 세웠다. 어떤 선교사들은 교육에 관심을 가진 반면, 다른 이들은 교회개척과 현지인 개종자들의 성장에 중점을 두었다. 선교사들은 이집트인들의 교육과 의료 시스템 변화에 중요한 영향을 주었다. 미국 미션(mission) 학교에서 자란 아이들은 이집트 사회에 중요한 리더십을 발휘했고, 학교의 높은 교육 수준은 이집트 교육과 학교에 영향을 끼쳤다. 선교사가 세운 카이로 미국 대학(American University at Cairo, AUC)은 이집트 대학 교육에 엄청난 영향을 끼쳤다. 처음 이 대학을 세운 목적은 위대한 기독교 대학(a Great Christian University) 건설로, 1920년에 개교를 했다. 첫 번째 학장은 찰

---

17. ETSC의 역사는 다음의 홈페이지를 참고하라. "ETSC'S History" https://etsc.org/history/.

스 왓슨(Charles R. Watson)으로 미국 선교의 개척자 중 한 사람인 앤드류 왓슨(Andrew Watson)의 아들이었다. AUC는 과학, 문학, 철학과 사회과학 등의 전공을 영어로 교육했다.

1920년대가 지나면서 영국이 이집트를 지배하는 것에 대해 이집트인들 사이에서 선교사들과 미국 선교단체들을 배격하는 움직임들이 일어났다. 이러한 반대는 이슬람과 콥틱 교회에서 일어났다. 이슬람의 반대는 알 아즈하르(Al Azhar)가 주축이 되어 아랍어 신문들을 통해서 기독교에 비판을 가하기 시작했다. 콥틱은 개신교의 가르침이 자신들의 전통과 다르다고 도전을 했다. 이런 반대는 1930년대에 극에 달했다. 선교사들을 반대하는 연대는 정치적인 목적이 강했다. 정치적인 활동가들이 외국선교사들에 저항하지 않는 이집트 정부를 비판하는데 열정적이었다. 이런 운동은 민족주의란 이름하에 영국과 미국에 적대적인 감정을 드러냈다. 에드워드 사이드(Edward Said) 같은 학자들은 선교사들이 식민주의자들의 역할을 감당했다고 비판하기도 한다.

이런 반대 정서 속에서 이집트인들은 선교사들이 세운 학교에서 그들의 아이들이 무엇을 배우는지에 대해 의심을 갖게 되었다. 또한 서구 교육을 통해 자신의 역사나 문화를 제대로 배우는지에 대해서도 관심을 갖게 되었다. 장로교 선교사들은 이집트인 개종자를 얻는 것에 대한 초기의 목표를 유지했다. 그러나 문제는 미국 내의 진보주의자들(Liberals)과 복음주의자들(Evangelicals)의 논쟁 속에 개종에 대한 선교전략을 재고하게 되었다. 그런 가운데 장로교 선교사들은 선교정책을 재정립(re-structuring) 하게 되었다. 그들은 개신교로 전향한 기독교인들의 권리와 새로운 현지 교회의 리더십의 한 부분을 담당하는 방향으로 가게 되었다. 새로운 개종자들은 미국 미션 학교들을 돕는 일을 하고, 또한 의료적 지원에 좀 더 관심을 갖게 되었다. 왜냐하면 1940년대 들어 이집트 정부의 간섭이 증가되었기 때문이다.

나세르의 쿠데타와 오랜 군부 독재로 이집트는 비동맹 노선을 따랐고 자본주의보다는 사회주의 노선을 추구했다. 국가가 계획경제를 하고 배급을 실시하고 무상교육, 무상주택, 무상의료 등을 제공했다. 이런 일련의 무상지원은 교육의 질과 삶과 의료의 질을 낙후시켰다. 또한 서방의 비정부기구(NGO) 활동을 금했다. NGO 단체들이 들어오려면 현지 NGO와 협력해서 일해야 했다. 이럴 경우 서방의 NGO는 자율성이 없고 현지 NGO의 자금줄에 불과했다. NGO 활동을 금함으로 인해 학교나 지역사회개발 등 다양한 서구 NGO 활동으로 얻을 수 있는 기회를 막는 결과를 초래했다. 따라서 선교사들이 현지인들을 섬길 수 있는 영역이 한정될 수밖에 없었다. 현재 이슬람 공화국인 이집트 내에서는 선교 사역은 불법이다. 법적으로는 선교사란 이름으로 활동할 수 없다. 그러나 이집트 교회를 통해서 종교비자를 받고 한인교회의 담임이나 콥틱 또는 가톨릭 그리고 개신교회들과 협력해서 사역하는 방법이 있다. 무슬림 사역을 하는 이들은 현지에서 일을 하면서 신분을 노출하지 않고 무슬림들을 섬기고 있다.

IV. 한국 선교 역사와 KPM사역

한국의 중동 선교는 1973년에 삼환 건설이 사우디아라비아 알 울라 카이바르(Al Ula-Khaybar) 고속도로를 건설 하면서부터이다. 이때 건설 노동자 중에 기독교인들이 있었고, 이들이 주일마다 예배를 드리게 되었다. 결국 이들 노동자들을 통해서 한국 교회가 중동 땅에 세워지게 되었다.[18] 한국 교회는 기독교 노동자 모임을 위해서 한국인 목사를 파송했다. 이집트 한국 선교 역시 한인교회를 세우면서 시작되었다. 1977년 충현교회가 이연호 목사를 애굽 선교사로 파송했고, 그는 카이로 한인교회를 개척했지만, 2년 후인 1979년 7월에 교통사고로 순직한다. 故 이연호 목사의 부인인 김사라 선교사는 남편의 죽음 이후 현

---

18. 안상준, "한인교회를 통한 중동선교의 역사적 고찰," 「인문과학연구논총」 30(2009): 80.

지에 남아서 '애굽 센터'를 세워 선교훈련을 해왔다. 충현교회는 故 이연호 목사 후임으로 이준교 목사를 파송했다. 남편을 잃은 김사라 선교사와 카이로 한인교회의 후임 담임 목사로 온 이준교 목사는 이집트 한인 선교에 기초가 되었다. 이집트 한인교회는 장로교회인 카이로 한인교회와 후에 감리교회인 애굽 한인교회로 양분화되어 지금까지 오고 있다.

2022년에 한인사역자협의회에 가입된 한국인 사역자는 29단체 118명이고 67명의 자녀들이 있다고 최다니엘 선교사(현 이집트 한인 사역자 협의회 회장)는 말한다. 더하여 2022년에 세 가정의 신입 사역자들이 이집트에 들어왔다고 한다. 2022년에 한인 사역자들의 평균 연령은 52.7세로 사역자의 노령화가 가장 큰 문제라고 최다니엘은 말했다. 현재 이집트에 한인들은 대략 천 명 정도라고 한다.

KPM 선교사로 처음 이집트 땅을 밟은 사람은 이바나바/이루디아 선교사다. 이바나바 선교사는 오엠 단기팀 일원으로 1997년 9월 7일에 처음 이집트 땅을 밟았다. 이후에 2000년 4월 KPM 사역자로 다시 이집트 땅을 밟았고, 주로 문서 사역을 했다. 이바나바는 현지인을 위한 찬양집 발간과 이집트 아랍어 구어체 사전과 한국 사역자들을 위한 핸드북 등을 발간했다. 2020년 코로나와 함께 KPM 선교사로서의 20년의 이집트 사역을 접고 자진 철수했다. 그리고 2022년 6월에 레바논으로 사역을 옮겨 중동 선교를 이어가고 있다.

2007년 3월에는 유목민/사랑, 4월에 윤아브라함/김사라 선교사가 오게 되었다. 유목민/사랑은 동부사막의 비족 성경번역을 위한 사역을 해왔고, 윤아브라함은 이바나바 선교사가 하는 찬양집 발간 및 문서 사역에 협력하기 위해서 왔다. 윤아브라함/김사라 선교사는 한 팀(당시에는 4년)을 마치고 새로운 사역지인 인도네시아로 재배치되었다. 지금 이집트에는 유목민/사랑 가정만 KPM 선교사로 있다.

V. 효과적인 선교 전략

1. 이슬람에 대한 바른 신학

이슬람 하면 우리에게 떠오르는 생각이 있다. 이슬람에 대한 적대적인 생각이다. 이것을 '이슬람포비아'라고 보통 말한다. 사실 미국의 9.11테러나 알 카에다니 이슬람국가(IS)니 탈레반이니 하는 말은 남의 나라 이야기 같았다. 그러나 이라크의 김선일 사건과 아프가니스탄 샘물교회 피랍 사건은 우리에게 지워지지 않는 상처를 남겼다. 분명 이슬람이 많은 테러와 연관된 것이 사실이다. 그러나 한편에서는 이슬람에 대한 지나친 관용적 태도를 가지는 것이다. 이슬람의 서구에 대한 반발은 십자군 운동과 식민지 지배에 대한 부정적 기억들 때문이란 것이다. 이것은 단편적인 역사 지식이다. 이슬람이 스페인까지 지배했던 역사를 보면 그들이 이태리나 서구 교회나 수도원을 침략해서 지금의 IS처럼 남자들을 죽이고 여자들을 성노예로 판 사실을 곳곳에서 발견한다. 더욱이 한국에는 이희수 같은 이슬람 학자가 이슬람을 미화해서 매스컴에서 보도하는 것을 종종 본다. 따라서 우리는 바른 이슬람의 역사를 알고 이슬람 포비아나 이슬람에 대한 지나친 관용 모두를 경계해야 한다.

한국 교회가 가진 이슬람 신학은 서구 신학의 영향이 크다. 하나님이 아브라함의 여종을 통해 낳은 이스마엘 대신 이삭을 약속의 아들로 말하며 이스마엘 자손에 대한 배격을 가르치는 것을 종종 본다. 필자의 큰 아이가 고등학교 2년을 선교사 자녀 학교에 다녔는데, 그때 한 선생님은 왜 아랍에 복음을 전해야 하냐면서 아랍인들은 하나님이 버린 이스마엘의 후손이기에 약속 밖의 민족이라고 말했다고 한다. 이 말을 들은 아이가 화가 나서 선생님의 말씀이 과연 성경적이고, 하나님 관점에서 맞느냐고 따져 물었다고 한다.

하나님은 창세기에서 이스마엘의 후손을 축복(창 17:20)하신다. 또한 이스라엘과 애굽, 그리고 앗수르가 세계 중에 복이 되겠다고 말씀하셨다(사 19:21-25). 복음의 보편성과 특수성 가운데 무슬림에 대한 생각을 가져야 한다. 종종 하나님이 말세에 이집트 교회를 쓰실 때 과연 어떤 교회를 쓰실까 많은 고민을 하게 된다. 지난 2천 년간 박해와 핍박을 받으면서도 면면이 이어온 콥틱 교회가 아닌가 싶다. 한국 선교사들이 현지 콥틱교회를 바로 이해하고 이들에게 바른 신학을 정립해 주고 협력함으로써 이집트를 통해서 이루실 하나님의 이슬람 선교를 향한 비전을 심어주는 방향을 찾아야 한다고 생각한다.

2. 현지인들의 선교 동원

현지 교회들에 선교적인 마인드를 심어주어야 한다. 처음 이집트에 왔을 때, 한 현지인 사역자를 만났다. 그는 대학 시절 한 선교단체를 만나 훈련을 받았고, 그 훈련 중에 만난 헌신된 서양여자와 결혼했다. 그에게 현지에서 어떻게 복음을 전하고 있냐고 물었다. 그는 종교는 태어나는 것이라며 복음전파에 대해 불편한 감정을 드러냈다. 많은 현지 교인들은 이웃 전도에 대한 부담감이 많지 않다. 종교는 태어나는 것이고, 기독교인이 전도하는 것은 불법이기 때문에 그로 인하여 발생하는 많은 부당하고, 위험한 일을 감수해야 한다. 따라서 전도는 곧 혁명과도 같고 순교를 각오할 일이다. 또한 무슬림이 개종하는 것이 불법이고, 이러한 개종자가 교회에 온다면 그 교회는 정부로부터 폐쇄 명령을 받아야 하는 이집트의 종교법 때문이기도 하다.

2007년 이집트에 왔을 때 한참 이슈가 된 사건이 있었다. 무함마드 히게지란 사람이 예수를 믿게 되었다. 그는 아내와 함께 오랫동안 부부가 예수를 믿었기 때문에 기독교로 개종을 하려고 했다. 따라서 그는 정부에 그의 주민등록증에 적혀있는 종교란을 기독교로 바꿔 달라고 요구했다. 이집트 헌법은 개종의 자유가 있다고 한다. 그런데 그때 알 아즈하르의 대 이맘(Grand Iman)인 무함마드 탄타위(Muhammad Tantawy)는 말했다. 그는 개종의 자유를 다음과 같이 해석했다. "개종의 자유는 있다. 그것은 다른 종교에서 이슬람으로 개종할 자유를 말하는 것이다. 이슬람에서 다른 종교로 개종할 자유는 없다. 이슬람에서 다른 종교로 개종하는 자에게 선지자 무함마드는 죽이라고 말했다"고 그는 선언했다. 이로 인해 헌법하에서 개종을 도우려고 했던 변호사는 사임을 하게 되었고 무함마드 히게지 부부는 지금까지 숨어 살게 되었다.

이집트에는 천만이 넘는 콥틱 기독교인들과 소수의 개신교인들이 있다. 이런 이집트 교회가 선교에 대해서 눈을 뜬다면 엄청난 아랍선교의 자산이 될 것이다. 이를 위해서는 이집트 종교지도자들과 교회의 선교에 대한 안목을 키워주어야 한다. 콥틱교회와 개신교 신학교에 선교학 교수들을 보내어 선교에 대한 교육을 할 필요가 있다. 또한 교회에서 선교적 삶을 살도록 지속적으로 교회가 성도들을 교육할 필요가 있다. 또한 개종자들을 위한 교회개척이 필요하다. 현재는 개종자들이 암암리에 숨어서 가정교회 모임을 갖는 형태지만 이들이 자신들의 교회를 세우고 이집트 사회에 변화를 줄 수 있다면 선교적 모델이 될 수 있다고 생각한다.

3. 더 많은 일꾼의 필요

어디나 마찬가지지만 이슬람 선교 특히 아랍 무슬림 선교를 위해서는 준비된 선교사가 필요하다. 필자 역시 이슬람 선교를 꿈꾸었지만 아랍어나 아랍에 대한 지식이나 문화 전통에 있어서 많은 준비가 되지 않은 상태로 이집트에 왔다. 정마태는 이슬람권에서 교회개척에 성공한 선교사들의 예를 들면서 다음과 같은 선교사의 삶을 준비할 것을 제시했다. 그리스도를 본받는 것의 중요성, 총체적으로 현지 그리스도인들을 그리스도의 제자로 삼는 일, 지역 언어를 잘하도록 배우며 꾸란 아랍어를 잘 배울 필요성, 하나님 나라를 위한 글로벌 협력(파트너십)을 잘하는 일[19] 등이었다. 장훈태는 이집트 무슬림 형제단에 대한 기독교 선교의 가능성을 말하면서 선교사들이 그들에 대한 강한 책임을 가질 것을 제안한다.[20] 아랍의 봄으로 무바락 대통령이 축출되고 무슬림 형제단 출신의 모르시가 대통령이 되었다. 이때 득표율은 과반수를 약간 넘긴 숫자였다. 이 말은 이집트 국민의 절반이 무슬림 형제단을 지지했다는 말이다. 따라서 무슬림 형제단을 이해하고 이들에게 다가갈 방법을 찾는 것은 이집트 선교의 중요한 가능성이 될 수 있다.

여기에 필자가 경험한 것을 몇 가지 첨가하면 아랍 선교사는 하나님의 때를 기다리는 인내와 고독을 이겨낼 힘이 필요하다. 이슬람 선교는 단기간에 성과를 내기 어렵다. 처음에는 열정을 가지고 오지만 시간이 지나도 열매가 없으면 지치고 좌절하기 마련이다. 필자가 끊임없이 질문한 것이 있다. 과연 내가 여기 온 것이 맞는가였다. 많은 아랍권의 사역자들의 고민도 비슷하다고 생각한다. 따라서 내가 이 땅에 와 있는 이유를 주님과 독대하면서 끊임없이 재확인할 필요가 있다. 이것은 힘들고 고독한 시간이다. 이것을 감당할 마음의 준비가 없이는 결코 장기적으로 아랍 땅에서 무슬림 선교를 하기가 쉽지 않을 것이다.

4. 이슬람을 떠난 사람들에 대한 관심

"아랍의 봄"과 코로나 이후 우리는 새로운 선교 전략을 모색해야 한다. 아랍의 봄을 통해 이집트 사람들은 자신들도 할 수 있다는 자신감을 갖게 되었다. 수십 년 동안 감히 대항할 수 없었던 군부 독재도 함께 뭉치면 무너뜨릴 수 있다는 용기를 갖게 되었다. 무슬림 형제단이 '이슬람이 해답(Islam is Answer)'

---

19. 정마태, "이슬람을 향한 기독교 선교의 역사적 흐름 (1900-2012) 과 한국적 대안," *Muslim-Christian Encounter* 6/1 (2013): 71.
20. 장훈태, "이집트 무슬림 형제단의 정치적 활동과 기독교 선교 전망," 「한국개혁신학」 34(2012).

이라고 외쳤지만, 이슬람은 어떤 의미 있는 대안이나 비전을 제시하지 못했다. 오히려 많은 젊은이들은 이슬람에 답이 없기 때문에 무신론자가 되어가는 것을 보게 된다.[21] 본인 역시 이슬람을 떠난 형제를 만난 적이 있다. 그는 메카에 몇 번이나 갔다 온 순례자였지만, 이슬람에 회의를 느끼고 TV 쇼에 나가서 "알라는 없다"라고 외쳤다. 이로 인해 그는 정부의 요주의 인물이 되었것다. 이슬람을 떠난 많은 젊은이들은 자신을 '무신론자'라고 말하지만, 섣불리 기독교로 개종할 수는 없다. 무신론자는 어느 정도 사회적으로 수용이 되지만, 기독교인이 되는 것은 배교자가 되기 때문에 핍박과 차별은 물론 때로는 죽음까지 감수해야 한다. 그럼에도 무신론자의 증가는 새로운 진리를 찾는 사람들이 많아지고 있다는 증거이며 그만큼 기독교 선교에 있어서 새로운 국면이 된다.

5. 인터넷과 위성을 통한 복음 전파

'아랍의 봄'과 코로나는 우리에게 인터넷의 중요성을 분명하게 보여줬다. 아랍의 봄은 혁명의 상황을 실시간으로 소셜 미디어나 인터넷으로 공유할 수 있었고, 국민의 알 권리를 정부가 막기에는 역부족임을 여실히 보여주었다. 인터넷과 위성방송을 통해서 더 개방적인 사고와 새로운 변화에 보다 쉽게 접근하게 됨으로 이집트인들은 세상과 연결될 수 있다는 열린 사고를 갖게 되었다. 아랍 전역에 이미 많은 기독교 위성 방송이 존재하고 있고, 인터넷으로 복음 상담이나 성경공부를 제공하는 사이트도 많이 개설되었다. 더욱이 2020년 이후 이집트 교회도 코로나로 인해 대면 예배가 제한적이었다. 이런 가운데 인터넷은 예배에 대한 새로운 대안으로 이집트 교회 가운데 자리 잡게 되었다. 또한 인터넷을 통해서 복음을 전할 수 있는 기회가 활짝 열렸다. 인터넷 선교는 보

---

21. 이나빌, 『그들은 왜 이슬람을 떠나는가』 (서울: 기독교문서선교회, 2021)을 보면 이슬람을 떠난 무슬림들의 다양한 사례들을 알 수 있다.

안문제나 검열 추방에서 자유로운 점이 있다. 서버가 해외에 있기 때문에 정부로서도 제재를 가하기가 힘들다. 이런 소셜 미디어와 인터넷과 위성방송 등은 아랍 이슬람이란 강한 장벽을 뚫고 들어갈 수 있는 새로운 복음의 길을 모색할 수 있게 만들었다.

6. 개종자들을 위한 모임

개종자에 대한 교회와 기독교인들의 지속적인 돌봄이 없이는 개종자들이 믿음 안에 있는 것은 힘든 일이다. 우리가 만난 형제는 주님의 기적적인 방법으로 예수님을 믿었고 그로 인해서 가족과 직장에서 쫓겨났다. 심지어 예수를 믿었다는 이유로 감옥에도 갔다 왔고, 친척들로부터 살해 위협도 받았다. 그는 쫓겨나서 갈 곳이 없자 노숙자 시설로 갔다. 그러나 그곳에서도 이슬람을 버린 배교자라고 노숙자들에 의해 쫓겨났다. 25년 가까운 세월을 결혼도 못하고 이름을 바꾸고 개종자의 삶을 살아가는 그의 모습 속에서 강한 기독교 공동체를 만들어야 함을 보게 되었다. 이슬람은 움마 공동체이다. 공동체를 떠나면 개인은 낙동강 오리알처럼 아무것도 할 수 없다. 직장, 결혼, 삶의 모든 터전을 잃게 된다. 그렇다면 기독교는 이슬람의 움마보다 더 강한 공동체를 만들어서 개종자들이 새로운 공동체 안에서 삶을 영위할 수 있도록 도와야 한다. 직장도 알선해 주고 결혼도 도와주고 삶을 살아갈 수 있도록 전적인 돌봄을 제공할 수 있는 네트워크화된 공동체를 제공하지 않고서는 개종자들이 믿음을 계속 유지하기는 쉽지는 않을 것이다.

7. 난민 사역

한국에도 이집트 난민들이 있다. 2022년 7월 한국 국회의사당 앞에서 이집트인들이 난민 인정을 요구하는 데모가 있었다. 그들의 주장은 이집트 군부 쿠데타로 인해 정치적인 이유로 한국에 왔다는 것이다. 이집트 군부쿠데타로 이집트를 떠난 사람은 무슬림형제단일 가능성이 높다. 이들은 근본주의 이슬람으로 아랍의 봄으로 정권을 잡았다가 이슬람 율법으로 나라를 다스릴 것을 주장하며 이슬람화를 추구하다가 결국 군부의 쿠데타와 이집트 국민들에게도 버림을 받았다. 따라서 난민이라고 무조건 다 받아주어서는 안 된다. 이들이 왜 이집트를 떠났는지 알아야 한다. 이들은 시리아나 다른 나라의 아랍의 봄처럼 내전으로 어쩔 수 없이 조국을 떠난 자들이 아니다. 한국사회가 난민에 대해서 우호적이어야 한다는 것은 인정하지만 이슬람 근본주의자들까지 인정해서는 안 된다고 생각한다. 한국의 난민 인정에 있어서 지혜가 필요한 부분이다.

이집트에는 수단, 시리아, 예멘, 이라크, 리비아 등 다양한 지역에서 온 난민들이 거주한다. 아랍의 봄 이후에 내전으로 인해 본국에서 살기 힘들어진 많은 사람들이 국경을 넘어 이집트로 오게 되었다. 가장 많은 사람들은 수단 난민들이며, 수단인 난민 교회와 수단인 학교가 있다. 이집트에 있는 한인 교회들과 한인 신자들은 정기적으로 이들을 위한 헌금과 헌물을 제공하고 있다. 난민 선교는 현지인 선교보다 훨씬 효과가 있어 보인다. 이집트 법에 의하면 이집트인에 대한 개종행위는 불법이다. 그렇기에 사역자들은 지혜롭게 복음을 전해야 한다. 개종행위로 신고가 들어가면 추방의 위험을 감수해야 하기 때문이다. 그러나 타국인인 난민들에게 복음을 전하거나 돕는 행위는 보다 감시가 덜하다. 이들은 이집트 내에서 소수자이고 많은 도움이 필요한 상태이기에 외국인인 우리들의 도움을 기꺼이 받기를 원한다. 이들을 향한 구제 사역과 더불어 교육, 나아가 신학적 도움을 줄 사역자가 필요한 상황이다.

8. 교육 사역

이집트는 교육이 많이 열악하다. 제대로 교육을 받으면 정말 훌륭한 인재들이 될 사람들이 많다. 무바락 시대에 무분별하게 대학의 정원을 늘림으로 인해질 낮은 대학 교육을 제공하게 되었다. 국립대학의 경우 터무니없이 대학 정원이 많다. 알아즈하르 대학 30만 명, 카이로 대학 26만 명, 아인샴스 대학 20만명, 알렉산드리아 대학 18만 명 등이다. 대학의 한 학과에 입학생이 천명이 넘는데 어떻게 제대로 된 교육이 가능하겠는가? 이집트 내에는 미국 대학이나 독일 대학, 영국 대학 등이 있다. 이들 외국 사립 대학은 이집트 국립 대학보다 많은 등록금을 내야 한다. 국립대학의 경우 사회주의 영향으로 거의 등록금이 없다. 반면에 사립대학은 연간 수천 불, 많게는 수만 불의 등록금을 내야 한다. 따라서 재정이 부족한 많은 사람들은 국립대학을 갈 수밖에 없고 질 낮은 교육환경에 처하게 된다. 이집트 내에 한국의 한동대학교 같은 좋은 기독교 대학을 설립하면 이집트의 미래를 위한 좋은 준비가 될 듯싶다.

VI. 나가는 말

이집트 선교는 결코 쉽지 않다. 쉽지 않기에 더욱 하나님을 의지할 수밖에 없다. 지난 15년간 본의 아니게 추방을 당하거나 사고나 테러 또는 질병이나 열매가 없음으로 인해서 떠나는 사역자들을 종종 보았다. 그러나 하나님께서 이사야 선지자를 통해서 이집트를 세계 중의 복이 되는 나라가 되게 하겠다고 약속하셨다. 하나님의 말씀은 일점일획도 오차가 없다는 것을 알기에 우리는 그 비전과 약속을 붙잡고 오늘도 이곳에 있다. 따라서 아랍어권 22개국에 더 많은 사역자들을 보내야 한다. 한국의 아랍 선교 역사는 그리 길지 않다. 지금은 한국 교회가 이집트 땅에 심어야 할 때이다. 심기 위해서 보다 많은 눈물과 헌신이 한국교회와 선교사들에게 요구된다. "눈물로 씨를 뿌리는 자는 기쁨으로 단을 거두리로다"(시 126:5).

참고 문헌

안상준. "한인교회를 통한 중동선교의 역사적 고찰." 「인문과학연구논총」 30(2009): 85-112.

이나빌. 『그들은 왜 이슬람을 떠나는가』. 서울: 기독교문서선교회, 2021.

장훈태. "이집트 무슬림 형제단의 정치적 활동과 기독교 선교 전망." 「한국개혁신학」 34(2012): 99-131.

정상률. "마크디시의 살라피즘과 IS의 살라피 지하디즘." 「한국이슬람학회 논총」 26/1(2016): 151-88.

정마태. "이슬람을 향한 기독교 선교의 역사적 흐름 (1900-2012)과 한국적 대안." *Muslim-Christian Encounter* 6/1(2013): 49-80.

황원주. "이집트 시민혁명 이후 사회적 종교적 상황과 기독교 선교." *Muslim-Christian Encounter* 8/2(2015): 53-83.

Betts, Robert B. *Christians in the Arab East*. Atlanta: John Knox Press, 1975.

Botero, Duane Alexander Miller. "Anglican Mission in the Middle East up to 1910." In *The Oxford History of Anglicanism, volume Ⅲ: Partisan Anglicanism and its Global Expansion 1829-c.1914*, ed. Rowan Strong. Oxford: Oxford University Press, 2017.

Burke, Jeffrey C. "The Establishment of The American Presbyterian Mission in Egypt, 1854-1940." Doctor of Philosophy, McGill University, 2000.

Depuydt, Leo. "Coptic and Coptic literature." *A companion to Ancient Egypt* (2010): 732-54.

Herodotus. *Herodotus Historiae*. 박현태 역. 『헤로도토스 역사』. 서울: 동서문화사, 1977.

Mauder, Christian. "'Teaching the Way of the Truth to Coptic Firstlings': The Arabic Correspondence between Moravians and Copts in Ottoman Egypt as an Example of Intercultural Communication." *Journal of Eastern Christian Studies* 65/1,2(2013): 49-66.

Peucker, Paul. "The role and development of brass music in the Moravian Church." *The Music of the Moravian Church in America* 49(2008): 169.

Skreslet, Stanley H. "The American Presbyterian Mission in Egypt: Significant Factors in Its Establishment." *American Presbyterians* 64/2(1986): 83-95.

"ETSC'S History" https://etsc.org/history/ (Accessed at 2023.04.04).

"이집트 개관" https://overseas.mofa.go.kr/eg-ko/wpge/m_11514/contents.do (Accessed at 2023.04.04).

"Egypt" https://www.cia.gov/the-world-factbook/countries/egypt (Accessed at 2023.04.04).

갈릴리에서 서바나까지

초판 1쇄 인쇄 2023년 6월 2일

초판 1쇄 발행 2023년 6월 12일

발행인 홍영화

책임편집 권효상

발행 고신총회세계선교회(KPM)

주소 (우)34429 대전광역시 대덕구 홍도로99번길 16(중리동 243-17)

전화 042-622-7061

홈페이지 www.kpm.org

발행처 총회출판국

등록번호 서울 제22-14715호(1998년 12월 11일)

주소 06593 서울시 서초구 고무래로 10-5(반포동)

전화 02-533-2182

팩스 02-533-2185

디자인 CROSS-765

ISBN 978-89-5903-052-1 (03230)

값 23,000원